2024
年度版

マンション管理士 管理業務主任者

ダブル マスターテキスト

Condominium Management & Consulting

マン管・管業試験研究会 編

早稲田経営出版

TAC PUBLISHING Group

はしがき

　現代において今や主要な居住形態の１つであるマンションの「管理の適正化」を図り、良好な居住環境を確保していくことは、大きな課題であり、それにおいて重要な役割を果たすマンション管理士と管理業務主任者は、その必要性がますます高まっています。

　２つの資格試験において要求される知識の範囲は非常に広く、専門性も高いため、合格に必要な知識を効率よく習得することには困難を伴います。

　本書は、この点の克服を目指し、**効率的な学習**により、マンション管理士試験と管理業務主任者試験に「ダブル合格」することを目標に制作されています。

　本書の特長・制作方針は、次のとおりです。

① 「マンション管理士試験」「管理業務主任者試験」の出題内容をしっかり分析、両試験に合格するために必要な知識を絞り込みつつ網羅し、理解を伴った知識を習得できるように可能な限り平易で簡潔明瞭な表現を用いました。

② 知識の確認と定着を図るため参照条文を明示し、感覚的にも理解できるように図表を多用しました。

③ 基本的な事項との明確な区分のため、「関連知識」を欄外に記載しました。

④ 直前期に効率的な復習ができるよう、重要度「★★★」のみの目次を作成しました。

⑤ 出題実績を効率的に確認できるように、姉妹書『Ｗマスター過去問集』と学習項目をリンクさせました。

　本書で理解を伴った知識をインプットし、『Ｗマスター過去問集』で実戦的に知識を定着させていけば、両試験の同時（ダブル）合格は、すぐそこにあるといっても過言ではありません。

　本書を利用したすべての受験生が、「マンション管理士」「管理業務主任者」の両試験に一気に合格されることを心より願っています。

2024年１月
マン管・管業試験研究会

本書のご利用方法

　マンション管理士・管理業務主任者試験では、広範な出題内容をいかに効率良く学習できるかがポイントとなります。本書にはそのノウハウがぎっしりと詰め込まれています。ぜひ有効活用して、一気に"W合格"を目指しましょう！

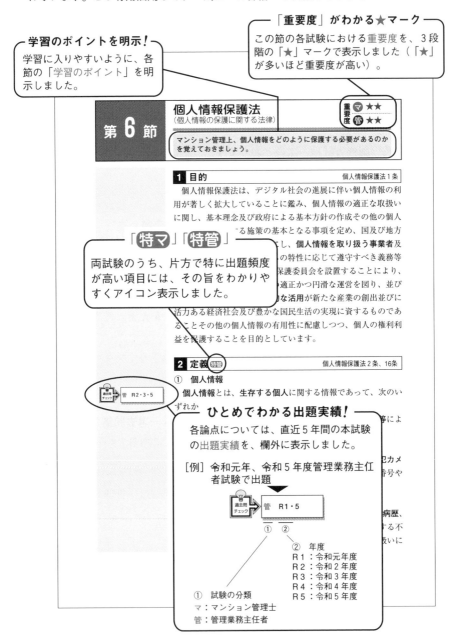

「重要度」がわかる★マーク
この節の各試験における重要度を、3段階の「★」マークで表示しました（「★」が多いほど重要度が高い）。

学習のポイントを明示！
学習に入りやすいように、各節の「学習のポイント」を明示しました。

第6節 個人情報保護法（個人情報の保護に関する法律）
重要度 マ ★★　管 ★★
マンション管理上、個人情報をどのように保護する必要があるのかを覚えておきましょう。

1 目的 個人情報保護法1条
　個人情報保護法は、デジタル社会の進展に伴い個人情報の利用が著しく拡大していることに鑑み、個人情報の適正な取扱いに関し、基本理念及び政府による基本方針の作成その他の個人〜る施策の基本となる事項を定め、国及び地方〜し、個人情報を取り扱う事業者及〜の特性に応じて遵守すべき義務等〜保護委員会を設置することにより、〜適正かつ円滑な運営を図り、並び〜な活用が新たな産業の創出並びに活力ある経済社会及び豊かな国民生活の実現に資するものであることその他の個人情報の有用性に配慮しつつ、個人の権利利益を保護することを目的としています。

「特マ」「特管」
両試験のうち、片方で特に出題頻度が高い項目には、その旨をわかりやすくアイコン表示しました。

2 定義 特管 個人情報保護法2条、16条
① 個人情報
　個人情報とは、生存する個人に関する情報であって、次のいずれか

過去問チェック 管 R2・3・5

ひとめでわかる出題実績！
各論点については、直近5年間の本試験の出題実績を、欄外に表示しました。

［例］令和元年、令和5年度管理業務主任者試験で出題

過去問チェック 管 R1・5
　① ②

① 試験の分類
マ：マンション管理士
管：管理業務主任者

② 年度
R1：令和元年度
R2：令和2年度
R3：令和3年度
R4：令和4年度
R5：令和5年度

1 エレベーターの種類

エレベーターには、以下の種類があります。

種類	定 義	長 所	短 所
油圧式エレベーター	機械室に設置してあるパワーユニットと昇降路に設置する油圧ジャッキを油圧配管で連結し、パワーユニットで油を油圧ジャッキに注入し、油圧ジャッキに連結しているかごを昇降させる方式。	・ペントハウスが不要 ・建物に加重がかからない ・機械室の配置が自由	・行程が短く概ね20m程度 ・速度が遅い ・イニシャルコストがやや高い
ロープ式エレベーター	ワイヤーロープによって、かごと重りをつるべ式にしてロープで駆動する方式。	・行程が長い ・速度が速い ・イニシャルコストが安い	・一般に機械室が必要 ・建物に加重がかかる ・機械室の面積と配置に制約あり

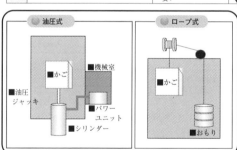

油圧式 / ロープ式

油圧式: ■かご ■機械室 ■油圧ジャッキ ■パワーユニット ■シリンダー

ロープ式: ■かご ■おもり

2 エレベーターの維持管理

エレベーターの機能を十分に発揮させるためには、点検・整備が必要です。また、故障を防止するために、予防保全が必要となります。これら保守点検は製造メーカー等との保守点検契

マンション管理士試験の概要

・日時、出題形式、法令基準日

日時	11月第4日曜日　午後1時～3時
出題形式	4肢択一式50問
法令基準日	試験を受ける年の4月1日

・受験資格、試験地

受験資格	年齢、学歴等に関係なく、どなたでも受験できます。
試験地	札幌市、仙台市、東京都、名古屋市、大阪市、広島市、福岡市、那覇市並びにこれらの周辺地域

・申込方法、申込受付期間、受験手数料、合格発表

申込方法	郵送またはインターネットにより行う
申込受付期間	9月上旬～10月上旬
受験手数料	9,400円（2023年）
合格発表	1月上旬

・直近5年間の実施状況

	申込者数	受験者数	合格者数	合格率	合格基準点
2019年	13,961人	12,021人	991人	8.24%	37点
2020年	14,486人	12,198人	1,045人	8.57%	36点
2021年	14,562人	12,520人	1,238人	9.89%	38点
2022年	14,342人	12,209人	1,402人	11.48%	40点
2023年	13,169人	11,158人	1,125人	10.08%	36点

・試験実施団体

公益財団法人　マンション管理センター

https://www.mankan.or.jp/

※上記は出版時のデータです。令和6年度試験の詳細は試験実施団体のホームページにて必ずご確認ください。

管理業務主任者試験の概要

・日時、出題形式、法令基準日

日時	12月第1日曜日　午後1時～3時
出題形式	4肢択一式50問
法令基準日	試験を受ける年の4月1日

・受験資格、試験地

受験資格	年齢、性別、学歴等に関係なく、どなたでも受験できます。
試験地	北海道、宮城県、東京都、愛知県、大阪府、広島県、福岡県及び沖縄県並びにこれら周辺地域

・申込方法、申込受付期間、受験手数料、合格発表

申込方法	郵送またはインターネットにより行う
申込受付期間	郵送：8月上旬～8月下旬 インターネット：8月上旬～9月下旬
受験手数料	8,900円（2023年）
合格発表	1月中旬

・直近5年間の実施状況

	申込者数	受験者数	合格者数	合格率	合格基準点
2019年	18,464人	15,591人	3,617人	23.20%	34点
2020年	18,997人	15,667人	3,739人	23.87%	37点
2021年	19,592人	16,538人	3,203人	19.37%	35点
2022年	19,589人	16,217人	3,065人	18.90%	36点
2023年	17,855人	14,652人	3,208人	21.89%	35点

・試験実施団体

一般社団法人 マンション管理業協会

https://www.kanrikyo.or.jp/

※上記は出版時のデータです。令和6年度試験の詳細は試験実施団体のホームページにて必ずご確認ください。

マンション管理士試験の出題の特徴

　マンション管理士試験の出題の特徴としては、①**法令系に関する問題**、②**実務・会計系に関する問題**、③**建築・設備系に関する問題**の3つの分野に大きく分かれます。

（①法令系に関する問題）

　この問題は、全体の**6割程度**を占めます。そのため、試験対策の中心となる分野になります。出題されている具体的なものとして、「民法等」「区分所有法等」「標準管理規約」「マンション管理適正化法」などとなっています。

　特に、「民法等」「区分所有法等」は、条文を問う問題、事例問題、他の法令系の科目と複合する問題など、応用力や思考力を試される問題が出題されています。

　また、難易度も、易しいものから難しいものまで多岐にわたります。

（②実務・会計系に関する問題）

　この問題は、**3問程度**と、出題数は少ない分野です。出題されている具体的なものとして、「会計」「標準管理委託契約書」などとなっています。この分野の問題は、過去の問題に出題された類似の問題が繰り返し問われています。

　難易度は、易しいものもあれば、難解なものもあります。

　なお、「標準管理委託契約書」に関しては、近年はあまり出題されていません。

（③建築・設備系に関する問題）

　この問題は、全体の**3割程度**を占めます。具体的なものとして、「建築構造」「建築設備」「維持保全」「劣化・調査診断」「長期修繕計画」「都市計画法」「建築基準法」「その他設備系法令」などとなっています。

　この分野の問題は、細かい知識や専門的な知識を問うものが多く、難解であるため得点できる問題は比較的少ないといえます。

マンション管理士試験の学習のポイント

　マンション管理士試験に合格するためには、出題数が最も多い「**法令系に関する問題**」をしっかりと得点することです。できる限り条文や規定を確認し、理解を深

めていくことが必要です。また、過去に出題された問題と同じ論点が繰り返されている科目でもあるため、過去問をしっかりと学習することが重要となります。また、「区分所有法等」「標準管理規約」からは、例年、およそ20問程度が出題されているため、この２科目については、特に力を入れて学習して下さい。

　また、「**実務・会計系に関する問題**」は、出題数は少ないですが、基本的な問題はしっかりと得点しなければなりません。「会計系」の問題を不得意とする方は、この学習を避けてしまうことがありますが、基本的な問題を失点すると合格が難しくなるため、過去問を中心に学習を進めて下さい。なお、「標準管理委託契約書」は、近年の問題の出題はありませんが、今後も全く出題されないというものではありませんから、基本的な知識は学習するようにして下さい。

　「**建築・設備系に関する問題**」は、高得点を目指すことは難しいといえます。学習範囲が相当広いため、ここに多くの時間を費やすことは適切ではありません。そのため、過去に出題された問題を中心に、基本的な問題を得点できるよう学習して下さい。難解な問題まで学習する必要はありません。

管理業務主任者試験の出題の特徴

　管理業務主任者試験の出題の特徴としては、マンション管理士試験と同様に、①**法令系に関する問題**、②**実務・会計系に関する問題**、③**建築・設備系に関する問題**の３つの分野に大きく分かれます。ただ、マンション管理士試験と異なり、これらの分野から出題される問題数や難易度が異なります。

（①法令系に関する問題）

　この問題は、全体のおよそ**５割程度**を占めます。そのため、試験対策の中心となる分野になります。出題されている具体的なものとしては、マンション管理士試験と同様に、「民法等」「区分所有法等」「標準管理規約」「マンション管理適正化法」などとなっています。

　この分野の問題は、応用的なものも多少出題されていますが、多くは基本知識があれば、得点できます。また、過去に出題された問題と、同様の論点のものが繰り返し出題されています。

　近年は、出題形式として４肢択一のほか、個数問題や組合せ問題、語句の穴埋め問題などの出題が多くされてきています。

(10)

(②実務・会計系に関する問題)

　この問題は、全体のおよそ2割程度を占めます。出題されている具体的なものとして、「会計」「標準管理委託契約書」「滞納管理費」などとなっています。「会計」は仕訳などを中心に出題されます。難易度としては、基本的に易しい問題が多く、また、過去に出題された問題と類似のものが繰り返し問われています。

　他方、「標準管理委託契約書」は、近年、細かい知識を問う問題が出題されるようになっているため、しっかりとした理解と知識がないと、やや得点が難しくなってきているといえます。

　「滞納管理費」に関する問題は、基本的には、過去に出題された問題と類似のものが繰り返し問われています。

(③建築・設備系に関する問題)

　この問題は、全体の3割程度を占めます。具体的なものとして、マンション管理士試験とほぼ同様に、「建築構造」「建築設備」「維持保全」「劣化・調査診断」「長期修繕計画」「建築基準法」「その他設備系法令」などとなっています。

　難易度も、マンション管理士試験と同様に、難解なものが多く、得点が難しいといえます。基本的な問題をしっかりと得点することが合格のポイントになります。

管理業務主任者試験の学習のポイント

　管理業務主任者試験に合格するためには、「**法令系に関する問題**」と「**実務・会計系に関する問題**」をしっかりと得点することです。多少細かい知識を問う問題も見受けられますが、基本知識を理解して記憶することにより、合格に必要な得点は十分にできます。

　特に、「区分所有法等」「標準管理規約」「マンション管理適正化法」、「会計」「標準管理委託契約書」は、重点的に学習するようにしてください。出題数も多く、比較的高得点を目指すことができます。また、過去問の学習を中心に基本知識を身に付けると良いでしょう。

　他方、「**建築・設備系に関する問題**」は、マンション管理士試験と同様に、高得点を目指すことが難しいものといえます。そのため、過去に出題された問題を中心に、基本的な問題を得点できるよう学習してください。

ダブル合格のための学習のポイント

　マンション管理士・管理業務主任者試験のダブル合格を目指す方は、最初に、**両試験に共通する科目**から学習を進めて下さい。これは、マンション管理士試験の方が、管理業務主任者試験よりも難易度が高いため、マンション管理士試験の学習をすることにより、管理業務主任者試験の対策もできるからです。

　具体的には、**「法令系に関する問題」**では、「民法等」「区分所有法等」「標準管理規約」「マンション管理適正化法」などとなります。

　「実務・会計系に関する問題」では、「仕訳」「標準管理委託契約書」となります。

　「建築・設備系に関する問題」は、「建築構造」「建築設備」「維持保全」「劣化・調査診断」「長期修繕計画」「建築基準法」などとなります。

　次に、両試験に共通しない科目（具体的には、「被災マンション法」「宅地建物取引業法」「都市計画法」など）の学習をして下さい。

　なお、両試験においては、必ず出題される問題以外のものもあります。これらは、出題される可能性が低いものですから、基本知識だけ身に付けておけば足ります。

　本書を使用して、ぜひダブル合格を目指しましょう。

目　　次

以下は重要度「★★★」の項目のみをピックアップした目次です。
直前期の復習に活用しましょう。

マンション管理士 ★★★

管理業務主任者★★★

マンション管理士・管理業務主任者共通★★★

第1章

民法

第1節 契約の主体

重要度 マ ★★
重要度 管 ★★

契約の主体となるには一定の要件を満たしていなければなりません。
どのような要件を満たせば、契約の主体となれるのでしょう。

1 権利能力

民3条1項

権利義務の帰属主体たり得る地位（資格）を、権利能力といいます。つまり、契約の当事者になるためには、この権利能力が必要となります。

この権利能力は、「人」が取得できます。ただし、この「人」には、民法上2つの意味があります。

| ① 自然人（人間のこと） |
| ② 法人（会社等のこと） |

会社等の法人も、権利能力が認められます。法人に権利能力が認められないと、法人名義の財産管理ができず、不便だからです。

これに対して、権利能力の喪失は、自然人は死亡や失踪宣告①により、法人は清算結了により生じます。

2 意思能力

民3条の2

権利能力は、すべての自然人に認められるとしても、赤ん坊や泥酔状態の者が行った契約を、有効にするわけにはいきません。そこで、自己の行為の結果を判断できる能力を意思能力と定め、意思能力がない者が行った法律行為（契約等）は、無効②（初めから法律行為がなかった状態）になるとしました。

3 行為能力

行為能力とは、単独で完全な法律行為を行うことができる能力をいいます。意思能力を欠いた者の行為は、無効となりますが、その無効を主張するためには、意思能力を欠いていたことを立証する必要があり、容易ではありません。また、十分な能力がない者が取引をしようとすると、悪賢い人に食い物にされてしまう可能性があります。そこで、行為能力が必要となるのです。

① POINT
不在者の生死不明の状態が一定期間継続した場合、利害関係人の請求により家庭裁判所は失踪宣告をすることができ、失踪宣告を受けた者は死亡したものとみなされる。

② keyword
法律行為とは、法律関係を変動させようとする意思に基づく行為をいう。契約はその1つである。

＜各能力のまとめ＞

	意　義	能力の取得・制限	能力がない者の行為の効果
権利能力	私法上の権利義務の主体となれる地位ないし資格。	自然人はすべて取得。法人は一定の要件が必要。	無効となる。
意思能力	自己の行為の結果を判断することができる能力。	およそ7～10歳程度の判断能力とされている。	無効となる。
行為能力	単独で完全な契約（法律行為）を行うことができる能力。	未成年者・成年被後見人・被保佐人・被補助人は制限行為能力者として扱われる。	取り消すことができる。

4 制限行為能力者

　例えば、意思能力があっても契約を行うに必ずしも十分とはいえませんし、契約を行った当時は意思能力を欠いていたことを立証するのも容易ではありません。そこで判断能力に問題がある者のうち、一定の要件を満たした者を予め**制限行為能力者**として定め、保護者を付けて保護・監督をさせるとともに、制限行為能力者が単独で行った行為は、原則として取り消せるとしました。制限行為能力者には、①未成年者、②成年被後見人、③被保佐人、④被補助人の4類型があります。

5 未成年者　　　　　　　　　　　　　　　　民4条

　未成年者とは、18歳未満の者をいいます。

6 未成年者の保護者　　　　民5条1項、120条1項、122条

　未成年者には、法定代理人（原則として親権者）が保護者となります。

　未成年者は原則として、単独で法律行為をすることが認められておらず、**法定代理人**の同意が必要です。判断能力が不十分だからです。そして単独で行った法律行為は、未成年者自身あるいは法定代理人が<u>取り消すことができます</u>。取り消すと法律行為の当初にさかのぼって無効となります。

　法定代理人は、次の権限を持ちます。

過去問チェック　管　R1

①　　POINT
制限行為能力者の行為であっても、取り消されるまでは有効である。

① 取消権…法律行為を取り消すことができる
② 代理権…法定代理人が代理して法律行為を行うことができる
③ 同意権…法律行為につき同意を与えることができる
④ 追認権…法律行為を後から確定的に有効とすることができる（事後同意）

7 単独でできる行為　民5条1項・3項、6条、120条

　未成年者が例外として、単独でできる行為には、以下のものがあります。

① 単に権利を得、又は義務を免れる法律行為
② 処分を許された財産の処分
③ 許可された営業に関する行為
④ 身分行為
⑤ 法律行為の取消し

　①は、贈与を受けたり（単に権利を得）借金を免除してもらう（義務を免れる）ことです。このような場合は未成年者が単独で行っても損害を受けることがないからです。

　②は、小遣い等を未成年者が自由に使えるということです。

　③は、未成年者であっても営業を営む場合があります。その場合にまでいちいち親の同意が必要となったら仕事にならないからです。

　④は、遺言等は、単独で行うことができます。

　⑤は、未成年者が単独で行った行為は、未成年者自身が取り消すことができます。取り消されると元に戻るだけなので、未成年者に不利にならないからです。

8 成年被後見人　民7条

　成年被後見人とは、重度の精神障害等に陥り、事理を弁識する能力を欠く常況にある者で、本人や4親等内の親族等の請求によって、家庭裁判所の審判により後見が開始された者のことです。

① keyword
事理を弁識する能力とは、行為の結果を認識できる能力（意思能力）をいう。

9 成年被後見人の保護者 　民8条、9条、120条1項、122条

管　R2・5

　成年被後見人には、**成年後見人**という法定代理人が選任されます。

　成年被後見人は、原則として、単独で法律行為をすることが認められていません。成年被後見人が**単独**で行った法律行為は、原則として、成年被後見人自身あるいは成年後見人が取り消すことができます。この場合、成年被後見人の代わりに成年後見人が法律行為を行うことになります。なお、成年後見人は家庭裁判所が職権で選任します。

　成年後見人は、以下の権限を持ちます。
①

①　取消権…法律行為を取り消すことができる
②　代理権…成年後見人が代理をして法律行為を行うことができる
③　追認権…法律行為を後から確定的に有効とすることができる（事後同意）

　ここで、未成年者の法定代理人と異なるのは同意権がないことです。成年後見人が事前に同意を与えても、成年被後見人は単独で法律行為はできません。つまり、**事前同意があっても取り消せます**。成年被後見人は、重度の精神障害等に陥っているので、同意のとおりに法律行為をするとは限らないからです。

10 単独でできる行為 　民9条、120条1項

　成年被後見人が例外として、単独でできる行為には、次のものがあります。

①　日用品の購入等日常生活に関する行為
②　身分行為
③　法律行為の取消し

11 被保佐人 　民11条

　被保佐人とは、精神上の障害により、事理を弁識する能力が著しく不十分な者で、本人や4親等内の親族等の請求により、家庭裁判所の保佐開始の審判を受けた者をいいます。

① **POINT**
成年後見人は、成年被後見人に代わって、その居住の用にに供する建物又はその敷地について、売却、賃貸、賃貸借の解除又は抵当権の設定その他これらに準ずる処分をするには家庭裁判所の許可が必要となる。

6

管 R2・5

① POINT
保佐人の同意が必要
な行為(民13条1項)
①元本の領収・利用
②借財・保証
③不動産その他重要
　な財産の権利の得
　喪
④訴訟行為
⑤贈与・和解・仲裁
　合意
⑥相続の承認・放
　棄・遺産分割
⑦贈与の拒絶・遺贈
　の放棄・負担付贈
　与の承諾・負担付
　遺贈の承認
⑧新築・改築・増
　築・大修繕
⑨長期の賃貸借
⑩上記の行為を制限
　行為能力者の法定
　代理人としてする
　こと。

12 被保佐人の保護者　　　　　民12条、13条、876条の4

　被保佐人には、**保佐人**という保護者が付きます。被保佐人は、著しく不十分ながら事理を弁識する能力がありますので、単独で法律行為をすることができます。ただし、<u>**重要な財産に関する法律行為**</u>については、**保佐人の同意が必要**となり、同意を得ていない場合は、**被保佐人自身**又は**保佐人**が取り消すことができます。

　保佐人は、以下の権限を持ちます。

①	**取消権**…重要な財産に関する行為について法律行為を取り消すことができる
②	**同意権**…重要な財産に関する行為について同意を与えることができる
③	**代理権**…家庭裁判所の審判により代理権が与えられると、被保佐人を代理して特定の法律行為ができる
④	**追認権**…法律行為を後から確定的に有効とすることができる（事後同意）

　②の**同意権**ですが、保佐人が被保佐人の利益を害するおそれがないにもかかわらず同意をしないときは、家庭裁判所は、被保佐人の請求により、**保佐人の同意に代わる許可**を与えることができます。

　③の**代理権**ですが、保佐人には、当然に代理権が認められるわけではありません。家庭裁判所の審判により代理権が与えられると、被保佐人を代理して法律行為ができます。

13 被補助人　　　　　　　　　　　　民15条

　精神上の障害により、事理を弁識する能力が不十分な者で、本人や4親等内の親族等の請求により、家庭裁判所の補助開始の審判を受けた者をいいます。

14 被補助人の保護者　民16条、120条1項、17条、876条の9、122条

管 R5

　被補助人には、**補助人**という保護者が付きます。被補助人は不十分ながら事理を弁識する能力がありますので、単独で法律行為をすることができます。ただし、本人や4親等内の親族等

の請求により、家庭裁判所は、特定の法律行為（重要な財産に関する法律行為の一部）について補助人の同意が必要な行為とすることができ、この特定の法律行為を補助人の同意を得ずに行った場合、被補助人又は補助人が取り消すことができます。

補助人は、以下の権限を持ちます。

①	取消権…特定の法律行為について法律行為を取り消すことができる
②	同意権…特定の法律行為につき同意を与えることができる
③	代理権…家庭裁判所の審判により代理権が与えられると、被補助人を代理して特定の法律行為ができる
④	追認権…法律行為を後から確定的に有効とすることができる（事後同意）

③の**代理権**ですが、補助人には、当然に代理権が認められるわけではありません。家庭裁判所の審判により代理権が与えられれば、被補助人を代理して法律行為ができます。

＜制限行為能力者のまとめ＞

	未成年者	成年被後見人	被保佐人	被補助人
単独行為の可否	・不可 （取り消し得る行為となる）	・不可 （取り消し得る行為となる）	・可能 （原則として単独で法律行為可能）	・可能 （原則として単独で法律行為可能）
例外規定	・単に権利を得て、義務を免れる行為 ・処分を許された財産の処分 ・許可された営業に関する行為 等は単独行為可能	日常生活に関する行為等は単独行為可能	重要な財産に関する法律行為は単独行為不可	重要な財産に関する法律行為のうち、家庭裁判所の審判で定められたものは、単独行為不可

＜保護者の権限＞

制限行為能力者	その保護者	保護者の権限			
		代理権	同意権	取消権	追認権
未成年者	親権者又は未成年後見人	○	○	○	○
成年被後見人	成年後見人	○	×	○	○
被保佐人	保佐人	△	○	○	○
被補助人	補助人	△	△	△	△

△：**保佐人と補助人**には、裁判所により権限が付与される

8

15 取消しの効果 民121条の2第1項、126条

制限行為能力者が単独で行った行為は、取り消すことができます。この場合、契約はさかのぼって無効となるので、契約をしなかったときと同じ状態に戻す必要があります。これを原状回復義務といいます。例えば、未成年者が単独で土地を売って契約を取り消した場合、買主は、土地を未成年者に返還し、未成年者は、代金を買主に返還しなければなりません。

なお、取消権は、**追認ができる時から5年、行為の時から20年**を経過すると消滅します。

判例
契約取消しによる原状回復義務は同時履行の関係となる。

16 追認 民122条、125条

追認とは、一応有効に成立している法律行為を当初から確定的に有効とする意思表示のことです。制限行為能力者が行った法律行為でも、それが制限行為能力者に有利ということもあります。しかし、制限行為能力者の行った法律行為は"**取り消し得る行為**"ですので不安定です。それを取り消すことのできない完全に有効な行為と確定するためには、追認をする必要があるのです。

また、取り消すことができるのに、法定代理人や行為能力を回復した制限行為能力者だった者が契約の履行を請求したり、あるいは履行してしまったような場合には追認をしたものとみなされます（法定追認）。

① POINT
制限行為能力者も行為能力者となった時から追認することができる。

17 制限行為能力者の相手方の催告権 民20条

制限行為能力者と取引をした相手方は、法律行為が取り消されるかもしれないという不安定な立場に立たされます。そこで民法では制限行為能力者と取引をした相手方を保護するために、"1カ月以上の期間を定めて追認するか、しないか"を制限行為能力者側に催告することを認めています。

過去問
チェック 管 R2

② POINT
法律行為後、制限行為能力者が行為能力者になっていれば、催告の相手方は本人である。

＜催告の相手と効果＞

取引の相手方	催告の相手方	確答なき場合の効果
未成年者	親権者又は未成年後見人	追認
成年被後見人	成年後見人	追認
被保佐人	被保佐人（本人）	取消し
	保佐人	追認
被補助人	被補助人（本人）	取消し
	補助人	追認

18 制限行為能力者の詐術　　　　　　　民21条

　制限行為能力者制度は、制限行為能力者保護の制度ですので、制限行為能力者自身が"自分は行為能力者である"と嘘（詐術）をついて取引をしたような場合、制限行為能力者を保護する必要はないので、その法律行為は取り消すことができなくなります。

> ● 判例
> ・単に制限行為能力者であることを黙秘していただけでは、詐術には当たらない。
> ・制限行為能力者の他の言動と相まって相手方に行為能力者であると誤信させたような場合は、詐術に当たる。

確認問題

　問：被保佐人が保佐人の同意を得ることなく、被保佐人が所有する専有部分を売買した場合、当該売買契約を取り消すことができる者は、被保佐人に限られている。

- -

　　　　答：✕　保佐人も取消しができます。（➡ 12 被保佐人の保護者）

第 2 節 意思表示

意思表示とは、どのような法律行為をしたいかを表示することです。では、勘違いをしたり騙されたりした場合、その契約は有効でしょうか。

1 意思表示

意思表示とは、文字どおり意思の表示をすることです。例えば、AがBに自己所有の土地を売却する場合、Aが土地を売りたいと思うのが意思で、それをBに伝えることが表示にあたります。この土地を売りたいという内心の意思とBに対する表示とが一致することでAの申込みの意思表示は有効となります。

なお、意思表示は相手方に**到達した時**に、その効力が生じるのが原則です。

2 心裡留保   民93条

心裡留保とは、自分の表示について真意がないことを認識しながらする意思表示のことです。簡単にいうと冗談で契約をしてしまった場合のことです。

この場合、以下のようになります。

① **原則：意思表示は**有効
② **例外：以下のいずれかの場合は**無効
　ア）相手方が、その意思表示が表意者の真意ではないことを知っていた（悪意）
　イ）相手方の不注意により、その意思表示が表意者の真意ではないことに気付かなかった（有過失）

相手方が、冗談を信じてその契約を成立させようとしたのに、冗談だから契約しないといわれたのでは損害が生じてしまいます。そこで、心裡留保は原則として有効としたのです。しかし、相手方が**悪意**又は**有過失**の場合は、相手方を保護する必要はないので、意思表示は**無効**となり契約は成立しません。

ここで、法律上、悪意とは、ある事情を**知っている**ことをいい、善意とは、ある事情を**知らない**ことをいいます。また、故意とは、**意図的**（わざと）なことを意味します。そして、有過

失とは、**不注意（落ち度）があること**をいい、無過失とは、**不
注意がないこと**をいいます。

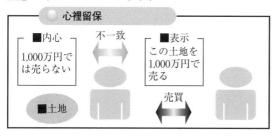

　ただし、心裡留保による意思表示の無効は，善意の第三者に
は、**無効を対抗（主張）できません。**

3 虚偽表示
民94条1項・2項

マ　R4
管　R3

　虚偽表示とは、相手方と通じて、内心の意思とは異なる表示
を行うことをいいます。例えば、強制執行を免れるために、財
産の仮装売買をする場合がこれに当たります。虚偽表示に基づ
く意思表示は、以下のようになります。

① **原則：意思表示は無効**
② **例外：善意の第三者**に対して無効を対抗できない

　契約当事者間では本当に契約するつもりはないので、意思表
示は原則として**無効**となります。しかし、虚偽の契約と知らず
に取引にかかわった者は保護すべきですので、**善意の第三者
に対しては、無効を対抗できません。**つまり、善意の第三者
に仮装売買した財産が転売されると、もはやその財産は“仮装
売買”であったことを理由に取り戻すことができなくなるので
す。

判例
・善意であればよく無過失は求められていない。また、登記等の
　対抗要件も必要ない。
・善意の第三者から目的物を取得した悪意の転得者も保護され
　る。

① 　keyword
「第三者」とは、虚
偽表示の当事者・包
括承継人（相続人等）
以外の者で、虚偽表
示による法律関係
に、新たに、独立し
て、法律上の利益を
有することになった
者をいう。
ex：虚偽表示により
売却された物の譲受
人。仮装譲渡不動産
に抵当権の設定を受
けた者。

② 　POINT
「第三者」から、さ
らに物を譲り受けた
転得者も「第三者」
に該当する。

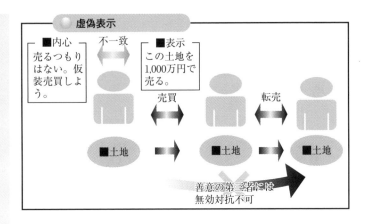

■虚偽表示

■内心　　不一致　　■表示
売るつもり　　　　　この土地を
はない。仮　　　　　1,000万円で
装売買しよ　　　　　売る。
う。

売買　　　　　　　転売

■土地　➡　■土地　➡　■土地

善意の第三者には
無効対抗不可

過去問　マ R4
チェック

① check
心裡留保や虚偽表示
は表意者自身が、意
思と表示の食い違い
を知っていながら行
為を行ったのに対し
て、錯誤は表意者も
間違いに気づいてい
ない点が異なる。

4 錯誤 （民95条）

　錯誤とは、表示と内心の意思が一致せず、そのことを表意者
が知らないことをいいます。簡単にいえば表意者が、自身の勘
違いにより意思表示をすることです。錯誤に基づく意思表示は
取り消すことができます。

　しかし、勘違いをしたなら何でも取消しができてしまうと、
危なくて取引ができません。そこで、錯誤による取消しができ
るのは、次の場合に限られます。

> 　以下の**錯誤**に基づくものであって、その錯誤が法律行為の
> 目的及び取引上の社会通念に照らして**重要なもの**であると
> き。
> ・意思表示に対応する意思を欠く錯誤
> ・表意者が法律行為の基礎とした事情についてのその認識が
> 　真実に反する錯誤（その事情が法律行為の基礎とされてい
> 　ることが表示されていたときに限られる）

　もっとも、錯誤が表意者の重過失によるものであったときに
は、原則として、**取消しができません**。しかし、以下の場合に
は、例外として、**取消しができます**。

> ・相手方が表意者に錯誤があることを知り、又は重過失によ
> 　って知らなかったとき。
> ・相手方が表意者と同一の錯誤に陥っていたとき。

　なお、錯誤による意思表示の取消しは、善意でかつ無過失

（善意・無過失）の第三者には対抗できません。

5 詐欺
民96条1項・3項

詐欺とは、人を騙す行為をいいます。例えば土地の価格が下がると騙して土地を売らせるケースが、これに該当します。詐欺により意思表示をした場合、以下のようになります。

① 表意者は契約を取り消すことができる。
② 取消しは善意・無過失の第三者に対して対抗できない。

騙されて契約をした者は保護する必要がありますので、契約を取り消すことが認められます。しかし、善意でかつ無過失（善意・無過失）の第三者に対しては取消しを対抗できません。

なお、ここで述べたことは取消し前に第三者が登場した場合ですが、取消し後に第三者が登場した場合は、後述の対抗関係となります。

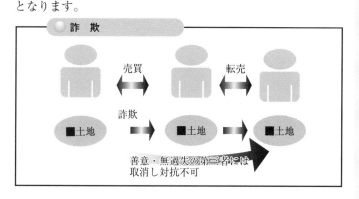

詐 欺

売買　転売

詐欺

■土地　　■土地　　■土地

善意・無過失の第三者には
取消し対抗不可

6 強迫
民96条1項

強迫とは、相手に畏怖（いふ）の念を生じさせ、それにより意思表示をさせることをいいます。強迫により意思表示をした場合、以下のようになります。

① 表意者は契約を取り消すことができる。
② 善意・無過失の第三者に対しても取消しを対抗できる。

詐欺は、表意者にも油断があったので、善意・無過失の第三者を優先して保護することにしたのですが、強迫の場合は、表

14

意者に責任があるわけではありません。そこで、強迫の場合、善意・無過失の第三者よりも、表意者の方を、優先して保護することにしたのです。

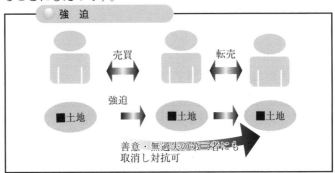

強迫

売買 転売

強迫

■土地 ■土地 ■土地

善意・無過失の第三者にも
取消し対抗可

7 第三者の詐欺・強迫

民96条2項

過去問
チェック マ R3

　次に、第三者に騙されて契約をしてしまった場合（第三者の詐欺）はどうでしょう。このような場合、第三者に騙されただけで無条件に契約の取消しを認めると、相手方は損害を被ることになります。そこで、契約の相手方が第三者による詐欺について悪意又は過失のあった（**悪意・有過失**）ときは、**取り消すことができます**。契約の相手方がこのような場合には、保護する必要性が少ないからです。

　他方、第三者が強迫した場合は、相手方が善意・無過失であっても、契約を**取り消すことができます**。相手方より、強迫された人を保護すべきだからです。

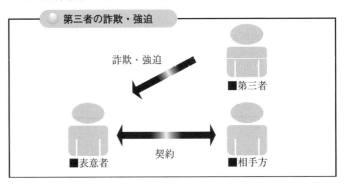

第三者の詐欺・強迫

詐欺・強迫

■第三者

■表意者 契約 ■相手方

＜意思表示のまとめ＞

	契約の効力	第三者の取扱い
心裡留保	原則：有効 例外：相手方が悪意・有過失の場合は無効	善意の第三者には対抗できない
虚偽表示	無効	善意の第三者には対抗できない
錯誤	取消しできる	善意・無過失の第三者には対抗できない
詐欺	取消しできる	善意・無過失の第三者には対抗できない
強迫	取消しできる	善意・無過失の第三者にも対抗できる

8 取消しと無効

　無効とは、契約は**当初から法律上の効力を生じない**ことをいいます。この第2節で取り上げたことのほか、公の秩序又は善良の風俗（**公序良俗**）に反する行為も**無効**となるとされています。

　取消しとは、いったん有効に成立した契約を、**契約当初に遡って効力をなくす**ことをいいます。

確 認 問 題

　問：詐欺による意思表示は、取り消すことができるが、当該意思表示の取消しは、善意でかつ過失がない第三者には対抗することができない。

　　　　答：○（➡ 5 詐欺）

第 3 節 代理

制限行為能力者が法律行為をする場合や自分ですべてを行えない場合があります。この場合、代理という考え方が必要となります。

1 代理の意義

　代理とは、権限内において、代理人が本人のためにすることを表示して行った意思表示によって、全面的に本人に法律行為の効果が帰属する①ことをいいます。

> ① POINT
> 代理の効果は本人に直接帰属する。

　この代理には、以下の2種類があります。

| ① 任意代理…本人から代理権を授与されたもの |
| ② 法定代理…法律の定めにより代理権が授与されたもの |

　①の任意代理は、契約等によって代理人とするものです。②の法定代理は、未成年者や成年被後見人のように、法律の定めによって代理人とするものです。

2 代理の成立要件　　　　　　　　　　民99条、100条

　代理が成立するには、以下の3つが必要となります。

| ① 代理行為（代理人による意思表示） |
| ② 顕名（けんめい） |
| ③ 代理権の存在 |

　①は、代理人が本人に代理して、相手方に意思表示をし、また相手方の意思表示を受領することをいいます。

　②の顕名とは、代理人が "自分は代理人として本人のために意思表示をしている" ということを相手方に明らかにすることで、相手方を保護するためにも必要なものです。取引の相手方としたら、目の前にいる者が代理人として意思表示をしているのかどうかわからないからです。

　もし、代理人が顕名をしなかった場合、代理人が自己のために意思表

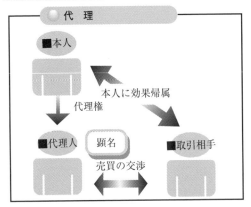

代 理
■本人
本人に効果帰属
代理権
■代理人　顕名　■取引相手
売買の交渉

示をしたこととされ、代理人に効果が帰属することになります。

　なお、顕名をしなくても、相手方が"本人のためにすること"を知っている場合や知ることができた場合（**悪意・有過失**）は、意思表示の効果は本人に帰属します。

　③は、代理を行うには代理をする権利、"代理権"が必要ということです。

3 代理人の行為能力

民102条

　代理人となるには、**行為能力は不要**です。つまり、未成年者や成年被後見人も代理人となることができます。これは、代理の効力は本人に帰属するので、代理人である未成年者や成年被後見人が損害を受けることがないからです。

　そのため、制限行為能力者が代理人であっても本人はこれを理由として、契約を取り消すことはできないということです。

4 復代理

　代理は、本来、代理人と本人との信頼関係に基づいて成り立つものですから、代理人自らが、まかされた事務を処理する必要があります。しかし、急病等何か緊急の事情で、代理人が代理行為を行えない場合もありえます。そのような場合、当初予定していた行為を代理人が代わりの者（復代理人）に行わせることも認めています。これを**復代理**といいます。

5 復代理人の選任

民104〜106条

① 任意代理の場合

　任意代理人は、次の**いずれか**の場合に復代理人を選任できます。

ア）本人の許諾を得たとき
イ）やむを得ない事由があるとき

② 法定代理の場合

　法定代理人は**常**に復代理人を選任できます。これは、法定代理人は制限行為能力者のほとんどの法律行為をしなければならないので、必要な時はいつでも選任できないと、かえって制限

18

行為能力者が困ることになるからです。

6 復代理人と代理人・本人の関係　　民106条

　復代理人は直接本人を代理することになり、代理人を代理するわけではありません。また、元々の代理人の代理権も存続し、復代理人を選任しても代理権は消滅しません。

　復代理人は、本人及び第三者に対して、その権限の範囲内において、代理人と同一の権利を有し、義務を負います。

7 代理権の濫用　　民107条

　代理人が、代理権を行使する場合に、自分や第三者の利益を図る目的で取引を行うことがあります。例えば、代理人が自分の遊興費に使用する目的で、本人を代理して第三者から借金をするような場合です。このような場合、相手方がその目的を知り（悪意）、又は知ることができたとき（有過失）は、その行為は、後述する無権代理行為となり、本人には効果が及びません。

8 自己契約・双方代理等　　民108条

　自己契約とは、代理人自身が相手方となる契約であり、双方代理とは、当事者双方の代理人となることです。民法では自己契約・双方代理ともに禁止されています。なぜ、禁止されるのでしょうか。例えば本人が土地の売却の代理を依頼したとします。自己契約の場合、自分が買主となるのですから、売主の代理人であることをいいことに、土地を安く売却し、自己の利益を優先する可能性があります。また、双方代理の場合、売主又は買主のどちらかと示し合わせて、もう一方に損害を与える可能性があります。そのため禁止されているのです。

　そこで、この自己契約・双方代理を行った場合には、無権代理行為となります。

　ただし、本人の許諾がある場合や債務の履行の場合には、自己契約・双方代理は有効です。この債務の履行には、売買による不動産の移転登記を行う等があります。

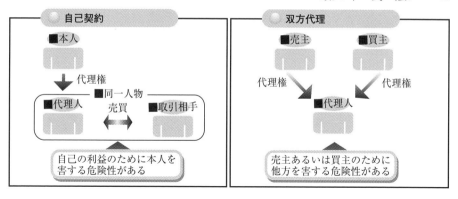

　また、代理人と本人との**利益が相反する行為**も、**無権代理行為**とみなされます。ただし、**本人があらかじめ許諾した行為**については、**有効**です。

9 代理行為の瑕疵　　　　　民101条

　代理行為の瑕疵とは、代理人が相手方を騙したり強迫をした場合や、代理人が相手方に騙されたり強迫されたりした場合をいいます。この場合、善意・悪意、有過失・無過失等は、すべて代理人を基準に判断します。これは、実際に行為を行うのが代理人だからです。ただし、本人から特定の法律行為を委託された代理人がその行為をした場合に、**本人が事情を知っていたり、事情を知らないことに過失があるとき**は、代理人が善意や無過失でも、**取消しや無効を主張することができません**。

10 代理人の権限　　　　　民103条

　代理人の権限の定めがない場合、代理人は以下の行為についてのみ権限を有します。

ア）**保存行為**
イ）**目的物又は権利の性質を変えない範囲での利用**
ウ）**目的物又は権利の性質を変えない範囲での改良**

11 代理権の消滅　　　　　民111条

　代理権は、以下の事由で消滅します。

	本人	代理人
任意代理	・死亡 ・破産手続開始決定	・死亡 ・**後見開始の審判を受けた** ・破産手続開始決定 ・解除
法定代理	・死亡	・死亡 ・後見開始の審判を受けた ・破産手続開始決定

マ R2
管 R2・3・5

12 無権代理
民113〜117条

　無権代理とは、代理権のない者が代理人として契約を行った場合をいいます。代理行為の成立には、代理権の存在が要件でしたので、代理権のない者の代理行為は代理とはならず、本人に効果が帰属しません。しかし、それだけだと契約の相手方が害されます。そこで、民法は、次のように定めました。

① 本人がとり得る行為

> **ア）追認**…無権代理行為を有効な行為とすること。
> **イ）追認拒絶**…無権代理行為を確定的に無効とすること。

② 相手方がとり得る行為

> **ア）催告権の行使**
> **イ）取消権の行使**
> **ウ）無権代理人への責任追及**
> **エ）表見代理の主張**

ア）催告権

　無権代理の相手方は、本人に追認するかしないかを確答するように催告できます。本人が追認するか否か、態度をはっきりさせてくれないと、契約の相手方は、いつまでも不安定な立場に置かれてしまうからです。この催告は、**悪意・有過失**の者であっても行うことができます。なお、確答がない場合は**追認拒絶**とみなされます。

イ）取消権

　無権代理の相手方は、**本人が追認するまでは**、契約の取消しを主張することもできます。契約を取り消すことで、相手方は不安定な立場から抜け出すことができるのです。取消しは**善意の相手方に限り主張することができます**。なお、取り消すと、**本人は追認できなくなります**。

ウ）無権代理人への責任追及

① **POINT**
追認すると、代理行為当時に遡って効果が本人に帰属する。

② **POINT**
追認は、無権代理人に対して行ってもよいが、相手方が追認を知らないと相手方に追認の効果を主張できない。

　無権代理の相手方は、<u>無権代理人へ責任追及</u>することができ
ます。代理権がないのに代理人のように振る舞った無権代理人
には責任があるので、無権代理人は、**自己の代理権を証明した**
とき、又は本人の追認を得たときを除き、相手方の選択に従い、
相手方に対して履行又は損害賠償の責任を負います。

　もっとも、次のときには、その責任を負いません。

> ・**無権代理人が代理権を有しないことを相手方が知っていた**
> **とき**
> ・**無権代理人が代理権を有しないことを相手方が過失によっ**
> **て知らなかったとき。ただし、無権代理人が自己に代理権**
> **がないことを知っていたときを除く。**
> ・**無権代理人が制限行為能力者であったとき。**

　なお、相手方が自ら契約を取り消したのなら、契約ははじめ
からなかったことになるので責任追及できません。

　また、無権代理であることを知っていたり、過失で知らなか
った者まで保護する必要はありません。

　そして、無権代理人が制限行為能力者であっても責任追及で
きません。制限行為能力者が単独で行った法律行為は、取り消
すことができるとしたにもかかわらず、無権代理人として法律
行為をしたときは取り消せず、責任追及が可能とされると、制
限行為能力者保護の規定が無意味になってしまうからです。

エ）表見代理の主張

　表見代理とは、無権代理人が無権代理行為をしたことについ
て、本人にも責められる点がある場合、無権代理の効力を本人
に帰属させる、つまり**有権代理と同様の効力を発生させること**
をいいます。表見代理を主張するためには、相手方は善意・無
過失である必要があります。なお、**表見代理が成立する場合**で
も、契約の相手方は、**契約の取消しや無権代理人への責任追及**
ができます。

① POINT
無権代理人が死亡
し、本人がその地位
を単独で相続した場
合、本人は追認拒絶
できる。他方、本人
が死亡し、無権代理
人がその地位を単独
で相続した場合、無
権代理人は追認拒絶
できない（判例）。

22

<相手方のとり得る行為> <○＝可　×＝不可>

内容	悪意者	善意・有過失者	善意・無過失者
催告権	○	○	○
取消権	×	○	○
無権代理人への責任追及	×	×	○
表見代理	×	×	○

13 表見代理の類型　民109条、110条、112条

表見代理には、以下の3類型があります。

① 代理権授与の表示による表見代理

白紙委任状を渡していた場合がこれに当たる。

代理権授与の表示による表見代理とは、代理権を授与していないにもかかわらず、本人が代理権を授与したような表示をしてしまうことをいいます。このような場合、相手方が代理権が存在すると考えるのも仕方がなく、また、そう考えることにつき、本人に責任があるので、表見代理が成立します。

② 権限外の行為の表見代理

② POINT
土地の賃貸借契約締結の代理権を与えたら、土地の売買契約を締結してしまった場合等がこれに当たる。

権限外の行為の表見代理とは、一応代理権はあるけれど、無権代理人が、本人が与えた代理権の範囲を越えるような行為を行ってしまった場合に、相手方が、越権行為について正当な代理権を有すると考えるのも仕方がない場合に成立する表見代理をいいます。

③ 代理権消滅後の表見代理

③ POINT
法人の代表者が代表者たる地位を辞任したにもかかわらず、依然として代表者として行動していた場合等がこれに当たる。

代理権消滅後の表見代理とは、かつて代理権を有していたが、今は代理権を有していない者が行った代理行為で、相手方が代理権が消滅したことを知らず、また知らなかったことにつき落ち度なく、無権代理人と取引をしてしまった場合に成立する表見代理です。

④ 重畳適用

上記①と②、②と③の規定が重ねて適用（重畳適用）されることがあります。

例えば、上記①と②の重畳適用の例として、AがBに、Aの不動産の「売却」の**代理権を授与していない**にもかかわらず、代理権を**授与したような表示**をし、BがCとの間で、当該不動産につき「交換」契約をした場合などです。この場合、Cが、

Bには交換契約をする代理権があると信じ、そう信じる正当な
理由があれば（**善意・無過失**）、Aは当該行為についてその**責
任を負う**ことになります。

　また、上記②と③の重畳適用の例として、Aを代理するBの
代理権が消滅したのですが、その後、BがCとの間で、以前に
与えられていた**代理権の範囲を超える**行為を行ったような場合
などです。この場合、Cが、Bには当該行為について代理権が
あると信じ、そう信じる正当な理由があれば（**善意・無過失**）、
Aは当該行為についてその**責任を負う**ことになります。

14 表見代理の効果

　表見代理が成立すると、本人は、代理行為の効果が帰属する
ことを拒めなくなります。また、表見代理はあくまでも相手方
保護の規定ですので、相手方が取消しを主張すれば、表見代理
は成立せず、契約は取り消されます。

＜表見代理の要件＞

	要　件
代理権授与表示の表見代理	①他人に代理権を与えた旨の表示
	②表示された代理権どおりの行為
	③相手方の善意・無過失
権限外の行為の表見代理	①基本代理権の存在
	②その権限ありと信ずべき正当の理由 　（相手方の善意・無過失）
代理権消滅後の表見代理	①かつて代理権を有した者の代理行為
	②代理権の消滅につき、相手方の善意・無過失

●判例

無権代理人は表見代理が成立することを主張して自己の責任を免
れることはできない。

24

確認問題

問：Aは制限行為能力者であるBを代理人とし、BがAの代理人として取引をした場合、Aは、Bが制限行為能力者であることを理由に、当該取引を取り消すことができる。

答：× 制限行為能力者を代理人とすることはできます。ただし、これを理由として、本人は代理人が行った取引を取り消すことはできません。（➡ 3 代理人の行為能力）

第 4 節　条件・期限・時効

重要度　マ ★★
　　　　管 ★★★

ここでは、条件・期限・時効といった、法律行為の成否に関係する制度を説明します。

1　条件　　　　　　　　　　　　　　　　　民127条

　条件とは、将来の発生不確実な事実に法律行為の効力の発生・消滅を係らせることをいいます。

①　停止条件

　条件が成就すると効力が発生する場合をいいます。

②　解除条件

　条件が成就すると効力が消滅する場合をいいます。

2　期限　　　　　　　　　　　　　　　　　民135条

　期限とは、到来確実な事実に法律行為の効力の発生・消滅を係らせることをいいます。

①　確定期限

　"1月1日"等、到来時期が明らかな事実に法律行為の発生・消滅を係らせることをいいます。

②　不確定期限

　不確定期限とは、到来時期が明らかでない事実に法律行為の効力の発生・消滅を係らせることをいいます。

3　期限の利益　　　　　　　　　　　　民136条、137条

　期限があることにより、当事者が受ける利益を、期限の利益といいます。この期限の利益は、債務者のためにあると推定されます。期限の利益は、放棄することができ、また、債務者が担保を滅失、損傷させ、あるいは破産手続開始の決定を受けるなど信用を失わせる行為をした場合は喪失します。

4　時効制度の意義

　時効とは、事実状態が一定期間継続した場合に、これに権利の取得又は喪失という法律効果を認める制度のことです。時効

---

① POINT
例えば、私の親が死亡したら家屋を譲ってあげようというのは、不確定期限である。

② POINT
例えば、金銭の借主は、支払期日まで金銭を自由に使用できる。

には、永続した事実状態を尊重し、社会の法律関係の安定を図り、立証の困難を救い、そして権利の上に眠る者を法は保護しないという意義があります。

5 取得時効
民162条

取得時効とは、一定の期間の経過によって、権利が取得される制度です。取得時効が認められる要件は、次のとおりです。

> ① 他人の物（場合によっては<u>自己の占有物</u>）を、
> ① 所有の意思をもって、
> ③ 平穏かつ公然に、
> ④ 占有の開始が善意・無過失ならば10年、それ以外なら20年間占有すること。

なお、取得時効が認められるのは所有権に限らず、<u>地上権や永小作権・地役権・賃借権等</u>も対象となります。
②の「**所有の意思をもって**」ですが、賃貸借の場合は、自己の物であるという所有の意思がありませんので、原則として時効は成立しませんが、所有の意思を表示するか新権原により占有を開始することで、所有の意思が認められます。

6 消滅時効
民166条、167条、169条

消滅時効とは、一定期間、権利が行使されなかったことによって、その<u>権利</u>が消滅するという制度です。そして、**債権の消滅時効**は、以下のとおりとなります。

債権	債権者が権利行使できることを知った時から5年	権利行使できる時から10年
債権又は所有権以外の財産権		権利行使できる時から20年
人の生命又は身体の侵害による損害賠償請求権		権利行使できる時から20年

上記の債権は、債権者が権利行使できることを知った時は5年で、それを知らない場合でも、権利行使ができる時から10年又は20年で消滅します。
なお、確定判決又は確定判決と同一の効力を有するものによって確定した権利については、**10年より短い時効期間の定め**

管 R5

① POINT
自己の占有物であっても、長年月の経過により、所有権を証明できないおそれがあるので、取得時効の対象としている。

② POINT
これらは、他人の土地を利用できる用益権である。

③ POINT
所有権は、消滅時効にかからない。

マ R3

があるものであっても、その時効期間は**10年**となります。

7　時効の完成猶予・更新　　　　　民147条～153条

時効制度が認められるからといっても、自己の権利が他人の
ものになったり、消滅したりするのでは困ります。そこで、時
効の完成を阻止するため、時効の完成猶予と時効の更新の2つ
の制度が設けられています。

①　時効の完成猶予

時効の完成猶予は、時効の進行が**停止**します。この間は、時
効は完成しません。

②　時効の更新

時効のカウントがゼロとなり、リセットされて**新たに時効が
進行します**。

③　時効の完成猶予と更新

主な時効の完成猶予と時効の更新は、以下のとおりとなりま
す。

	事由	完成猶予	時効の更新
（ア）	・**裁判上の請求** ・**支払督促** ・和解・調停申立て ・**破産手続参加等**	その事由が終了するまで （確定せずに終了したときは、終 了時から6ヵ月間）	その事由の終了時
（イ）	・強制執行 ・担保権の実行等		
（ウ）	仮差押え・仮処分	その事由の終了時から6ヵ月間	―
（エ）	**権利の承認**	―	承認の時
（オ）	債権者等の催告	催告から6ヵ月経過するまで	―
（カ）	協議を行う旨の合意	一定の期間が経過するまで	―

上記（ア）については、それらの**事由が終了するまでは、時
効の完成が猶予**されます。そして、それらの事由により**権利が
確定したとき**は、それらの事由が**終了した時に時効が更新**され
ます。

他方、確定判決等により**権利が確定することなく**その事由が
終了した場合、その**終了時から6ヵ月を経過するまでの間**、時

効の完成が猶予されます。

（イ）については、それらの事由が終了するまでは、時効の完成が猶予されます。そして、それらの事由が終了した時に時効が更新されます。

他方、申立ての取下げ又は法律の規定に従わないことによる取消しによってその事由が終了した場合、その終了時から6ヵ月を経過するまでの間、時効の完成が猶予されます。

（ウ）については、それらの事由の終了時から6ヵ月を経過するまでの間は、時効の完成が猶予されます。

（エ）については、時効の利益を受ける当事者が、時効の完成前に、権利者に対して、その権利の存在を認めた（権利の承認）場合、時効が更新されます。なお、債務の全部について承認するだけでなく、債務の一部弁済、利息の支払、債務の支払時期の延長の申入れも権利の承認となります。

（オ）については、催告（裁判外の請求）の時から6ヵ月を経過するまでの間は、時効の完成が猶予されます。なお、催告によって時効の完成が猶予されている間に、再度催告をしても、時効の完成猶予の効力を有しません。

（カ）については、当事者が、権利についての協議を行う旨の合意が書面又は電磁的記録（書面等）でされた場合、次のいずれか早い時までの間は、時効の完成は猶予されます。

・その合意があった時から1年を経過した時
・その合意で当事者が協議を行う期間（1年未満のもの）を定めたときは、その期間を経過した時
・当事者の一方から相手方に対して協議の続行を拒絶する旨の通知が書面等でされたときは、その通知の時から6ヵ月を経過した時

④　時効の完成猶予・更新の効力が及ぶ者

時効の完成猶予又は更新は、完成猶予又は更新の事由が生じた当事者及びその承継人の間においてのみ、その効力を有します。

8 時効の援用
民145条

　時効が完成しても、そのままでは効力が発生しません。時効により利益を受けようとする意思表示である**時効の援用**をしなければなりません。時効の援用をすることで、初めて権利が取得できたり、債務が消滅したりするのです。

　それでは、時効完成後に、**債務者が時効の完成を知らずに債務を承認**した場合はどうなるのでしょう。この場合、債務者が完成した消滅時効を援用するのは、信義則に反するため**許されない**とされています（判例）。

　なお、消滅時効では、時効の援用をすることができる者（当事者）は、債務者だけでなく、**保証人**、物上保証人、第三取得者その他権利の消滅について正当な利益を有する者も含まれます。

マ R3

9 時効利益の放棄
民146条

　時効の援用は、利益を受けるという意思表示ですが、時効利益の放棄は、それを受けないという意思表示です。ただし、時効完成前に時効利益を放棄することはできません①。これを認めると、例えば、貸主が金銭を貸し付ける際、その債権が消滅時効にかからないというような、自己に有利な特約を借主に結ばせることで、借主が著しく不利な立場に置かれてしまうからです。

管 R3

① 　POINT
規約や契約書で"時効は援用しない"と定めても、その定めは無効となる。

10 時効の効力
民144条

　時効の効力は、その**起算日**にさかのぼります。取得時効の場合、占有開始時に遡って、物の所有者とされます。消滅時効の場合は、起算日から債務を免れることになります。これにより、利息や遅延損害金の支払も免れます。

確認問題

問：催告があったときは、その時から６ヵ月を経過するまでの間は、時効は完成しないが、催告によって時効の完成が猶予されている間にされた再度の催告は、時効の完成猶予の効力を有しない。

答：○（➡ **7** 時効の完成猶予・更新）

第 5 節　物権総論

物権とは、物に対する権利をいいます。この物権はどのような効力を持ち、どのようにしたら移転するのかを覚えましょう。

1 物権の意義

物権とは、物に対する権利のことです。我々は色々な物を持っています。しかし、それらの物をまったくの無権限で持っているということはありません。どういった権利に基づいて物を持っているのか、その物をどのように使えるのかを定めているのが、物権の規定なのです。

2 動産と不動産

民86条

物は動産と不動産に分類することができます。**不動産**とは、土地及びその定着物（一定の要件を満たした樹木・建物等のこと）です。土地の定着物は原則として土地の一部をなし、土地所有権に含まれますが、①**建物は土地とは別個の不動産**とされ②**一定の要件を満たした樹木は土地とは独立して取引対象**となります。また、**動産**とは、不動産以外の物すべてです。

① POINT
一つの物権の客体は一個の独立物でなければならない（一物一権主義）。

3 物権の種類　　　　　　　　　　　　　　民206条

物権には以下のような権利があります。

物権の種類			定　義
所有権			所有者が特定の物を法令の制限内において包括的に利用できる権利
占有権			自己のためにする意思をもって物を所持するという事実的支配状態を法的に保護する権利 占有者は占有すべき正当な権利を有すると推定される
用益物権		地上権	竹木及び工作物の所有を目的として他人の土地を利用する権利
		地役権	自己の土地のために他人の土地を利用する権利
		永小作権	耕作又は牧畜をなすことを目的として他人の土地を利用する権利
担保物権	法定	留置権	他人の物を占有している者が、その物に関して生じた債権を有する場合、弁済を受けるまでその物を留置できる権利
		先取特権	法律の定める特殊の債権を有する者が、債務者の財産から優先弁済を受けることのできる権利
	約定	抵当権	債務者又は第三者が占有を移さず、担保に供した不動産につき、債権者が優先的に弁済を受けることのできる権利
		質権	担保の目的物の占有を債権者に移し、債権者は弁済があるまで目的物を留置し、弁済がない場合には目的物から優先弁済を受けられる権利

　なお、所有権は「使用」・「収益」・「処分」をその内容とします。つまり、物を自ら使うことも、他人に貸して収益を上げることも、他人に売ってしまうこともできるのです。

　そして用益物権とは、この所有権の内容のうち、使用と収益をする権利を有する物権をいいます。例えば地上権なら、建物を建てて所有するために他人の土地を使うことができます。しかし、他人の土地なのですから、処分をすることはできません。

　また、担保物権とは、債務の履行確保のための物権です。担保物権には、当事者の合意で成立する約定担保物権と、法律の定めにより当然に成立する法定担保物権があります。

●判例

物権の内容を完全に実現することが妨げられ、あるいはそのおそれがある場合、その妨害を生じさせている者に対して、物権の内容を完全に実現される行為を請求できる（物権的請求権）。

第 6 節 物権変動

所有権や抵当権を物権といいますが、では、物権を他人に移転させる際には、どのような問題が発生するのでしょうか。

1 物権変動

　物権変動とは、物権の発生・変更・消滅のことをいいます。例えば、所有権の発生や変更は、建物の建築・改築や売却等なのでイメージしやすいと思います。

2 物権変動の時期　　　　　　　　　　　　　　民176条

　物権変動は、特約がない限り、**意思表示をした時**に起こります。例えば、売買ならば、その契約を締結した時に目的物の所有権が移転します。

① POINT
意思主義の原則：
契約書の作成や、登記・代金の支払いは必要ない。

過去問チェック　マ R2〜4

3 不動産物権変動の対抗要件　　　　　　　　　民177条

　意思表示によって生じた物権変動の効果を売主に対して"自分が所有者である"と主張するには、売買契約の存在を主張すればいいのですが、**第三者に物権変動を対抗する**には、不動産の場合は**不動産登記**が必要となります。

　不動産の取得を第三者に対抗するには登記が必要とは一体どういうことなのでしょうか。"いつ"、"誰と誰が"契約をしたかというのは、第三者には簡単には分かりません。そうすると、不動産が二重に譲渡されたりして、取引の安全が害されます。そこで、登記により、不動産の権利関係を公示し、取引の安全を保つことにしたのです。

　不動産の取得を第三者に対抗するケースには、不動産が**二重譲渡**された場合があります。二重譲渡というのは、売主が、売却したはずの不動産を、別人にも売却してしまうことをいいます。しかし、所有者となれるのはどちらか一方ですので、両立しない権利の優先順位の決定方法が必要となります。このように不動産が二重譲渡された場合、売買契約の先後ではなく、登記を先にした方が優先することとなるのです。

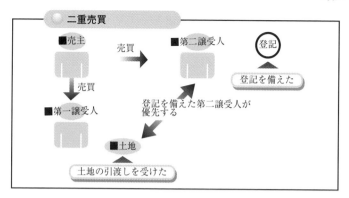

4 第三者の範囲

　いままで、不動産の物権変動を<u>第三者</u>に対抗するには、登記
が必要となると説明してきましたが、どんな第三者に対しても
登記がなければ対抗できないのでしょうか。例えば、不法占拠
者にも登記がなければ自分が所有者であると主張できないとい
うのは、明らかにおかしな話です。第三者の範囲で問題となる
のは、以下のような者です。

① 登記がなければ対抗できない者

ア）悪意の第三者
イ）賃借権者、地上権者、抵当権者

　ア）の悪意の第三者に対しても、登記がなければ対抗できま
せん。これは、事情を知っているか否かで不動産の取得が左右
されるとすれば、画一的に処理できず、取引の安全が害されて
しまうからです。

　イ）の賃借権者、地上権者、抵当権者に対しても登記がなけ
れば対抗できません。ここでいう対抗とは、以下の2つのケー
スがあります。

　例えば、①賃借権の登記等がなされていない賃貸不動産の所
有権を取得した場合、所有権の登記が先ならば、所有者が不動
産を全面的に使用でき、賃借人は不動産を明け渡さなければな
らず、②<u>賃借権の登記等</u>が先ならば、所有者は賃借人が不動産
を使用することを認めなければならないということです。

① 　　keyword
第三者とは、契約の
当事者及び包括承継
人以外の者で登記が
ないことを主張する
正当な利益を有する
者をいう。

② 　　POINT
借地借家法上の一定
の土地・建物賃借権
の対抗要件
借地：借地上の建物
　　　に自己名義で
　　　登記をする。
借家：引渡しを受け
　　　る。

34

② 登記がなくても対抗できる者

| ア）詐欺・強迫により登記を妨げた第三者 |
| イ）登記申請の依頼を受けた第三者 |
| ウ）不法占有者 |
| エ）無権利者 |
| オ）背信的悪意者 |
| カ）売主・売主の相続人 |

　ア）の者には登記がなくても対抗できます。登記を備えて、第三者にも対抗できるようにしようとしている者を妨害して、自分が登記を備えてしまうような者を、保護する必要はないからです。

　イ）の者にも登記がなくても対抗できます。第一譲受人から登記申請の依頼を受けた者が第二譲受人だった場合です。また、ウ）、エ）は登記に関して正当な権利がない者ですから、これらの者に対して権利を主張するのに登記はいりません。

　オ）の**背信的悪意者**とは、第一譲受人を害する目的で不動産を譲り受けた者をいいます。いくら取引の安全を保護するためとはいえ、相手方に損害を与えるような意思を持った者まで保護する必要はないので、背信的悪意者に対して権利を主張するのに登記はいりません。

　カ）の者にも登記なくして対抗できます。これらの者は、契約の**当事者**であり、**第三者ではない**からです。

5 取消し後の第三者と対抗関係

　詐欺による意思表示では、善意の第三者に取消しを対抗できるかが問題となりました。これは、取消しをする**前**に転売等をされて第三者が登場した場合でした。一方、取消しをした**後**に第三者が現れた場合は、<u>対抗関係</u>となり、取消しをした者と第三者とで先に登記を備えた方が優先します。つまり、悪意の第三者でも登記を備えれば取消しをした者に対抗することができるのです。なお、この考えは、強迫の取消しや契約の解除にも適用されます。

① **POINT**
この場合、取消しにより復帰的物権変動があったと考え二重譲渡と同じ扱いになる。

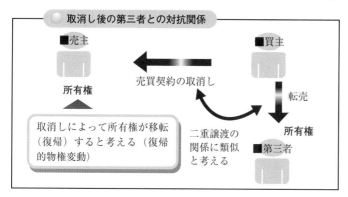

取消し後の第三者との対抗関係

■売主

■買主

売買契約の取消し

所有権

転売

取消しによって所有権が移転
（復帰）すると考える（復帰
的物権変動）

所有権

二重譲渡の
関係に類似
と考える

■第三者

6　動産物権変動の対抗要件と即時取得 民178条、192条、193条

マ　R5

　動産の対抗要件は引渡しとされています。動産にはペン等の数限りなく存在する物が該当しますので、不動産のように登記をするというのが不可能だからです。そこで、引渡しがあれば、それで対抗要件を備えることとしたのです。

　しかし、引渡しが対抗要件ですと、一見しただけでは、取引の相手が本当の所有者かどうか分かりません。所有者だと思ったら、実は預かっていただけの人ということもあります。そこで、動産については、即時取得という制度を設け、**無権利者から動産を取引により取得した人**を、所有者として保護しています。

要件	①動産であること ②有効な**取引による**取得であること ③相手方が無権利者であること	④平穏・公然・善意・無過失で物の占有を 　取得したこと ⑤占有を始めたこと
効果	動産の買主等に所有権が帰属する	
例外	盗品・遺失物の場合、盗まれたとき又は遺失したときから**2年間返還請求権あり**	

確 認 問 題

　問：ＡＢ間で、Ａが所有する301号室の売買契約を締結したが、その後、301
　　号室につきＡＣ間でも売買契約を締結した。この場合、Ｃが先に301号室の
　　引渡しを受けていれば、Ｂが所有権者として登記されたときでも、Ｂは、Ｃ
　　に対して自己が301号室の所有権者であることを主張することができない。

　　　答：×　先に登記をしたＢがＣに対し、所有権を主張できます。
　　　　　　（➡ 3 不動産物権変動の対抗要件）

第7節 不動産登記法

不動産に関する権利は、占有を伴わない抽象的なものですので、それを目に見えて表す為に不動産登記法が制定されています。

① keyword
登記簿とは、登記記録が記録される帳簿（磁気ディスク等で調製される）をいい、登記記録とは、表示に関する登記又は権利に関する登記について、1筆の土地又は1個の建物ごとに作成される電磁的記録をいう。

1 不動産登記法の趣旨

　不動産登記制度とは、不動産取引の安全と円滑を図る目的で、不動産について生じた売買による所有権の移転や契約による抵当権の設定などの権利関係を公示する制度であり、**登記**とは不動産登記制度により公示するために登記所に備え付けてある<u>不動産登記簿</u>に登記記録をすることをいいます。
①

2 登記記録の分類　　　　　　　　　　　　　不登法12条

　登記簿には、登記記録が記録されます。

　不動産に関する情報には、面積や用途といった**物理的な情報**もあれば、所有権等の**権利に関する情報**もあります。そこで、登記記録は以下の2種類に分類されています。

| 表題部 | 表示に関する登記が記録される部分 |
| 権利部 | 権利に関する登記が記録される部分 |

過去問チェック → 管 R2

3 不動産登記の種類

　不動産登記には大きく分けて表示に関する登記と権利に関する登記があります。

　表示に関する登記とは土地や建物がどのような区画、形状をしているかというような**物理的現況**を登記記録に記録することをいいます。

　権利に関する登記とは所有権の移転や抵当権を設定する等の権利関係を登記記録に記録することをいいます。先に述べた**第三者に権利を主張**することができる登記というのは、この権利に関する登記のことです。この登記は、権利部に記録されますが、権利部はさらに、所有権に関する事項を記録する**甲区**と、所有権以外の権利に関する事項を記録する**乙区**とに分類されています。

4 表示に関する登記の種類　不登法36条、37条、42条、47条、51条、57条

表示に関する登記には、以下のようなものがあります。

種　類	具　体　例
①表題登記	建物を新築した場合や公有水面埋立により新たに土地が生じた場合等により所有権を取得したときに建物の所在、使用目的、構造や規模等や土地の所在地番・地目・地積等の情報を新たに記録する登記
②滅失登記	建物を取り壊した場合や土地が水没した場合に、取り壊された建物や水没した土地の登記簿を閉鎖する登記
③表示変更登記	建物を増築した場合や土地の地目や地積が変更された場合に、登記簿の記録と現在の土地建物の現況を合致させる登記
④土地合筆登記	複数の土地を1つの土地にまとめる登記 なお、現況の地目や所有者が違ったり片方の土地だけに抵当権などの登記がある場合はできない。
⑤土地分筆登記	1つの土地を複数の土地に分割する登記
⑥建物分割登記	附属建物（倉庫等）を単独の建物とする登記 この登記は、表題部所有者又は所有権の登記名義人以外の者からは、申請できない。
⑦建物合併登記	表題登記がある建物を登記記録上「主たる建物＋附属建物の関係」とし、同一の登記記録に記録することによって1個の建物とする登記
⑧区分建物合併登記	表題登記がある区分建物を、登記記録上これと接続する他の区分建物である表題登記がある建物に合併し、これらを同一の登記記録に記録することによって1個の建物とする登記 この登記は、表題部所有者又は所有権の登記名義人が相互に異なる建物であるときは、申請できない。
⑨建物区分登記	表題登記がある建物又は附属建物の部分であって区分建物に該当するものを登記記録上区分建物とする登記 この登記は、表題部所有者又は所有権の登記名義人以外の者からは、申請できない。
⑩建物合体登記	表題登記がある建物を物理的に（工事等により）1個の建物としたときの登記 合体前の2以上の建物がいずれも所有権の登記がある建物であるときは、合体後の建物についての「建物の表題登記」及び合体前の建物についての「建物の表題部の登記の抹消」を申請する。

　そして、①は、建物又は土地の所有権の取得の日から、②③は、土地又は建物の滅失・変更の日から、⑩は、合体の日から1カ月以内に登記を行わなければなりません。

5 権利に関する登記　　　　　不登法3条、105〜109条

　不動産登記の対象となる権利は、以下のものです。ただし、**権利に関する登記**については、権利者等は登記をする**義務はありません**。

所有権、地上権、永小作権、地役権、先取特権、質権、抵当権、賃借権、採石権、配偶者居住権

6 権利の順位　　　　　　　　　　　　　　　不登法4条

　同一の不動産について登記した権利の順位は、法令に別段の定めがある場合を除いて、登記の前後によります。同区（甲区と甲区、乙区と乙区）の場合は**順位番号**、別区（甲区と乙区）の場合は**受付番号**で判断することになります。

7 登記申請手続　　　　不登法60条、62条、63条、74条、18条

① 登記申請の原則

　登記の申請には、以下の原則があります。

原　則	内　容	例　外
申請主義	登記は当事者の申請又は嘱託によらなければならないという原則。	表示に関する登記
共同申請主義	登記は当事者双方が共同して行う①必要があるとする原則。登記により利益を受ける者（登記権利者）と、不利益を受ける者（登記義務者）とを一緒に申請させることで、登記の真実性を確保する。	表示に関する登記所有権保存登記判決による登記相続による登記**仮登記義務者の承諾書**や、仮登記仮処分命令正本が添付されている仮登記等は**単独申請可能**

① 　POINT
不動産の売買による
所有権移転登記であ
れば、売主が登記義
務者となり、買主が
登記権利者となる。

② 申請の方法

　登記の申請は、以下の2種類の方法により、登記所（法務局・地方法務局・その出張所）に対して行います。

ア）電子情報処理組織（オンライン申請）を使用する方法イ）申請情報を記載した書面を提出する方法（郵送も可）

8 登記の完了と登記識別情報　　　　　　　不登法21条

　登記の申請がなされ、登記が完了すると、登記識別情報が登記名義人に通知されます。以前は登記が完了すると登記済証

（いわゆる権利書）が登記名義人に交付され、次に登記を申請する際には、本人確認の手段として、この登記済証を添付しなければなりませんでした。しかし、法改正でオンライン申請が可能となったため、書面ではなく、登記識別情報という、いってみれば一種の暗証番号で本人確認をするとされたのです。

9 登記識別情報を提供できない場合　不登法23条1・4項

　前述のように、登記をする際には、本人確認のため、登記識別情報を提供しなければなりません。では、この登記識別情報を提供できない場合はどうするのでしょう。

　これについては、以下の本人確認方法が採られています。

> 事前通知制度
> 資格者代理人（司法書士・弁護士）の証明
> 公証人の認証

　事前通知制度とは、登記をする前に、登記義務者に登記の申請があった旨を通知し、間違いがなければ、間違いがない旨の申し出をしなければならないとする制度です。

10 登記原因証明情報　不登法61条

　権利に関する登記を申請する場合には、申請人は、法令に別段の定めがある場合を除き、その申請情報と併せて登記原因を証する情報を提供しなければなりません。これを<u>登記原因証明情報</u>といいます。
①
　どのような事実又は法律行為により、登記を申請することとなったのかを確認するためです。

① 　POINT
売買による所有権移転登記の場合は、売買契約書等がこれに当たる。

11 登記事項証明書・登記事項要約書　不登法119条

　誰でも登記事項の全部の証明書又は登記事項の一部の証明書の交付を受けることができます。同様に、**誰でも**登記簿の閲覧の代わりに登記事項要約書の交付を受けることができます。

確認問題

　問：登記記録は、表題部と権利部に区分して作成され、権利部は甲区と乙区に区分され、所有権移転の仮登記は乙区に記録される。

- -

　　　答：✕　所有権に関する事項は「甲区」に記録されます。
　　　　　（➡ 3 不動産登記の種類）

40

第8節 区分所有建物の登記

重要度 マ★★★ 管★★

区分所有建物は、一戸建てと違い、1棟の建物に複数の所有者が存在します。不動産登記では、どのように表示するのでしょうか。

過去問チェック マ R2 管 R2

1 区分建物の表題登記　不登法48条1項、44条、47条

マンションが新築された場合、1棟の建物の中には、複数の区分建物（専有部分のこと）が存在しますので、専有部分ごとに表題登記の申請を認めると事務処理上煩雑ですし、矛盾した登記がなされてしまう可能性があります。

そこで、**区分建物の表題登記**の申請の場合には、1棟の建物に属する他の区分建物の表題登記と一括して（併せて）すべきとされています。

また、区分建物の表題登記には、主なものとして、以下の事項を登記しなければなりません。

① 1棟の建物の表題部

> ア）1棟の建物に属する区分建物の家屋番号
> イ）1棟の建物の所在、名称、構造、床面積
> ウ）1棟の建物に係る登記の登記原因及びその日付、年月日
> エ）敷地権の目的である土地の符号、所在、地番、地目、地積
> オ）敷地権に係る登記の年月日

② 区分建物の表題部

> ア）不動産番号
> イ）区分建物の家屋番号、名称、種類、構造、床面積
> ウ）区分建物に係る登記の登記原因及びその日付、年月日
> エ）共用部分である旨、団地共用部分である旨
> オ）敷地権の目的である土地の符号
> カ）敷地権の種類、割合
> キ）敷地権に係る登記の登記原因及びその日付、年月日
> ク）所有者及びその持分

なお、上記①イ）の1棟の建物の床面積は、各階ごとに壁その他の区画の中心線で囲まれた部分の水平投影面積によります。

他方、上記②イ）の**区分建物の床面積**は、壁その他の区画の

内側線で囲まれた部分の水平投影面積によります。

　また、新築した区分建物の表題登記の申請は、**原始取得者**（分譲業者等）が行うことになります。ただし、原始取得者について**相続その他の一般承継**があったときは、**相続人その他の一般承継人**も、「**被承継人**」（原始取得者）を**表題部所有者とする表題登記**を申請することができます。

2 共用部分・団地共用部分たる旨の登記 不登法58条、区4条2項

　区分所有法では、規約によって、本来、専有部分となりうる部分や附属建物を共用部分や団地共用部分とすることができ、その場合の対抗要件は、その旨の登記であると定められています。この登記は、表示に関する登記の1つとして、**表題部に記録した所有者又は所有権の登記名義人**からの申請により、その**建物の表題部**になされます。

　また、その登記がなされたときは、表題部に記録された所有者の表示ならびに権利に関する登記は**職権**ですべて抹消されますので、**所有権等以外の権利に関する登記**（抵当権の登記等）がある場合は、その権利の名義人の**承諾**が必要となります。

3 表示に関する登記の申請 不登法30〜33条

① 表題部所有者の氏名等の変更・更正の登記

　表題部所有者の**氏名・名称又は住所**についての**変更の登記**や**更正の登記**（間違えを直すもの）は、**表題部所有者以外の者**は、**申請することができません**。つまり、表題部所有者が申請することになります。

　もっとも、**表題部所有者**に相続その他の一般承継があったときには、**相続人その他の一般承継人**がすることができます。

② 表題部所有者の変更等に関する登記手続

　表題部所有者又はその持分についての変更は、**所有権の保存の登記**をした後に、**所有権の移転の登記**の手続によらなければ、**登記することができません**。

③ 表題部所有者の更正の登記等

　不動産の所有者と不動産の**表題部所有者**とが異なる場合においてする当該表題部所有者についての**更正の登記**は、不動産の所有者以外の者は、**申請することができません**。つまり、不動

42

産の所有者が申請することになります。

4 共用部分・団地共用部分たる旨の登記の廃止 不登法58条6項

共用部分である旨の登記又は団地共用部分である旨の登記がある建物について、これら共用部分を定めた規約を廃止した場合には、建物所有者は、規約廃止の日から1カ月以内に、当該建物の表題登記を申請しなければなりません。

5 敷地権である旨の登記 不登法46条、73条

敷地権とは、**専有部分と分離処分が禁止される敷地利用権であって、登記をされたもの**をいいます。区分建物には敷地権に関する事項が記録されます。そして、区分建物に関する敷地権について、建物の登記記録の表題部に最初に登記をするときは、当該敷地権の目的である土地の登記記録について、登記官は、職権で、当該登記記録中の所有権、地上権その他の権利が敷地権である旨の登記をしなければなりません。

この**敷地権である旨の登記**がされた後、区分建物に登記がされると、敷地権となった土地にも、同様の効力を有することになります。ただし、この例外に当たるときは、区分建物のみに登記の効力を有することになります。

① **原則**

敷地権付き区分建物について、**所有権又は担保権（一般の先取特権、質権又は抵当権**をいいます。）に係る権利に関する登記は、**敷地権である旨の登記をした土地の敷地権について**された登記としての効力を有します。

② **例外**

次の場合は、**敷地権付き区分建物のみに登記がされる**ことになります。

> ア）敷地権付き区分建物についての**所有権**又は**担保権**に係る権利に関する登記であって、区分建物に関する**敷地権の登記をする前に**登記されたもの（担保権に係る権利に関する登記にあっては、当該登記の目的等（登記の目的、申請の受付の年月日及び受付番号並びに登記原因及びその日付をいう。）が当該敷地権となった土地の権利についてされた担保権に係る権利に関する登記の目的等と同一であるもの

を除く。)

イ）敷地権付き区分建物についての**所有権に係る**仮登記であって、区分建物に関する敷地権の登記をした後に登記されたものであり、かつ、その**登記原因が当該建物の当該敷地権が生ずる**前に生じたもの

ウ）敷地権付き区分建物についての**質権又は抵当権に係る権**利に関する登記であって、区分建物に関する敷地権の登記をした後に登記されたものであり、かつ、その**登記原因が当該建物の当該敷地権が生ずる**前に生じたもの

エ）敷地権付き区分建物についての所有権又は質権もしくは抵当権に係る権利に関する登記であって、区分建物に関する敷地権の登記をした後に登記されたものであり、かつ、その登記原因が当該建物の当該敷地権が生じた後に生じたもの（区分所有者の有する専有部分とその専有部分に係る敷地利用権とを分離して処分することができない場合（分離処分禁止の場合を除く。)

　また、敷地権である旨の登記がされた後は、原則として、区分建物のみ又は土地のみの登記ができません。ただし、この例外に当たるときには、**区分建物又は土地のみの登記ができます。**

① **原則**

　敷地権である旨の登記がされた後は、区分建物のみ又は土地のみを目的とする権利変動の登記ができません。

② **例外**

　次の登記をすることができます。

ア）**所有権に関する仮登記**

　区分建物に**敷地権が生じる前**に、区分建物のみ又は土地のみの**所有権の移転**をしていた（**敷地権が生じる**前にその登記**原因が生じた**もの）場合には、区分建物のみ又は土地のみを目的とした所有権の移転の仮登記ができる。

イ）**抵当権又は質権設定に関する登記**

　区分建物に**敷地権が生じる前**に、区分建物のみ又は土地のみを目的として**抵当権又は質権**が設定された（**敷地権が生じる前**にその登記原因が生じたもの）場合には、区分建物のみ又

は土地のみを目的とした**抵当権**又は**質権**の**設定登記ができる。**

そして、上記の例外に当たり、区分建物のみ又は土地のみの登記がされた場合には、**区分建物のみ又は土地のみについて、登記としての効力を生じることになります。**

なお、このほかにも、区分建物又は土地のみについて、**賃貸借の登記**や**不動産保存の先取特権**、**不動産工事の先取特権**など、権利の性質上、その登記が認められているものがあります。

＜区分建物である建物の表題登記の登記記録＞

専有部分の家屋番号	○―○―○―○				
【表題部】（一棟の建物の表示）			調整　令和○年○月○	所在図番号	余白
【所在】		余白			
【建物の名称】		余白			
【①構造】	【②床面積】	㎡	【原因及びその日付】		【登記の日付】
鉄筋コンクリート造陸屋根10階建	1階　○○○　○○ 2階　○○○　○○ 3階　○○○　○○ 4階　○○○　○○ 5階　○○○　○○ 6階　○○○　○○ 7階　○○○　○○ 8階　○○○　○○ 9階　○○○　○○ 10階　○○○　○○		余白		令和○年○月○日

【表題部】（敷地権の目的たる土地の表示）

【①土地の符号】	【②所在及び地番】	【③地目】	【④地積】 ㎡	【登記の日付】
1	○○区×丁目	宅地	○○○　○○	令和○年○月○日

【表題部】（専有部分の建物の表示）

【不動産番号】	○○○○○○	
【家屋名称】	○○×丁目	
【建物の名称】	101号	

【①種類】	【②構造】	【③床面積】 ㎡	【原因及びその日付】	【登記の日付】
居宅	鉄筋コンクリト造	一階部分　○○ ○○	令和○年○月○日 新築	令和○年○月○日

【表題部】（敷地権の表示）

【①土地の符号】	【②敷地権の種類】	【③敷地権の割合】	【原因及びその日付】	【登記の日付】
1	所有権	○万分の○○	令和○年○月○日 敷地権	令和○年○月○日
【所有者】	○○区××丁目△　氏名			

※下線のあるものは抹消事項であることを示す。

6　敷地権の表示のある区分建物の所有権保存登記 不登法74条

　所有権保存登記とは、表題部だけがあってまだ権利に関する登記がなされていない土地や建物について初めてなされる所有権の登記をいいます。この所有権保存登記は、登記義務者が存在しえないので、**単独申請**となりますが、所有権保存登記では申請できる者が以下のように定められています。

> ①　表題部に所有者と記録された者又はその相続人・その他一般承継人
> ②　確定判決により自己の所有権が確認された者
> ③　土地収用法により土地を収用した者
> ④　区分建物の場合、表題部の所有者から所有権を取得したことを証する者

　所有権保存登記は、原則として、①のように表題部所有者が申請する必要がありますが、これですと、マンション分譲会社がすべての専有部分について所有権保存登記し、その後で買主に所有権移転登記をしなければならず、手続が煩雑なうえ、登録免許税の負担が重くなります。
　そこで、④のように、区分建物に限り、表題部所有者から所有権を取得した者（買主等）が所有権保存登記をすることができるとしたのです。
　なお、④のケースの所有権保存登記では、所有権移転の性質を有していますので、登記原因証明情報を提供する必要があります。また、**敷地権付き区分建物**であるときは、**敷地権の登記名義人の承諾が必要**となります。

7　相続等による所有権移転登記の申請等 不登法76条の2、76条の3

　所有権の登記名義人について相続の開始があったときは、次のような規定があります。

①　相続等による所有権の移転の登記の申請

　相続により所有権を取得した者は、**自己のために相続の開始があったことを知り、かつ、当該所有権を取得したことを知った日から3年以内**に、所有権の移転の登記を申請しなければなりません。これは、相続人に対する遺贈により所有権を取得し

た者も、同様となります。

　また、この**登記がされた後に遺産の分割があったとき**は、当該遺産の分割によって当該相続分を超えて所有権を取得した者は、当該**遺産の分割の日**から**3年以内**に、所有権の移転の登記を申請しなければなりません。

② 　**相続人である旨の申出等**

　①の相続による所有権の登記を申請する義務を負う者は、登記官に対し、所有権の登記名義人について相続が開始した旨及び自らが当該所有権の登記名義人の相続人である旨を**申し出る**ことができます。

　この場合、自己のために相続の開始があったことを知り、かつ、当該所有権を取得したことを知った日から3年以内に当該申出をした者は、相続による所有権の取得（当該申出の前にされた遺産の分割によるものを除きます。）に係る所有権の移転の登記を申請する義務を履行したものとみなされます。

　なお、先の所有権の登記名義人の相続人である旨を申し出をした者でも、その後の遺産の分割によって所有権を取得したときは、当該遺産の分割の日から3年以内に、所有権の移転の登記を申請しなければなりません。

確認問題

問：区分建物が属する一棟の建物が新築された場合における表題登記の申請は、新築された一棟の建物に属する他の区分建物の全部について併せて申請しなければならない。

　　　答：○（➡ **1** 区分建物の表題登記）

問：共用部分である旨の登記を申請する場合に、当該共用部分である建物に所有権以外の権利に関する登記があるときは、当該権利の登記名義人の承諾を得なければならない。

　　　答：○（➡ **2** 共用部分・団地共用部分たる旨の登記）

問：区分建物の所有権の保存登記は、表題部所有者から所有権を取得した者であっても、申請することができない。

　　　答：×　区分建物の場合、表題部の所有者から所有権を取得した者も、保存登記を申請できます。
　　　（➡ **6** 敷地権の表示のある区分建物の所有権保存登記）

第 9 節 共有

重要度 マ ★★
重要度 管 ★★

共有とは、複数の人が１つの物を共同所有することです。この考え方は区分所有法でも重要ですので、しっかり押さえましょう。

1 共有

共有とは、「共同で所有」することをいいます。１つの物を複数の者で所有するわけですから、１人の者が１つの物を所有するよりも、特殊な規定が必要となるのです。

2 共有持分 　　　　　　　　　　　　　　　　　民250条

共有持分とは、所有権の割合をいいます。通常この持分の割合は、共有者間で定めておきます。

ただし、共有持分を定めていない場合は、**各共有者の持分**は**平等**と**推定**されます。

3 共有持分の処分

共有持分の譲渡等の**処分**は、各共有者が単独で行うことができます。

4 共有物の使用 　　　　　　　　　　　　　　　　民249条

各共有者は、共有物の全部について、その持分に応じた使用をすることができます。そして、共有物を使用する共有者は、別段の合意がある場合を除いて、他の共有者に対し、**自己の持分を超える**使用の対価を償還する義務を負います。

また、共有者は、**善良な管理者の注意**をもって、共有物の使用をしなければなりません。

5 共有物の利用・変更 　　　　　　　　　　　民251条、252条

共有者は、共有物について、次のように管理をします。

① **保存行為**

各共有者は、**単独**で**保存行為**をすることができます。この保存行為とは、共有物の現状を維持する行為をいいます。共有物

① keyword
契約その他の債権の発生原因及び取引上の社会通念に照らして定まる注意義務をいう。

の不法占拠者に対し、各共有者が**単独で明渡請求**ができること
がこれに当たります。ただし、共有物の不法占拠により生じた
損害賠償については、自己の持分割合を超えて請求することは
できません。

② **管理行為**

　共有物の管理に関する事項は、各共有者の**持分の価格**に従い、
その過半数で決します。この管理行為とは、共有物を利用・改
良する行為をいいます。共有物の<u>賃貸借契約</u>の締結や解除、共
①
有物の**形状又は効用の著しい変更を伴わない変更**（軽微変更）
がこれに当たります。

　また、管理行為に関する事項は、共有物を使用する共有者が
あるときも、同様です。例えば、ＡＢＣ（持分平等）が共有す
る建物について、Ａが勝手に当該建物を単独で使用している場
合に、ＢとＣの同意により、Ｂに当該建物を使用させる旨を定
めることができます。

　なお、共有物の管理行為について、共有者間の決定に基づい
て共有物を使用する共有者に**特別の影響を及ぼすべきとき**は、
その承諾を得なければなりません。

③ **変更行為**

　各共有者は、他の共有者の同意を得なければ、共有物に**変更**
（軽微変更を除きます。）を加えることができません。この変更
行為とは、共有物の形質を変更等する行為をいいます。共有し
ている建物の増改築・建替えがこれに当たります。そのほか、
共有物全部の売却もこれに当たります。

① 　　POINT
定期建物賃貸借で期
間を 3 年以内とする
ものは、各共有者の
持分の価格の過半数
により決すること が
できる。

マ　R5

	定　義	要　件	例
保存行為	共有物の現状を維持する行為	各共有者が単独行為可	共有物の保全行為 **不法占有者への明渡請求**
管理行為	共有物を利用・改良する行為	各共有者の持分の過半数で行う	共有物の**賃貸借契約の締結・解除**
変更行為	共有物の形質を変更等する行為	共有者の全員の同意で行う	共有物の**売却・処分** 共有物の**形状変更**

④ **所在等不明共有者がいる場合の措置**

　共有物の管理に関する事項を決定する場合に、共有者が他の

共有者を知ることができず、又はその所在を知ることができないときは、裁判所は、当該他の共有者（所在等不明共有者）以外の共有者の請求により、当該他の共有者（所在等不明共有者）以外の共有者の持分の価格に従い、その**過半数**で共有物の管理に関する事項を決することができる旨の裁判をすることができます。

　同様に、**共有物に変更を加える場合**にも、裁判所は、共有者の請求により、当該他の共有者（所在等不明共有者）以外の他の共有者の**同意を得て**共有物に変更を加えることができる旨の裁判をすることができます。

6　共有物の管理者　　　　　民252条の2

　共有物の管理をするために、共有物の管理者を選任することができます。この選任は、共有物の管理に関する事項の1つとして、各共有者の**持分の価格**に従い、その過半数で決します。また、解任するときも同様です。

　選任された共有物の管理者は、共有物の管理をすることができますが、**共有物の変更**（**軽微変更を除きます。**）は、共有者の**全員の同意**を得なければなりません。また、共有者が共有物の管理に関する事項を決した場合には、共有物の管理者は、これに従ってその職務を行わなければなりません。これに違反して行った共有物の管理者の行為は、共有者に対してその効力を生じません。ただし、共有者は、これをもって善意の第三者に対抗することができません。

7　管理費用　　　　　民253条、254条

　共有物に関する管理の費用その他の負担は、**各共有者が持分の割合**に応じて負担します。また、共有者のうち、この義務を1年以内に履行しない者がいるときは、他の共有者は相当の償金を支払ってその持分を取得できます。

　さらに、共有者の1人が共有物について他の共有者に対して有する債権は、その特定承継人に対しても請求することができます。例えば、甲乙共有の土地につき、甲が乙の負担に帰すべ

き管理費用の立替払いをしたときは甲は乙に対して、立て替えた管理費用を請求できるのはもちろんのこと、乙から持分を譲り受けた人に対しても請求できるのです。

8　共有物の分割　　　　　　　　　　　民256条

共有物の分割とは、共有関係を解消するための制度をいいます。例えば、土地を分筆して、共有関係を解消することがこれにあたります。

各共有者は、**いつでも共有物の分割を請求することができます**。ただし、<u>5年を超えない期間内</u>であれば、分割しない契約をすることができます。この期間は更新することができますが、更新後の期間も5年を超えることができません。

マ　R2・3
管　R5

①　POINT
5年を超える契約をした場合は無効となる。

9　持分の放棄・共有者の死亡　　　民255条・958条の3

共有者の1人が、その持分を放棄したときや、相続人がいないまま<del>死亡</del>したときは、その持分は**他の共有者の持分に応じて帰属**します。

なお、共有者が相続人なしで死亡したときに、その共有者に<u>特別縁故者</u>がいた場合は、この者への持分の財産分与が優先します（判例）。

管　R2

②　keyword
死亡した者と生計を同じくしていた者（内縁者等）、療養看護に努めた者、特別の縁故があった者をいう。

10　所在等不明共有者の持分取得・譲渡　民262条の2・262条の3

不動産が共有となっている場合に、共有者が他の共有者を知ることができず、又はその所在を知ることができないときは、裁判所は、共有者の請求により、その共有者に、所在等不明共有者の**持分を取得させる旨**の裁判をすることができます。この場合、請求をした共有者が2人以上のときは、請求をした各共有者に、所在等不明共有者の持分を、請求をした各共有者の持分の割合で按分してそれぞれ取得させることになります。

また、裁判所は、共有者の請求により、その共有者に、所在等不明共有者以外の共有者の全員が、特定の者に対してその有する持分の**全部を譲渡する**ことを停止条件として、所在等不明共有者の持分を、当該特定の者に譲渡する権限を付与する旨の

52

裁判をすることができます。

確認問題

問：ＡＢＣが共有する201号室をＥに賃貸している場合に、Ｅとの賃貸借契約を
解除するためには、Ａ、Ｂ及びＣ全員が同意した上で、共同で解除の意思表
示をする必要がある。

答：× 契約の解除は、各共有者の持分の過半数で行います。
（➡ **5** 共有物の利用・変更）

第10節 担保物権

重要度 マ ★
　　　 管 ★

担保物権とは、物を留め置いて弁済を促したり、換金してそこから弁済を受けるといった債権担保のための物権です。

1 担保物権とは

　担保物権とは、債権を担保するために設定される物権のことです。抵当権に代表されるように、貸したお金を優先的に回収できるようにする手段の1つが、この担保物権です。民法では債権者平等の原則といって、複数の債権者がいる場合、債権額で按分されてしまいますので、**優先弁済**の方法として担保物権があるのです。

2 担保物権の性質

　担保物権には、原則として、以下の4つの性質があります。

過去問チェック　管 R4

① 付従性

　付従性とは、債権の無いところに担保物権は認められないという性質です。担保物権は、債権が存在するから、担保が必要になるのであり、債権がなくなれば、担保物権も必要がなくなり消滅するということです。

② 随伴性

　随伴性とは、債権が他人に移転すれば、その債権を担保する担保物権も、債権と共に移転するという性質です。

③ 不可分性

　担保物権は、原則として債権全部の弁済を受けるまで目的物の全部の上に存続し続けるという性質です。債権のうち、半分だけ支払ったから抵当権の効力も土地の半分に減少するというわけではないのです。

④ 物上代位性

　担保物権者は、**担保物権の目的物の売却、滅失、賃貸、損傷**により債務者が受ける金銭、その他の物の上に対しても権利を行使できるという性質のことです。例えば、担保物である債務者の建物が焼失し、そのために建物の保険金が債務者に支払われ

る場合、保険金は担保物が形を変えたもの（**価値代替物**）と考えられるので、この保険金から債権の回収を図ることができます。ただし、保険金が債務者に**支払われる前**に差押えをする必要があります。

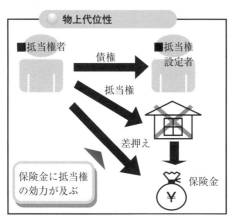

3 担保物権の効力

担保物権の重要な効力は、以下の2つです。

① 優先弁済的効力

優先弁済的効力とは、債務の弁済が得られないときには、担保権者が、その目的物を売却して金銭に変え、**他の債権者に先立って**、その売却代金の中から弁済を受けることができる権利を有するということです。いわば担保物権の本質といえます。

② 留置的効力

債権を担保するために、目的物を債権者の手元に留め置き、債務者に心理的圧迫を加えることで、債務の弁済を促すという効力のことです。

＜担保物権の性質・効力＞

	抵当権	質権	留置権	先取特権
付従性	○	○	○	○
随伴性	○	○	○	○
不可分性	○	○	○	○
物上代位性	○	○	×	○※
優先弁済的効力	○	○	×	○
留置的効力	×	○	○	×

※：ただし、一般の先取特権は×

第11節 抵当権

抵当権は、担保物権の一種です。代表的な担保物権ですので、その特徴・効力をしっかり押さえましょう。

1 抵当権とは

民369条

抵当権とは債務者又は第三者が、占有を移さないで債務の担保に供した不動産につき、抵当権者（抵当権の設定を受けた債権者）が**他の債権者に優先して自己の債権の弁済を受けることのできる**権利をいいます。例えば、自宅に抵当権を設定しても、家から出て行かなければならないわけではなく、そのまま使用しつづけられますが、借金が払えなくなり、自宅が競売にかけられると家から出て行くことになります。

① POINT
抵当権は、付従性、随伴性、不可分性、物上代位性、優先弁済的効力を有する。ただし、留置的効力はない。

2 抵当権の目的物

民370条、371条

抵当権の目的物は、**不動産**のほか、**地上権、永小作権**も含まれます。さらに、抵当権の目的とされた不動産等について以下の4つにも抵当権の効力が及ぶことになります。

①	付加一体物
②	従物
③	果実
④	借地権・共用部分の共有持分権等（従たる権利）

抵当権は、不動産に<u>付加してこれと一体となった物</u>（**①付加一体物**）に及びます。付加一体物には建物内の配線があります。

②の**従物**とは、例えば、土地上にある庭石等がこれに当たります。従物は、確かに主物と合わせて1つというところがありますが、単独でも一応は物として扱うことができますので、従物にも抵当権の効力を及ぼしてよいのかどうかが問題となります。この場合、抵当権設定当時に存在した従物に限り、抵当権の効力が及ぶとされています（判例）。

③の**果実**ですが、民法では、被担保債権に不履行があった場合、抵当権の効力が天然果実（果物など）・<u>法定果実</u>（賃料な

過去問チェック
マ　R2・3
管　R4・5

② POINT
土地を抵当権の目的物としても、この抵当地上の建物には抵当権の効力は及ばない。

③ POINT
単に建物内に備え付けられた家具などの独立した動産には抵当権の効力は及ばない。

④ POINT
物上代位を主張して、差し押さえて抵当権の効力を及ぼすことも可能。

ど）の双方に及びます。

　④の**借地権**にも、**従たる権利として、抵当権の効力が及ぶ**ことになります。なぜ借地権に効力が及ぶかというと、例えば、ある者が土地を借りて家を建て、その家に抵当権を設定した場合に、抵当権が実行され新しい買受人がその家を所有したときに、借地権も家と一緒に取得できないとすると、土地の所有者から〝あなたに土地を貸したおぼえはないから、家を取り壊して出て行け〟と言われたら、出て行かなければなりません。そこで、買受人は、家の前所有者が有していた土地の借地権も、従たる権利として買い受けることができるのです。

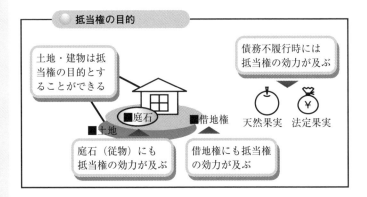

3 抵当権の設定
民372条、373条

　抵当権を設定する契約（**抵当権設定契約**）の成立は、当事者の**合意**によります。この契約の当事者は、一般的に、債務者が抵当権設定者（担保を提供した者）となりますが、債務者以外の者を抵当権設定者（**物上保証人**）とすることができます。

　そして、抵当権は、債権者の債務者に対する債権（**被担保債権**）を担保することになります。

　また、抵当権は所有権と異なり、**複数の抵当権があってもかまいません**。最初に登記を受けた者が、まず最初に担保物から弁済を受けることができ、余剰があれば2番目、3番目の抵当権者が弁済を受けることになります。

　なお、物上保証人は、担保の目的物の所有権を失ったときは、

債務者に対して**求償**することができます。

4　抵当権の被担保債権

　通常は金銭債権が被担保債権となりますが、金銭債権以外でも、債務不履行になれば損害賠償債権という金銭債権となるので、抵当権の被担保債権とすることができます。また、債権の一部に抵当権を設定することも、数個の債権を併せて被担保債権とすることもできます。さらに、将来発生する特定の債権のための抵当権も有効です。

5　抵当権の被担保債権の範囲　　　　　　　　　民375条

　抵当権によって保護される被担保債権の範囲は、**元本と満期の到来した最後の2年分のみの利息、その他の定期金**と民法では限定されています。これは後順位担保権者の保護のための規定です。つまり、後順位担保権者からしてみれば、登記簿からでは、いま一体いくら利息等があるのかは判断できません。そこで、最後の2年分とすることで、<u>後順位担保権者</u>が、自分より先順位の担保権者の被担保債権がいくらであるかを判断することができるのです。①

6　賃借人の保護

　抵当権設定**登記後**でも抵当不動産を賃貸できますが、**抵当権に対抗できない**ため、抵当権が実行されると、賃借権は消滅してしまい、賃借人は目的物を明け渡さなければなりません。しかし、まったく賃借人が保護されないのでは、抵当権設定登記後に抵当不動産を他人に貸すことができなくなってしまいます。そこで、民法は、抵当権に対抗できない賃借権を保護するため、次の2つの制度を規定しています。

① 　抵当権者の同意を得た賃貸借
② 　建物明渡猶予制度

過去問チェック　➡　管　R4

①　POINT
後順位担保権者等の利害関係人がいない場合は、元本と満期の到来した最後の2年分のみの利息・定期金という制限はない。

58

POINT
借地借家法で認められる対抗要件はここでいう登記に含まれない。

7 抵当権者の同意を得た賃貸借　民387条

登記した賃貸借は、その登記前に登記した抵当権を有するすべての者が同意し、かつ、その同意の登記があるときは、これをもってその同意をした抵当権者に対抗することができます。

抵当権者が同意をするには、その抵当権を目的として権利を有する者（転抵当権者等）、その他抵当権者の同意によって不利益を受けるべき者の承諾を得なければなりません。

8 建物明渡猶予制度　民395条

抵当権に対抗できない賃貸借による抵当目的建物の使用収益者で以下のいずれかに該当する者は、買受けの時より6カ月を経過するまでは、その建物を買受人に引き渡すことを要しません。

① 競売手続開始前からの使用収益者
② 競売手続開始後に強制管理もしくは担保不動産収益執行の管理人がした賃貸借による使用収益者

 ▽ R1・2

9 第三取得者との関係　民378条、379条、474条

抵当権は、使用収益権を所有者のもとに留める担保物権ですので、所有者は、抵当権者の承諾を得ることなく、自由に使用・収益（賃貸等）・処分（売却等）ができます。しかしその場合、抵当権の目的物の取得者（第三取得者）は"いつ抵当権が実行されるか"分からない、不安定な立場に置かれます。そこで、抵当権の目的物を購入した者と、抵当権者との関係、つまり、どうやったら抵当権を消滅させることができるのかが問題となります。

① 第三者弁済として抵当権者に支払う方法
② 代価弁済
③ 抵当権消滅請求

①は、第三取得者が、抵当権の被担保債権を抵当権者に支払い、抵当権を消滅させるという手段です。

②は、抵当権者からの請求で代価を抵当権者に支払い、抵当

権を消滅させるという方法です。代価が被担保債権より低額でも抵当権は消滅し、残債権は無担保の債権となります。

　③は、不動産の所有権を買い受けた第三取得者が、それを取得した時から、抵当権の実行としての競売による差押えの効力が発生するまでの間、抵当権消滅請求（代価又は金額を抵当権者に提供して抵当権の消滅を請求すること）をすることができるということです。そして、登記をしたすべての債権者が、第三取得者の提供した代価又は金額を承諾し、かつ、第三取得者がその承諾を得た代価又は金額を払い渡し又は供託をしたときは、抵当権は消滅します。

① 　POINT
①地上権や永小作権、賃借権を取得した者、②主たる債務者、保証人及びその承継人、③条件成否未定の停止条件付き第三取得者は抵当権消滅請求できない。

確認問題

問：Aが301号室にBの抵当権を設定し、その旨の登記がなされた場合に、Bの抵当権設定後にAから301号室を賃借した者は、その賃貸借契約が3年を超えないときに限り、賃借権をBに対抗することができる。

答：×　抵当権設定登記後の賃借権者は、賃貸借契約の期間にかかわらず、抵当権者に対抗できません。（➡ **6** 賃借人の保護）

その他の担保物権

重要度 マ ★
管 ★

ここでは、抵当権以外の担保物権について説明します。抵当権との違いや特徴を押さえておきましょう。

1 質権

民342条

質権とは、目的物の占有を債権者に移し、債権者は弁済があるまで目的物を留置し、心理的圧迫を加え債務の弁済を強制するとともに、弁済がない場合は目的物を競売し、その売却代金から他の債権者に優先して弁済を受けることができるという担保物権です。

質権には、以下の3種類があります。

①	動産質………	動産を担保の目的物とする質権
②	不動産質……	不動産を担保の目的物とする質権
③	権利質………	財産権を担保の目的物とする質権

2 質権の設定・対抗要件

民344条

質権を設定するためには、目的物の引渡しが必要となります。物権変動は意思表示のときに生じるというのが原則ですが、質権は目的物の引渡しがなければ契約の効力が発生しません。これを要物契約といいます。また、不動産の質権の対抗要件は、その登記を行うこととなります。

3 留置権

民295条

留置権とは、他人の物を占有している者が、その物に関して生じた債権を有する場合、その債権の弁済を受けるまでは、その物を留置することにより、心理的圧迫を債務者に加え、弁済を間接的に強制する法定担保物権です。

4 先取特権
民303条、336条

　先取特権とは、法律に定める**特殊な債権**を有するものが、債務者の総財産・特定の動産・不動産から他の債権者に優先して弁済を受けることのできる法定担保物権をいいます。例えば、賃借人が賃借物である建物を損傷した場合、賃貸人は、賃借人が建物内に持ち込んだ動産から、何ら契約をしていなくても、これを競売し優先弁済を受けることができるのです。

　先取特権には、次の3種類があります。

---

① **一般の先取特権**
　　…債務者の総財産を目的とする先取特権
② **動産先取特権**
　　…債務者の特定の動産を目的とする先取特権
③ **不動産先取特権**
　　…債務者の特定の不動産を目的とする先取特権

　なお、**一般の先取特権**は、**無担保の債権者**に対しては登記なしでも優先しますが、**登記された担保権を有する者**には登記なしでは対抗できません。

第13節 債権

重要度 マ ★
重要度 管 ★

債権とは、特定人に対する請求権をいいます。債権にはどのような効力があるのか押さえましょう。

1 債権・債務とは

債権とは、特定人（債権者）が特定人（債務者）に対して一定の行為を請求することを内容とする権利をいいます。例えば売買契約なら売主は買主に代金を支払うよう請求する権利を有します。逆に買主は売主に目的物を引き渡すよう請求する権利を有します。債務とは、債権を債務者の側から表現したものであり、債権者に対して一定の行為を行う義務のことをいいます。

2 債権の成立

債権は、法律や公序良俗に違反する行為を目的とする場合は、成立しません。

また、債権の成立時（つまり契約のとき）に、債権が実現可能でなければなりません。例えば、契約の当時、すでに火災で焼失した建物を目的とした売買契約は無効となります。なお、債権の成立後に目的物が滅失した場合は、債務不履行又は危険負担の問題となります。

3 債権・債務の分類　　　　民400条、民401条

債権・債務は、内容・目的物等により、以下のように分類することができます。

① 与える債務と行う債務

債権・債務には、その内容により、物の引渡しのような"与える債務"と、医者の診療行為のような"行う債務"があります。

② 特定物債権と不特定物債権（種類債権）

物の特徴に着目して取引の対象とされた物を"特定物"といい、特定物の引渡しを目的とする債権を特定物債権といいます。一定の種類・数量の物の引渡しを目的とする債権を、不特定物債権（種類債権）といいます。

③　持参債務と取立債務

　持参債務とは、債務者が自ら債権者の所に持参すべき債務のことです。取立債務とは、債権者が債務者のもとに取立てに行く債務のことです。

④　金銭債権

　金銭債権とは、一定額の金銭の給付を目的とする債権です。売買代金・利息・管理費や修繕積立金等がこれに当たります。

第14節 債権・債務の消滅

債権は "請求する権利" ですから、その内容が実現されれば消滅します。債権の消滅によりどのような効力が発生するのでしょうか。

1 債権の消滅

債権は、その目的が達成されれば消滅するのが原則です。しかし、目的の達成以外にも、債権の消滅事由があります。

① 目的の達成

債権は、目的が達成されれば消滅するのが原則です。目的の達成には、**弁済・代物弁済・供託**があります。

② 目的の実現不能

債権は、目的が達成できなくなったときにも消滅します。実現できないなら、債権を存続させておく意味がないからです。

③ 目的の実現の不必要

目的の実現の不必要とは、例えば債務を免除するように、債権を実現させる必要性がなくなった場合をいいます。目的の実現不必要には、**相殺・更改・免除・混同**があります。

④ 権利一般の消滅原因

権利一般の消滅原因とは、**消滅時効や取消権の行使**による場合等をいいます。

2 弁済とは　　　　　　　　　　　　　　　　　　　　民473条

弁済とは、借金を返済するというように、債権の内容を実現する行為です。これにより、債権は、その目的を達成して消滅します。弁済が有効になされるためには、誰が、誰に、いつ、どこで、何を弁済し、どのような効力が発生するかが問題となります。

3 第三者からの弁済　　　　　　　　　　　　　　　　民474条

弁済をすべき者は、当然ながら債務者本人ですが、第三者も債務の弁済をすることができます。

① 弁済ができる第三者

第三者も債務を弁済することができるのが原則ですが、無制限に弁済をすることができるわけではありません。

弁済をする第三者によって、以下のとおり異なります。

> ア）正当な利益を有する者でない第三者
> イ）正当な利益を有する第三者

　ア）の正当な利益を有する者でない第三者とは、債務者と親子関係や友人・知人関係の者をいいます。これらの者は、債務者が債務の弁済をしないときでも、法律上、その債務を弁済する義務を負いません。

　そして、これらの者が債務を弁済する場合、債務者の意思に反して**弁済することができません。**

　もっとも、債務者の意思に反することを**債権者が知らなかったとき**は、弁済は**有効**となります。ただし、この場合でも、その第三者は、原則として**債権者の意思に反して弁済することはできません。** つまり、債権者は、その弁済を拒否することができます。

　イ）の正当な利益を有する第三者は、**債務者の意思に反して弁済できます。** 物上保証人や抵当不動産の第三取得者などが、この第三者に当たります。

② **有効な第三者の弁済による求償**

　第三者の弁済が有効になると、債権は消滅する代わりに、今度は、弁済した第三者が債務者に対して、求償権を有することになります。

4 第三者への弁済　　民478条

　弁済は、債権者に弁済するのが当然です。しかし、**債権者以外の者に弁済**した場合でも、有効となる場合があります。

　それは、**受領権者**（債権者及び法令の規定又は当事者の意思表示によって弁済を受領する権限を付与された第三者をいいます）**以外の者**であって、**取引上の社会通念に照らして受領権者としての外観を有するもの**への弁済です。例えば、受領権限がないのに領収書（受取証書）を持参してきた者に代金を支払った場合や、預金者ではないのに、銀行の預金通帳と印鑑を持参

した者へ預金を払い戻した場合、その弁済が有効となります。ただし、債務者は**善意・無過失**でなければなりません。

5 弁済についての特則　　　　　民703条、706条、708条

本来は弁済すべき義務がないにもかかわらず、債務者の誤解等によって弁済がなされてしまうことがあります。そのような場合について、民法は次のように規定しています。

まず、法律上の原因がないのに他人の財産又は労務によって利益を受け、そのために他人に損失を及ぼした者は、その利益の存する限度において、これを**返還する義務を負う**とされています。つまり、理由もないのに金銭等の弁済を受けた者は、それを弁済者に返還しなければならないということです。

また、債務者は、**弁済期にない債務の弁済**として給付をしたときは、その給付したものの**返還を請求することができない**とされています。弁済期が到来していないとしても、債務自体はあるのですから、それを任意に弁済した以上は、返還請求することができないのです。

さらに、**不法なことを行わせる目的で金銭を給付する契約**（例えば、殺人をすることの報酬として金銭を支払う契約）は公序良俗に反する行為ですので、**無効**となります。しかし、その報酬を**任意に支払ってしまった場合**には、弁済者はその**返還を請求することはできない**とされています。不法な原因のために給付をした者にも違法性があるので、その給付したものの返還を請求することができないのです。

6 代物弁済　　　　　　　　　　　民482条

代物弁済とは、弁済をすることができる者（弁済者）が、債権者との間で、債務者の負担した給付に代えて、他の給付をすることにより債務を消滅させる旨の契約をした場合、その弁済者が当該他の給付をしたときは、その給付は、弁済と同一の効力を有し、債務が消滅することをいいます。

7 弁済の充当

民488条、490条

過去問チェック　管　R4

　債務者が同一の債権者に対して、同種の給付を目的とする**数個の債務**を負担する場合、弁済として提供した給付が**全ての債務を消滅させるのに足りない**ときは、次のような順序で、その債務に弁済します。

① **充当の順序に合意がある**

　弁済をする者と弁済を受領する者との間に、弁済の充当の順序に関する**合意**があるときは、その順序に従い、その弁済を充当します。

② **弁済をする者が充当の順序の指定をしないとき**

　弁済を受領する者は、その受領の時に、その弁済を充当すべき債務を**指定**することができます。ただし、弁済をする者がその充当に対して直ちに**異議**を述べたときは、その指定とはなりません。

③ **弁済をする者と弁済を受領する者がいずれも弁済の順序の指定をしないとき**は、次の順序となります。

> ア）債務の中に弁済期にあるものと、弁済期にないものとがあるときは、**弁済期にあるもの**に先に充当する。
> イ）全ての債務が弁済期にあるとき、又は弁済期にないときは、債務者のために**弁済の利益が多いもの**に先に充当する。
> ウ）債務者のために弁済の利益が相等しいときは、弁済期が**先に到来したもの**又は**先に到来すべきもの**に先に充当する。
> エ）上記イ、ウの事項が相等しい債務の弁済は、**各債務の額**に応じて充当する。

8 弁済の提供

民492条、493条

　債務者は、**弁済の提供**をすれば、その時から**債務を履行しない**ことによって**生ずべき責任を免れ**ます。具体的には、履行遅滞による損害賠償金の支払いを免れます。

　この**弁済の提供**とは、債務者が自分の債務を履行するために必要な準備をして、債権者の協力を求めることをいいます。弁済の提供は、債務の本旨に従って現実にしなければなりません。

68

ただし、債権者があらかじめその受領を拒み、又は債務の履行について債権者の行為を要するときは、弁済の準備をしたことを通知して、その受領の催告をすれば足ります。

9 相殺　　　　　　　　　　　　　　　　　民505条1項、509条

管 R1

　相殺とは、契約の当事者が、一方的な意思表示で、お互いに持っている同種の債権を対当額で消滅させることをいいます。同じような債権があるのなら、いちいちお互いに弁済しあうような面倒なことをしなくても、弁済したことにして債権を消滅させる方が楽だからです。また、相殺には**担保的機能**もあります。例えば、銀行が預金をしてくれたら融資をするというのは、融資したお金が回収できなくても、預金と相殺することで、実質的には債権を回収したのと同様の効果が発生するからです。

　そして、相殺がされると、両者の債権が対当額で消滅することになります。

　また、相殺するためには、相殺する**双方の債務の弁済期が到来していること**が必要となります。弁済期が到来していないのに相殺できるとすると、相手方に不利益を与えてしまうからです。ただ、**相殺する者の債権の弁済期が到来**していれば、**相殺される者の債権の弁済期が未到来**であっても、**相殺することができます**。

　例えば、AがBに対する貸金債権の弁済期が10月1日であり、BのAに対する代金債権の弁済期が11月1日であったとすると、Aは10月1日になれば、自己の貸金債権とBの代金債権とを相殺できます。なお、Bは11月1日にならなければ、自己の代金債権とAの貸金債権との相殺ができません。

　もっとも、**悪意による不法行為に基づく損害賠償の債務**や、**人の生命又は身体の侵害による損害賠償の債務の債務者**は、相殺をもって**債権者に対抗**することが**できません**。つまり、加害者からは**相殺することができません**。被害者の保護と、不法行為の誘発を防ぐためです。

10 その他債権の消滅原因　　民494条、513条、519条、520条

その他、債権の消滅原因には以下のようなものがあります。

①	供託	債務者が弁済の提供をしても債権者が弁済を受領しない場合等に、目的物を供託所に寄託して債務を免れる制度。
②	更改	従前の債務に代えて、新債務を成立させるとともに旧債権を消滅させる契約。
③	免除	債権者が、一方的な意思表示によって、無償で債務を消滅させること。
④	混同	債権及び債務が同一人に帰属することで債権が消滅すること。

確認問題

問：弁済をするについて正当な利益を有する第三者は、債務者の意思に反して弁済をすることができない。

答：×　正当な利益を有する第三者は、債務者の意思に反して弁済できます。
（➡3 第三者からの弁済）

第15節 債務不履行

重要度 マ ★★
重要度 管 ★★

債務不履行とは、正当な理由がないのに義務を果たさないことをいいます。これにより、どのような効果が発生するのでしょうか。

1 債務不履行
民415条

　債務不履行とは、正当な事由がないのに、債務者が、債務の本旨に従った履行をしないことをいいます。つまり、義務を果たさないことをいいます。債務不履行が生じると、債務者は、損害賠償をする義務を負います。債務不履行には、①**履行遅滞**・②**履行不能**・③**不完全履行**の3種類があります。

2 履行遅滞
民412条、541条

　履行遅滞とは、履行が可能であるにもかかわらず、正当な理由なく債務者が、履行をせずに**履行期を徒過**した場合をいいます。例えば、管理会社が、清掃を行うことになっている期日までに、清掃を行わなかった場合がこれに該当します。

① 履行遅滞の要件

　履行遅滞の要件は、以下の4つです。

ア）履行が可能であること
イ）履行期を過ぎていること
ウ）債務者の責めに帰すべき事由（帰責事由）に基づくこと
エ）履行しないことが違法であること

　ア）は、履行が不可能だと履行不能になります。"遅滞"なのですから、まだ可能なのです。イ）は、履行期までは債務者は履行をしなくてよいので、"義務を果たしていない"というためには、履行期を徒過する必要があるのです。ウ）は、債務者に責任がないのなら"義務を果たしていない"といえないからです。エ）は、履行しないことが違法にならない場合として、留置権や同時履行の抗弁権を有する場合があります。**同時履行の抗弁権**とは、例えば、売買契約の場合、売主は、買主がお金を払ってくれなければ商品を渡さないというように、相手の要

求を拒むことができる権利をいいます。正当な権利を行使して
いるうちに履行期が徒過しても債務不履行にはならないので
す。

② **履行遅滞の効果**

履行遅滞が生じても、債権者は**本来の債務の履行の請求**をす
ることができます。

他方で、履行が遅れた分の損害賠償の請求をすることができ
ます。また、履行をしてもらえないときは、**契約の解除（債務
者の帰責事由は不要）**をすることもできます。

3 履行不能　　　　　　　民412条の2、415条、543条

履行不能とは、契約後、債務者の責任で、履行することが**不
可能**になったため、債務が履行できない場合をいいます。例え
ば、目的物が消失してしまった場合などです。

① **履行不能の要件**

履行不能の要件は、以下の3つです。

> ア）**履行が不能であること**
> イ）**債務者の帰責事由に基づくこと**
> ウ）**履行不能が違法であること**

② **履行不能の効果**

履行不能が生じた場合、債権者は、履行不能による**損害賠償
の請求、債務の履行に代わる損害賠償（填補賠償）の請求、契
約の解除（債務者の帰責事由は不要）**をすることができます。

なお、債務の履行が、契約その他の債務の発生原因及び取引
上の社会通念に照らして**不能**であるときは、債権者は、その**債
務の履行を請求することができません。**

③ **原始的履行不能**

契約に基づく債務の履行がその**契約成立時に不能**であった場
合でも、その履行不能によって生じた**損害賠償を請求すること
ができます。**

4 不完全履行

不完全履行とは、債務の履行は一応されたのですが、その履行が完全でなかった場合をいいます。例えば、収支報告書案を期日までに提出したけれど、数字が間違っていた場合等が該当します。

① 不完全履行の要件

不完全履行の要件は、次の3つです。

> ア）履行が不完全であること
> イ）債務者の帰責事由に基づくこと
> ウ）不完全な履行が違法であること

② 不完全履行の効果

不完全履行の場合、完全な給付ができるかどうかで効果が異なります。完全な給付ができる場合、履行遅滞と同様の効果が発生し、できない場合は、履行不能と同様の効果が発生します。

＜履行遅滞、債務不履行となる時期＞

期　限	債務不履行となる時期
確定期限	期限の到来した時
不確定期限	債務者が期限の到来した後に履行の請求を受けた時又はその期限の到来したことを知った時のいずれか早い時
期限の定めなし	履行の請求を受けた時

5 履行遅滞中の履行不能と帰責事由　　民413条の2

債務者がその債務について遅滞の責任を負っている間に、当事者双方の責任によらずに、債務の履行が不能となったときは、その履行の不能は、債務者の責任によるものとみなされます。

6 履行補助者の故意・過失

履行補助者とは、従業員等の者をいいます。債務者は、履行補助者の過失についても責任を負います。債務者は履行補助者を使うことで、自らの活動領域を広げ、利益を得ているので、債務者自身の故意・過失と同視して責任を負わせたのです。

7 金銭債務の特則　　民419条

金銭債務に関しては、次のように債務不履行の特則が定めら

過去問
チェック → マ　R3
管　R3〜5

れています。

①　不可抗力によるものであっても債務不履行となる

金銭は、建物などに比べて準備が容易だからです。

②　履行不能にはならない

金銭は、この世からなくなることもありませんし、再調達するのが困難であるということもないからです。

③　債権者は損害の証明が不要

金銭債務の不履行による損害は、次の④の法定利率により当然に請求できます。このとき、契約や規約等で特別な定めをしている必要はありません。

④　損害賠償の額は原則として法定利率となる

金銭債務の履行遅滞による損害賠償の額は、債務者が遅滞の責任を負った最初の時点における法定利率（年3％）によって計算するのを原則とし、これより高い**約定利率が定められている場合**には、**約定利率**によって計算されます。

なお、**金銭消費貸借契約**における利息や損害賠償については、利息制限法により利率の制限があります。

8　損害賠償　　　　　　　　　　民416条、417条

債務不履行が生じると損害賠償請求ができるというのは、すでに説明しました。では、"何"を"どのくらい"賠償しなければならないのでしょうか。

①　金銭賠償の原則

損害賠償の方法としては、民法は、金銭賠償を原則としています。損害によっては、もう元に戻せないものもあるので、万能であり、簡便な手段である金銭で賠償するのです。

②　債務の履行に代わる損害賠償（填補賠償）

以下の場合は、債務不履行による損害賠償とは別に、本来の**債務の履行に代わる損害賠償（填補賠償）**を請求することができます。

> ・債務の履行が不能であるとき
> ・債務者がその債務の履行を拒絶する意思を明確に表示したとき

・債務が契約によって生じたものである場合に、その契約が解除され、又は債務の不履行による契約の解除権が発生したとき

③ 損害賠償の範囲

① **POINT**
債務の不履行に関し、債権者にも責任の一端がある場合は、裁判所は責任及び賠償額について考慮する必要がある〔過失相殺・民418条〕。

② **POINT**
この土地の急騰のように特別な事情による損害を特別損害という。

マ R3

③ **POINT**
違約金は賠償額の予定と推定される。また、賠償額の予定をしても契約の解除ができなくなるわけではない。

　いくら債務不履行をしてしまったとはいえ、無限に賠償責任を負わされたのでは、債務者がかわいそうです。そこで、民法では、<u>損害賠償</u>は、相当因果関係があるものに限られるとしました（**通常損害**）。例えば、土地の売買契約で、土地の引渡しが遅れてしまったとします。そのとき、土地の価格が、<u>通常では考えられないほど急騰した場合</u>でも、土地の価格の急騰は、債務不履行と相当因果関係があるとはいえないので、その価格急騰分の損害賠償責任は負わないのです。ただし、債務者がその事情を予見すべきであった場合は、**特別な事情から生じた損害**も含まれます。例えば、先ほどの例でいう土地の急騰を売主が予見すべきであった場合などがこれに当たり、急騰した分の損害を賠償する責任を負います。

9　損害賠償額の予定　　　　　　　　　　　　　民420条

　あらかじめ<u>損害賠償額</u>を定めておくこともできます。損害額を証明する手間を省き、また、賠償額が多額になりすぎるのを防ぐためです。あらかじめ、損害賠償額の定めがあった場合には、**債権者は債務不履行の事実さえ証明すればよく**、実際に発生した損害にかかわらず、原則として、この予定額でしか賠償が認めらません。

確認問題

問：金銭債務の債務者は、不可抗力により期日に金銭の支払をすることができなかったときであっても、その不履行によって生じた損害の賠償責任を免れない。

　　答：○（➡ **7**金銭債務の特則）

第16節	債権譲渡

重要度 マ ★
管 ★

管理費の支払請求権といった債権を他人に譲渡することができます。この場合、どのような要件が必要となるのでしょうか。

1 債権譲渡 　　　　　民466条

債権譲渡とは、債権の同一性を保ちながら、契約により債権を移転させることをいいます。

過去問チェック マ R1

2 債権の譲渡性 　　　　　民466条

債権譲渡は原則として**自由**に行うことができます。しかし、当事者が債権譲渡を禁止し又は制限する旨の意思表示（**譲渡制限の意思表示**）があったときは、どうでしょうか。この場合でも、債権譲渡は**有効**です。ただし、譲渡制限の意思表示について、**悪意又は重過失**の第三者には**対抗することができます**。

過去問チェック 管 R5

3 債権譲渡の対抗要件 　　　　　民467条

債権譲渡の場合も不動産のときと同様に、二重に譲渡されてしまうおそれがあります。また、債務者にとっては債権者が知らないうちに変更されることもありますから、債権が譲渡されたことを知らせる必要があります。そこで民法では債権譲渡について対抗要件を定めています。

	債務者	第三者
対抗要件	譲渡人から債務者への通知又は債務者の承諾	譲渡人から債務者への確定日付がある通知又は債務者の確定日付ある承諾
意義	債務者の二重弁済を防ぐ	両立しない権利の優劣を決する

注：確定日付がある複数の通知が到達した場合は、先に到達した方が優先する。

第17節 多数当事者の債権債務関係

重要度 マ ★★
管 ★★

債権者又は債務者が複数いる場合の法律関係について学びます。権利関係が複雑になりますので、しっかりと勉強しましょう。

1 連帯債権

民432条

連帯債権とは、複数の債権者が、それぞれ債務者に対して全部又は一部の履行を請求することができ、1人の債権者が弁済を受ければ、債権者全員の債権が消滅するという債権です。

2 連帯債務

民436条〜442条1項

連帯債務とは、同一の債務につき、複数の債務者が各自独立に債務全部の履行の義務を負い、その1人が給付をすれば、他の債務者も債務を免れる多数当事者の債務関係のことをいいます。例えば、300万円を3人が連帯して借り入れた場合などです。

この場合、債権者は、その**連帯債務者の1人**に対し、又は**同時にもしくは順次**に**全て**の**連帯債務者**に対し、**全部又は一部の履行を請求**することができます。

① 負担部分

過去問チェック 管 R3

負担部分とは、連帯債務者間で、誰がどのくらい債務を分担するかという割合をいいます。

そして、連帯債務者の1人が弁済をし、その他自己の財産をもって共同の免責を得たときは、その連帯債務者は、その免責を得た額が**自己の負担部分を超えるかどうかにかかわらず**、他の連帯債務者に対し、その免責を得るために支出した財産の額のうち**各自の負担部分に応じた額を求償**することができます。

例えば、AとBがCに対して、1,000万円の連帯債務を負っており、AとBとの負担部分が平等であった場合、AがCに対して、300万円を弁済したときには、AはBに対して、自己の負担部分に応じた額の150万円を求償することができます。

他方で、連帯債務者の1人が、**共同の免責を得る額以上の財産を支出した場合**には、他の連帯債務者に求償することができ

る額は、**共同の免責を得た額まで**となります。

　例えば、先の例で、Aが1,500万円の不動産を代物弁済としてCに弁済した場合、AはBに対して、750万円を求償することができるのではなく、500万円まで求償することができます。

② 相対的効力と絶対的効力

　連帯債務者の１人について生じた事由は、原則として**他の債務者に影響しません**。これを相対的効力といいます。

　しかし、例外として、連帯債務者の１人に生じた一定の事由は、**他の連帯債務者に影響します**。これを絶対的効力といいます。

　絶対的効力として、以下のものがあります。

　なお、債権者と他の連帯債務者の１人が**別段の意思表示**（合意）をした場合には、**相対的効力**のものでも、**絶対的効力**とすることができます。

ア）履行

　連帯債務者の１人が債権者に履行をすると、債権は、全ての連帯債務者の利益のために消滅します。

イ）更改

　連帯債務者の１人と債権者との間に更改があったときは、債権は、全ての連帯債務者の利益のために消滅します。

ウ）相殺

　連帯債務者の１人が債権者に対して債権を有する場合に、その連帯債務者が相殺を援用したときは、債権は、全ての連帯債務者の利益のために消滅します。

　なお、債権者に対して債権を有する連帯債務者が**相殺を援用しない間**は、その連帯債務者の**負担部分の限度**において、他の連帯債務者は、債権者に対して**債務の履行を拒む**ことができます。

エ）混同

　連帯債務者の１人と債権者との間に混同があったときは、その連帯債務者は、弁済をしたものとみなされます。

3 保証債務

民446条

　保証債務とは、本来の債務者がその債務を履行しない場合に、

これに代わって債務者以外の者が履行する義務のことです。

　保証債務は、主たる債務に関する利息、違約金、損害賠償その他その債務に従たるすべてのものを包含します。保証には、**単なる保証**と**連帯保証**があります。

　保証契約は、書面又は電磁的記録によらなければ、**その効力を生じません**。

4　保証債務の性質　　民446～448条、452条、453条、457条

　単なる保証債務は、原則として以下の４つの性質を有します。

> ①　独立性…保証債務は主債務と別個・独立の債務であるという性質
> ②　付従性…保証債務は主債務に付従するという性質
> ③　随伴性…主債務が移転すると保証債務もこれに伴い移転するという性質
> ④　補充性…保証債務は主債務が履行されない場合にはじめて履行すればよいという性質

　①の独立性ですが、保証債務は、債権者と保証人との間の契約で成立し、本来の債務者（主たる債務者といいます）との契約ではありません。この際、主たる債務者からの委託がなくても、あるいは、主たる債務者の意思に反しても、契約ができます。

　②の付従性ですが、主たる債務に生じた事由は、保証債務にも影響する性質をいいます。例えば、主たる債務に時効の完成猶予・更新が生じれば、保証債務にも時効の完成猶予・更新が生じます。

　また、保証債務は主たる債務よりも目的又は態様において主たる債務より重くてはなりません。これは当事者の特約でも反することはできません。そして、主たる債務より重いときは、主たる債務の限度に縮減されます。ただし、**保証債務にのみ違約金又は損害賠償の額を定めることができます**。これらは保証債務を確実に履行してもらうための手段にすぎないからです。

　③の随伴性は、主たる債務者の債権者がその債権を第三者に譲渡することによって、保証人に対する債権も一緒に移転することをいいます。これにより、主たる債務者の債権者が変わる

だけでなく、保証人の債権者も変わることになります。

　④の補充性の具体的な内容としては、催告の抗弁権と、検索の抗弁権があります。

> ア）催告の抗弁権…債権者が主債務者の履行を求めずに、いきなり保証人に履行を求めてきた場合、まず主債務者に対して催告しろと対抗できる権利
>
> イ）検索の抗弁権…債権者が保証人に請求をしてきた場合、主債務者に弁済できる資力があり、かつ執行が容易なことを証明して債務者に対して執行しろと対抗できる権利

5 共同保証　　　　　　　　　　　　　　民456条

　共同保証とは、主たる債務について、数人が保証人となることをいいます。この場合、各保証人は、主たる債務を**平等に分割した額**についてだけ保証債務を負担します。これを**分別の利益**といいます。例えば、100万円の主たる債務について、2人が保証人になった場合、各保証人は50万円ずつ保証債務を負担します。

6 連帯保証　　　　　　　　　　　　　　民454条

　連帯保証とは、保証人が主たる債務者と連帯して債務を負担する旨を合意した保証をいいます。連帯保証の特色としては、以下のものがあります。

① 補充性がない

　連帯保証には、補充性がないので催告の抗弁権・検索の抗弁権を主張することができません。つまり、債権者は、主債務者、連帯保証人のどちらからでも履行の請求ができます。

② 分別の利益がない

　連帯保証には分別の利益がありませんので、100万円の借金に複数の保証人がいた場合でも、負担は分担されず、全員が100万円について保証したことになります。

③ 相対的効力と絶対的効力

過去問チェック　▽ R1・3

80

連帯保証人に生じた事由は、原則として、主たる債務者に影響を生じません（**相対的効力**）。しかし、例外として、**履行、更改、相殺、混同**が生じたときは、主たる債務者に影響を生じます（**絶対的効力**）。

7　主たる債務の履行状況に関する情報提供義務　民458条の2

保証人が**主たる債務者の委託**を受けて保証をした場合に、保証人の請求があったときは、**債権者**は、保証人に対し、遅滞なく、主たる債務の元本・利息、違約金、損害賠償その他その債務に従たる全てのものについての不履行の有無並びにこれらの残額及びそのうち弁済期が到来しているものの額に関する**情報を提供しなければなりません**。保証人を保護するためです。

8　保証人の求償権　民459条1項、462条1項

主たる債務者が弁済できなかった場合、保証人は保証契約に基づき保証債務を履行することになりますが、実際は主たる債務者の債務を立替払いしているのですから、保証人が主たる債務者に代わって弁済したときは、主たる債務者に対して**求償権**を行使することができます。

また、主たる債務者の**委託を受けて保証人**となった者は、一定の要件の下に、主たる債務者に対して、**事前の求償権**を行使することができます。

9　個人根保証契約　民465条の2

個人根保証契約とは、一定の範囲に属する不特定の債務を主たる債務とする保証契約であって、個人（法人でない）**である保証人**が、主たる債務の元本・利息、違約金、損害賠償その他その債務に従たる全てのもの及びその保証債務について約定された違約金又は損害賠償の額について、その全部に係る**極度額を限度**として、その履行をする責任を負う契約をいいます。この個人根保証契約は、**極度額を定めなければ**、その**効力を生じません**。

なお、**法人である保証人**が、根保証契約を締結するときには、

個人根保証契約の規定は適用されません。

10 不可分債務　　　　　　　　　　　　　　民430条

　不可分債務とは数人の債務者がその性質上又は当事者の意思
表示により不可分である債務を負担することをいいます。例え
ば、マンションの一室（専有部分）を数人で共有している場合、
これらの共有者が負う管理費の支払債務は、**不可分債務**とされ、
連帯債務の規定が適用されます。

　なお、債権者と債務者の1人の間に生じた事由のうち、履行、
相殺、更改、混同は他の債務者に**絶対的効力**を生じますが、そ
の他の事由は**相対的効力**となります。

11 債務引受　　　　　　　　　　　　民470条、472条

　債務引受とは、債務者の債務を他人が引き受けることをいい
ます。これには、**免責的債務引受**と**併存的債務引受**とがあります。
①　免責的債務引受
　免責的債務引受とは、債務者が債権者に対して負担する債務
と同一の内容の債務を、旧債務者から、その債務を引き受けた
引受人が負担することをいいます。これにより、**旧債務者は債
務を免れ、引受人のみが債務を負担します**。

　免責的債務引受は、原則として債権者、債務者、引受人の三
者の契約によります。**債権者と債務者のみで契約はできません**。

　他方、**債権者と引受人**との間で契約ができます。この場合に
は、**債権者が債務者**に対して、その契約をした旨を**通知した時**
に、その効力を生じます。

　また、**債務者と引受人**となる者との間で契約をし、**債権者**が
引受人に対して承諾をすることにより行うこともできます。
②　併存的債務引受
　併存的債務引受とは、引受人が債務者と**連帯**して、債務者が
債権者に対して負担する債務と同一の内容の債務を負担するこ
とをいいます。**従来の債務者が、依然として債務を負担する**点
で、免責的債務引受と異なります。

　併存的債務引受も、原則として債権者、債務者、引受人の三

者の契約によります。**債権者と債務者のみで契約はできません。**

他方、**債権者と引受人**との間で契約ができます。この場合、**債務者の同意は不要**です。連帯債務となり債務者にとって不利益は生じないからです。

また、**債務者と引受人**との間で契約ができます。この場合には、**債権者が引受人に対して承諾**をした時に、その効力を生じます。

＜債務引受の比較＞

	免責的債務引受	併存的債務引受
債権者・債務者	不可	不可
債権者・引受人	債権者から債務者に通知すれば可	債務者の同意不要
債務者・引受人	債権者が引受人に承諾すれば可	債権者が引受人に承諾すれば可

(確)(認)(問)(題)

問： AのBに対する金銭債務について、Cが連帯保証人となった場合に、Cは、Bからの請求に対して催告及び検索の抗弁権を行使することができる。

答：✕ 連帯保証人は、催告及び検索の抗弁権を行使できません。
(➡ **6** 連帯保証)

第18節　責任財産の保全

重要度　マ ★
　　　　管 ★

責任財産の保全とは、債権者が自己の債権を保全するためにする行為をいい、債権者代位権と債権者取消権があります。

1　債権者代位権

管　R3

債権者代位権とは、債務者が、自らの権利を行使しないため、債務者の財産が減少するような場合に、債権者は、**自己の債権を保全する**ため必要があるときは、債務者に属する権利（**被代位権利**）を行使し、債務者の財産が減少することを防ぐという権利をいいます。

例えば、債務者の財産が、第三者に対する貸金債権のみだった場合、そのままにしておいては時効にかかってしまい、債権者があてにできる、唯一の財産がなくなってしまいます。そこで債権者が債務者に代わって時効の完成猶予・更新の手続を行い、自己の権利を保全するのです。

2　債権者代位権の要件

民423条

マ　R5

債権者代位権が成立するためには、以下の要件を満たす必要があります。

① 　**債務者の無資力**
② 　**債務者が自ら権利行使をしないこと**
③ 　**債権者の債権の期限が到来していること**
④ 　**債務者の一身に専属する権利や差押えを禁じられた権利でないこと**

債権担保のために、他人の権利を代わって行使するのですから、①の他人の権利を行使しなければ、債権を保全できない（無資力）という状態で、②の債務者が自ら権利行使をしていないことが必要です。また、③の履行期になければ、支払を求められないのですから、他人の権利を行使することもできません。ただし、**保存行為**は除かれます。そして、④の権利には、扶養請求権や国民年金受給権などがあります。

① 　POINT
責任財産保全目的以外で債権者代位権を用いる場合、無資力要件は不要。
例えば不動産がA→B→Cと売買されたが、未だAの元に登記がある場合にCが自己のBに対する登記請求権保全のためBに代位して、A→Bの登記を代位行使できる。

3 代位行使権の範囲と支払・引渡し　民423条の2、423条の3

　債権者代位権は、裁判上でも裁判外でも行使可能です。そして、債権者が被代位権利を行使する場合に、被代位権利の目的が可分であるときは、**自己の債権の額の限度**においてのみ、被代位権利を行使することができます。

　また、被代位権利が、**金銭の支払又は動産の引渡し**を目的とするものであるときは、相手方に対し、その支払又は引渡しを**自己に対して**することを求めることができます。そして、相手方が債権者に対してその支払又は引渡しをしたときは、被代位権利は、これによって消滅します。

4 詐害行為取消請求　　　　　　　　　　　　　民424条1項

　詐害行為取消請求とは、債権者が、債務者が債権者を**害することを知りながら行った行為**（詐害行為）の取消しを**裁判所に請求**することができることをいいます。

　例えば、債権者が債務者に金銭を貸し付けた後、債務者が債権者を害することを知りつつ、債務者が自己の財産を第三者（受益者）に贈与等（詐害行為）をした場合、債権者は自己の債権（被保全債権）を保全するために、その行為の取消しを裁判所に請求することができます。これにより、債権者は債務者の財産を回復することができます。

　もっとも、詐害行為取消請求ができる行為の対象は、原則として、**被保全債権が発生した後のもの**となります。被保全債権が発生する前のものはその対象となりません。例えば、債務者が自己の財産を第三者に贈与等をした後に、債権者が債務者に金銭を貸し付けた場合、その贈与等につき詐害行為取消請求はできません。

　債権者は、詐害行為取消請求をする場合、債務者がした行為の目的が**可分**であるときは、**自己の債権の額の限度**においてのみ、その行為の取消しを請求することができますが、**不可分なもの（建物など）**であるときは、そのものの価額が債権額を超える場合でも、債権者は、その行為の**全部**を取り消すことができます。

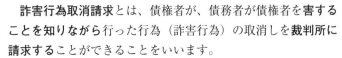

　債権者は、受益者に対する詐害行為取消請求では、債務の行為の取消しとともに、その行為によって受益者に移転した財産を**債務者に返還するよう請求する**ことができます。例えば、債務者が所有する不動産の処分行為を詐害行為として取り消す場合に、債権者は受益者に対し、債務者にその不動産の返還を請求することができます。しかし、自己に返還するよう請求することはできません。

　なお、詐害行為取消請求に係る訴えは、詐害行為をしたことを**債権者が知った時**から**2年**を経過したときは、又は**その行為の時**から10年を経過したときは、**提起することができません。**

第19節	契約総論

ここでは、売買契約や賃貸借契約といった契約の土台となる分野を
説明します。契約にはどのような特徴があるのでしょうか。

1 契約の意義

契約とは、簡単にいえば約束のことです。しかし、約束は、あくまで道義的責任しか負わないのに対して、契約は、法的責任を負うことになります。つまり、強制執行等で契約の内容を強制的に実現したり、損害賠償請求をしたりすることができるのです。

2 契約の種類

契約は、色々な観点から分類することができます。以下、その分類を説明していきます。

① 典型契約（有名契約）と非典型契約（無名契約）

典型契約とは、民法で定める売買や贈与等の13種類の契約のことをいい、非典型契約とは、典型契約以外の契約をいいます。

② 双務契約と片務契約

双務契約とは、契約の当事者が、双方とも対価的な意味を有する債務を負担する契約をいい、片務契約とは、契約の当事者の片方だけが債務を負担する契約をいいます。

③ 有償契約と無償契約

有償契約とは、契約当事者の双方が、お互いに対価的意義を有する経済的な支出をする契約のことをいい、無償契約とは、それ以外の契約をいいます。

④ 諾成契約と要物契約

諾成契約とは、当事者の意思の合致のみで成立する契約をいいます。要物契約とは、当事者の意思の合致のみでは足りず、さらに物の引渡しその他の給付が必要となる契約をいいます。要物契約は質権のところで出て来ました。質権の効力要件は引渡しでした。物を引き渡さないと契約の効力が発生しません。だから要物契約でした。

① POINT
例えば、売買契約においては、売主は目的物を引き渡す債務を負い、買主は代金を支払う債務を負うので、双方の債務（双務）が生じることになる。

② POINT
例えば、建物の賃貸借契約では、建物を貸すことと家賃を支払うことが対応している。これが、「対価的意義を有する経済的な支出」である。

⑤ 要式契約と不要式契約

　要式契約とは、契約の成立に、一定の方式が必要なものをいいます。不要式契約とはその逆で、方式が定まっていない契約をいいます。

<契約の種類の一例>

契約の種類	双務・片務	有償・無償	諾成・要物
贈与	片務	無償	諾成
売買	双務	有償	諾成
賃貸借	双務	有償	諾成
請負	双務	有償	諾成
無償委任	片務	無償	諾成
有償委任	双務	有償	諾成

3 契約の成立

　契約は当事者間の意思表示の合致で**成立**します。売買契約なら"買います"という意思表示と、"売ります"という意思表示が、合致すれば契約が成立します。

4 契約の解除　　　　　　　　民540条、541条、543条

過去問
チェック

マ	R2
管	R2

　解除とは、有効に成立した契約を一定の条件の下に、破棄することをいいます。民法では、当事者が合意で定める解除（約定解除）と法律の定めによる解除（法定解除）とが、定められています。

　法定解除には、債務不履行による解除と売主の担保責任（後述）等による解除があります。

　なお、法定解除をする場合には、債務者や売主の**帰責事由は不要**です。

　そして、法定解除の規定は、次のとおりです。

催告による解除	当事者の一方がその債務を履行しない場合に、相手方が相当の期間を定めてその履行の催告をし、その期間内に履行がないときは、相手方は、契約の解除ができる。ただし、その期間を経過した時における債務の不履行がその契約及び取引上の社会通念に照らして**軽微**であるときは、**解除はできない**。	
催告によらない解除	全部解除	・債務の全部の**履行が不能**であるとき ・債務者がその債務の全部の履行を拒絶する意思を明確に表示したとき ・債務の**一部の履行が不能**である場合又は債務者がその債務の一部の履行を拒絶する意思を明確に表示した場合に、**残存する部分のみでは契約の目的を達することができないとき** ・契約の性質又は当事者の意思表示により、特定の日時又は一定の期間内に履行をしなければ契約をした目的を達することができない場合に、債務者が履行をしないでその時期を経過したとき ・上記の場合のほか、債務者がその債務の履行をせず、債権者が**解除の催告をしても契約の目的を達するのに足りる履行がされる見込みがないことが明らかであるとき**
	一部解除	・債務の**一部の履行が不能**であるとき。 ・債務者がその債務の一部の履行を拒絶する意思を明確に表示したとき

　なお、債務の不履行が**債権者の責任による**ものであるときは、債権者は、**契約の解除ができません**。

　また、解除の意思表示は、**撤回ができません**。

5 解除の効果

民545条1項

管 R2

　解除がなされると、当事者は、契約をしなかった元の状態に戻す義務を負います。これを**原状回復義務**といいます。売買契約を解除した場合は、売主は、代金を返還し、買主は、売買の目的物を返還することになります。

　金銭を返還するときは、その**受領の時**から利息を付さなければなりません。金銭以外の物を返還するときは、その**受領の時**以後に生じた果実を返還しなければなりません。

　なお、解除権を行使しても、**損害賠償の請求**ができます。

6 第三者との関係

民545条1項

マ R4

　解除前に第三者に不動産が転売されていた場合、第三者は善意・悪意を問わず、**登記を備えなければ保護されません**。有効な契約をなかったことにするわけですから、登記を備えているかいないかで、保護されるかされないかが決まるという画一的

な処理をしないと法律関係が複雑になるからです。

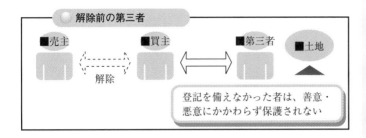

7　解除権の不可分性 　　　　　　　　　　　　　民544条

　契約当事者の一方又は双方が複数の場合、契約の解除は、その全員から全員に対して行わなければなりません。複数の当事者のうち1人にだけ解除の効力が発生すると、法律関係が複雑になるからです。

8　同時履行の抗弁権 　　　　　　　　　　　　　民533条

　同時履行の抗弁権とは、双務契約の当事者の一方は相手方が債務の履行を提供するまでは、自分の債務の履行を拒むことができるという権利です。
①　同時履行の抗弁権の要件
　同時履行の抗弁権が認められるには、次の要件が必要となります。

> **ア）同一の双務契約から生じる両債務が存在すること**
> **イ）相手方の債務が弁済期にあること**
> **ウ）相手方が自己の債務を履行せずに請求したこと**

　同時履行の抗弁権が認められるには、原則として、双務契約から発生する債務が存在しなければなりません。また、先履行義務を負う者は同時履行の抗弁権を主張できません。自己の債務が弁済期にあり、相手方の債務が弁済期にない場合、自分の債務を先に履行しなければならないので、同時履行とはいえないからです。
　そして、同時履行の抗弁権は、自己の債務の履行を拒絶して

①　　POINT
売買契約なら、売主は買主が代金を支払うまでは目的物の引き渡しを拒むことができ、その逆に買主は、売主が目的物を引き渡すまでは代金の支払を拒める。

過去問チェック　管　R1

同時に履行しなさいという権利ですから、相手方が自己の債務を履行してきたら、それに応じなければなりません。

　なお、同時履行の関係の成否として、次のようなものがあります。

＜同時履行の関係の成否＞

成立する	・取消しによる原状回復義務 ・解除による原状回復義務 ・建物買取請求権の行使による土地明渡しと代金支払い
成立しない	・敷金の返還と建物の明渡し ・抵当権の被担保債権の弁済とその抹消登記 ・造作買取請求権の行使による建物明渡しと代金支払い

② 同時履行の抗弁権の効力

　同時履行の抗弁権を有する債務者は、自己の債務の履行を拒絶しても履行遅滞にはなりません。これは、同時履行の抗弁権の行使による履行の遅滞は、違法とはいえないからです。

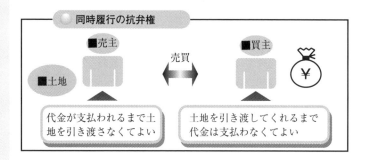

9 危険負担

　危険負担とは、**当事者双方の責任**によらずに債務を履行することができなくなった場合に、どのような取扱いをするのかということをいいます。

　例えば、売主Aと買主Bとの間で、建物の売買契約後に、その建物がAB双方の責任によらずに（不可抗力により）滅失し、その引渡しができなくなった場合、買主Bの代金の支払債務をどのように取扱うのでしょうか。

　この場合、買主Bは、売主Aからの代金支払請求に対して、

拒むことができます。すなわち、買主Bが代金の支払いを拒んだときは、売主Aはその支払いを受けることができません。これを債務者の危険負担（**債務者主義**）といいます。

第20節 売買

売買契約では、担保責任のような特殊な効力が発生しますので、売買契約の特徴や効力はしっかり覚える必要があります。

1 売買契約
民555条、560条

　売買とは、当事者の一方がある財産権を相手方に移転することを約し、相手方がこれに対しその代金を支払うことを約する契約をいいます。売買契約は、**双務・有償・諾成**の契約です。

　この売買契約が成立すると、売主は、目的物の引渡しのほか、売買の目的である権利の移転について、登記等の対抗要件を備えさせる義務を負います。また、買主は、代金の支払義務を負います。

2 手付

　手付とは、売買契約締結の際に、当事者の一方から相手方に交付される金銭その他の有価物をいいます。

① POINT
手付は売買代金の一部支払ではない。ただ、一般的には代金に充当される場合が多い。

3 手付の種類
民557条

　手付には、以下のものがあります。

① 証約手付

　証約手付とは、契約成立の証拠としての手付です。どの手付にも、最低限この機能があります。

過去問チェック → マ R5

② 解約手付

② POINT
履行に着手してから解除されると、相手方が費用等の損害を被ることになるからである。

　解約手付とは、契約の相手方が<u>履行に着手</u>するまでは、買主は手付を**放棄**して（手付損）、売主は**手付金の倍**の金額を現実に提供することで（手付の倍返し）契約を解除できるという解約権を留保する手付のことをいいます。

　手付は特約がない限り、解約手付と推定されます。そして、解約手付が交付された場合に、手付による解除をしたときには、**損害賠償の請求ができません**。

　他方、解約手付が交付されている場合でも、相手方の債務不履行により契約を解除したときには、交付された**手付を返還す**

る必要があります。しかし、**損害賠償の請求はできます**。

③　違約手付

　違約手付とは、契約上の債務を履行しない場合に没収される手付をいいます。

4 売主の担保責任　　　　　　　　　　民561条、562条

　売主の担保責任とは、売買の目的物が**他人の物**であったり、引き渡された目的物が契約内容に不適合なものであったときに、売主が負わなければならない責任をいいます。

①　他人の権利の売買

　権利の全部又は一部が他人の権利を売買の目的としたときは、売主は、その権利を取得して買主に移転する義務を負います。いわゆる「他人の権利の売買」です。この売買も、契約上は**有効**ですが、売主はその権利を取得し、買主に移転しなければなりません。

②　契約不適合の売買

　引き渡された目的物が**種類**、**品質**又は**数量**に関して、**契約の内容に適合しないもの**（契約不適合）であるときに、売主はこれに対して責任を負うことになります。

5 売主の担保責任の内容　　　　　　民562条～564条

　他人の権利の売買や、**契約不適合の売買**が行われた場合、買主は売主に対して、次の**担保責任**を追及することができます。

①　履行の追完請求

　買主は売主に対して、目的物の修補、代替物の引渡し又は不足分の引渡しによる**履行の追完**を請求することができます。この履行の追完請求については、**売主の無過失責任**となります。

　もっとも、契約の不適合が**買主の責任**によるものであるときは、買主は、**履行の追完の請求をすることができません**。

　なお、売主は、買主に不相当な負担を課するものでないときは、買主が請求した方法と異なる方法による履行の追完をすることができます。

②　代金減額請求

94

　買主が売主に対して、**相当の期間**を定めて**履行の追完**を**催告**し、その期間内に履行の追完がないときは、買主は、その不適合の程度に応じて、**代金の減額**を請求することができます。この代金の減額請求については、**売主の無過失責任**となります。

　また、次の場合には、催告をすることなく、**直ち**に代金の減額を請求をすることができます。

ア　履行の追完が不能であるとき
イ　売主が履行の追完を拒絶する意思を明確に表示したとき
ウ　契約の性質又は当事者の意思表示により、特定の日時又は一定の期間内に履行をしなければ契約をした目的を達することができない場合に、売主が履行の追完をしないでその時期を経過したとき
エ　買主が催告をしても履行の追完を受ける見込みがないことが明らかであるとき

　なお、契約の不適合が買主の責任によるものであるときは、買主は、代金の減額を**請求することができません**。

③　損害賠償請求

　売主に帰責事由（故意・過失）があるときは、債務不履行の規定による**損害賠償**の請求をすることができます。

④　契約の解除

　契約の解除は、前述した**法定解除の規定**により行うことができます。

<売主の担保責任>

①履行の追完請求	売主の無過失責任 （買主に帰責事由があるときは不可）
②代金減額請求	売主の無過失責任 （原則として追完の催告が必要、買主に帰責事由があるときは不可）
③損害賠償請求	売主に帰責事由が必要
④契約の解除	社会通念に照らして軽微であるときは不可

6 種類・品質に関する担保責任の期間制限 民566条

　売主が種類又は品質に関して契約内容に不適合の目的物を買主に引き渡した場合に、買主がその**不適合を知った時**から1年以内にその旨を売主に通知しないときは、買主は、その不適合を理由として、**その責任を追及することができません**。

　もっとも、売主が引渡しの時にその不適合を知り、又は重大な過失によって知らなかったときは**除かれます**。

7 目的物の滅失等についての危険の移転 民567条

　売主が買主に、売買の目的として特定した目的物を引き渡した場合、その**引渡しがあった時**以後に、その目的物が**当事者双方の責任によらずに**滅失・損傷したときは、買主は、その滅失・損傷を理由として、**売主の担保責任を追及することができません**。この場合、買主は、**代金の支払を拒むことができません**。

　また、売主が**契約の内容に適合する目的物**をもって、その引渡しの**債務の履行を提供**したにもかかわらず、買主がその履行を受けることを拒み、又は受けることができない場合、その履行の提供があった時以後に、当事者双方の責任によらずに、目的物が滅失・損傷したときも、同様となります。

8 競売における担保責任 民568条4項

　競売における買受人は、その目的物の種類又は品質に不適合があったときでも、**担保責任を追及することができません**。競売の買受人にその請求を認めてしまうと、競売手続が不安定なものとなってしまうからです。

9 担保責任を負わない旨の特約 民572条

　売主は、**担保責任を負わない旨の特約**ができます。もっとも、この場合でも、**知りながら告げなかった事実等**については、その責任を**免れることができません**。

10 アフターサービス

　アフターサービスとは、売買や請負等の契約内容の1つとして、当該**契約に基づき**、物件の欠陥箇所の補修を無償で行うことをいいます。アフターサービスの場合、**目的物の種類・品質の不適合のものに限られません。**

　また、アフターサービスは、売買等の契約に基づいて定められるもので、民法で規定している**売主の目的物の種類・品質に関する担保責任とは別のものです。**

11 アフターサービス規準

　アフターサービスについては、不動産業界団体により、アフターサービス規準が作成されています。

＜アフターサービス規準の例＞

工事種目・箇所	サービス期間
① 構造耐力上主要な部分（基礎・柱・梁・耐力壁・床・屋上・屋根のコンクリート躯体の亀裂・破損（構造耐力上影響のあるものに限る）） ② 雨水の浸入を防止する部分（a．屋上・屋根・ルーフバルコニー、b．外壁、c．屋上・屋根・外壁の開口部に設ける戸、わくその他建具、d．雨水排水管）からの雨漏り	10年
地中配線・配管、隠ぺい配線・配管・排水管、ガス配管等の破損	5年
各部位の塗装のはがれ、室内建具、室内床仕上げ、設備機器、機械式駐車場の機能不良、情報通信設備の取付不良、機能不良	2年
植栽の枯損	1年

12 アフターサービス期間の起算日

　アフターサービスの期間の起算日は以下のようになります。

> ① 構造耐力上主要な部分及び雨水の浸入を防止する部分において、サービス期間10年の箇所については建設会社から分譲会社に建物が引き渡された日
> ② 上記①を除く共用部分については最初に供用開始した日（区分所有者の1人が最初に使用した日）
> ③ その他の部分は、当該物件引渡しの日

13 アフターサービス規準の適用外

1　天災等の不可抗力・経年変化・管理不十分・増改築による
形状変化・その他売主に責任がない場合は、この規準は適用さ
れません。

14 アフターサービスと売主の種類・品質に関する担保責任の比較

　アフターサービスと売主の種類・品質に関する担保責任は異
なるものです。両者の違いを、次の表で比較しておきましょう。

<アフターサービスと売主の種類・品質に関する担保責任>

	アフターサービス	売主の種類・品質に関する担保責任
責任	契約責任	法定責任
期間と起算点	部位や欠陥の種類により異なる ① 構造耐力上主要な部分及び雨水の浸入を防止する部分においてサービス期間10年の箇所については建設会社から分譲会社に建物が引渡された日 ② 上記①を除く共用部分については最初に供用開始した日（区分所有者の1人が最初に使用した日） ③ その他の部分は、当該物件引渡しの日	民法：不適合を知ってから1年以内に通知 宅建業法：宅建業者が自ら売主となる場合、引渡しの日から少なくとも2年以上 品確法：引渡しの日から少なくとも10年
対象	契約で定める内容	目的物の種類・品質の不適合
内容	欠陥の補修	履行の追完・代金減額・損害賠償・契約の解除

(確)(認)(問)(題)

　問：売主が種類又は品質に関して契約の内容に適合しない目的物を買主に引き渡
　　　した場合に、買主がその引渡しの時から1年以内にその旨を売主に通知しな
　　　いときは、買主は、その不適合を理由として、売主の担保責任を追及するこ
　　　とができない。

　　　　　答：×　売主に対する担保責任の通知期間は、買主がその不適合を知っ
　　　　　　　　　た時から1年以内となります。（➡ 6 種類・品質に関する担保
　　　　　　　　　責任の期間制限）

第21節 賃貸借

賃貸借では、特に不動産賃貸借について、マンションの管理にも関わってきますので注意する必要があります。

マ R1・4

1 賃貸借

民601条

　賃貸借とは、当事者の一方が、ある物の使用及び収益を相手方にさせることを約し、相手方がこれに対してその賃料を支払うこと及び引渡しを受けた物を契約が終了したときに返還することを約することによって、その効力を生じる契約をいいます。賃貸借契約は、双務・有償・**諾成契約**です。

2 賃貸人・賃借人の義務

民606条～608条

　賃貸人の義務は、以下のとおりです。

① 賃貸人による修繕等

　賃貸人は、賃貸物を**使用・収益させる**義務があります。そのため、その使用及び収益に必要な**修繕義務**を負います。もっとも、**賃借人の責任**によってその修繕が必要となったときは、**その必要はありません**。

　なお、賃貸人が賃貸物の**保存に必要な行為**をしようとするときは、賃借人は、これを**拒めません**。しかし、賃貸人が**賃借人の意思に反して**保存行為をしようとする場合に、賃借人が賃借をした**目的を達することができなくなる**ときは、賃借人は、**契約の解除**ができます。

　また、賃借人が賃貸人に修繕が必要である旨を通知し、又は賃貸人がその旨を知ったにもかかわらず、賃貸人が相当の期間内に必要な修繕をしないときや、急迫の事情があるときは、**賃借人が修繕する**ことができます。

② 賃借人による費用の償還請求に応じる義務

　賃借人が借家の水道・ガス・電気の設備の修繕をしたりして費用を支出した場合、後で費用を賃貸人に請求することができます。この目的物を維持・保管するために必要な費用を**必要費**といいます。

判例
修繕義務が履行されないため、目的物の使用収益ができない場合は、修繕義務と賃借人の賃料支払義務は同時履行の関係となる。

　また、賃借人が目的物の価値が上がるような費用を支出した場合、価値が上がった目的物が賃貸人に戻ってくるので、その増加分だけ、賃貸人は得をすることになります。そこで、その増加分を賃貸人は賃借人に返還することになります。これを**有益費**といいます。

　そして、賃借人は、**必要費**を賃貸人に「**直ちに全額を償還してほしい**」ということができます。本来賃貸人が支出しなければならない費用を立て替えたからです。これに対して、**有益費**は、**賃貸借終了時**に、目的物の価格の増加が現存している場合に限り、支出された費用又は増加額のどちらかを**賃貸人が選択**して支払うことになります。有益費は、目的物の価値が増加した分は賃貸人の財産なのだから、その分の費用を返還するという趣旨でしたので、契約終了時にはその増加分がなくなっているかもしれませんから、契約終了時に償還するのです。

　次に、賃借人の義務は以下のとおりです。

①	**賃料の支払義務**
②	**目的物返還義務**
③	**善管注意義務**

　賃貸借は、他人の物を借りて使用・収益し、いずれは目的物を返還することになるのですから、傷などをつけずにきちんと保管する必要があります。そこで、賃借人は、目的物の使用収益につき、善管注意義務を負うことになります。

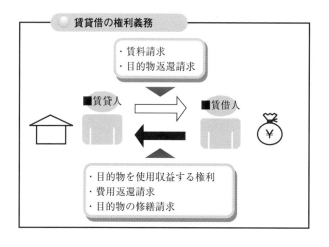

3 賃貸借の存続期間   民604条

　賃貸借契約は、**最長50年**の定めがありますが、最短期間は定められていません。賃貸借契約は、更新することができます。更新後の期間も50年を超えることはできません。

　また、期間の定めがない場合もあります。

4 賃貸借の終了   民617条

　賃貸借の終了は、存続期間の満了、<u>解約申入れ</u>、<u>契約の解除</u>、
　　　　　　　　　　　　　　　　　　　　①　　　　　　　　②
目的物の消滅等により生じます。

5 賃貸借の対抗力   民605条

　不動産の賃貸借に関しては、登記をすることで対抗力が認められます。ただし、賃借権は債権ですので、登記に協力しろとは賃貸人に請求できません。

　なお、**借地借家法の適用のある土地と建物の賃貸借**には、賃借権の**登記以外**に<u>対抗力</u>が認められています。
　　　　　　　　　　　　　③

6 賃貸人たる地位の移転   民605条の2

①　賃貸人たる地位の移転

　不動産の賃借人が賃貸借の対抗要件を備えている場合に、その不動産が譲渡されたときは、その不動産の**賃貸人たる地位**は、**譲受人に移転**します。

　例えば、AがBに建物を賃貸して対抗要件が備えられている場合に、AがCに当該建物を売買した場合、賃貸人たる地位は、Cに移転します。

　この賃貸人たる地位は、**賃借人の承諾を要しないで譲受人に移転**します。不動産の賃貸借契約においては、賃貸人が誰であるかは、賃借人にほとんど関係しないからです。

②　賃貸人たる地位の移転の対抗要件

　賃貸人たる地位の移転は、賃貸物である不動産について、所有権移転の登記をしなければ、賃借人に**対抗することができません**。

　先の例では、Cが当該建物について、所有権移転の登記をし

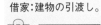

なければ、Bに賃貸人たる地位を対抗することができません。

③ **賃貸人たる地位の留保**

　不動産を譲渡する場合でも、譲渡人と譲受人との間で、賃貸人たる地位を移転したくないと考え、譲渡人と譲受人とが、**賃貸人たる地位を譲渡人に留保する旨**及び**譲受人が譲渡人に賃貸する旨の合意**をしたときは、賃貸人たる地位は、**譲受人に移転しません。**

　この場合、先の例では、ＣＡ間では賃貸借、ＡＢ間では転貸借の関係となります。

④ **賃貸借終了時の賃貸人たる地位の移転**

　前記③の場合に、譲渡人と譲受人（又は譲受人の承継人）との間の**賃貸借が終了したとき**は、譲渡人に留保されていた賃貸人たる地位は、**譲受人（又は譲受人の承継人）に移転**します。

　先の例では、ＣＡ間の賃貸借が終了したときは、譲渡人Ａに留保されていた賃貸人たる地位は、Ｃに移転し、ＣＢ間での賃貸借の関係となります。

⑤ **賃借人への費用の償還債務の承継**

過去問チェック マ R1

　賃貸人たる地位が譲受人やその承継人に移転したときは、**必要費や有益費の償還に係る債務**は、これらの者が**承継する**ことになります。

---

7 合意による不動産の賃貸人たる地位の移転　民605条の3

　不動産の賃借人が賃貸借の対抗要件を備えていない場合に、賃貸している不動産が譲渡されても、当然には不動産の賃貸人たる地位は移転しません。

　しかし、この場合でも、不動産の賃貸人たる地位は、譲渡人と譲受人との合意により、**譲受人に移転させる**ことができます。これにより、不動産の賃借人が**賃貸借の対抗要件を備えている場合と、同様になります。**具体的には、賃貸人たる地位の移転は、賃貸物である不動産について、所有権移転の登記をしなければ、賃借人に対抗することができません。また、賃貸人たる地位が譲受人やその承継人に移転したときは、必要費や有益費の償還に係る債務は、これらの者が承継することになります。

なお、この場合における賃貸人たる地位の移転は、賃借人の承諾を要しません。

8 賃借人の妨害排除請求　　　　民605条の4

対抗要件を備えた不動産の賃借人は、①その不動産の占有を第三者が妨害しているときに、その第三者に対する**妨害の停止請求**や、②その不動産を第三者が占有しているときに、その第三者に対する**返還請求**をすることができます。

9 賃借権の譲渡・転貸　　　　民612条1項

賃借物の転貸とは、賃借人が賃貸人から借りている目的物を他人に転貸、つまり"又貸し"することです。

賃借権の譲渡とは、賃借権を他人に譲り、自分は賃借権を失う、つまり、賃貸借契約から離脱することです。

転貸と譲渡で異なる点は、譲渡の場合、今までの賃借人は賃借人ではなくなりますが、転貸の場合はなお、今までの賃借人がそのまま賃借人の地位を有する点です。

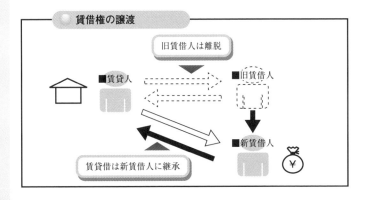

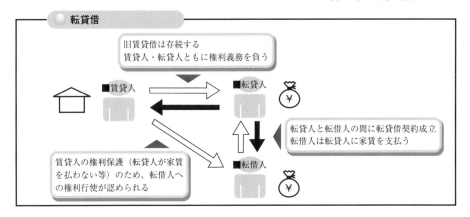

10 転貸・譲渡の効果　　民613条

　賃借権の**譲渡**の場合、旧賃借人は法律関係から離脱することになるので、**新賃借人のみが賃借人**となり、賃料支払等の義務を負うことになります。

　賃借物の**転貸**の場合、賃貸人と転貸した者（転貸人）の関係は影響を受けません。また、転貸人と転貸を受けた者（転借人）との間に賃貸借契約が生じます。

　もっとも、転借人は、賃貸人と賃借人との間の賃貸借に基づく賃借人の債務の範囲を限度として、**賃貸人に対して**転貸借に基づく債務を直接履行する義務を負います。例えば、賃貸人は転借人に賃料の請求ができます。ただ、請求できる賃料は、賃料と転借料のうち**少額の方**となります。本来、転借人と賃貸人との間には何の契約もないのですから権利行使は認められないはずですが、賃貸人の権利保護のために認められています。しかし、転借人から賃貸人への権利行使は認められません。あくまでも賃貸人を保護するためのものだからです。

　なお、賃借人には賃借物について善管注意義務がありますが、転借人の責任により賃借物を損傷・滅失等させた場合は、賃借人もその責任を負います。転借人は、転貸人の履行補助者と考えられているからです。

マ R2・3
管 R2

11 無断転貸・無断譲渡　　　　　　　民612条1項・2項

　賃借人は、**賃貸人の承諾を得なければ**、目的物を転貸し、又は賃借権の譲渡をすることはできません。無断で転貸・譲渡ができるとすると、賃貸人としたら、最初に予定したのと異なる使用をされたり、新賃借人が賃料を支払わない等信頼できない者だったりする危険があります。そこで、転貸・譲渡をするには原則として賃貸人の承諾が必要となり、無断転貸・譲渡をし、**第三者に賃貸目的物を使用収益させた場合は原則として契約を解除**できるとされています。

① POINT
　無断転貸の場合でも、転借人が使用を開始しない限り賃貸借契約を解除できない。

　しかし、例えば、借家人が一時的に親族に使用させる場合や、内縁関係の解消により転貸・譲渡が生じた場合にも契約が解除されるのは酷です。そこで、判例は、無断転貸・譲渡に基づき賃貸借契約が解除できるのは、信頼関係が破綻されたときだと考え、無断転貸・譲渡であっても、それが賃貸人に対する**背信的行為と認めるに足らない特段の事情がある場合には、賃貸人は解除することができない**としました。

12 借地上の建物の譲渡・賃借

　土地を所有者から借り受け、建物を自分で建設し所有するというケースがありますが、その際建物を第三者に**譲渡**すると譲受人は"他人の土地を勝手に使って建物を所有している"ことになるため、土地所有者に**土地賃借権の譲渡を承諾**してもらわなければなりません。これに対し、建物を第三者に**賃貸**した場合は、建物の所有者は変わらないので（土地の賃貸借契約の当事者は変わらない）、**土地賃借権の譲渡にはなりません**。

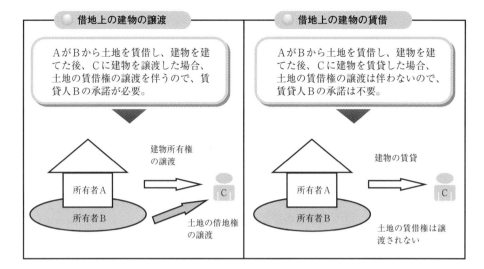

借地上の建物の譲渡

AがBから土地を賃借し、建物を建てた後、Cに建物を譲渡した場合、土地の賃借権の譲渡を伴うので、賃貸人Bの承諾が必要。

建物所有権の譲渡

所有者A

所有者B

土地の借地権の譲渡

借地上の建物の賃借

AがBから土地を賃借し、建物を建てた後、Cに建物を賃貸した場合、土地の賃借権の譲渡は伴わないので、賃貸人Bの承諾は不要。

建物の賃貸

所有者A

所有者B

土地の賃借権は譲渡されない

13 敷金 民622条の2

　敷金とは、名目を問わず、賃料債務その他の賃貸借に基づいて生じる賃借人の賃貸人に対する金銭の給付を目的とする**債務を担保する目的**で、賃借人が賃貸人に交付する金銭をいいます。

過去問チェック マ R1・2

① 敷金の返還

　賃貸人が敷金を受け取っている場合で、以下のときには、賃貸人は賃借人に対し、その受け取った敷金の額から、賃借人が滞納している賃料等を控除した残額を**返還**しなければなりません。

> **ア）賃貸借が終了し、かつ、賃貸物の返還を受けたとき**
> **イ）賃借人が適法に賃借権を譲り渡したとき**

　なお、ア）の敷金は、目的物の明渡し時に返還されることになります。

② 敷金の充当

　賃貸人は、賃借人が賃料等の支払いをしないときは、敷金を充当することができます。他方、賃借人から賃貸人に、敷金の充当を請求できません。

③ 敷金の承継

　賃貸人たる地位が譲受人やその承継人に移転したときは、敷

106

金の返還に係る債務も、それらの者が**承継する**ことになります。

14 賃貸借の終了　民616条の2、620条、621条、622条

① 賃借物の全部滅失等による賃貸借の終了

賃借物の全部が、滅失その他の事由により使用及び収益をすることができなくなった場合には、賃貸借は終了します。

② 賃貸借の解除の効力

賃貸借の解除をした場合、その解除は、将来に向かってのみその効力を生じます。この場合でも、損害賠償の請求ができます。

③ 賃借人の原状回復義務

賃借人は、賃借物を受け取った後にこれに生じた損傷（**通常の使用及び収益によって生じた賃借物の損耗並びに賃借物の経年変化を除きます**）がある場合に、賃貸借が終了したときは、その損傷を原状に復する義務を負います。もっとも、その損傷が**賃借人の責任でないときは、その義務を負いません**。

④ 賃借人による収去等

賃借人は、受け取った賃借物に**附属させた物**がある場合、賃貸借が終了したときには、その附属させた物を**収去する義務を負います**。ただし、**賃借物から分離することができない物又は分離するのに過分の費用を要する物**については、その義務を負いません。

⑤ 費用の償還の請求権の期間制限

賃借人が**支出した費用**（必要費・有益費等）の**償還**は、賃貸人が賃借物の**返還を受けた時**から**1年以内**に請求しなければなりません。

確認問題

問：賃借人Bが、賃貸人Aの承諾を得ないでAが所有する専有部分をCに転貸しようとする契約を締結したときは、まだCが専有部分を使用していない場合でも、AはBとの賃貸借契約を解除することができる。

答：× 賃貸人が契約を解除できるのは、賃借人が第三者に賃借物の「使用又は収益をさせたとき」です。（→**11**無断転貸・無断譲渡）

第22節 借地借家法

不動産賃貸借では、貸主の立場が強くなっています。そこで、借主保護のため、借地借家法が定められました。

1 借地借家法とは

賃貸借契約の中でも、建物所有を目的とする土地の賃貸借や建物の賃貸借等には、借地借家法という特別法の適用があります。土地や建物は、人の生活の本拠となるものですから、他の賃貸借契約よりも賃借人を保護する必要があるからです。
①

そのため、賃借人に不利な特約は、原則として、無効となります。

① POINT
借主が法人であっても借地借家法は適用される。

2 借地権　　　　借地借家2条1号

借地権とは、建物所有を目的とする地上権又は土地の賃借権をいいます。借地権には、普通借地権と定期借地権があります。

3 普通借地権　　借地借家3〜7条、13条、18条、19条

普通借地権とは、借地借家法が原則として規定している借地権をいいます。以下、普通借地権の特徴を述べていきます。

① 普通借地権の存続期間

普通借地権の存続期間は、以下のように定められます。

ア）30年以上の期間を定めた場合にはその期間
　　　　　②
イ）30年未満の期間を定めた場合には30年に延長
ウ）期間を定めなかった場合には30年

② 借地権の更新

借地権は、以下の場合に更新されます。

ア）当事者の合意による更新
イ）更新の請求
ウ）法定更新

イ）は、建物がある場合に、借地人（借地権者）から契約の更新請求を受け、地主（借地権設定者）が遅滞なく正当事由のある異議を述べなかったときは、借地契約は更新したとみなさ

② check
民法では最長50年の制限があった。また最短期間の制限はなかった。

108

れます（更新の請求）。なお、更新後の借地期間は **1回目の更新が20年**、**2回目以降の更新が10年**となります。

また、ウ）は、借地契約の期間が満了した場合でも、建物がある場合に、借地上の建物を借地人がそのまま使用しているときには、地主が遅滞なく正当事由のある異議を述べない限り、借地契約は更新されたものとみなされます（法定更新）。

③ 建物買取請求権

建物買取請求権とは、<u>一定の事由</u>により借地契約が終了した場合には、借地人は地主に**建物の買取を請求できるという権利**です。本来借地契約が終了した場合、借地人は原状回復義務を負うので、更地にして明け渡さなければなりません。しかし、それでは建物を壊さなければならないので、経済的に問題があります。そこで、<u>建物買取請求権を認めたのです</u>。

④ 借地上の建物の譲渡

借地権者が借地上の建物を譲渡しようとする場合、借地権が土地の賃借権ですと、賃借権の譲渡又は転貸となるので、借地権設定者（地主）の承諾が必要となります。しかし、借地権設定者の承諾が得られるとは限りません。承諾が得られないと借地権者は、自分が所有している建物を譲渡することができなくなってしまいます。そこで借地借家法は賃借権の譲渡又は転貸をしても借地権設定者に不利となるおそれがないにもかかわらず、借地権設定者がその賃借権の譲渡又は転貸を承諾しないときは、借地権者は裁判所に借地権設定者の承諾に代わる許可を求めることができると規定しています。

なお、借家権の譲渡又は転貸の場合には、この賃貸人の承諾に代わる裁判所の許可の制度はないことに注意してください。

4 定期借地権　　借地借家22条、24条1項、23条

定期借地権とは、一定期間だけ土地を使用して、期間満了後は**更新せずに土地を返却する**という契約です。定期借地権には、以下の3種類があります。

① 狭義の定期借地権（更新等排除特約付長期借地権）

狭義の定期借地権とは、存続期間を50年以上とするもので、

① **POINT**
一定事由とは、期間満了により借地契約が終了し、更新がなく、建物が存在していることである。
② **POINT**
建物買取請求権を排除する特約は借地人に不利なものであり無効である（借地借家16条）。

契約の更新がなく、建物買取請求権も発生しないものをいいます。そして、この借地権の設定は、公正証書による等書面等によらなければなりません。

② **建物譲渡特約付借地権**

　建物譲渡特約付借地権とは、借地権設定後30年以上経過した日に、借地上の建物を借地権設定者（地主）に譲渡する旨の特約のついた借地権のことをいいます。建物譲渡特約付借地権は、借地上の建物が地主に譲渡されることで、土地の所有者と建物の所有者が同一人物になるため、借地権を存続させる必要がなくなり混同により消滅するのです。

③ **事業用定期借地権**

　事業用定期借地権とは、もっぱら事業の用に供する建物の所有を目的とし、存続期間が10年以上30年未満のものと30年以上50年未満のものがあります。どちらも、契約の更新がなく、建物買取請求権がありません。そして、この借地権の設定は、公正証書でしなければなりません。

① **POINT**
住居用のマンションの建築は、事業の用に該当しないので、事業用借地権は利用できない。

<定期借地権のまとめ>

借地権の種類	期　間	書面等の要否
普通借地権	30年以上	不要
狭義の定期借地権	50年以上	必要
建物譲渡特約付借地権	30年以上	不要
事業用借地権	10年以上30年未満又は30年以上50年未満	公正証書であることが必要

5　借地権の対抗要件　　借地借家10条1項

　借地権の対抗要件は、**借地権の登記**又は借地上に登記された建物を所有することです。

●判例
借地権者名義での登記が必要であり、長男や妻名義の登記では対抗要件として認められない。

6　借家権　　借地借家1条、40条

借家権とは、建物の賃貸借契約について適用される権利をい

110

います。建物の用途は、**居住用であるか、それ以外のもの（店舗・事務所等）であるか**を問いません。また、賃貸借契約のみに適用され、**使用貸借契約には適用がありません**。さらに、一時的な使用にも**適用がありません**。

7 普通借家権　　　借地借家26〜29条、民617条

普通借家権とは、契約を更新することのできる借家権をいいます。普通借家権には、以下の特徴があります。

① 借家権の存続期間

借家権の存続期間ですが、**最短期間の制限はありませんが、1年未満の期間**を定めた場合には存続期間の定めのない借家契約となります。また、**最長期間の制限はありません**。

② 解約と更新

借家権の更新には、次のようなものがあります。

ア）合意による更新

当事者が合意をすれば更新されます。

イ）存続期間の定めがある場合の契約終了・更新

存続期間の定めがある借家契約の場合、当事者が、**期間の満了1年前から6カ月前までの間に相手方に対して更新をしない旨の通知をしないと、従前の賃貸借と同じ条件で契約が更新された**とみなされます。ただし、更新後の借家契約は存続期間の定めのないものになります。上記通知をした場合であっても、期間満了後、借家人が使用を継続する場合、賃貸人が**遅滞なく異議を述べなかったとき**は、同様の更新をしたとみなされます。また、賃貸人が更新を拒絶するためには**正当事由が必要**となります。

ウ）存続期間の定めがない場合の解約による終了・更新

存続期間の定めがない借家契約の場合、各当事者はいつでも解約を申入れることができます。**借家人**から解約を申し入れる場合、申入れ後**3カ月**経過することで終了します。他方、**賃貸人**から解約を申入れる場合、**正当事由が必要**となり、申入れ後**6カ月**を経過することで借家契約が終了します。ただし、その終了後、借家人が使用を継続する場合、賃貸人が遅

① POINT
契約が無効となるわけではない。

過去問チェック
マ R4・5
管 R3

滞なく異議を述べないときは、更新したとみなされ、存続期間の定めがない借家契約となります。

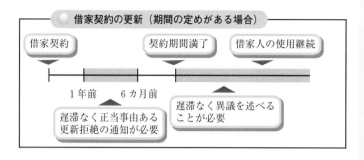

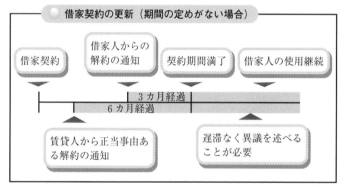

③　契約期間中の中途解約

ア）中途解約できる定めがない場合

　建物の賃貸借において、中途解約できる定め（特約）がない場合、**賃貸人**及び**賃借人**（定期建物賃貸借を除く）は、**中途解約できません**。なお、後述する**定期建物賃貸借**では、一定の条件下で、**賃借人は中途解約できます**。

イ）中途解約できる定めがある場合

　建物の賃貸借において、中途解約できる定め（特約）がある場合、**賃貸人**から解約できる定めは**無効**又はその定めをしても解約には**正当事由が必要**であると考えられています。他方、**賃借人**から解約できる定めは**有効**です。賃借人に不利とならないからです。

112

<中途解約の可否>

	賃貸人	賃借人
中途解約できる定めがない	不可	不可（定期建物賃貸借を除く）
中途解約できる定めがある	無効 又は解約に正当事由必要	可

8 賃貸借契約の終了と転貸借の関係　借地借家34条、民法613条3項

　賃貸借契約が終了すると、これを前提としている転貸借契約も同時に終了します。その場合、本来、賃貸人は転借人に対して、このことを対抗できるはずなのですが、次のように、終了の原因によって、賃貸人が転借人に対抗できる場合とできない場合とがあります。

賃貸借契約の終了原因	転借人への対抗の可否
①期間満了・解約の申入れ	賃貸人は、転借人に賃貸借契約の終了を通知しなければ、転借人に対抗できない。この通知がされたときは、この日から**6カ月経過後**に転貸借契約が終了する。
②合意解除	賃貸人と賃借人とで合意解除しても、賃貸人は転借人に、転貸借契約の終了を対抗できない。
③債務不履行解除	賃貸人の債務不履行により契約解除したときは、賃貸人は転借人に、転貸借契約の終了を対抗できる。 なお、賃借人の賃料不払いによる契約解除の場合、賃貸人は転借人に賃料を<u>支払う機会を与える必要はない。</u>①

① POINT
賃貸人は転借人に直接賃料の支払いを求める権利はあるが、これは義務ではない。

9 家賃の増減額請求　借地借家32条

　家賃は契約で定めた額を支払うのが原則ですが、土地や建物の公租公課の増減や建物の価値の増減その他経済事情の変動により、従前の家賃が不相当となった場合は、家賃の増減額請求ができます。もっとも、家賃の**増額請求をしない旨の特約**がされた場合、有効となります。他方、**減額請求をしない旨の特約**

がされた場合は、無効となります。借家人に不利だからです。

　なお、家賃が増額なり減額なり決定するまでの間、賃貸人は自分が正当と考える額を請求でき、借家人は自分が正当と考える額を支払えばよいのです。最終的に家賃の額が決定したら、**増減額の請求をした時**からの差額に利息をつけて精算することになります。

10 造作買取請求権
借地借家33条1項

　造作とは、借家人が**賃貸人の承諾を得て**借家に取付けた畳やクーラー等、建物の使用価値を増加させるものをいいます。本来造作は借家人の所有物なので、借家契約終了時に取り外して建物を明け渡す必要があります。

　しかし、畳やクーラーだけ取り外しても利用価値はあまりありません。そこでこのような造作を**契約終了時に賃貸人に買い取らせる権利を認めました。これを造作買取請求権といいます。もっとも、この造作買取請求権は、特約により排除できます。

　なお、この請求権を行使した場合でも、賃借人は、造作代金債権を保全するために**留置権を主張することはできません。造作代金債権は、造作に関して生じた債権であって、建物に関して生じた債権ではないからです。

11 建物の朽廃・滅失

　借家契約の場合、目的物である建物が滅失したら、理由の如何にかかわらず借家契約は終了します。

12 借家権の対抗要件
借地借家31条1項、36条1項

　借家権の対抗要件は、**借家権の登記**又は**建物の引渡**です。

13 居住用建物の賃貸借の承継
借地借家36条

　居住の用に供する建物の賃借人が相続人なしに死亡した場合に、その当時、婚姻又は縁組の届出をしていないが、建物の賃借人と**事実上夫婦又は養親子と同様の関係**にあった同居者があるときは、その同居者は、建物の賃借人の**権利義務を承継する

マ　R2

判例
死亡した賃借人に相続人がいる場合でも、賃借人と同居していた内縁の妻等は、相続人が相続した借家権を援用することができ、引き続き当該居住用建物に居住することができる。

114

ことができます。これらの同居人は相続人ではありませんが、その居住権を保護するために、借家権を承継することができるとされているのです。

ただし、同居者が、相続人なしに死亡したことを知った後1カ月以内に賃貸人に対して、承継しない旨の意思を表示したときは、承継されません。

なお、この規定は、特約により**廃除できます**。

14 定期建物賃貸借

借地借家38条

定期建物賃貸借とは、一定期間が経過すると契約が終了し、更新が生じない建物賃貸借をいいます。この定期建物賃貸借には、以下のような特徴があります。

① **期間を1年未満とすることができる**

期間が1年未満であっても、**期間の定めがない賃貸借ではなく**、6カ月なら6カ月という期間になります。

② **やむを得ない事由がある場合、借家人からの解約申入れができる**

居住の用に供する建物の場合、転勤・療養・親族の介護等の①やむを得ない事由がある場合、賃借人から解約の申入れをすることができます。この場合解約の申入れから**1カ月経過後**に借家契約は終了します。

③ **更新しない**

定期建物賃貸借は、一定期間が経過すれば終了し、更新しません。

④ **定期建物賃貸借の設定は公正証書による等書面等で行う必要がある**

書面等であればよく、公正証書でなければならないというものではありません。

⑤ **賃貸人は契約前に賃借人への説明義務がある**

賃貸人は、契約前にあらかじめ賃借人に対し、当該賃貸借契約が更新せず期間満了により終了することについて、その旨を記載した書面を交付して説明しなければなりません。建物の賃貸人がこの**説明をしなかったとき**は、契約の更新がないことと

① **POINT**
床面積が200m²未満の建物に限られる。

する旨の定めは、**無効**となります。

　なお、当該書面は、賃借人の**承諾を得て**電磁的方法により提供できます。

⑥　終了の通知

　期間が1年以上の定期建物賃貸借契約においては、賃貸人は、期間満了の1年前から6カ月前までの間に、契約が終了する旨の通知をしなければなりません。

　この通知をしなかったときは、**通知の日から6カ月を経過**するまで、終了を賃借人に対抗することができません。

＜定期建物賃貸借契約のまとめ＞

存続期間	期間が1年未満でも、期間の定めがある契約となる。
更新	契約の更新がされない。
契約	契約は、公正証書による等書面等で行う。
説明・書面交付	契約前に、賃借人に書面を交付して説明を行う。
賃借人からの解約申入れ	居住の用に供する建物（床面積200㎡未満）の場合、賃借人のやむを得ない事由により、賃借人から解約の申入れができる。この申入れから1カ月経過後に契約は終了する。
終了の通知	期間が1年以上の場合、賃貸人は期間満了の1年前から6カ月前までの間に、契約が終了する旨の通知を必要とする。この通知をしなかったときは、通知の日から6カ月を経過するまで対抗できない。
家賃の増減額請求の特約	家賃の増減額請求をしない旨の特約は、有効である。

確認問題

　問：定期建物賃貸借契約とするときは、契約を公正証書によってしなければならない。

　　　　答：✕　書面等であればよく、公正証書に限られません。
　　　　　　（➡ **14**定期建物賃貸借）

第23節 請負

請負契約とは、仕事の完成を目的とした契約です。管理委託契約の内容には請負に準ずるものがありますから、それらに注意しましょう。

1 請負　　　　　　　　　　　　　　　　　　　民632条

　請負は、当事者の一方が、ある仕事の完成を約束し、相手方がその仕事の結果に対してその当事者に報酬を支払うことを約束する契約をいいます。建築請負がこれに当たります。請負は有償・双務・諾成契約です。
①

① POINT
管理委託契約に基づく業務には、請負契約の性質を有するものもある。

マ R1
管 R4

2 注文者・請負人の義務　　　　　　　　　民633条

① 注文者の義務

　注文者は、請負人に対して報酬の支払義務を負います。この義務は、契約内容が目的物の引渡しを要する場合（マンションの建設等）は、その目的物の引渡しと同時に行わなければなりません。他方、目的物の引渡しを要しない場合（マンションの修繕工事等）は、仕事の完成後に行わなければなりません。

② 請負人の義務

　請負人は、仕事の完成義務があります。また、契約内容が物
②
の製作である場合は、完成した物につき、注文者への引渡義務があります。

② POINT
民法上は、仕事の完成を下請けにまかせることもできる。

管 R4

3 注文者が受ける利益の割合に応じた報酬　　民634条

　以下の場合に、請負人が既にした仕事の結果のうち、可分な部分の給付によって注文者が利益を受けるときは、その部分を仕事の完成とみなし、請負人は、注文者が受ける利益の割合に応じて報酬を請求することができます。

① 注文者の責任がない事由によって、仕事を完成することができなくなったとき
② 請負が仕事の完成前に解除されたとき

4 請負人の担保責任　　　　　　　民559条、636条、637条

　請負人が、**種類又は品質**に関して、**契約内容に不適合の目的物**を注文者に**引き渡したとき**（**引渡しを要しない場合には、仕事が終了した時**に目的物が**種類又は品質**に関して**契約内容が不適合**であるとき）は、注文者は履行の追完の請求、報酬の減額の請求、損害賠償の請求及び契約の解除をすることができます。すなわち、売主の担保責任の内容と同様になります。

　もっとも、その目的物の不適合が、注文者の供した材料の性質又は注文者の与えた指図によって生じたものであるときには、その**責任を追及することができません**。ただし、請負人がその材料又は指図が不適当であることを**知りながら告げなかった**ときは、その**責任を追及することができます**。

　また、注文者が請負人に責任を追及することができる場合でも、注文者がその不適合を知った時から1年以内にその旨を請負人に通知しないときは、その**責任を追及することができなくなります**。もっとも、仕事の目的物を注文者に引き渡した時に、請負人が目的物の不適合を**知り、又は重大な過失によって知らなかった**ときは、この規定は**適用されません**。

5 注文者の契約解除権　　　　　　　　　　　　民641条

　注文者は、請負人が仕事を**完成する前**であれば、いつでも損害を賠償して**契約を解除**することができます。これは、注文者にとって不要となった仕事を完成させる意味がないからです。

6 請負人の契約解除権　　　　　　　　　　民642条1項

　注文者が**破産手続開始の決定**を受けたときは、請負人又は破産管財人は契約を解除することができます。ただし、請負人による契約の解除については、仕事を完成した後はできません。

118

118

確認問題

問：仕事を完成しない間は、請負人は、いつでも損害を賠償して契約の解除をすることができる。

答：×　仕事を完成しない間、いつでも契約の解除ができるのは、注文者です。請負人ではありません。（➡ **5** 注文者の契約解除権）

第**24**節　委任

委任とは、法律行為を行うことを、相手に委託する契約をいいます。
管理委託契約はこれに準じますので注意しましょう。

1 委任　　　　　　　　　　　　　　　　民643条

　委任とは、当事者の一方が法律行為をなすことを相手方に委
託し、相手方がこれを承諾することで、その効力を生じる契約
です。法律行為以外をなすことを委託した場合は**準委任**となり
ます。マンションの管理委託契約などがこれに当たります。

　なお、委任は原則として、無償・片務・諾成契約です。報酬
を受ける場合は有償・双務・諾成契約となります。

2 受任者・委任者の義務　　　　　　　民法644～650条

　受任者とは、委任の依頼を受けた者をいい、委任者とは、委
任を依頼した者をいいます。

① 受任者の義務

　ア）委任事務を処理するに当たり善管注意義務を負う（有
　　　償・無償問わない）
　イ）報告義務　　ウ）受取物・果実の引渡義務
　エ）取得権利の移転義務

　受任者は、**有償・無償を問わず**、善管注意義務をもって事務
を処理しなければなりません。また、受任者は委任者の請求が
あればいつでも委任事務処理の状況を報告し、**委任終了後**は遅
滞なく、**その経過及び結果を報告する義務**を負います。

　そして、受任者は事務処理に当たり、受け取った物を委任者
に**引き渡す義務**を負います。財産の管理を任されると、利息や
家賃などの様々な利益が発生します。これら果実を受任者が受
け取った場合は、それを委任者に引き渡さなければなりません。
財産自体は委任者の物であり、受任者はあくまで管理をしてい
るだけだからです。もしも、受任者が**委任者に引き渡すべき金
額又はその利益のために用いるべき金額を自己のために消費し
たときは、その消費した日以後の利息を支払わなければなりま

せん。

　また、受任者が事務処理に当たり自己の名で取得した権利は委任者に移転する義務があります。

② 委任者の義務

マ R2
管 R4

> ア）報酬支払義務（特約がある場合）　イ）費用の前払義務
> ウ）費用償還義務　　　エ）代弁済・担保提供義務
> オ）損害賠償義務

　委任契約は、原則無償ですので、特約がなければ、委任者は、報酬支払義務を負いません。報酬の支払を受けたければ**特約を**する必要があるのです。

　また、委任が、**委任者の責任によらずに委任事務を履行できなくなった**ときや、委任が解約等により**履行の途中で終了した**ときは、受任者は、**既にした履行の割合に応じて報酬を請求**することができます。

　委任者は、委任事務処理に必要な費用を、受任者の**請求があれば前払いをし、受任者が支払った費用**には、**利息を付して償還**する必要があります。

　事務処理に必要な債務は委任者に弁済責任があり、弁済期にないときは、委任者には担保提供義務があります。

　そして、受任者が委任事務処理のため、**自己に過失なく損害を受けた**ときは、委任者にその損害の賠償を請求できます。

3 復受任者の選任等　　民644条の2第1項

マ R2

　受任者は、委任者の許諾を得たとき、又はやむを得ない事由がなければ、**復受任者**を選任することができません。委任契約は、委任者と受任者の信頼関係に基づいて成り立つものですから、委任されたことを、勝手に他の者に任せることは許されないからです。

4 委任の終了　　民651〜653条

管 R4

　委任は、当事者のどちらからでも、何らの理由がなくても解除をすることができますが、**相手方に不利な時期に委任を解除**したときや、委任者が**受任者の利益をも目的とする委任**（受任

者が報酬を得られること以上の利益が生じるもの）を解除した
ときは、**損害賠償義務**があります。ただし、**やむを得ない事由**
があったときはその**責任はありません**。

契約の解除		理由がなくても解除可
損害賠償責任	**原則**	相手方の不利な時期に解除したとき等に責任あり
	例外	やむを得ない事由のときは責任なし

　また、委任者又は受任者が死亡・破産手続開始の決定を受け
た場合や、受任者が後見開始の審判を受けた場合にも終了しま
す。

　そして、委任が解除されたときには、その効力は**将来に向か
ってのみ**生じます。

＜委任の終了＞　　　　　　　　　＜○…終了　×…終了しない＞

	委任者	受任者
解　　　除	○	○
破産手続開始	○	○
死　　　亡	○	○
後 見 開 始	×	○

（確）（認）（問）（題）

　問：委任は、各当事者がいつでもその解除をすることができる。

　　答：○（➡ **4** 委任の終了）

第25節 その他の契約等

重要度 マ ★★
重要度 管 ★★

ここでは、その他の契約等について説明します。それぞれの契約の特徴を押さえておきましょう。

1 消費貸借

民587条

消費貸借とは、金銭その他の代替物を受け取り、これと同種の物を返還するという契約をいいます。なぜ"消費"貸借なのかというと、例えば、金銭消費貸借なら、借主は、貸主から借りた金銭をいったん使ってしまいます。このとき賃貸借だと借り受けた目的物そのものを返さなければならないのですが、消費貸借は、弁済期に、借りた物自体ではなく、借りた物と同種類の物を弁済することになります。一度借りた物を消費してしまって、同種の物を返済することになるので、消費貸借契約というのです。

2 使用貸借

民593〜600条

使用貸借とは、貸主がある物を引き渡すことを約し、借主がその受け取った物について**無償**で使用及び収益をして、契約が終了したときに返還をすることを約することによって、その効力を生じる契約で、無償・片務・諾成契約です。

なお、貸主は、借主が**借用物を受け取るまで**、**契約を解除する**ことができます。もっとも、**書面**により契約したときは、**解除することができません**。

① 借主の使用及び収益

借主は、契約又はその目的物の性質によって定められた用法に従い、その物の使用及び収益をしなければなりません。

また、借主は、**貸主の承諾**を得なければ、第三者に借用物の使用又は収益をさせることができず、これに違反して使用又は収益をしたときは、貸主は、**契約の解除**ができます。

なお、不動産の使用借権は賃借権と異なり、その**登記が認め**られていないため、**第三者に対抗できません**。

② 借用物の費用の負担

ア）通常の必要費

借用物の<u>通常の必要費</u>①は、借主が負担しなければなりません。

イ）通常の必要費以外の費用

借用物の**<u>通常の必要費以外の費用</u>**②を借主が支出したときは、その価格の増加が現存する場合に限って、「貸主」の選択に従い、その支出した金額又は増価額を償還させることができます。

③ 貸主の引渡義務等

貸主は、使用貸借の目的である物又は権利を、使用貸借の目的として**特定した時の状態**で引き渡し、又は移転することを約したものと**推定**されます。

④ 期間満了等による使用貸借の終了

ア）使用貸借の期間を定めた場合

使用貸借は、**当事者が定めた期間が満了する**ことによって終了します。

イ）使用貸借の期間を定めず、使用収益の目的を定めた場合

借主がその**目的に従い使用及び収益を終える**ことによって終了します。また、**貸主**は、借主が使用及び収益をするのに足りる期間を経過したときは、契約を**解除**できます。

ウ）使用貸借の期間を定めず、使用収益の目的も定めなかった場合

貸主は、**いつでも契約を解除**できます。

⑤ 借主からの契約解除

借主は、いつでも契約の解除をすることができます。貸主にとって不利益はないからです。

⑥ 借主の死亡による使用貸借の終了

使用貸借は、**借主の死亡**によって終了します。これは、貸主と借主との個人的な関係に基づくものだからです。他方、貸主が死亡しても、契約は終了しません。

⑦ 借主による収去等

借主は、借用物を受け取った後に附属させた物がある場合に、使用貸借が終了したときは、原則として、その附属させた物を**収去しなければならず**、また、これを**収去できます**。

① POINT
通常の必要費とは、現状維持に必要な修繕費や保管費、固定資産税等をいう。

② POINT
通常の必要費以外の費用とは、有益費等をいう。

また、借主は、借用物を受け取った後にこれに生じた損傷がある場合に、使用貸借が終了したときは、原則として、その損傷を**原状に復しなければなりません**。

⑧　損害賠償及び費用の償還請求権の期間制限

契約の本旨に反する使用又は収益によって生じた損害の賠償及び借主が支出した費用の償還は、貸主が**返還を受けた時**から**1年以内**に請求しなければなりません。この請求権は、貸主が返還を受けた時から1年を経過するまでの間は、時効は完成しません。

3　贈与　　　　　　　　　　民549〜551条、553条

贈与とは、一方当事者がある財産を無償で相手方に与える意思を表示し、相手方が受諾することによって成立する契約です。財産を寄付するというのはこの贈与にあたります。贈与は片務・無償・諾成契約です。

①　解除

書面によらない贈与契約は、当事者が契約を解除することができます。ただし、**履行の終わった部分は解除できません**。例えば、不動産の贈与の場合、受贈者への**引渡し**や**所有権移転登記**がされたときは、履行が終わったといえます。また、解除には遡及効はなく、解除したときから将来に向かって契約の効力が失われます。

② 贈与者の引渡義務等

贈与者は、贈与の目的である物又は権利を、贈与の目的として**特定した時の状態**で引き渡し、又は移転することを約したものと**推定**されます。

③ 負担付贈与

負担付贈与とは、例えば、老後の面倒を見てもらう代わりに財産を子供に贈与するといったような、ただ贈与されるだけではなく、一定の義務が課せられている贈与のことをいいます。

この場合、贈与者は、その負担の限度において、**売主と同じ担保責任を負います**。

また、その性質に反しない限り、**双務契約**（売買契約など）に関する規定が準用されます。

POINT
書面による贈与は解除できない。

4 寄託契約　　　　　　　　　　民657〜659条、662条、663条

　寄託は、当事者の一方（寄託者）がある物を保管することを相手方（受寄者）に委託し、相手方（受寄者）がこれを承諾することによって、その効力を生じる契約です。寄託は、報酬の有無により、有償寄託と無償寄託とがあります。

　寄託者は、受寄者が寄託物を受け取るまで、**契約を解除する**ことができます。他方、**無報酬の受寄者**は、寄託物を受け取るまで、**契約の解除をすることができますが**、**書面**による寄託については、**解除することができません**。

① 寄託物の使用及び第三者による保管

　受寄者は、寄託者の承諾を得なければ、寄託物を使用することができません。また、受寄者は、寄託者の承諾を得たとき、又はやむを得ない事由があるときでなければ、寄託物を第三者に保管させることができません。

② 受寄者の注意義務

　無報酬の受寄者は、<u>自己の財産に対するのと同一の注意</u>をもって、寄託物を保管する義務を負います。他方、**有報酬の受寄者**は、**善管注意義務**を負います。

③ 寄託者による返還請求

　当事者が寄託物の返還の時期を定めたときであっても、**寄託者**は、**いつでもその返還を請求することができます**。

④ 寄託物の返還時期

　当事者が寄託物の返還の時期を**定めなかったときは**、**受寄者**は、**いつでもその返還をすることができます**。

　返還の時期の定めがあるときは、**受寄者**は、**やむを得ない事由がなければ**、その**期限前に返還をすることができません**。

5 事務管理　　　　　　　　　　　民697〜699条、702条

　事務管理とは、**法律上の義務を有しない者**が、他人の事務を管理（処理）する行為をいいます。例えば、依頼されていないのに不在者の家屋を修理したり、費用の立替え払いをすることです。

　そして、義務なく他人のために事務の管理を始めた者（**管理**

---

① **keyword**
善管注意義務よりも軽い注意義務をいう。「自己のためにするのと同一の注意」（親権者の財産管理）、「固有財産におけるのと同一の注意」（相続人の相続財産の管理）、「自己の財産におけるのと同一の注意」（相続放棄者の相続財産の管理）があるが、いずれも同意義である。

過去問チェック　→　マ　R5

者）は、その事務の性質に従い、**最も本人の利益に適合する方法**によって、その事務の管理（事務管理）をしなければなりません。

① **管理者の通知義務**

　管理者は、事務管理を始めたことを遅滞なく**本人に通知**しなければなりません。ただし、本人が既にこれを知っているときは、その必要はありません。

② **管理者による費用の償還請求等**

　管理者は、本人のために**有益な費用を支出**したときは、本人に対し、その**償還を請求する**ことができます。

③ **緊急事務管理**

　管理者は、本人の身体、名誉又は財産に対する**急迫の危害を免れさせる**ために事務管理をしたときは、**悪意又は重大な過失があるのでなければ**、これによって生じた損害を賠償する**責任を負いません**。

確認問題

問：AがBに、書面によらないでAが所有する専有部分を贈与した場合、Bへの所有権移転登記が完了すれば、その贈与は、解除することができない。

　　答：○（➡ **3** 贈与）

第26節 不法行為

重要度 マ ★★
　　　 管 ★★★

不法行為とは、契約関係にない他人から損害を受けた場合をいいます。特に使用者責任と土地工作物責任については要注意です。

1 不法行為　　　　　　　　　　　　　　　　民709条

　不法行為とは、契約関係にない他人から損害を加えられた場合に、加害者に対して**損害賠償**を請求する権利が発生する制度をいいます。

> **判例**
> 不法行為にもとづく損害賠償債務は、不法行為の時から履行遅滞となる。

2 一般の不法行為と特殊の不法行為

　一般の不法行為とは、相手方に故意・過失がある場合に損害賠償を認める制度をいいます。**特殊の不法行為**とは、一般の不法行為に何らかの形で修正を加えている場合をいいます。例えば使用者責任では、従業員が行った不法行為の責任を使用者が負うことになります。

3 一般の不法行為の要件　　　　　民709条、712条、710条

　一般の不法行為が成立するには、次の要件が必要となります。

過去問チェック
マ R5
管 R2・4

①	加害者に故意・過失があること
②	加害者に責任能力があること
③	権利の侵害があること
④	損害が発生したこと
⑤	相当因果関係があること

　まず、不法行為が成立するには、<u>加害者の故意・過失</u>が必要
① となります。
　②の**責任能力**とは、**自己の行為がどのような結果をもたらすか予測でき、さらにそれを回避する行動がとれる能力**（12歳程度）のことをいいます。例えば、幼稚園児が友達に怪我をさせた場合、加害者である幼稚園児には責任能力がありませんので、<u>幼稚園児に対して不法行為責任を追及することができないのです</u>。③の権利の侵害には、正当防衛や正当業務行為（スポー
②

> ① **POINT**
> 加害者に故意・過失があることを被害者が証明しなければならない。

> ② **POINT**
> ただしこの場合、親が監督責任を問われる可能性がある。

中の行為等)・被害者の承諾（献血等）があった場合は含みません。

また、加害行為と<u>損害</u>との間には、相当因果関係があることが必要です。

① POINT
ここでの損害は、財産的損害だけでなく、精神的な損害も含まれる。

> ●**判例**
> 建物の建築に携わる設計者、施工者及び工事監理者は、建物の建築に当たり、契約関係にない居住者を含む建物利用者、隣人、通行人等に対する関係でも、当該建物の建物としての基本的な安全性が欠けることのないように配慮すべき注意義務を負う。

管 R1

4 損益相殺と過失相殺 　　　　　民722条2項

損益相殺とは、一方で不法行為により損害を受けながら、他方で不法行為と同一の原因により費用の支出を免れたり、利益を得ている場合に、その費用や利益を損害賠償の額からマイナスすることをいいます。例えば、交通事故で被害者が死亡した場合、被害者の遺族への損害賠償は、被害者が生きていたらかかった生活費などの費用をマイナスして算定されることになるのです。

過失相殺とは、不法行為が発生した原因が被害者側にも責任がある場合に、その被害者の過失を考慮して損害賠償額を算定するという制度です。交通事故を起こしたのは悪いが、被害者が赤信号で飛び出したような場合、**被害者にも責任を分担させる**のが公平だからです。

5 損害賠償 　　　　　民722条1項、民723条

不法行為も金銭賠償を原則としています。また、名誉毀損の場合には、謝罪広告を載せることも認められています。

6 名誉毀損 　　　　　民723条

不法行為には交通事故のように人の身体に損害を与えた場合だけでなく、**名誉毀損も不法行為に該当**します。社会的評価が低下することで利益が侵害されているからです。

区分所有者の行為が共同の利益に反するものとして、行為の

停止請求が認められるときでも、不法行為の要件を満たしているのであれば、**被害者は損害賠償を請求することができます。**

　名誉毀損が不法行為にあたるときは、裁判所は、被害者の請求により、損害賠償に代えて、又は損害賠償とともに、名誉を回復するのに適当な処分をすることができます。

　では、社会的評価が低下すれば常に不法行為となるのでしょうか。この場合、以下の要件がある場合は不法行為にはならないとされています。

①　その行為が公共の利害に関する事実に係ること
②　もっぱら公益を図る目的に出たこと
③　摘示された事実が真実であることが証明されたこと

7　失火責任法

　失火責任法とは、不法行為により他人の家屋を焼失させてしまった場合でも、軽過失による場合は、損害賠償責任が免除されるとする特別法です。日本では木造住宅が多いので、誤って火を出してしまった場合、隣近所の建物に飛び火して、損害がものすごい額になってしまいます。失火した方が悪いとはいっても、酷な面があるので、責任を軽減したのです。ただし、失火させた者に重大な過失があったときは、損害賠償責任を負います。

　また、この失火責任法は**債務不履行の場合には適用がありません**。この失火責任法は、契約が守れたか守れなかったかを問題とするものではないからです。

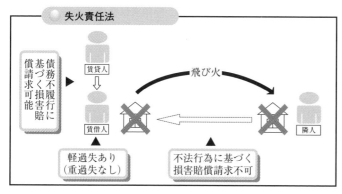

130

8 特殊の不法行為

特殊の不法行為とは、一般の不法行為の原則を修正した不法行為責任をいいます。

9 使用者責任　　　　　　　　　　　　　　　　　　民715条

過去問チェック　管　R5

　使用者責任とは、例えば管理会社の従業員が事故を起こした場合、その従業員だけでなく、**従業員を雇っている**会社に対しても不法行為責任を負わせるというものです。不法行為を行った者だけが責任を負うのが原則ですが、会社は従業員を使うことで自己の営業範囲を拡大し、利益を受けているのですから、利益を受けている者は当然責任を負うべきとしたのです。
　使用者責任の要件は、次のとおりです。

① 　使用者と被用者間に使用関係があること
② 　加害行為が事業の執行につきなされていること
③ 　被用者が一般の不法行為の要件を備えていること
④ 　使用者が被用者の選任及び事業の監督につき相当の注意をした又は相当の注意をしても損害が発生したと証明できないこと

　まず、使用関係が必要です。また、加害行為が「事業の執行につき」されてなければなりません。ただし、実際に事業の執行をしていなくても、**客観的に職務の範囲内**と判断できればかまいません。さらに被用者自身が一般の不法行為の要件を満たす必要があります。
　もっとも、④が**立証**できると、使用者は**免責**されます。
　使用者責任が成立する場合、使用者が使用者責任を理由とする不法行為責任を負い、被用者（従業員）本人も一般不法行為責任を負うことになります。
　そして、使用者が被害者に損害を賠償したときには、<u>使用者は被用者に求償</u>することができます。
　また、被用者が被害者に損害を賠償したときには、**被用者も**、損害の公平な分担という見地から相当と認められる額について、**使用者に対して求償**することができます。

① POINT
求償は信義則上相当と認められる範囲に限る。

10 土地工作物責任　　　　　　　　民717条

土地の工作物の設置又は保存に瑕疵（欠陥等）があることによって他人に損害を生じたときは、その工作物の占有者又は所有者は、被害者に対してその損害を賠償する責任を負います。例えば賃貸人が賃借人に対して自己の建物を貸していたところ、建物の周りのブロック塀が崩れ落ち、通行人を負傷させてしまった場合に、建物の占有者又は所有者が損害についての責任を負うというものです。

そして、責任の負担者は、次のようになります。

```
1 次的………………………工作物の占有者
2 次的（占有者がいない又は占有者が損害発生防止に必要な
    注意をした場合）…工作物の所有者
```

占有者の責任は**過失責任**です。他方、**所有者**は免責の主張ができません。つまり<u>無過失責任</u>を負います。ただし、損害を賠償した占有者や所有者は、損害の発生について、**欠陥のある建物を建てた請負人等**がいる場合には、その者に**求償**することができます。

① 　　POINT
無過失責任であるから、他に責任を負う者がいても免責されるのではなく、あくまで求償が認められる。

11 動物占有者の責任　　　　　　　　民718条

動物の占有者は、その**動物が他人に加えた損害**を賠償する責任を負います。ただし、動物の種類及び性質に従い**相当の注意**をもってその管理をしたときは、**責任を免れます**。

また、占有者に代わって動物を管理する者も、責任を負うことになります。

12 共同不法行為者の責任　　　　　　民719条

数人が**共同の不法行為**によって他人に損害を加えたときは、**各自が連帯して**その損害を賠償する責任を負います。共同行為者のうちいずれの者がその損害を加えたかを知ることができないときも同様です。

また、行為者を教唆した者及び幇助した者は、共同行為者とみなして、共同不法行為の責任を負います。

132

管 R2・5

13 注文者の責任　　　　　　　　　　　　民716条

注文者は、請負人がその仕事について第三者に加えた損害を賠償する責任を負いません。

ただし、注文又は指図について、**注文者に過失があったとき**は、**責任を負います**。

14 損害賠償請求権の期間　　　　　民724条、724条の2

マ R5

不法行為による損害賠償の請求権は、被害者又はその法定代理人が、**損害及び加害者を知った時**から**3年間**行使しないときや、**不法行為の時**から20年経過した時は、時効によって消滅します。

なお、**人の生命**や**身体を害する不法行為**による損害賠償請求権の消滅時効は、損害及び加害者を**知った時**から**5年間**となります。

確認問題

問：使用者は、被用者の選任及びその事業の監督について相当の注意をしたことを証明しても、被用者がその事業の執行について第三者に加えた損害を賠償する責任を負う。

答：×　使用者が、被用者の選任及びその事業の監督について相当の注意をしたことを証明したときは、使用者責任を免れます。（➡ 9 使用者責任）

第27節　相続

重要度　マ ★★★
　　　　管 ★★

相続とは、死亡した者の地位を承継することをいいます。相続によりどんな効力が発生するのでしょう。

1　相続の意義
民882条、896条

　相続とは、自然人の財産上の地位又は権利義務を、被相続人（死亡した者）が死亡したときに、特定の者に、承継させることをいいます。相続の目的となるのはプラス財産だけでなくマイナス財産も含みます。つまり、権利だけでなく義務も承継します。

①　POINT
被相続人が滞納した管理費債務も相続の対象となる。

2　相続人
民886～892条

　相続人は、以下の者となります。

過去問チェック　→　管　R2

①　配偶者
　配偶者は、法律上婚姻した者をいい、**常に相続人**となります。ただし、内縁関係の者は配偶者ではありません。

②　子
　子は、婚姻関係にある男女間で出生した子（**嫡出子**）、婚姻関係にない男女間で出生した子（**非嫡出子**）、**養子縁組した者**、**胎児**となります。

③　直系尊属
　直系尊属は、被相続人の父母、祖父母をいいます。ただし、相続人となるのは、子がいない場合となります。

④　兄弟姉妹
　兄弟姉妹は、被相続人の兄弟姉妹をいいます。ただし、相続人となるのは、子や直系尊属がいない場合となります。

　なお、欠格者や廃除者は、**相続人となりません**。この**欠格者**とは、被相続人を殺害した者や被相続人の**遺言書の偽造等**をした者等をいい、**当然に相続人となりません**。また、**廃除者**とは、被相続人に対して虐待や重大な侮辱を加えた者等で、被相続人の請求により家庭裁判所から廃除された者をいいます。

管 R2

3 相続分　　　　　　　　　　　　　　　　　　　　民900条

相続分は、以下のとおりとなります。

① 配偶者のみの場合

この場合、配偶者が被相続人の全財産を相続します。

② 配偶者がなく、子、直系尊属、兄弟姉妹のみの場合

子がいる場合は子が全財産を相続します。子がいない場合は直系尊属人が全財産を相続します。子も直系尊属もいない場合は兄弟姉妹が全財産を相続します。

なお、子が複数いるときには、子の全員で相続財産を相続します。直系尊属や兄弟姉妹が複数いるときも同様です。

③ 配偶者及び子、直系尊属、兄弟姉妹がいる場合

配偶者がおり、その他に子、直系尊属、兄弟姉妹がいる場合は、以下の相続分となります。

相続人	相続分
配偶者と子	配偶者1／2、子1／2
配偶者と直系尊属	配偶者2／3、直系尊属1／3
配偶者と兄弟姉妹	配偶者3／4、兄弟姉妹1／4

④ 相続人が不存在の場合

相続人が不存在の場合、被相続人の財産は、**特別縁故者へ財産分与**がなされたり、**共有物は他の共有者に帰属**します。これ以外は、国庫に帰属します。

4 代襲相続　　　　　　　　　　　　　　　　　　　民887条2項

管 R1・4

代襲相続とは、相続人となるべき者が被相続人よりも前に死亡、欠格者、廃除者となった場合に、その者の直系卑属（子・孫）が代わって相続することをいいます。なお、兄弟姉妹が相続人となる場合は、その者の子までしか代襲相続できません。つまり、甥・姪までしか代襲相続人にはなれません。

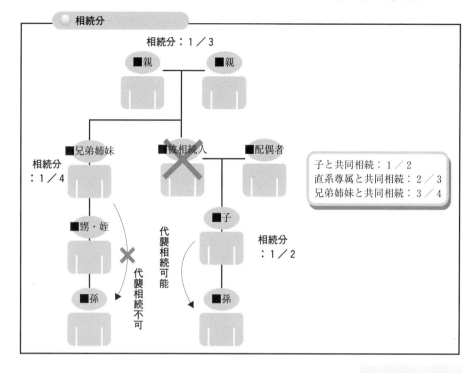

相続分

相続分：1／3

■親　　■親

■兄弟姉妹
相続分
：1／4

■被相続人　　■配偶者

子と共同相続：1／2
直系尊属と共同相続：2／3
兄弟姉妹と共同相続：3／4

■甥・姪

■子
相続分
：1／2

代襲相続可能

代襲相続不可

■孫

■孫

5 **共同相続における権利の承継の対抗要件** 民899条の2第1項

　相続による権利の承継は、遺産の分割によるものかどうかにかかわらず、法定相続分を超える部分については、**対抗要件（登記等）**を備えなければ、第三者に**対抗することができません。**

　例えば、建物を所有するAが死亡し、相続人が子であるBとCであった場合に、Aが遺言で当該建物をBに相続させる旨の遺言をしていたときには、Bは、自己の相続分である2分の1を超える部分については、登記をしておかなければ、第三者に対抗することができません。

6 **金銭債権・債務の相続**

　相続財産の中に、**金銭債権**（被相続人の賃料債権等）や**金銭債務**（被相続人の滞納管理費支払債務等）があった場合、相続人が相続分に応じて相続することになります。

マ　R1

管　R4・5

　他方、金銭債権でも、共同相続された**普通預金債権**、**通常貯金債権**及び**定期貯金債権**については、いずれも、相続開始と同時に、当然に相続分に応じて分割されることはなく、原則として遺産分割の対象となります（判例）。

7 同時死亡と相続　民32条の2

　例えば事故などにより、父と子の死亡の先後が不明な場合、父と子は同時に死亡したと推定されます。

　このとき、父と子の間に相続は生じません。

8 遺産分割　民906条、911条

　遺産分割とは、相続によって共同所有となった相続財産を、相続人全員の協議で分割していく手続をいいます。相続人には、相続分という割合に従って相続する権利があります。しかし、すべての財産がその持分どおりに割り切れる物ばかりではありません。土地や建物、自動車や宝石などの高額の動産、これらを誰が相続するのかを遺産分割で決定していくのです。

　遺産分割はいつでも協議で行うことができますが、協議でまとまらない場合、家庭裁判所の審判で分割することができます。

　また、成立した遺産分割協議を相続人全員の合意により解除し、**改めて遺産分割協議を成立させる**こともできます。

　相続の開始後、認知によって相続人となった者が遺産の分割を請求しようとする場合、他の共同相続人が既にその分割その他の処分をしたときは、**価額のみによる支払請求権**を有します。

　なお、遺産分割が行われた場合に、各共同相続人は他の共同相続人に対し、遺産分割した物について、売主と同じくその相続分に応じて**担保責任を負い**ます。

9 相続の承認・放棄　民915条、918条、920〜922条、938条

　相続の承認とは、自分が相続をするという意思を表示することで、放棄とは相続をしないという意思表示をいいます。相続の承認・放棄には、次の3種類があります。

① 単純承認

過去問チェック ▶ 管 R2

過去問チェック ▶ マ R4

　単純承認とは、被相続人の権利義務を全面的に承継することをいいます。つまり、プラス財産もマイナス財産もすべてひっくるめて相続することになるのです。

　この単純承認については、"自分が相続する"という積極的な意思表示をしなくても相続財産の一部を処分してしまったり**（保存行為等を除く）**、自己のために相続の開始があったことを知った時から3カ月**（熟慮期間）**を経過したり、相続人が限定承認や放棄をした後に相続財産の一部又は全部を隠匿し、消費してしまったり、財産目録に記載しなかったりした場合には単純承認したことになります。

②　限定承認

　限定承認とは、相続人が被相続人の債務を相続財産の限度で弁済し、自己の財産によっては責任を負わない旨の留保をして承認することをいいます。つまり被相続人の相続財産を清算してみてプラスの財産は相続するけれども、マイナスになるなら自分の財産からは責任を負わないという承認をすることです。限定承認をするためには相続があったことを知った時から3カ月以内に財産目録を調整して、家庭裁判所に提出し、相続人の全員で限定承認する旨の**申述**をしなければなりません。

③　相続の放棄

　相続放棄とは、相続をしないという意思表示をすることをいいます。相続放棄をするには家庭裁判所で**申述**しなければなりません。相続を放棄すると相続開始時にさかのぼって相続人ではなかったことになります。つまり初めから相続人ではないことになるのです。また、代襲相続事由にはなりません。

　なお、相続人の1人が相続の放棄をした場合、他の相続人だけで限定承認ができます。これは、放棄をした者は初めから相続人でないものとして取り扱われるからです。

　そして、相続人は、自己のために相続の開始があったことを知った時から3カ月以内に、放棄をしなければなりません。

　また、相続人は、承認又は放棄をするまで、その**固有財産におけるのと同一の注意**を持って相続財産を管理しなければなりません。

①　　　　POINT
熟慮期間は、利害関係人又は検察官の請求によって、家庭裁判所において伸長することができる。

管　R1

管　R1・3・5

②　　　　POINT
相続の放棄は相続開始後でなければすることができない。

10 遺贈と死因贈与 民986条、964条

遺贈とは、遺言により財産を第三者に対して<u>無償譲渡</u>することです。①

遺贈は<u>遺贈者</u>の意思によって、誰に対しても自由にでき、相②続人はもちろん、相続権のない個人や団体に対しても行えます。また、遺贈は遺贈者の意思だけでででき、受遺者は放棄することもできます。

遺贈には、遺産の半分というように一定の割合を指定して行う**包括遺贈**と、Aマンションの101号室というように財産を特定して行う**特定遺贈**とがあります。

なお、贈与と似ていますが、贈与は生前に贈る方、貰う方が合意してする「契約」ですが、遺贈は遺言による、一方的な単独行為です。

また、死因贈与とは、贈与者が生前に受贈者と契約して行う贈与です。例えば、「私が死んだら、Aマンションの101号室をあげよう」という契約です。

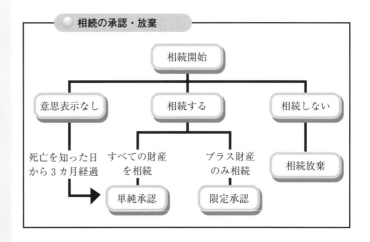

11 遺言 民1022〜民1024条

① 遺言の撤回

遺言者は、**いつでも**、遺言の方式に従って、その遺言の全部又は一部を撤回することができます。

　遺言の方式として主なものは、自筆証書遺言、秘密証書遺言、公正証書遺言があります。

②　前の遺言と後の遺言との抵触等

　前の遺言が後の遺言と抵触するときは、その**抵触する部分**については、後の遺言で前の遺言を撤回したものとみなされます。例えば、遺言により、Aが所有する建物をBに遺贈した後、さらに当該建物をCに遺贈した場合、Bへの遺言は撤回したものとみなされます。

　また、遺言が遺言後の生前処分その他の法律行為と抵触するときは、その**抵触する部分**については、遺言を撤回したものとみなされます。例えば、Aが所有する建物をBに遺贈した後に、当該建物をDに売却した場合、Bへの遺言は撤回したものとみなされます。

③　遺言書又は遺贈の目的物の破棄

　遺言者が**故意**に遺言書を破棄したときは、その破棄した部分については、遺言を撤回したものとみなされます。

12　遺留分　民1042条、1046条

　遺留分とは、被相続人の一定の近親者に法律上必ず残されなければならない相続財産の一定割合をいいます。

　遺留分権利者は、被相続人の配偶者・直系卑属・直系尊属です。**兄弟姉妹は、遺留分権利者となりません。**

①　総対的遺留分

　遺留分権利者全員が遺産に対して有する遺留分の割合をいいます。

直系尊属のみが相続人	遺留分算定の財産価格の1／3
それ以外	遺留分算定の財産価格の1／2

②　個別的遺留分

　各遺留分権利者の割合をいいます。法定相続分に従ってその割合を算出します。

　つまり、相続人が子と配偶者であれば、それぞれの遺留分は、1／4ずつとなります。

③　遺留分侵害額請求

　遺留分を侵害する遺贈等も当然には無効とはなりません。相続人が自己の遺留分を取り戻すためには遺留分侵害額請求が必要となります。

13 配偶者居住権　　　　　　　　　民1028〜1032条、1034条

　配偶者居住権とは、建物所有者である配偶者の死亡時に、その建物に居住しているもう一方の配偶者が居住していた建物に住み続けることができる権利（居住権）をいい、配偶者を保護するためのものです。

① 　配偶者居住権の取得

　配偶者居住権は、被相続人の配偶者が、**被相続人の財産である建物**に相続開始の時に居住していた場合で、次のいずれかに該当するときに、居住していた建物（居住建物）の全部について、無償で使用及び収益をすることができる権利です。

> ア）遺産の分割によって配偶者居住権を取得するものとされたとき
> イ）配偶者居住権が遺贈の目的とされたとき
> ウ）家庭裁判所の審判により配偶者居住権を取得するものとされたとき

　ただし、被相続人が、相続開始時に、建物を配偶者以外の者と共有していたときは、配偶者居住権は**成立しません**。

② 　存続期間

　配偶者居住権は、配偶者の**終身の間**存続します。ただし、遺産分割協議や遺言に別段の定めがあるとき、又は家庭裁判所が遺産分割の審判において別段の定めをしたときは、その定めによります。

③ 　配偶者居住権の登記等

　配偶者居住権は、その**登記をしなければ、第三者に対抗する**ことができません。そのため、居住建物の所有者は、配偶者居住権を取得した配偶者に対し、配偶者居住権の設定の**登記を備えさせる義務**を負います。

④ 　配偶者による使用及び収益

過去問
チェック　▽ R2

① 　　POINT
配偶者居住権の規定は、令和2年4月1日以降に適用がある。

　配偶者は、従前の用法に従い、**善良な管理者の注意**をもって、居住建物の使用及び収益をしなければなりません。また、配偶者は、居住建物の所有者の承諾を得なければ、居住建物の改築・増築をし、又は第三者に居住建物の使用もしくは収益をさせることができません。

　配偶者がこれらに**違反した場合**、居住建物の所有者が相当の期間を定めてその是正の催告をし、その期間内に是正がされないときは、居住建物の所有者は、当該配偶者に対する意思表示によって**配偶者居住権を消滅させる**ことができます。

　また、配偶者居住権は、**譲渡する**ことができません。配偶者の居住を確保するために認められているものだからです。

⑤　**居住建物の費用の負担**

　居住建物の**通常の必要費**は、**配偶者が負担**します。他方、特別の必要費や有益費は、居住建物の所有者が負担します。

確 認 問 題

　問：相続人は、被相続人が死亡した時から３カ月以内に、単純若しくは限定の承認又は放棄をしなければならない。

- -

　　　答：✕　単純もしくは限定の承認又は放棄は、「自己のために相続の開始があったことを知った時」から３カ月以内に行います。
　　　　　（➡ **9** 相続の承認・放棄）

第2章

その他取引に関する法律

宅建業法

第 1 節

宅建業法では、重要事項の説明と売主の担保責任の特例を押さえて、
それぞれどのような場面で適用になるか注意しましょう。

1 宅地建物取引業の意義 　　　　　　　宅2条2号

　宅地建物取引業（宅建業）とは、宅地又は建物を不特定多数
人を相手に、反復継続して、**自ら売買・交換、他人が売買・交
換・貸借するのを媒介・代理**することをいいます。宅建業に該
当する行為をするには、宅建業の免許が必要となります。

2 契約締結の準備段階における規制 　宅32～34条の3、宅則16条の12

　宅建業者は契約締結の準備段階で以下の義務を負います。
① 広告開始時期の制限
　宅建業者は、宅地の造成又は建物の建築に関する工事の完了
前においては、**開発許可・建築確認等**があった後でなければ、
業務に関する広告をしてはなりません。
② 誇大広告等の制限
　宅建業者は、その広告を行うときは、宅地建物に関する一定
事項につき、著しく事実に相違する表示又は実際のものよりも
著しく優良・有利と人を誤認させるような表示をしてはなりま
せん。また、宅建業者が誇大広告をした場合、被害者が出なか
ったり、将来の利用制限については業者の予測である旨を付け
加えたとしても、一般の人を誤認させる表示であれば、誇大広
告をしたことになります。
③ 取引態様の明示義務
　宅建業者は、宅地又は建物の売買・交換又は貸借に関する**取
引態様の別**を、**広告**をするとき及び**注文**を受けたら遅滞なく明
示しなければなりません。取引の態様により、宅建業者への報
酬の支払額等が変わってくるからです。
④ 媒介・代理契約の規制
　宅建業者は、宅地建物の売買・交換の媒介・代理契約を締結
したときは、遅滞なく**媒介・代理契約書面を作成**して、宅建業

POINT
①自己が契約の当事
者となって売買・交換
を成立させるか、②
代理人として売買・交
換・貸借を成立させる
か、③媒介して売買・
交換・貸借を成立させ
るかの別をいう。

者が記名をし、依頼者にこれを交付する必要があります。

　依頼者が他の宅建業者に重ねて売買又は交換の媒介又は代理を依頼することを禁ずる媒介契約（**専任媒介契約**）の**有効期間**は、**3カ月**を超えることができません。そして、この有効期間は、**依頼者の申出により、更新することができる**とされているので、自動更新する旨の特約は無効となります。

　また、宅建業者は、専任媒介契約を締結したときは、契約の相手方を探索するため、**7日以内**（依頼者が、当該宅建業者が探索した相手方以外の者と売買又は交換の契約を締結することができない旨の特約を含む専任媒介契約（**専属専任媒介契約**）にあっては、**5日以内**（いずれも宅建業者の休業日を除く））に、当該専任媒介契約の目的物である宅地又は建物につき、所在、規模、形質、売買すべき価額等の事項を、**指定流通機構に登録**しなければなりません。そして、登録に係る宅地又は建物の売買又は交換の**契約が成立**したときは、宅建業者は、遅滞なく、その旨を当該登録に係る**指定流通機構に通知**しなければなりません。

　さらに、**専任媒介契約**を締結した宅建業者は、依頼者に対し、当該専任媒介契約に係る**業務の処理状況を2週間に1回以上**（**専属専任媒介契約**にあっては、**1週間に1回以上**）報告しなければなりません。

3　契約締結前の制限 🈟 宅35条、35条の2、47条1号

①　重要な事項の不告知等の禁止

　宅建業者はその業務に関して、取引の相手方等に対し、重要な事項について故意に**事実を告げず**、又は**不実のことを告げて**はなりません。

②　重要事項の説明

　宅建業者は、契約が成立するまでの間に、物件の**買主・借主・交換相手となる者**に対して、宅地建物取引士をして、宅地建物取引士の記名のある書面を交付（又は相手方の承諾を得て電磁的方法により提供）し、**取引士証を提示**させ、次の重要事項を説明させなければなりません。物件に関する情報を与えること

管　R1・2・5

146

で、買主、交換相手や借主を保護するのです。

　そして、重要事項の説明は、たとえ買主が「必要ない」と申し出た場合でも、宅建業者はその説明を省略できません。ただし、**買主が宅建業者である場合には、その説明は不要です。**なお、重要事項の**説明場所**については、**特に定めはありません。**

\<重要事項の説明手続\>

	相手方が宅建業者である	相手方が宅建業者でない
重要事項の説明	×	○
重要事項書面の交付	○	○

○＝必要　×＝不要

\<重要事項（共通事項）\>

　以下は、売買・交換・貸借（一部を除く）で共通の事項です。

①登記された権利の種類・内容・名義人・表題部の所有者の氏名
②都市計画法・建築基準法等の法令に基づく規制の概要
③私道負担（建物の貸借を除く）に関する事項
④電気・ガス・飲用水のための施設の設備状況（施設未整備の場合は、整備の見通しと整備に要する特別の負担）
⑤完成した時の形状・構造その他（未完成物件の場合）
⑥**区分所有建物については、一定の事項**（後述）
⑦代金・交換差金や借賃以外に授受される金銭の額・授受の目的
⑧契約の解除に関する事項
⑨損害賠償額の予定又は違約金に関する事項
⑩手付金等の保全措置の概要
⑪支払金又は預り金の保証・保全の有無・概要
⑫代金又は交換差金に関する金銭の貸借のあっせんの内容及び当該あっせんに係る金銭の貸借が成立しないときの措置
⑬割賦販売の場合、現金販売価格と割賦販売価格等
⑭建物が品確法の住宅性能評価を受けた新築住宅であるときは、その旨（建物の売買・交換の場合）
⑮宅地建物の種類・品質に関する売主の担保責任の履行に関し保証保険契約の締結等の措置を講ずるかどうか、及びその措置の概要
⑯石綿の使用の有無の調査の結果が記録されているときは、その内容（建物の場合）
⑰耐震診断（**昭和56年6月1日以降に新築の工事に着手したものを除く**）を受けたものであるときは、その内容（建物の場合）
⑱土砂災害警戒区域・造成宅地防災区域・津波災害警戒区域内の宅地・建物については、その旨
⑲水防法の規定により市町村の長が提供する図面（水害ハザードマップ）の有無及び水害ハザードマップにおける宅地・建物の所在地
⑳建物状況調査を実施しているかどうか、及びこれを実施している場合におけるその結果の概要（既存建物の売買・交換・貸借の場合）と、設計図書、点検記録その他の建物の建築及び維持保全の状況に関する書類で一定のものの保存の状況（既存の建物の売買・交換の場合）
㉑**貸借の場合は、一定事項**（後述）

＜区分所有建物の場合＞

区分所有建物の場合は、共通事項に併せて、以下の事項も説明しなければなりません。なお、売買・交換の場合は①〜⑨のすべての事項、**貸借の場合は③、⑧の事項**のみ説明します。

①敷地に関する権利の種類・内容
②共用部分に関する規約の定めがあるときはその内容（案も含む）
③専有部分の用途その他の利用の制限に関する規約の定めがあるときは、その内容（案も含む）
④１棟の建物や敷地を特定の者にのみ使用を許す旨の規約の定めがあるときはその内容（案も含む）
⑤１棟の建物の計画的な維持修繕のための費用・通常の管理費用・その他当該区分所有建物の所有者が負担すべき費用を特定の者にのみ減免する規約の定めがあるときは、その内容（案を含む）
⑥１棟の建物の**計画的な維持修繕のための費用積立**を行う旨の規約の定めがあるときは、その内容及び既に積み立てられている額（案も含む）
⑦区分所有建物の所有者が負担すべき通常の**管理費用の額**
⑧１棟の建物やその敷地の管理が委託されているときは、その受託者の氏名・住所（法人の場合は商号・名称・主たる事務所の所在地）
⑨１棟の建物の**維持修繕の実施状況が記録**されているときは、その内容

※管理費等については、滞納額も説明する必要があります。

＜宅地・建物の貸借の場合＞

貸借の場合は、以下の事項を併せて説明しなければなりません。

①建物状況調査を実施しているかどうか、及びこれを実施している場合におけるその結果の概要（既存の建物のみ）
②台所・浴室・便所・その他の設備の整備状況（建物のみ）
③定期借地権を設定しようとするとき、又は定期建物賃貸借あるいは終身建物賃貸借をしようとするときはその旨
④契約期間及び契約の更新に関する事項
⑤当該宅地又は建物の用途その他の利用に係る制限に関する事項（区分所有建物以外）
⑥敷金その他いかなる名義をもって授受されるかを問わず、契約終了時において精算することとされている金銭の精算に関する事項
⑦当該宅地又は建物（区分所有建物以外）の管理が委託されているときは、その者の氏名及び住所（法人の場合は商号・名称・主たる事務所の所在地）
⑧契約終了時における当該宅地の上の建物の取壊しに関する事項を定めようとするときは、その内容（宅地のみ）

4 契約締結時の制限　　　　　宅37条、36条、47条3号

① 37条書面

宅建業者は、**契約成立後遅滞なく、**

> **ア）**自ら当事者として売買・交換の契約をする場合はその相手方に
> **イ）**当事者を代理して契約する場合は、その相手方と代理の依頼者に
> **ウ）**媒介により契約する場合は両当事者に

　次の一定の事項を記載した書面（37条書面）に**宅地建物取引士**に**記名**させたうえで、交付（又は相手方の承諾を得て電磁的方法により提供）しなければなりません。

＜37条書面の記載事項（売買、交換の場合）＞  管 R4

記載事項	
①当事者の氏名・住所	定めがない場合でも、その旨を37条書面に記載しなければならない。
②宅地・建物を特定するために必要な表示	
③既存建物であるときは、建物の構造耐力上主要な部分等の状況について当事者の双方が確認した事項	
④代金・交換差金の**額・支払時期・支払方法**	
⑤**宅地・建物の引渡し時期**	
⑥**移転登記の申請時期**	
⑦代金・交換差金以外の金銭の授受に関する定めがあるときは、その額、その金銭の授受の時期・目的	定めがなければ、37条書面に記載しないでよい。
⑧契約の解除に関する定めがあるときは、その内容	
⑨損害賠償額の予定又は違約金に関する定めがあるときは、その内容	
⑩代金・交換差金についての金銭の貸借のあっせんに関する定めがあるときは、そのあっせんによる金銭の貸借が成立しないときの措置	
⑪天災その他不可抗力による損害の負担に関する定めがあるときは、その内容	
⑫宅地・建物の種類・品質に関する売主の担保責任、又はその履行に関する保証保険契約の締結等の措置について定めがあるときは、その内容	
⑬宅地・建物の租税その他の公課の負担に関する定めがあるときは、その内容	

＜賃借の場合＞

①当事者の氏名・住所	定めがない場合でも、その旨を37条書面に記載しなければならない。
②宅地・建物を特定するために必要な表示	
③借賃の額・支払時期・支払方法	
④宅地・建物の引渡し時期	
⑤借賃以外の金銭の授受に関する定めがあるときは、その額、その金銭の授受の時期・目的	定めがなければ、37条書面に記載しないでよい。
⑥契約の解除に関する定めがあるときは、その内容	
⑦損害賠償額の予定又は違約金に関する定めがあるときは、その内容	
⑧天災その他不可抗力による損害の負担に関する定めがあるときは、その内容	

②　契約締結時期の制限

宅建業者は、宅地の造成又は建物の建築に関する工事の完了前においては、**開発許可、建築確認等**があった後でなければ、取引のうち、**売買・交換契約**を自ら行い、あるいは、代理、媒介してはなりません。なお、**賃貸借契約**については、**禁止されていません**。

③　手付の貸与等による契約締結誘引の禁止

宅建業者は、その業務に関して、**手付について貸付その他信用の供与をすることにより**、**契約の締結を誘引する行為をしてはなりません**。手付金を借りたことにより、契約の解除がしづらくなるからです。

5 売主の担保責任についての特約の制限　　宅40条

①　原則

宅建業者は、自ら売主となり、宅建業者でない者と締結する売買契約において、宅地建物の種類・品質に関し、**契約内容の不適合についての売主の担保責任**について、民法の規定より買主に不利となる特約をしてはなりません。

例えば、売主の担保責任を認めない等の特約はできません。しかし、買主に不利とならない特約は可能です。

②　例外

売主の担保責任の通知期間を引渡しの日から**2年以上**とすることはできます。

③ 無効となる特約

①②に反する特約は無効となります。この場合、民法の規定が適用されます。

例えば、宅建業者と買主との間で、「引渡しの日から1年を通知期間」とする特約を締結した場合、「引渡しの日から2年」ではなく、買主が目的物の不適合を知った時から1年以内の通知期間となります。

確認問題

問：マンションの売主である宅地建物取引業者Ａと宅地建物取引業者でない買主Ｂとの間において、Ａが目的物の種類又は品質に関する売主の担保責任の通知期間を「目的物の引渡しの日から1年」と定めた場合でも、「目的物の引渡しの日から2年」となる。

答：×　「目的物の引渡しの日から1年」とする特約は無効となり、売主の担保責任の通知期間は、Ｂがその不適合を知った時から1年以内となります。（➡ **5** 売主の担保責任についての特約の制限）

第 2 節	品確法（住宅の品質確保の促進等に関する法律）	重要度 マ ★★ 管 ★★

ここでは、品確法について説明します。住宅の品質を確保するために、どのような法律の規定があるのでしょうか。

1 品確法の意義　品確法１条

管　R2

この法律は、住宅の性能に関する**表示基準**及びこれに基づく評価の制度を設け、住宅に係る紛争の処理体制を整備するとともに、**新築住宅**の請負契約又は売買契約における瑕疵担保責任について特別の定めをすることにより、住宅の品質確保の促進、住宅購入者等の利益の保護及び住宅に係る紛争の迅速かつ適正な解決を図り、もって国民生活の安定向上と**国民経済の健全な発展**に寄与することを目的としています。

2 住宅性能表示制度　品確法３条１項、５条、６条、品確法施行規則３条、５条

国土交通大臣が定めた日本住宅性能表示基準に基づき、住宅の性能を表示することができる制度をいいます。この<u>住宅性能表示制度</u>は**任意の制度**であり、これを利用するかどうかは、住宅供給者又は住宅取得者が選択することになります。

① **登録住宅性能評価機関**

客観的に性能を評価する第三者機関（登録住宅性能評価機関）が設置されています。

① POINT
既存住宅にかかわる住宅性能表示制度も行われている。

② **住宅性能評価書**

登録住宅性能評価機関が、評価方法基準に従い検査をし、基準に達していれば、住宅性能評価書が申請者に交付されます。

この住宅性能評価書には以下の２種類があります。

ア）設計住宅性能評価書 … 設計図書の段階での評価結果をまとめた評価書
イ）建設住宅性能評価書 … 施工・完成段階での検査を経た評価結果をまとめた評価書

そして、次の場合は、契約書面に反対の意思が表示されていない限り、当該住宅性能評価書に記載した内容に適合する工事を行う（行った）ことを**契約したものとみなされます**。

> ア）請負契約書・売買契約書に契約当事者の合意により住宅
>   性能評価書が添付された場合
> イ）請負人又は売主が住宅性能評価書を注文者又は買主に交
>   付した場合

③ 評価基準

　住宅の性能評価は、設計段階での評価だけでなく、現場での検査が揃う必要があります。

　なお、既存の共同住宅の建設住宅性能評価を受けるときには、**共用部分と専有部分の両方の評価が必要となります。**

　また、新築住宅における住宅性能表示制度の項目は、以下のとおりです。

項目名	内　容
①構造の安定	地震や風等の力が加わった時の建物全体の強さ
②火災時の安全	火災が発生した場合の避難のしやすさや建物の燃えにくさ
③劣化の軽減	建物の劣化（木材の腐食等）を防止、軽減するための対策
④維持管理への配慮	給排水管とガス管の日常における維持管理のしやすさ
⑤温熱環境	暖冷房時の省エネルギーの程度
⑥空気環境	内装材のホルムアルデヒド放散量の少なさや換気の方法
⑦光・視環境	開口部の面積の大きさや位置
⑧音環境	居室の外壁開口部に使用されるサッシの遮音性能
⑨高齢者への配慮	加齢等に伴い身体機能が低下した時の移動のしやすさや介助のしやすさ
⑩防犯に関すること	開口部の侵入防止対策

④ 性能評価の流れ

　申請を受理した登録住宅性能評価機関では、「日本住宅性能表示基準」に基づいて「設計住宅性能評価」を行います。まず、設計の段階で図面を検討し、その住宅が持っている性能を判断します。次に、その設計内容どおりに住宅が施工されているかを検査する必要があります。

① POINT
つまり、設計段階と施工段階の2回に分けて性能が評価されることになる。

　この場合、登録住宅性能評価機関に所属している評価員が現場に出向いて、建設中と完成時に現場検査を行い確認します。これを「建設住宅性能評価」といいます。

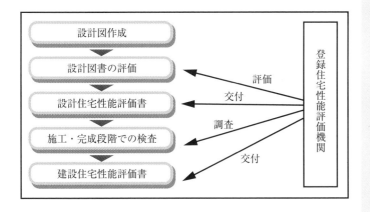

3 住宅に関する紛争処理体制の整備　品確法66条、82条

　設計住宅性能評価と建設住宅性能評価の評価書を受けた住宅にかかわる紛争に関しては、裁判外の紛争処理機関として、指定住宅紛争処理機関が整備されています。この住宅は、**新築住宅だけでなく、既存の住宅も対象となります**。

　また、国土交通大臣は、指定住宅紛争処理機関が紛争処理を効率的に行うことができるよう、バックアップ機関として住宅紛争処理支援センターを設置しています。

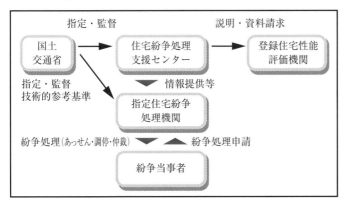

154

管 R1・4・5

4 瑕疵担保責任　　品確法2条、94条、95条、97条

品確法では、**新築住宅の基本構造部分の**瑕疵（**種類又は品質に関して契約の内容に適合しない状態**）について、担保責任の期間を**引渡しから最低10年間**としています。

また、本法の規定と比して注文者や買主に**不利な特約**は、**無効**となります。

① 対象となる契約

新築住宅の**売買・請負契約**です。ここでいう新築住宅とは、**新たに建設された住宅**（人の居住の用に供する家屋又は家屋の部分（人の居住用以外の用に供する家屋の部分との共用に供する部分を含みます。）をいいます。）で、まだ人の居住の用に供したことのないもの（建設工事完了の日から起算して1年を経過したものを除く）をいいます。

② 対象となる部分

> **ア）建物の構造耐力上主要な部分**
>
> 　住宅の基礎、基礎ぐい、壁、柱、小屋組、土台、斜材、床版、屋根版、横架材のうち、当該住宅の自重もしくは積載荷重・積雪・風圧・土圧・水圧・地震その他の震動・衝撃を支える部分
>
> **イ）雨水の浸入を防止する部分**
>
> ① 住宅の屋根又は外壁
> ② 住宅の屋根又は外壁の開口部に設ける戸、わくその他建具
> ③ 雨水を排除するため住宅に設ける排水管のうち、当該住宅の屋根もしくは外壁の内部又は屋内にある部分

③ 瑕疵担保責任の内容

新築住宅の請負契約も売買契約も、**民法に規定する種類・品質に関する請負人の担保責任**（履行の追完・報酬減額・損害賠償・契約解除）、**種類・品質に関する売主の担保責任**（履行の追完・代金減額・損害賠償・契約解除）が**適用されます**。

これに反する特約で買主に**不利なもの**は、**無効**となります。

④　瑕疵担保責任の期間

　住宅の引渡しから10年間です。**施工業者と売主が異なる場合**は、施工業者が分譲業者に引き渡したときから10年になります。例えば、AがBに住宅の建設を依頼し、Bがこの住宅を建設してAに引渡しをした後、AがCにこの住宅を売買したような場合、AのCに対する瑕疵担保責任の期間は、BからAに、この住宅を引き渡したときから10年となります。

　また、特約により、建物の構造耐力上主要な部分及び雨水の浸入を防止する部分、さらに、**これら以外の住宅の瑕疵**について、瑕疵担保責任の期間を20年以内とすることができます。

⑤　宅建業法との関係

　新築住宅を宅建業者が分譲した場合、品確法と宅建業法の両方が適用されます。仮に「売主の担保責任の通知期間を引渡しの日から2年とする」旨の特約をしたときでも、構造耐力上主要な部分等については品確法が適用され、「引渡しから10年間」、瑕疵担保責任を負うこととなります。それ以外の部分については、宅建業法が適用されます。

（確）（認）（問）（題）

　問：品確法に規定する瑕疵担保責任の期間は、売買契約締結の日から10年間となる。

　　答：×　「引渡し」から10年間となります。
　　　（➡ 4 瑕疵担保責任）

第 3 節

特定住宅瑕疵担保責任の履行の確保等に関する法律

重要度 マ ★
管 ★

瑕疵担保責任を確実に履行させるために、どのような義務が誰に課されるかを覚えましょう。

1 目的
法1条

　この法律は、国民の健康で文化的な生活にとって不可欠な基盤である住宅の備えるべき安全性その他の品質又は性能を確保するためには、住宅の瑕疵の発生の防止が図られるとともに、**住宅に瑕疵があった場合においてはその瑕疵担保責任が履行されること**が重要であることにかんがみ、建設業者による住宅建設瑕疵担保保証金の供託、宅地建物取引業者による住宅販売瑕疵担保保証金の供託、住宅瑕疵担保責任保険法人の指定及び住宅瑕疵担保責任保険契約に係る新築住宅に関する紛争の処理体制等について定めることにより、**住宅の品質確保の促進等に関する法律**（品確法）と相まって、住宅を新築する建設工事の発注者及び新築住宅の買主の利益の保護並びに円滑な住宅の供給を図り、もって国民生活の安定向上と国民経済の健全な発展に寄与することを目的としています。

2 資力確保の義務
法3条、11条

　民法や宅建業法、品確法で、売主や請負人に担保責任が認められるとしても、それらの者にお金がなければ買主や注文者は保護を受けられません。そこで、一定の事業者に担保責任を履行するための**資力を確保すること**が義務付けられました。

対象となる事業者	①注文者に新築住宅を引き渡す建設業者 ②所有者となる宅建業者でない買主に新築住宅を引き渡す宅建業者
対象となる住宅	新築住宅（新たに建設された住宅であり、まだ人の居住の用に供されたことのないもので、建設工事完了の日から起算して1年を経過したものを除く。）
対象となる部位	①構造耐力上主要な部分 ②雨水の浸入を防止する部分

3 保険への加入義務・保証金の供託義務　法3条、11条

新築住宅の請負人である建設業者・売主である宅建業者には、**保険又は供託**による瑕疵担保責任の履行のための資力確保措置が義務付けられています。

建設業者が、注文住宅について供託するものを住宅建設瑕疵担保保証金といい、締結する保険契約を住宅建設瑕疵担保責任保険契約といいます。

売主である宅建業者が、買主に引き渡す新築の分譲住宅について供託するものを住宅販売瑕疵担保保証金といい、締結する保険契約を住宅販売瑕疵担保責任保険契約といいます。

保険への加入	建設業者や宅建業者が、国土交通大臣の指定する住宅瑕疵担保責任保険法人との間で保険契約を締結し、これらの事業者が瑕疵担保責任を履行したときに生じた損害等をてん補する保険で、保険期間が10年以上である等一定の要件に適合する保険契約をいう。
保証金の供託	建設業者や宅建業者が、倒産等の理由で、瑕疵担保責任を履行できない場合に備え、現金や有価証券等を供託所に預け置く制度をいう。

4 保険契約の締結状況・保証金の供託の届出義務　法4条、5条、12条、13条

建設業者又は宅建業者は、**基準日**（3月31日）ごとに、それぞれ許可又は免許を受けた国土交通大臣又は都道府県知事に対して保険契約の締結及び保証金の供託状況を**届け出る**ことが義務付けられます。この届出をしない場合は、その**基準日の翌日から50日を経過した日**以後、新たに請負契約、又は売買契約をすることができません。

第 4 節	民事訴訟法等

重要度 マ ★
管 ★★★

ここでは、民事訴訟法について説明します。特に管理費徴収のための手段として、少額訴訟と支払督促を押さえましょう。

1 訴訟の提起

民訴110条

民事訴訟では訴訟を提起した側を原告、訴えられた側を被告と言います。まず原告が裁判所に対し訴状を提出することから民事裁判が始まります。

また、民事訴訟は、原則として、訴訟の目的の価額（訴額）が**140万円を超えないものは簡易裁判所**に、**それ以外のものは地方裁判所**に管轄権があります。

なお、被告が**行方不明**で訴状を送達できない場合でも、公示送達といって、裁判所に一定期間、送達する書類をいつでも交付する旨が掲示されることで、訴状が送達されたものとみなされる制度がありますので、訴えを提起することができます。

2 当事者能力

民訴28条、29条

当事者能力とは、当事者（原告又は被告）になることのできる一般的な資格をいい、自然人及び法人は、当然に当事者能力が認められます。

また、**法人格を有しない団体でも、①団体としての実体を有し、②代表者又は管理人の定めのあるもの**であれば、権利能力なき社団に該当し、**当事者能力**が認められます。

管理組合	法人ではないが、権利能力なき社団に当たる場合には、当事者能力が認められる。
管理組合法人	法人であるので、当然に当事者能力が認められる。

3 少額訴訟 (特管)

民訴368〜379条

簡易裁判所において、一定の要件の下に、少額訴訟による審理及び裁判を求めることができます。

① 要件

　ア）訴訟の目的の価額が60万円以下の金銭の支払請求であること。

イ）同一の簡易裁判所で同一の年に10回を超えて少額訴訟に
　　よる審理を受けていないこと。
ウ）訴え提起の際に、少額訴訟による審理及び裁判を求める
　　旨の申述をすること。
②　特則
　ア）一期日審理の原則
　　少額訴訟においては、特別の事情がある場合を除いて、最
　初にすべき口頭弁論期日において審理を完了させます。
　イ）反訴の禁止
　　　　　①
　　少額訴訟では反訴を提起することができません。
　ウ）証拠調べへの制限・証人等の尋問
　　ａ．証拠調べは即時に取り調べることができる証拠に限り
　　　ます。
　　ｂ．証人の尋問は、宣誓させないですることができます。
　エ）判決の言渡し
　　ａ．判決は、相当でないと認める場合を除いて、口頭弁論
　　　の終結後直ちにします。
　　ｂ．請求認容判決には、職権で仮執行宣言を付さなければ
　　　なりません。
　　ｃ．裁判所は被告の資力等を考慮して、判決の言渡しの日
　　　から３年を超えない範囲で分割払いを命じることができ
　　　ます。
　オ）控訴の禁止・異議申立て
　　ａ．少額訴訟の終局判決に対しては控訴をすることができ
　　　ません。
　　ｂ．少額訴訟の終局判決に対しては、判決書等の送達を受
　　　けた日から２週間の不変期間内に異議の申立てをするこ
　　　とができます。適法な異議があれば通常訴訟に移行しま
　　　す。
　　ｃ．通常の手続への移行
　　　　被告は、訴訟を通常の手続に移行させる旨の申述をす
　　　ることができます。被告も、少額訴訟によるのか通常訴
　　　訟によるのかを選択できるということです。ただし、被

①　　keyword
反訴とは、訴訟の手
続内で原告を相手と
して被告から提起さ
れる訴えをいう。

160

告が最初にすべき口頭弁論の期日において弁論をし、又はその期日が終了した後はこの限りではありません。

管 R3

4 支払督促　民訴382条、383条、390〜393条、395条、396条

支払督促とは、金銭その他の代替物又は有価証券の一定の数量の給付について、債務者が請求権の存在を争わないことが予想される場合に、簡易迅速に債務名義を付与する制度をいい、**債務者を審尋しない**という特徴があります。支払督促は簡易裁判所の裁判所書記官に対して申し立てます。

① 督促異議

債務者は、支払督促に対して、これを発した裁判所書記官の所属する簡易裁判所に、督促異議を申し立てることができます。債務者が**督促異議を申し立てると通常訴訟に移行**します。

ア）仮執行宣言前の督促異議

仮執行の宣言**前**に適法な督促異議の申立てがあったときは、支払督促は、その**督促異議の限度で効力を失います**。

イ）仮執行宣言後の督促異議

仮執行の宣言を付した支払督促の送達を受けた日から2週間以内に、督促異議の申立てができます。

② 仮執行宣言の申立て

債務者が支払督促の送達を受けた日から2週間以内に督促異議の申立てをしないときは、裁判所書記官は、債権者の申立てにより仮執行の宣言をしなければなりません。ただし、仮執行の宣言前に督促異議の申立てがあったときはこの限りではありません。また、債権者は、**仮執行宣言の申立てができる日から30日以内**にその申立てをしなければなりません。

③ 支払督促の効力

仮執行の宣言を付した支払督促に対し、督促異議の申立てがないとき、又は督促異議の申立てを却下する決定が確定したときは、支払督促は、確定判決と同一の効力を有します。

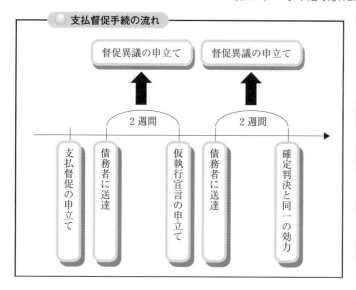

支払督促手続の流れ

督促異議の申立て　　督促異議の申立て

2週間　　　　　　2週間

支払督促の申立て　債務者に送達　仮執行宣言の申立て　債務者に送達　確定判決と同一の効力

5 強制執行の手続　　　　　民執22条、25条、26条

　ところで、裁判等で勝訴しても、それだけでは意味がありません。債務者が弁済をしない場合には、強制執行をする必要があります。では、強制執行をするためにはどのような準備が必要となるのでしょうか。

① 債務名義

　債務名義とは、ある請求権（債権）について強制執行できることを証明する文書のことです。強制執行するためには、この債務名義が必要です。

＜主な債務名義＞

> ア）確定判決、イ）仮執行宣言付判決（判決は確定していないが債権者のためにとりあえず執行できるようにしたもの）、ウ）和解調書、エ）調停調書、オ）仮執行宣言付支払督促、カ）公正証書（請求内容が金銭、代替物、有価証券で執行認諾文言がある公正証書に限る）

② 執行文の付与

　債務名義があっても、すぐに強制執行できるというわけではありません。強制執行する前に債務者が弁済をした等、債務名

義の執行力がなくなっている場合もあります。そこで、債務名義の執行力が現在でも有効であると認めてもらう必要があります。これが執行文の付与です。なお、**支払督促、少額訴訟の判決には執行文は必要ありません。**

6 破産法 破産15条、100条、253条

自己の債務の弁済ができないような場合、債務者や債務者の債権者等は、裁判所に対して、破産手続開始の申立てができます。この申立てにより破産手続の開始が決定すると、債務者の残存財産の清算や債務の免責が行われることになります。

そして、この手続の開始により、債権者の債務者に対する債権は、破産債権となりますが、**債権者は、破産債権を破産手続に参加して、配当を受けることができます。**

他方、債務者の債務について、免責許可の決定が確定したときには、債務者はその債務の全部又は一部を免れます。もっとも、免責される債務は、破産手続開始決定日の前までの債務に限られます。

確 認 問 題

問：滞納管理費60万円の支払いを求める訴えを簡易裁判所に提起する場合には、民事訴訟法上の少額訴訟制度を利用しなければならない。

答：× 少額訴訟制度の利用は、任意です。（➡ **3** 少額訴訟）

第 5 節　消費者契約法 特管

消費者と事業者との間の情報の質・量・交渉力といった格差を消費者契約法ではどのように埋めているかを押さえましょう。

1 消費者契約法の目的

消費者契約法1条

　消費者契約法は、消費者と事業者との間の**情報の質及び量**並びに交渉力の格差に鑑み、**事業者の一定の行為により消費者が誤認し、又は困惑した場合等**について契約の申込み又はその承諾の意思表示を**取り消す**ことができることとするとともに、**事業者の損害賠償の責任を免除する条項**その他の消費者の利益を不当に害することとなる条項の全部又は一部を**無効**とするほか、消費者の被害の発生又は拡大を防止するため**適格消費者団体**が事業者等に対し**差止請求**をすることができることとすることにより、消費者の利益の擁護を図り、もって国民生活の安定向上と国民経済の健全な発展に寄与することを目的とします。

2 用語

消費者契約法2条

　消費者契約法上の用語の定義は、次のようになります。

管 R3

① 消費者

　消費者とは、**個人**をいいます。ただし、下記②の事業として又は事業のために契約の当事者となる場合における個人を**除き**ます。

② 事業者

　事業者とは、**法人その他の団体**や、**事業として又は事業のために契約の当事者となる場合における個人**をいいます。

③ 消費者契約

　消費者契約とは、**消費者と事業者との間で締結される契約**をいい、消費者契約法が適用されます。

④ 適格消費者団体

　適格消費者団体とは、不特定かつ多数の消費者の利益のために、消費者契約法の規定による**差止請求権を行使するのに必要な適格性を有する法人**である消費者団体として内閣総理大臣の

認定を受けた者をいい、消費者の利益の擁護を図ります。

3 意思表示の取消し　　　　　　　　消費者契約法4条

　事業者が消費者契約の締結について勧誘をするに際し、消費者に対して、次のような不当な勧誘行為をしたことにより、消費者が、消費者契約の申込み又はその承諾の意思表示をしたときは、これを**取り消す**ことができます。

- **不実告知**（うそを言われた）
- **不利益事実の不告知**（不利になることを言われなかった）
- **断定的判断の提供**（必ず値上がりすると言われた等）
- **過量契約**（通常の量を著しく超える物の購入を勧誘された）
- **不退去**（お願いしても帰ってくれない）
- **退去妨害**（帰りたいのに帰してくれない）
- **不安をあおる告知**（経験不足に乗じて不安をあおり勧誘）
- **好意の感情の不当な利用**（デート商法）
- **判断力の低下の不当な利用**（高齢者等の不安をあおり勧誘）
- **霊感等による知見を用いた告知**（霊感商法等）
- **契約前なのに強引に代金を請求される等**（契約締結前に債務の内容の実施等）

4 取消し　　　　　　　　　　　　消費者契約法4条、7条

　意思表示の取消しは、**善意でかつ過失がない第三者**に対抗することができません。

　また、取消権は、原則として**追認をすることができる時**から**1年間**行使しないときは、時効によって消滅します。消費者契約の**締結の時**から**5年**を経過したときも同様です。

5 消費者契約の条項の無効　　　消費者契約法8条、8条の2

　次のような消費者契約の条項は、原則として**無効**となります。

- **事業者は責任を負わないとする条項**
- **消費者はどんな理由でもキャンセルできないとする条項**
- **成年後見制度を利用すると契約が解除されてしまう条項**
- **平均的な損害の額を超えるキャンセル料条項**

・消費者の利益を一方的に害する条項

6　他の法律の適用　　　　　　　消費者契約法11条

　消費者契約の申込み又はその承諾の意思表示の取消し及び消費者契約の条項の効力については、消費者契約法の規定によるほか、**民法及び商法の規定によります。**

　また、消費者契約の申込み又はその承諾の意思表示の取消し及び消費者契約の条項の効力について、**民法及び商法以外の他の法律**（宅建業法等）に別段の定めがあるときは、その定めによります。

確認問題

　問：消費者契約法において「事業者」とは、法人その他の団体及び事業として又は事業のために契約の当事者となる場合における個人をいう。

　　　答：○　（➡ **2** 用語）

第 6 節 個人情報保護法
（個人情報の保護に関する法律）

重要度 マ ★★
重要度 管 ★★

マンション管理上、個人情報をどのように保護する必要があるのか
を覚えておきましょう。

1 目的
個人情報保護法1条

　個人情報保護法は、デジタル社会の進展に伴い個人情報の利
用が著しく拡大していることに鑑み、個人情報の適正な取扱い
に関し、基本理念及び政府による基本方針の作成その他の個人
情報の保護に関する施策の基本となる事項を定め、国及び地方
公共団体の責務等を明らかにし、**個人情報を取り扱う事業者**及
び行政機関等についてこれらの特性に応じて遵守すべき義務等
を定めるとともに、個人情報保護委員会を設置することにより、
行政機関等の事務及び事業の適正かつ円滑な運営を図り、並び
に**個人情報の適正かつ効果的な活用**が新たな産業の創出並びに
活力ある経済社会及び豊かな国民生活の実現に資するものであ
ることその他の個人情報の有用性に配慮しつつ、個人の権利利
益を保護することを目的としています。

2 定義 特管
個人情報保護法2条、16条

① 個人情報

 管 R2・3・5

　個人情報とは、**生存する個人**に関する情報であって、次のい
ずれかに該当するものをいいます。

　　ア）当該情報に含まれる**氏名**、**生年月日その他の記述等**によ
　　　り特定の個人を識別することができるもの

　　イ）**個人識別符号**が含まれるもの

　上記のものとして、特定の個人を識別できる音声や**防犯カメ
ラの映像**、購買履歴、顔認識データや指紋認証、免許証番号や
パスポート番号等が該当します。

② 要配慮個人情報

　要配慮個人情報とは、本人の人種、信条、社会的身分、**病歴**、
犯罪の経歴、**犯罪により害を被った事実**その他本人に対する不
当な差別、偏見その他の不利益が生じないようにその取扱いに

特に配慮を要するものとして政令で定める記述等が含まれる個
人情報をいいます。

③　個人情報データベース等

個人情報データベース等とは、個人情報を含む情報の集合物
であって、次のものをいいます。

　ア）特定の個人情報を**電子計算機**を用いて**検索**することがで
　　きるように体系的に構成したもの

　イ）個人情報を**一定の規則に従って整理する**ことにより特定
　　の個人情報を容易に**検索**することができるように体系的に
　　構成した情報の集合物であって、目次、索引その他検索を
　　容易にするためのものを有するもの

④　**個人情報取扱事業者**

　個人情報取扱事業者とは、**個人情報データベース等**を**事業**の
用に供している者をいいます。

　なお、国や地方公共団体等の一定の者は除かれます。

⑤　**個人データ**

　個人データとは、個人情報データベース等を構成する個人情
報をいいます。

⑥　**保有個人データ**

　保有個人データとは、個人情報取扱事業者が、開示、内容の
訂正、追加又は削除、利用の停止、消去及び第三者への提供の
停止を行うことのできる権限を有する個人データであって、そ
の存否が明らかになることにより公益その他の利益が害される
ものとして政令で定めるもの以外のものをいいます。

⑦　**本人**

　個人情報について**本人**とは、個人情報によって識別される特
定の個人をいいます。

3　**個人情報取扱事業者の義務**　個人情報保護法17条、18条、20条、21条、27条、29条、30条、32条～35条

①　**利用目的の特定**

　個人情報取扱事業者は、個人情報を取り扱うに当たっては、
その**利用の目的をできる限り特定**しなければなりません。また、
個人情報取扱事業者は、利用目的を変更する場合には、変更前

の利用目的と相当の関連性を有すると合理的に認められる範囲を超えて行ってはなりません。

② 利用目的による制限

個人情報取扱事業者は、原則として、あらかじめ本人の同意を得ないで、特定された**利用目的の達成に必要な範囲を超えて**、個人情報を取り扱ってはなりません。

③ 適正な取得

個人情報取扱事業者は、**偽りその他不正の手段**により個人情報を取得してはなりません。

また、個人情報取扱事業者は、違法又は不当な行為を助長し、又は誘発するおそれがある方法により個人情報を利用してはなりません。

さらに、個人情報取扱事業者は、原則として、あらかじめ本人の同意を得ないで、要配慮個人情報を取得してはなりません。

④ 取得に際しての利用目的の通知等

個人情報取扱事業者は、個人情報を取得した場合は、原則として、あらかじめその利用目的を**公表している場合を除き**、速やかに、その利用目的を、本人に**通知**し、又は**公表**しなければならない。

また、個人情報取扱事業者は、利用目的を**変更**した場合も、原則として、変更された利用目的について、本人に通知し、又は公表しなければならない。

⑤ 第三者提供の制限

個人情報取扱事業者は、原則として、あらかじめ本人の同意を得ないで、個人データを**第三者に提供**してはなりません。

もっとも、**人の生命、身体又は財産の保護のために必要がある場合であって、本人の同意を得ることが困難であるときや、個人情報取扱事業者が利用目的の達成に必要な範囲内において個人データの取扱いの全部又は一部を委託することに伴って当該個人データが提供される場合**には、**本人の同意は必要ありま**せん。

⑥ 第三者提供に係る記録の作成等

個人情報取扱事業者は、原則として、個人データを**第三者に**

提供したときは、当該個人データを提供した年月日、当該第三者の氏名又は名称その他の事項に関する**記録を作成**しなければなりません。

⑦　**第三者提供を受ける際の確認等**

個人情報取扱事業者は、原則として、**第三者から個人データの提供を受ける**に際しては、当該第三者の氏名又は名称及び住所等の一定の事項の**確認**を行わなければなりません。

また、個人情報取扱事業者は、この確認を行ったときは、当該個人データの提供を受けた年月日、当該確認に係る事項その他の事項に関する**記録を作成**しなければなりません。

⑧　**保有個人データに関する事項の公表等**

個人情報取扱事業者は、保有個人データに関し、一定の事項について、**本人の知り得る状態**に置かなければなりません。

また、本人から、当該本人が識別される保有個人データの利用目的の通知を求められたときは、原則として、本人に対し、遅滞なく、これを通知しなければなりません。

⑨　**開示**

本人は、個人情報取扱事業者に対し、当該本人が識別される**保有個人データの開示を請求する**ことができます。

個人情報取扱事業者は、この請求を受けたときは、原則として、本人に対し、遅滞なく、当該保有個人データを開示しなければなりません。

なお、この場合、個人情報取扱事業者は、当該措置の実施に関し、**手数料を徴収する**ことができます。

⑩　**訂正等**

本人は、個人情報取扱事業者に対し、当該本人が識別される保有個人データの**内容が事実でない**ときは、当該保有個人データの内容の**訂正**、**追加又は削除を請求する**ことができます。

個人情報取扱事業者は、この請求を受けた場合、原則として、利用目的の達成に必要な範囲内において、遅滞なく必要な調査を行い、その結果に基づき、当該保有個人データの内容の訂正等を行わなければなりません。

⑪ 利用停止等

　本人は、個人情報取扱事業者に対し、当該本人が識別される保有個人データが利用目的による制限の規定に違反して取り扱われているとき又は適正な取得の規定に違反して取得されたものであるときは、当該保有個人データの**利用の停止又は消去を請求する**ことができます。

　個人情報取扱事業者は、この請求を受けた場合であって、その請求に理由があることが判明したときは、原則として、違反を是正するために必要な限度で、遅滞なく、当該保有個人データの利用停止等を行わなければなりません。

確 認 問 題

問：マンションの分譲業者は、法にいう個人情報取扱事業者ではないが、マンション管理業者は、個人情報取扱事業者に該当する。

答：× 　個人情報データベース等を事業の用に供していれば、マンションの分譲業者も、個人情報取扱事業者に該当します。（➡ **2** 定義）

第**3**章

区分所有法

第 1 節 専有部分と共用部分

重要度 マ ★★★
重要度 管 ★★★

マンションには、個人の所有物として扱う部分と、共同で使う部分があります。それぞれの法律関係を確認しましょう。

1 区分所有権等　　　　　　　　区1条、2条1項

　区分所有権とは、一棟の建物に構造上区分された数個の部分で、独立して住居、店舗、事務所又は倉庫その他建物としての用途に供することができる部分を目的とする所有権をいいます。

　そして、この区分所有権の目的たる建物の部分を専有部分（分譲マンションの1室）といい、区分所有権を有する者を区分所有者といいます。

　また、専有部分がある建物を、**区分所有建物**（分譲マンション等）といいます。

　ところで、構造上区分された建物であっても、当然に区分所有建物になるわけではありません。区分所有建物（分譲マンション等）とするか、戸建ての建物（賃貸マンション等）にするかは、その所有者が決めることになります。もし、区分所有建物とするのであれば、区分所有の意思を外部に表示（分譲販売広告）したり、区分所有建物としての登記をしたりする必要があります。

2 専有部分とは　　　　　　　　　　区2条3項

　専有部分とは、区分所有権の目的となる建物の部分をいいます。例えば、マンションの1室のことです。ただし、専有部分となるためには、以下の2つの要件を満たす必要があります。

| ① | 構造上の独立性 |
| ② | 利用上の独立性 |

　①の**構造上の独立性**とは、一棟の建物に**構造上区分された数個の部分**があることをいいます。個人の住居等として所有するのですから、最低限周囲と区分されていなければならないわけです。

> ●判例
> 壁等で独立的支配に適する程度に他の部分から分離され、その範
> 囲が明確であればよく、完全に周囲が遮蔽されている必要はない。

②の**利用上の独立性**とは、**独立して住居・店舗・事務所又は
倉庫その他の建物としての用途に供し得る**ことをいいます。他
の部分から独立して使えなければ、区分所有権の目的とする必
要がないからです。独立の入口がなく、他人の部屋を通らない
と入れないような場合は、利用上の独立性がないといえます。

> ●判例
> ・隣室を通らなければ建物の外部に出られないようなマンション
> 　の一室は、社会通念上独立して建物としての用途に供し得るも
> 　のとはいえず、その隣室と一緒でなければ専有部分とすること
> 　はできない。
> ・区画内部に共用設備があっても、共用設備が小さな部分にすぎ
> 　ず、共用設備の利用が残部の排他的利用の妨げとならない場合、
> 　専有部分となる。

3　共用部分とは　　　　　　　　　　区2条4項、4条

　共用部分とは、専有部分以外の建物部分をいい、具体的には
階段や廊下等区分所有者が皆で共同して使用する部分のことで、
性質により①**法定共用部分**と、②**規約共用部分**とに分けられます。

①　法定共用部分

　法律上当然に共用部分とされるもので、以下の2つです。

> ア）専有部分以外の建物の部分で構造上区分所有者の共用に
> 　　供される部分（躯体部分や廊下）
> イ）専有部分に属しない建物の附属物（電気のメイン配線等）

> ●判例
> 専有部分の床下排水管につき、当該排水管がコンクリートスラブ
> の下にあり、点検等が困難な場合、当該部分を法定共用部分とし
> た。

②　規約共用部分

　当然には共用部分とされないものを、規約（マンション内の

① 　　POINT
共用部分は建物外に
も存在することがあ
る。貯水槽や焼却炉
などがこれに当たる。

マ　R4・5
管　R3・5

マ　R1・4・5
管　R3

ルールのようなもの）で共用部分とした部分をいい、以下の2つです。

> ア）区分所有権の目的とすることのできる建物部分（専有部分）で、規約によって共用部分とされたもの
> イ）附属の建物で、規約によって共用部分とされたもの

なお、共用部分であるためには、区分所有者の共用に供され得る状態にあれば足り、現実に共用に供されている必要はありません。

●判例
ベランダやバルコニーは非常用避難路としての機能を有し、それが外部に開放されているから共用部分である。

　専有部分と共用部分との関係ですが、建物内の部分は、必ず専有部分か共用部分の「どちらか」となります。「専有部分でもあり共用部分でもある部分」や「専有部分でもなく共用部分でもない」という部分は存在しません。

	該当箇所	具体例
法定共用部分	専有部分以外の建物の部分	例：廊下、階段、玄関、バルコニー、ベランダ、柱
	専有部分に属しない建物の附属物	例：電気のメイン配線、水道の本管・ガスのメインの配管
規約共用部分	区分所有権の目的とすることのできる建物部分で、規約によって共用部分とされたもの	例：集会室や管理人室
	附属の建物で、規約によって共用部分とされたもの	例：物置、倉庫、車庫

4 規約共用部分の登記　　区4条2項

　規約共用部分は、登記をしなければ共用部分である旨を第三者に対抗することができません。規約共用部分は、法定共用部分と異なり、外部から容易には共用部分であることを判断できないからです。この登記は建物の表題部になされます。

　なお、規約共用部分はもともと専有部分や附属の建物ですか

① POINT
「附属の建物」と「建物の附属物」とは、異なることに注意。

② POINT
法定共用部分と規約共用部分は性質が異なるため、法定共用部分を規約共用部分にすることはできない。

過去問チェック　管 R2

③ POINT
法定共用部分は、当然に共用部分であり、登記をする必要はない。また、そもそも登記をすることができない。

ら、規約を廃止して元に戻すこともできます。

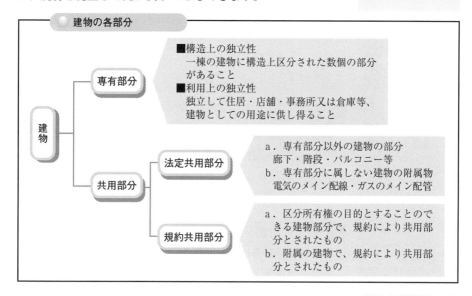

5 共用部分の所有関係

区11条～13条

　共用部分は、区分所有者が共同で使用する部分なので、原則として区分所有者全員の共有に属することになります。ただし、規約により、管理者又は特定の区分所有者をその所有者とすることができます。これを管理所有といいます。

　また、各共有者は共用部分を、その**用方に従って使用する**ことができます。①

① **POINT**
「用方に従った使用」とは、共用部分を使用目的に従って使用することをいう。

原則	区分所有者全員で共有する
例外	規約により、管理者又は特定の区分所有者とする

　そして、共用部分については、**共有物の分割請求**が認められていません。これを認めると区分所有建物が存立できなくなるからです。

176

① POINT
規約で床面積ではな
く専有部分の価格の
割合とすることも可
能。

② keyword
水平投影面積とは、
真上から見た場合の
面積のことである。

6 共用部分の持分の割合　　　　　区14条1項

　共用部分の持分の割合は原則として、各区分所有者が所有す
る専有部分の床面積の割合によります。ただし、規約で別段の
定めをすることができますので、これと異なった割合とするこ
とも可能です。

7 専有部分の床面積　　　　　区14条3項

　専有部分の床面積は、壁その他の区画の内側線で囲まれた部
分の水平投影面積によります。つまり、壁の内側の面積を測る
ということです。これを内法（うちのり）計算といいます。た
だし、これも規約で別段の定めをすることができます。

8 一部共用部分の管理　　　　区11条、16条、31条2項

①　一部共用部分の所有関係

　一部共用部分とは、例えば、下層部分が店舗、上層部分が住
宅になっているマンションにおいて、店舗部分の共用部分、住
宅部分の共用部分のように、その部分の者しか使用しない共用
部分をいいます。

　一部共用部分は、原則として、これを共用すべき区分所有者
（一部区分所有者）の共有に属します。ただし、規約により、
管理者、特定の区分所有者又は区分所有者全員とすることがで
きます（管理所有）。

原則	一部区分所有者で共有する
例外	規約により、管理者、特定の区分所有者又は区分所有者全員とする

②　一部共用部分の管理

　一部共用部分は、原則として、一部区分所有者で管理します。
ただし、以下のいずれかの場合は、区分所有者全員で管理しま
す。

① 区分所有者全員の利害に関するもの
② 区分所有者全員の利害に関しないもので、区分所有者全員の規約によって管理する旨の規約の定めがあるもの。た

だし、一部区分所有者の４分の１を超える者**又は**その議決権の４分の１を超える議決権を有する者が反対したときには、**その規約は定めることができない。**

①は区分所有者全員に利害関係があるのなら、全員で管理したほうがいいからです。また、１つの建物に<u>複数の管理組合</u>が並存すると、混乱が生じますし、コストも割高になりかねません。そこで、区分所有者**全員の利害に関係しない**ものでも、上記②の要件を満たせば、一部共用部分を全員で管理する旨の規約の定めをすることも可能です。

①　　　POINT
共用部分には、全体の共用部分を管理する団体（全体管理組合）と、一部共用部分を管理する団体（一部管理組合）が、成立し得る。

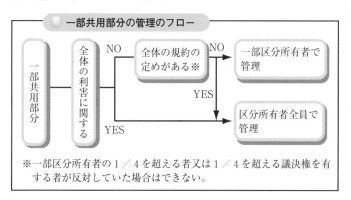

一部共用部分の管理のフロー

※一部区分所有者の１／４を超える者又は１／４を超える議決権を有する者が反対していた場合はできない。

9　一部共用部分の床面積の按分加算　　区14条2項

　一部共用部分の持分の算定基準は、一部区分所有者の**専有部分の床面積の割合**によります。そして、一部共用部分（附属の建物であるものを除きます）で床面積を有するものがあるときは、その一部共用部分の床面積は、これを**共用すべき各区分所有者の専有部分の床面積の割合により配分**して、それぞれその区分所有者の専有部分の床面積に算入します。

　例えば、区分所有者ABCの有する専有部分の床面積が各100㎡で、BC各1/2で共有する一部共用部分が100㎡だったら、BCの専有部分の床面積は、一部共用部分がそれぞれ持分割合に応じて算入されるので、各150㎡とされるのです。これが、各区分所有者の共用部分の持分割合の基礎となる専有部分の床面積となります。

178

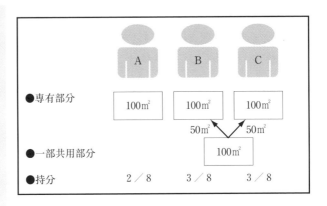

		A	B	C
●専有部分		100m²	100m²	100m²
●一部共用部分			100m²	
●持分		2／8	3／8	3／8

10 共用部分の持分の処分

区15条1項

過去問チェック ➡ 管 R3・5

共用部分の共有持分は、専有部分の処分(譲渡や抵当権設定)に従うとされます。つまり、自己の専有部分(マンションの一室)を譲渡すると、共用部分の共有持分も譲渡したことになるのです。マンションの一室を購入しても、廊下や階段が使えなければ意味がないですし、廊下や階段の持分だけ譲渡できると、管理に支障をきたすからです。

このように**共用部分の持分**と**専有部分**の分離処分は禁止され、以下の**区分所有法で定められた例外以外は分離処分できません**。単に、規約で分離処分できる旨を定めても、無効です。

①	規約で持分割合を変更した場合
②	管理所有とする場合

11 管理所有者の権限

区11条2項、20条

過去問チェック ➡ マ R3~5 管 R2

規約により、共用部分を以下の者の所有とすることができます。これを管理所有といいます。

①	特定の区分所有者
②	管理者

これらの者は、区分所有者全員のために、その共用部分を管理する義務を負います。そして、その管理にかかった費用を区分所有者に請求することができます。①一般の区分所有者が共用部分を管理していくのは大変ですので、特定の区分所有者や管

① POINT
管理所有者の持つ所有権は、管理のための所有権にすぎない。実質的な所有者は区分所有者のままである。

理者を管理所有者に選任し管理を任せることもできるのです。

　なお、管理所有は、1人の者の単独所有でも、複数の者での共有でもかまいません。また、一部共用部分は、**区分所有者全員**の共有とすることもできます。

　管理所有者は、次のものを単独で行うことができます。

①	保存行為
②	管理行為
③	共用部分の軽微変更

　共用部分の重大変更はできません。これを認めると、重大変更の要件を結果的に排除することになってしまうからです。

　なお、後述する管理者の権限との比較は、次のとおりとなります。

＜管理者と管理所有者の権限の比較＞

行為	管理者	管理所有者
保存行為	○	○
管理行為	×	○
軽微変更	×	○
重大変更	×	×

○＝可、×＝不可

12 費用の負担　　　　　　　　　　　　　　　区19条

過去問チェック　管　R1・3・5

　各共有者は、専有部分の床面積の割合による共用部分の共有持分割合に応じて、共用部分の負担を負い、利益を得ます。

　負担の一例としては、管理費や修繕積立金があります。一方、利益の一例としては、駐車場使用料や看板設置料があります。

　また、規約で負担や利益の配分基準を変更することもできます。例えば各住戸の面積等の差が軽微な場合に、共用部分の負担と収益の配分を、住戸数を基準に按分するとの定めです。

　もっとも、以下の判例のケースでは、負担割合の変更は認められません。

180

● 判例

管理経費の負担について、合理的な理由なく個人組合員と比べ法人組合員の負担額の割合を1.7倍とした規約は、公序良俗に反し無効である。

　なお、「共有者」が負担を負い、利益を得るとされていますので、実際には専有部分を使用していない分譲業者であっても、未分譲住戸を所有している限り、管理費用の支払義務が生じます(判例)。

　それから、管理費等の支払義務は、**区分所有者が負うもの**です。賃借人等の占有者が、この**義務**を負うことはありません。

確認問題

問：各共有者の持分は、規約で別段の定めがなければ、その有する専有部分の床面積の割合によるとされ、その床面積は、壁その他の区画の中心線で囲まれた部分の水平投影面積によるとされている。

答：× 床面積は、壁その他の区画の「内側線」で囲まれた部分の水平投影面積によります。(➡ 7 専有部分の床面積)

第 2 節　共用部分の管理

重要度 マ ★★★
重要度 管 ★★★

共用部分の管理には、維持する行為から形を変える行為まであります。管理とは、どのような行為をいうのでしょうか。

1　管理の種類　　　　　　　区17条１項、区18条

共用部分の管理（広義）には、以下の３つがあります。

① 保存行為
② 管理行為（狭義）
③ 変更行為

① 保存行為

マ R3

保存行為とは、共用部分の管理に関して現状を維持する行為をいい、**各区分所有者**が**単独**で行うことができます。また、管理者も保存行為を行う権限を有します。保存行為には例えば廊下の清掃がこれに該当します。なお、規約で別段の定めが可能ですので、例えば、「共用部分の保存行為を各区分所有者は単独で行えず、管理者を通じて行うこととする」ことも可能です。

② 管理行為（狭義）

マ R5
管 R4

狭義の管理行為とは、共用部分の管理に関して性質を変更しないで利用したり価値を増加させたりする行為をいい、広い意味での管理から、保存・変更行為を除いたものをいいます。狭義の管理行為を行うには、**区分所有者及び議決権**の**各過半数**の賛成が必要です。なお、規約で別段の定めが可能ですので、定足数を緩和したり、理事会等に権限を委譲することも可能です。

③ 変更行為

変更行為とは、共用部分の変更をいいます。これには、形状・効用等が著しく変更する**重大変更**（<u>その形状又は効用の著しい変更を伴わないものを除くもの</u>①）と、重大変更以外の軽微変更があります。

重大変更は、**区分所有者及び議決権**の**各４分の３以上**の賛成が必要です。ただし、区分所有者の定数は、規約で過半数まで減じることができます。

① **POINT**
「……を除く」とあれば、重大変更に当たり、そうでなければ、軽微変更に当たる。

マ R1・3・5
管 R3・4

182

軽微変更は、**区分所有者及び議決権の各過半数**の賛成が必要です。この変更は、規約で別段の定めができます。

なお、重大変更に当たるか軽微変更に当たるかは、その変更に要する費用に関係しません。

2 区分所有者及び議決権　　　　　　　　　　　区38条

決議要件にある"**区分所有者**"とは、**区分所有者の頭数**を意味します。また区分所有者の"**議決権**"は、規約に別段の定めがなければ、**共用部分の持分割合**によります。つまり、**専有部分の床面積の割合**に応じて議決権を有することになるのです。

3 特別の影響を受ける者の承諾　　　区17条2項、18条3項

管　R3

管理行為・変更行為に関しては、それにより専有部分に特別の影響を受ける区分所有者がいる場合は、その者の承諾が必要となります。共用部分が変更されることで、部屋に入れなくなったり、騒音被害等を受ける可能性があるのに、集会の多数決で決定されては困ってしまうからです。

なお、保存行為は現状維持行為ですから、特別な影響は発生しません。だから、各区分所有者が単独で行なうことが可能なのです。

＜共用部分の管理＞

管理の方法		要　件	特別の影響を受ける者の承諾	規約で別段の定めができるか
保存行為		区分所有者が単独でできる	不要	できる
変更行為	管理行為	区分所有者及び議決権の各過半数	必要	できる
	軽微変更			できる
	重大変更	区分所有者及び議決権の各3/4以上		区分所有者の定数は過半数まで減ずることができる

4 損害保険の特則　　　　　　　　　　　　　区18条4項

管　R1

　共用部分について損害保険契約を締結することは管理行為と
されます。元々損害保険契約は、所有者が付保し、保険金を受
領できるはずですが、個々の区分所有者が勝手に保険を付保し
たり、保険金を受け取ると共用部分の管理に支障が生じます。
そこで、損害保険契約締結を管理行為とし、管理組合主導で行
うこととしたのです。

5 共用部分等の処分行為　　　　　　　　　　　民251条

　共用部分の変更は、区分所有者が共有関係を維持しつつ、共
用部分の形状・効用等を変更することです。したがって、共用
部分に**物理的**に手を加えて専有部分としたり、敷地の一部を**売
却・購入**することは、処分行為となり、区分所有法上の共用部
分の変更行為には該当しません。この場合、民法の共有の規定
が適用され共有者全員の同意が必要です。

6 敷地・附属施設への準用　　　　　　　　　　区21条

　建物の敷地又は<u>共用部分以外の附属施設</u>（これらに関する権
①
利を含む）が区分所有者の共有に属する場合には、次の共用部
分の規定が準用されます。

① 管理行為	② 変更行為	③ 費用の負担

　本来、敷地や共用部分以外の附属施設は、共用部分ではあり
ませんが、これらを区分所有者が共有するときは、上記の「共
用部分の規定」が準用されます。

① 　keyword
「附属施設」とは、附
属の建物と建物の附
属物の両方のことで
ある。

マ　R5

(確)(認)(問)(題)

　問：共用部分の変更（その形状又は効用の著しい変更を伴わないものを除く。）を
　　　行う場合の議決権割合は、規約でその過半数まで減ずることができる。

　　　答：× 　重大変更は、「区分所有者」の定数を、規約で過半数まで減じる
　　　　　　ことができます。（➡ **1** 管理の種類）

第 3 節 敷地

重要度 マ ★★★
重要度 管 ★★★

多数の区分所有者がいるマンションは、敷地の上に建っています。では、どんなものが敷地とされ、どのような制約があるのでしょうか。

1 建物の敷地　　　　区2条5項

　建物の敷地とは、建物が所在する土地及び規約により敷地とされた土地のことをいいます。

　敷地には、以下の3種類があります。

① 法定敷地
② 規約敷地
③ みなし規約敷地

2 法定敷地　　　　区2条5項

管 R2

　法定敷地とは、区分所有建物が所在する一筆又は数筆の土地（底地）のことをいいます。実際にマンションが建っているのですから、敷地となるのは当然です。

　土地は「筆」という単位で数えますので、一筆の土地のほんの一部にしか建物が所在していなくても、一筆の土地全体が敷地になります。また、一筆の土地が複数の建物の敷地になることもあります。団地をイメージすると分かりやすいと思います。

3 規約敷地　　　　区5条1項

マ R1・2・4・5
管 R2

　規約敷地とは、区分所有者が、建物及び建物が所在する土地と一体として管理・使用する庭・通路・駐車場等の土地を規約により建物の敷地とした場合をいいます。庭や通路もマンションの「敷地」とすることができるのです。「敷地」とすることで管理組合の管理対象となり、また分離処分の禁止や敷地権の登記ができるので、適切な管理が期待できます。

　なお、規約敷地は法定敷地と隣接する必要はありません。

　例えば、道路を挟んだ向かい側にある土地を駐車場として規約敷地にすることもできます。

4 みなし規約敷地　　　　区5条2項

みなし規約敷地とは、法定敷地が建物が所在しない土地になった場合に、いきなり敷地でなくなるのではなく、規約で建物の敷地と定められたものとみなされること①をいいます。具体的には次の場合です。

① 建物の一部滅失により、二筆のうちの一筆につき建物が所在しない土地となった場合
② 建物が所在したままその敷地の一部が分筆され、分筆部分には建物が所在しない場合

①は、建物が建っていないから敷地にならないとすると、区分所有者が敷地に対する自己の持分を譲渡してしまい、マンションの復旧や建替えがうまくいかなくなるからです。

②は、マンションの敷地の一部に空地があることを悪用して勝手に分筆・譲渡してしまうのを防ぐため②です。

① POINT
みなし規約敷地は、実際に規約で定めなくても法の規定により、敷地とみなされる。

② POINT
みなし規約敷地を処分するためには、規約でみなし規約敷地であることを排除する必要がある。

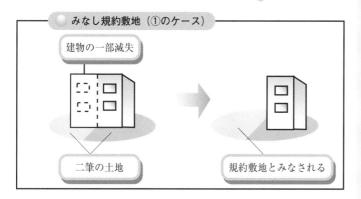

みなし規約敷地（①のケース）

建物の一部滅失

二筆の土地 → 規約敷地とみなされる

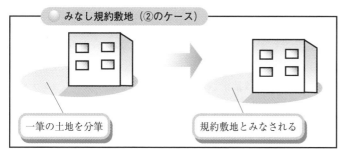

みなし規約敷地（②のケース）

一筆の土地を分筆 → 規約敷地とみなされる

① **POINT**
敷地利用権は登記されると、敷地権となる。使用借権は登記できないので、敷地権とはならない。

② **POINT**
「共有者間」で、別段の定めができる。

③ **POINT**
専有部分を賃貸する場合や、敷地の一部を駐車場として賃貸する場合、又は敷地の地下に区分地上権を設定することは、分離処分の禁止に反しない。

5 敷地利用権　　　　　　　　　　　　　　区2条6項

　<u>敷地利用権</u>とは、専有部分を所有するために必要な敷地を利用する権利のことをいいます。この敷地利用権は、土地の所有権だけでなく、**賃借権・地上権**や**使用借権**も含まれます。そしてこれらの権利を区分所有者が共有（又は準共有）することになるのです。

6 敷地利用権の持分割合

　敷地利用権は、区分所有者で共有する場合がありますが、共用部分の持分割合と異なり、区分所有法には敷地利用権の持分割合について、直接の規定は存在しません。この場合、**民法の共有の規定**が適用となり、<u>共有者間で平等の持分</u>となります。

7 分離処分の禁止と敷地利用権の形態　　区22条1項・3項

　敷地利用権は、原則として自分の所有する**専有部分**と<u>分離して処分すること</u>ができません。

　例えば、専有部分だけを売却したり、専有部分だけに抵当権を設定したりすることはできません。

　専有部分とその専有部分のために必要な敷地を利用する権利は一緒に扱ったほうがよいからです。しかし、すべての敷地利用権がこの分離処分禁止の対象になるわけではありません。対象となるのは、次の場合です。

> ①　敷地利用権が数人で有する所有権その他の権利である場合
> ②　建物の専有部分の全部を所有する者の敷地利用権が単独で有する所有権その他の権利である場合

　①はマンションの区分所有者全員で敷地を**共有**している場合です。共有していることが必要なので、各区分所有者が**単独**で敷地利用権を所有（分有）している場合（タウンハウス型等）には、分離処分は禁止されません。また、②はマンションディベロッパーがこれから分譲をする場合等です。この場合は原則として、分離処分が禁止されます。

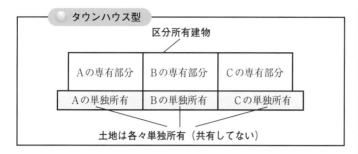

土地は各々単独所有（共有してない）

8 規約による分離処分の許容　　　　　　　　　区22条１項

　専有部分と敷地利用権は分離処分できず、一体的に扱うべきなのですが、規約で別段の定めをすることができます。

　例えば、マンションを増築した場合、増築部分の入居者に敷地利用権を分与するため、敷地利用権の分離処分が必要になる場合があります。

　そこで、規約によれば、分離処分を可能にすることができるのです。

＜分離処分の禁止の比較＞

	共用部分の共有持分	敷地利用権
原則	分離処分禁止	
例外	区分所有法に別段の定めがある場合	規約に別段の定めがある場合

9 分離処分無効の主張の制限　　　　　　　　　区23条

　分離処分が無効であることを知らないで取引した相手方が、以下の要件を満たす場合は、分離処分禁止に反する行為であっても有効となります。

---

① 　善意・無過失である場合、かつ、

② 　分離処分行為が<u>敷地権の登記前</u>である場合
　　　　　　　　　　　　①

　民法上、土地と建物は別個の不動産として独立に扱われるため、敷地利用権の分離処分禁止を知らずに買ってしまうこともありえますので、これらの者を保護する必要があるからです。このとき、相手方が悪意であってはいけません。事情を知って

---

① 　POINT
専有部分と敷地利用権を分離して処分できない旨の登記を、敷地権の登記という。

188

いる者を保護する必要はないからです。また、敷地権の登記がされると、もはや保護されません。不動産登記簿を見れば敷地権であることが分かったはずだからです。

＜分離処分無効の主張の制限＞

	譲受人が善意・無過失の場合	譲受人が悪意の場合
敷地権の登記前	保護される(取引は有効)	保護されない(取引は無効)
敷地権の登記後	保護されない(取引は無効)	保護されない(取引は無効)

10 数個・全部の専有部分を所有する場合の敷地利用権の割合 区22条2項

　敷地利用権の割合について区分所有法では特に定めはありませんが、例えばマンションを新規分譲する際など、1人の者が、複数の専有部分を所有していて、そのうちの一部分を譲渡する場合、どれくらいの敷地利用権が専有部分と一緒に移転していくのか分かりません。

　そこで、専有部分と敷地利用権が一体とされている（分離処分が禁止されている）場合に、**2以上の専有部分を有する区分所有者の敷地利用権の割合**は、共用部分の持分割合（専有部分の床面積の割合）によるとしました。ただし、**規約**でこの割合と**異なる割合**が定められているときは、その割合によります。

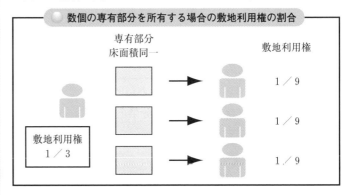

　また、建物の専有部分の全部を所有する者の敷地利用権が、**単独で有する**所有権その他の権利である場合も、敷地利用権の割合は、共用部分の持分割合（専有部分の床面積の割合）によります。ただし、**規約**でこの割合と**異なる割合**が定められてい

るときは、その割合によります。

11 民法255条の適用除外　　　　　　　　　区24条

　民法255条では、共有者がその持分を放棄した場合や相続人なしで死亡した場合、その持分は、他の共有者に帰属するとされています。また、所有者がいない不動産は、国庫に帰属するとされています。しかし、これを貫けば、以下のようになります。

| ① | 専有部分→国庫へ |
| ② | 敷地利用権→他の共有者へ |

　これでは敷地利用権と専有部分の分離処分禁止の原則に反する結果になってしまいます。そこで、**敷地利用権**については、民法255条の規定は適用されず①、専有部分と同様国庫に帰属するとされたのです。

① 　POINT
敷地利用権が共有又は準共有となっていないマンション（タウンハウス型）では、原則どおり民法255条の規定が適用される。

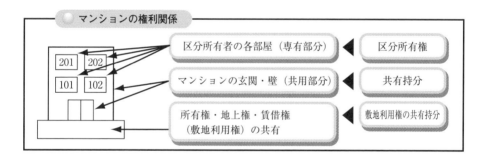

　　マンションの権利関係

201	202	→	区分所有者の各部屋（専有部分）	◀	区分所有権
101	102	→	マンションの玄関・壁（共用部分）	◀	共有持分
		→	所有権・地上権・賃借権（敷地利用権）の共有	◀	敷地利用権の共有持分

確認問題

　問：敷地利用権が数人で有する所有権その他の権利である場合には、区分所有者は、その有する専有部分とその専有部分に係る敷地利用権とを分離して処分することができるが、規約に別段の定めがあるときは、この限りでない。

－－

　　　答：×　分離処分できないのが原則です。
　　　　　　（→ **7** 分離処分の禁止と敷地利用権の形態）

第4節 区分所有者の権利義務

重要度 マ ★★ 管 ★★

マンションは、一戸建てと違い、複数の人が共同生活を営みますが、そのために、どのような権利義務が認められるのでしょうか。

1 共同の利益に反する行為の禁止　区6条1項・3項

区分所有者は、建物保存に有害な行為その他建物の管理又は使用に関し、共同の利益に反する行為をしてはなりません。

共同の利益に反する行為とは、例えば、夜遅くにカラオケをするとか、規約でペット飼育は禁止されているのにペットを飼うことです。区分所有者がこの規定に違反した場合には、区分所有者全員又は管理組合法人は、共同の利益に反する行為に対して、必要な措置を執ることができます。
①

2 共同の利益に反する行為の行為類型

共同の利益に反する行為は、一般に、以下のように分類することができます。

① 不当損傷行為
② 不当使用行為
③ 居住者の生活態度の不当性

①の不当損傷行為とは、共用部分を不当に損傷する行為をいいます。例えば、外壁を破壊する・住戸境の耐力壁を取り壊す・地下室をつくるといった行為が該当します。

②の不当使用行為とは、専有部分や共用部分の性質等に反する使用行為をいいます。例えば、爆発物や危険物を持ち込む行為・躯体に影響を及ぼす重量物の搬入・共有敷地の無断使用等が該当します。

③の居住者の生活態度の不当性とは、騒音や悪臭等で近隣住民の生活を妨害することやプライバシーの侵害をいいます。

ただし、これらは、どんな場合でも認められるわけではありません。社会通念から見て、我慢の限界を超えているという場合に共同の利益に反する行為となるのです。この我慢の限界を**受忍限度**といいます。

① check
区分所有者の義務違反に対する措置には、①停止等の請求、②使用禁止請求、③競売請求がある。

判例
建物の外壁に孔をあけたことに対して管理組合からの復旧請求が認められた。

判例
バルコニーに無断で設置されたサンルーム・パラボラアンテナの撤去が認められた。

判例
カラオケスタジオの夜間一定時間の営業禁止、ごみ放置による悪臭・害虫発生の除去、床をカーペットからフローリングにしたことにより発生した騒音の防止等が認められた。

なお、管理費の不払いも、それが著しいようなときは共同の利益に反する行為になります。

<共同の利益に反する行為についての具体的検討>

専有部分	専有部分の不当損傷・不当使用	・建物の基本構造に影響を及ぼす専有部分の増改築
		・専有部分への危険物・重量物の搬入
		・電気・ガス・給排水の許容量に影響のある設備変更
	居住者の生活態度の不当性	・カラオケ騒音
		・床をフローリングにしたことによる騒音
		・ペット飼育禁止規約違反
共用部分	共用部分の不当損傷・不当使用	・ベランダ・バルコニーの改造
		・外壁の改造
		・屋上の特定利用
債権関係の義務違反		・管理費の不払い（著しい場合）

3　占有者への準用　　　　　　　　　　区6条3項

　専有部分に居住する者が、区分所有者から賃借をした賃借人等の占有者ということもあります。そこで、区分所有者以外の占有者にも区分所有者の<u>共同の利益に反する行為の禁止</u>の規定①が準用されています。なお、占有者とは、物を事実上支配している者をいいますが、賃借人等の正当な権限を有する者だけでなく、不法占拠者等も占有者に該当します。

① check
占有者の義務違反に対する措置には、①停止等の請求、②契約解除及び専有部分の引渡請求がある。

4　専有部分等の一時使用　　　　　　　区6条2項

　区分所有者や管理所有者は、自己の専有部分や共用部分を保存・改良するために必要な範囲で、他人の専有部分や自分に権利がない一部共用部分の使用を請求することができます。

　例えば、漏水事故の原因調査・修理のために他人の専有部分に立ち入る必要がある場合等です。

　ただし、占有者にはこのような権利は認められていません。また、他人の専有部分や共用部分を使用したことで、相手方に損害を与えた場合は、使用した区分所有者は損害を賠償しなければなりません。

▽ R5

5 所有者不明建物・管理不全建物管理命令の不適用　　区6条3項

　裁判所は、**所有者を知ることができず、又はその所在を知ることができない建物**（建物が数人の共有に属する場合には、共有者を知ることができず、又はその所在を知ることができない建物の共有持分）について、必要があると認めるときは、利害関係人の請求により、その請求に係る建物又は共有持分を対象として、所有者不明建物管理人による管理を命ずる処分（**所有者不明建物管理命令**）ができます。

　また、裁判所は、**所有者による建物の管理が不適当であることによって他人の権利又は法律上保護される利益が侵害され、又は侵害されるおそれがある場合**に、必要があると認めるときは、利害関係人の請求により、当該建物を対象として、管理不全建物管理人による管理を命ずる処分（**管理不全建物管理命令**）ができます。

　しかし、これらの規定は、**専有部分及び共用部分**には適用されません。マンションは一般の建物とは異なるからです。

6 先取特権　　　　　　　　　　　　　　　　区7条

　区分所有者は、以下の債権を有する場合には、債務者の区分所有権及び建物に備え付けた動産の上に<u>先取特権</u>を有します。
①

被担保債権	具体例
①区分所有者が、共用部分・建物の敷地・共用部分以外の建物の附属施設につき他の区分所有者に対して有する債権	管理経費・公租公課の立替えによる債権
②規約又は集会の決議に基づき、他の区分所有者に対して有する債権	管理費・修繕積立金等

　他の区分所有者は、マンションの維持のために管理費等を支払わなかった者の分を立て替えて払っているわけなので、他の一般債権者に優先して金銭を回収させてあげるべきです。そこで、先取特権が認められたのです。

　また、管理者や管理組合法人がその<u>職務又は業務を行うにつき区分所有者に対して有する債権</u>（例えば費用を立て替えた場合）についても先取特権が認められます。
②

---

① **keyword**
先取特権とは、法律の定める特定の債権を有する者は、設定契約等がなくても、債務者の財産につき、他の債権者に優先して自己の債権の弁済を受けることができるとする法定担保物権である。

② **POINT**
管理者の管理組合に対する報酬支払債権は、職務に基く債権といえない。

▽ R1・5

　そして、この先取特権は、優先権の順位及び効力については、共益費用の先取特権とみなされます。また、**物上代位性**もあります。

　なお、この先取特権の効力が及ぶ「建物に備え付けた動産」には、**即時取得の規定の準用**があります。

7 第三者に対する責任　　区29条

　管理者がその職務の範囲内で第三者との間にした行為につき、区分所有者は**共用部分の持分割合**（専有部分の床面積割合）でその責任を負います。

　管理者は、区分所有者の代理人ですから、その効果は本人である区分所有者に帰属することになり、管理者の職務の範囲内の行為（例えば、集会の決議に基づく清掃会社や建設会社との契約）につき、区分所有者が責任を負います。

8 建物の設置又は保存の瑕疵に関する推定　　区9条

　建物の設置又は保存に瑕疵があることにより他人に**損害が生じたとき**は、その瑕疵は、共用部分の設置又は保存にあるものと**推定**されます。つまり、瑕疵があるのが共用部分か専有部分か不明瞭な場合、共用部分の瑕疵と推定されます。マンションでは瑕疵の存在箇所を特定できない場合が多いので、被害者保護のためです。そして、共用部分は**区分所有者全員で共有**しているため、**区分所有者全員**（管理組合）で損害賠償責任を負うことになります。

　なお、あくまで「推定」ですので、特定の専有部分の瑕疵による損害と分かれば、その専有部分の占有者又は所有者が民法上の土地工作物責任を負います。

① check
土地工作物責任では
①占有者がまず責任を負う（免責あり）。
②所有者が2次的に責任を負う（無過失責任）。

9 特定承継人の責任　　区8条

　区分所有権を取得した者は、売主が滞納した管理費や公租公課、マンションに損害を与えたことによる損害賠償等の債務や債務者の区分所有権の上に有する先取特権について、責任を負担しなければなりません。他の区分所有者が立て替えた管理費

等は維持・修繕に使われることで、建物の価値に反映されるか、団体的に帰属する財産を構成しているのですから、特定承継人は、その分利益を得ていると考えられますので、未払管理費のリスクも同時に負うべきだからです。また、現実的にも、専有部分を売却して転居等をしてしまった者から債権を回収するのは容易ではないからです。

この**特定承継人**は、区分所有権の買主や受贈者、競売による買受人等となります。このとき、特定承継人が、前区分所有者の滞納管理費等について、善意・悪意であるかは関係しません。

そして、前区分所有者と現区分所有者（特定承継人）とは、**連帯債務**の関係となり、前区分所有者の滞納管理費等につき、特定承継人だけでなく、前区分所有者もその支払債務を負います。

また、区分所有権がAからB、BからCへと譲渡された場合、**中間者**のBも特定承継人としてその責任を負うとされています。

10 区分所有権売渡請求権　　　　　　　　区10条

何らかの理由でマンションと敷地利用権が分離して処分された場合や、賃料の未払い等で敷地利用権を失ってしまった場合、**敷地の所有者等の当該専有部分の収去を請求する権利を有する者**は、そのマンションに関する権利（区分所有権）を時価で売り渡すように請求できます。

敷地を利用できない者は、権限のない土地の上に専有部分を有することになり、本来なら、その部分を取り壊して収去すべきことになりますが、区分所有建物の専有部分だけを壊すことは有害・無益ですので、売渡請求権を認めたのです。

① **POINT**
売渡請求権は一方的意思表示により行使することができ、それにより売買契約が成立する（形成権）。

確認問題

問：管理費を滞納している区分所有者が、自己の住戸を売却した場合、その買主が当該滞納の事実を知らなかったときは、滞納管理費の支払義務を負わない。

答：× 　滞納の事実につき、善意であってもその責任を負います。
（➡ 9 特定承継人の責任）

第5節　管理組合

重要度　マ ★★
　　　　管 ★★

マンションでは、通常、管理組合が存在します。では、管理組合は
どのように設立され、だれがメンバーとなるのでしょうか。

1　区分所有者全員の団体（管理組合）　　区3条

マ R3

　区分所有者は、全員で、建物並びにその敷地及び附属施設の
管理を行うための団体、いわゆる管理組合を構成し、区分所有
法の定めるところにより、**集会を開き、規約を定め、管理者を
置くことができます**。マンションの管理は、管理組合によって
なされるのです。また、この管理組合は、特に組合を結成する
契約の必要はなく、複数の区分所有者がいれば**全員参加**の団体
として、**当然に成立します**。そして、この管理組合は建物全体
の管理組合だけでなく、次に説明する一部共用部分を共用する
区分所有者で構成される管理組合も存在します。

① POINT
区分所有者となれば、
当然に管理組合の組
合員となる。

2　一部共用部分を共用する区分所有者の団体　　区3条

　一部区分所有者のみの共用に供されるべきことが明らかな共
用部分（一部共用部分）を管理する場合は、当該一部区分所有
者の全員で、団体を構成し、集会を開き、規約を定め、管理者
を置くことができます。

　当該一部区分所有者が、棟全体の区分所有者の団体とは別個
の団体を構成する場合、当該一部区分所有者は2つの団体の構
成員となります。団体は併存的に存在することになります。

196

3 権利能力なき社団と管理組合

keyword
権利能力とは、権利
義務の帰属主体とな
りうる地位をいう。

　民法で勉強したように、契約をするには権利能力が必要となります。しかし管理組合のような団体に権利能力が認められるには、法人にならなければなりません。では、法人でない管理組合の場合、一切の権利義務が認められないのでしょうか。

　この点につき、以下の要件を満たした場合は、権利能力なき社団として、その代表者によって、その社団の名前で構成員（区分所有者）全体のため権利を取得し、義務を負担することが認められます。

① 団体としての組織を備え
② 多数決の原理が行われており
③ 構成員の変更にもかかわらず団体そのものが存続し
④ その組織に以下の事項が確定している
　ア）代表の方法
　イ）総会の運営
　ウ）財産の管理
　エ）その他団体として主要な点

　また、権利能力なき社団となると、**訴訟の当事者**（原告・被告）**になる**こともできます。

確 認 問 題

問：区分所有法第3条に規定される団体は、建物並びにその敷地及び附属施設を管理するための団体であり、区分所有者の合意によって設立されるものではない。

- -

答：○（➡ 1 区分所有者全員の団体（管理組合））

第6節 管理者

重要度 マ ★★★
管 ★★★

区分所有者全員でマンションの管理を行うのが建前ですが、実際には、それは不可能です。そこで、管理者が必要となります。

1 管理者

区25条

　管理者とは、共用部分等を保存し、集会の決議を実行し、規約で定めた行為をする権利を有し、義務を負う者をいいます。もっとも、管理者を選任することは義務ではないため、**管理者を選任しなくてもかまいません。**

　そして、管理者が選任された場合、管理組合と管理者とは、民法で規定する**委任の関係**となります。つまり、委任者は管理組合であり、受任者は管理者となります。

① 管理者の資格

　管理者の資格は、規約等に定めがなければ、特に制限はありません。そのため、自然人だけでなく法人も管理者となれます。また、区分所有者の中から選任することも、それ以外の者から選任することもできます。

① POINT
法人の例としては、管理会社がある。

② 管理者の人数・任期

　管理者の人数や任期も、規約等に定めがなければ、特に**制限はありません。**

2 管理者の選任及び解任

区25条

　管理者の選任及び解任は規約に別段の定めがない限り集会の普通決議（区分所有者及び議決権の各過半数）で行います。

　また、管理者に不正行為等、職務を行うに適しない事情がある場合には、各区分所有者は単独で裁判所に解任請求ができます。集会の決議で管理者が解任されなかった場合の救済措置です。

② POINT
規約によって管理者とされた者を解任することは規約の変更となり、特別決議が必要となる。

　注意してほしいのは、職務を行うに適しない事情が必要となるのは、裁判所へ解任請求する場合であって、集会の決議で管理者を解任する際には、そのような事情は不要です。

198

3 管理者の退任　　　　　　　　　　　　　　　区28条、民653条

管理者は解任の他、次の場合に退任することになります。

① 任期満了、② 辞任、③ 死亡、
④ 破産手続開始の決定、⑤ 後見開始の審判

4 管理者の権限・義務

① POINT
管理者の共用部分の
保存行為の権限と、
各区分所有者の保存
行為の権限は併存す
る。

① **共用部分等の保存**（区26条1項）

　管理者は、**共用部分や区分所有者の共有に属する建物の敷地・共用部分以外の附属施設**（共用部分等）の**保存行為**を単独で行うことができます。この場合、管理者が独自に行うことができます。
①

② **集会の決議又は規約で定めた行為の実行**（区26条1項）

　管理者は集会の決議又は規約で定めた行為を行う権利を有し、義務を負います。共用部分の管理行為や変更行為はこの集会の決議又は規約の定めに基づいて実行することになります。

③ **職務代理権**（区26条2項・3項）

　管理者は、その職務の執行にあたり、**区分所有者を代理する**権限を有します。したがって、管理者が区分所有者の代理人として法律行為を行うとその効果は区分所有者全員に帰属することになります。管理者の代理権に<u>制限</u>を加えることも可能ですが、その制限につき、善意の第三者には対抗できません。
②

② POINT
例えば、特定の共用
部分について管理者
は職務権限を有しな
いと定めるような場
合である。

④ **損害保険金・共用部分等の損害金・不当利得返還金の請求及び受領**（区26条2項）

　共用部分・敷地・附属施設につき、集会の決議により損害保険契約を締結することが決められた場合、管理者は区分所有者全員を代理して**損害保険契約**を締結することができます。また、保険金を代理人として**請求・受領**できます。

　さらに、共用部分に損害賠償金が発生したり、不当利得による返還金が発生したときは、**損害賠償請求権**や**不当利得返還請求権**を管理者が行使し、金銭を受領することができます。

⑤ **訴訟追行権**（区26条4項・5項）

　管理者は、**規約又は集会の決議**により、その職務に関して区分所有者のために原告又は被告となって訴訟を追行する権限を

有します。本来区分所有者が全員で訴訟を起こすことになるの
ですが、それでは手続が煩雑となるので管理者が訴訟をするこ
とが認められたのです。

　また、規約により管理者に訴訟追行権が付与されている場合
において、この授権に基づいて**原告又は被告**となったときは、
管理者は、遅滞なく、区分所有者に<u>その旨を通知</u>しなければな
りません。①

　そして、管理者が原告又は被告となった訴訟の確定判決の効
力は、管理者だけでなく区分所有者にも及びます。

⑥　事務の報告（区43条）

　管理者は、年1回一定時期に<u>事務報告をする義務</u>があります。
また、管理者は、区分所有者の請求があればいつでも<u>報告の義②</u>
<u>務を負います</u>。ただし、管理者は個々の区分所有者の受任者で③
はなく、管理組合の受任者ですから、個々の区分所有者に個別
に報告する義務はありません（判例）。

　この報告は集会を開催して行わなければならないので、書面
や電磁的方法によることはできません。

⑦　集会の招集（区34条1項）

　管理者は少なくとも**年1回**集会の招集義務を負います。**事務
報告**のため一定時期に集会を招集する必要があるからです。

⑧　議事録・規約・全員合意書面の保管・閲覧

（区33条、42条5項、45条4項）

　管理者は議事録・規約・全員合意書面の保管義務があり、利
害関係人から閲覧請求があれば正当な理由なく拒むことはでき
ません。そして、これらの保管場所は建物内の見やすい場所に
掲示する必要があります。

　また、議事録・規約・全員合意書面を電磁的記録で作成する
こともでき、この場合、当該電磁的記録に記録された情報の内
容を法務省令で定める方法により表示したものを当該規約の保
管場所において閲覧させる必要があります。

⑨　管理所有（区27条1項）

　共用部分は管理者の所有（管理所有）とすることができます。
<u>管理所有者</u>たる管理者は、管理者と管理所有者の両方の地位に④

① 　POINT
区分所有者への通知
には集会招集通知の
規定が準用されてい
る（区26条5項）。

② 　POINT
定期事務報告義務違
反及び虚偽報告の場
合は、20万円以下
の過料に処せられる。

マ R4

③ 　POINT
民法の規定によれ
ば、受任者は委任者
の請求があればいつ
でも委任事務処理の
状況を報告し、終了
後は遅滞なくその経
過及び結果を報告す
る義務を負う。

④ 　POINT
区分所有者又は管理
者以外の者は、管理
所有者とすることが
できない。

立つことになります。

　なお、共用部分を管理所有した場合でも、その旨の**登記はできません。**

⑩　**先取特権**（区7条1項）

　管理者は、その職務を行うにつき区分所有者に対して有する管理費等の債権担保のため、債務者の区分所有権（共用部分に関する権利及び敷地利用権を含む）と建物に備え付けられた動産上に先取特権を有します。

⑪　**集会の議長となる権限**（区41条）

　管理者は、原則として、**集会の議長**となります。

⑫　**委任の規定の準用**（区28条）

　上記①〜⑪以外の管理者の権利義務は、**委任**の規定に従います。

ア）善管注意義務	管理者としての職務執行につき、管理組合に対し善管注意義務を負います。
イ）受領物の引渡義務	管理者が区分所有者のために自己の名をもって取得した権利も、区分所有者に移転しなければなりません。
ウ）報酬請求権	無償が原則ですが、特約で報酬請求が可能です。
エ）費用前払請求権	管理者は管理事務に必要な費用の前払を請求できます。
オ）費用償還請求権	管理者が管理事務に必要な費用を立て替えた場合、支出した費用の償還が認められます。
カ）代弁済・担保提供請求	委任者は委任事務処理に必要な債務の弁済担保提供義務を負います。
キ）損害賠償義務	受任者は委任事務処理につき、自己に過失なく損害を受けたときは賠償請求ができます。
ク）解除の不遡及	解除の効果は遡及しません。

⑬　**区分所有者の責任等**（区29条）

　管理者がその職務の範囲内において第三者との間で行った行為については、区分所有者がその責任を負うことになります。管理者は、その職務に関して区分所有者を代理している者だからです。

　そして、各区分所有者の責任の割合は、**共用部分の持分割合**となります。ただし、規約で建物並びにその敷地及び附属施設の管理に要する経費につき、負担の割合が定められているときは、その割合によります。

　また、管理者の職務の範囲内の行為について管理者と取引を
した第三者が区分所有者に対して債権を有していた場合、第三
者は、特定承継人に対しても、その債権を行使することができ
ます。

（確）（認）（問）（題）

問：管理者は、その職務に関し、区分所有者のために、当然に原告又は被告とな
　　ることができる。

　　答：×　管理者は、「規約又は集会の決議」により、原告又は被告となる
　　　　　ことができます。（➡ **4** 管理者の権限・義務）

第 7 節

規約

規約とは、マンション内のルールです。共同生活のために、どのようにして、どんな内容の規約を定めるのでしょうか。

1 規約の意義

区30条1項

規約とは、管理組合で定める規則（ルール）のことをいいます。マンションを良好に維持・管理するためには、区分所有者間の共同のルールを定めておくことが有益だからです。

規約で定めることができるのは、次の場合です。

① 区分所有法（個別的規約事項）で個別に「規約で別段の定めができる」と定めがあるもの
② ①のような定めはないが、建物等の管理、使用に関する事項として区分所有法の規定に反しないと認められるもの（一般的規約事項）

②は、役員や理事会・会計についての規定が代表例です。

規約で定め得る事項とその内容は、<u>建物等の管理又は使用に関する区分所有者相互間</u>の事項ですので、共用部分や敷地のみならず、<u>専有部分も対象</u>となります。

2 規約の設定・変更・廃止

区31条1項

規約の設定・変更・廃止は、区分所有者及び議決権の各4分の3以上の多数の集会の決議により行います。

この定数については、規約で変更することはできません。

3 特別の影響を及ぼす場合

区31条1項

規約の設定・変更・廃止が一部の区分所有者の権利に特別の影響を及ぼす場合、その区分所有者の承諾を得なければなりません。一部の区分所有者にのみ不利益となるのが分かっていながら多数決で押し切るのは許されないのです。

この特別の影響を及ぼすべきときに当たるのは、規約の設定、変更等の必要性及び合理性とこれによって一部の区分所有者が

 マ R3

① POINT
規約によっても、公序良俗に反したり、区分所有者以外の者の権利を害してはならない。

② POINT
規約で専有部分の用法・用途を制限することも可能。
例：専有部分は住居として使用すること。

 管 R3

 マ R2 管 R3〜5

受ける不利益とを比較衡量し、区分所有関係の実態に照らして、その不利益が**区分所有者の受忍すべき限度を超える**場合です。

特別の影響を及ぼすか否かについて、次の判例があります。

> ●判例
>
> ・ペット飼育禁止規約の定めは、従来よりペットを飼育していた者に特別の影響を及ぼさない。
>
> ・駐車場使用料増額につき、増額の必要性・合理性があり、増額された使用料が社会通念上相当であると認められるときは、使用料増額に関する規約は特別の影響を及ぼすといえない。
>
> ・分譲時の売買契約により従来認められた専用使用権を規約改正により消滅させることは、特別の影響を及ぼすといえる。
>
> ・複合用途区分所有建物で、用途を居住目的以外禁止する旨の規約の設定は特別の影響を及ぼすといえる。
>
> ・不在組合員に対し１カ月当たり１室2,500円の住民活動協力金の支払義務を負わせるとする規約の変更は、不在組合員の権利に特別な影響を及ぼすものではない。

また、特定の区分所有者に有利な条件で共用部分等を専用使用させるときは、他の区分所有者の権利を害することになるので、他の区分所有者全員の承諾が必要になります。

4 規約の適正化

区30条３項

　管　R3

規約は、専有部分もしくは共用部分又は建物の敷地もしくは附属施設（建物の敷地、附属施設に関する権利を含む）につき、これらの形状・面積・位置関係・使用目的・利用状況・区分所有者が支払った対価その他の事情を総合的に考慮して、**区分所有者間の利害の衡平が図られる**ように定めなければなりません。これを規約の適正化といいます。

5 一部共用部分に関する規約

区30条２項

　マ　R2

一部共用部分につき、区分所有者全員の利害に関係しない事項であり、かつ、**区分所有者全員の規約の定めがない事項**については、**一部共用部分の区分所有者のみ**で、一部区分所有者及び議決権の４分の３以上の集会の決議により<u>規約を設定</u>できます。①

① **POINT**
一部共用部分に関する規約の規定は、一部共用部分の管理の規定と同様である。

204

区分所有者全員の規約で定めることで、区分所有者全員の利害に関係しなくても、区分所有者全員で一部共用部分を管理することもできますが、一部区分所有者の4分の1又は議決権の4分の1を超える者が反対したときは規約を定めることはできません。

他方、区分所有者全員の利害に関係する事項は、区分所有者全員の規約によって定めます。

6 公正証書による規約の設定 区32条

最初に専有部分の全部を所有する者（分譲業者等）は、次の4つに限り、公正証書により単独で規約の設定・変更・廃止ができます。

なお、いったん専有部分が複数の区分所有者の所有となった後に専有部分の全部を所有しても、この者は「最初に」所有する者には当たりません。

① 規約共用部分の定め
② 規約敷地の定め
③ 専有部分と敷地利用権の分離処分を許可する定め
④ 各専有部分にかかる敷地利用権の割合に関する定め

このような基礎的な法律関係については、あらかじめ定めておくほうが便利です。建物内の集会場の有無等は、初めに決めておいてくれたほうが購入しやすいですし、後々のトラブルも防げるからです。

7 規約の効力 区46条

規約の効力は、区分所有者全員（規約の設定変更に反対した者を含む）に及びます。また、**包括承継人・特定承継人・占有者**にも及びます。規約はマンションのルールなのですから、マンションに実際住んでいる者に効力が及ばなければ意味がありません。ただし、**占有者**については、建物又はその敷地もしくは附属施設の**使用方法**につきという制限があります。

例えば、規約で**賃借人**に区分所有者の代わりに管理費の支払義務を負わせても、「使用方法」に関する事項ではないので、

① POINT
専有部分の全部を共有している場合も該当する。

<u>効力を生じません</u>。
①

8 規約の作成・保管・閲覧　　区30条5項・33条

規約は、書面等により、これを作成しなければなりません。
規約の保管者については、以下のように定められています。

①管理者がいる場合	管理者
②管理者がいない場合	以下の者の中から規約又は集会決議で定める者 ア）建物を使用している区分所有者 イ）上記ア）の代理人

また、規約の保管場所は建物内の見やすい場所に掲示しなければなりません。

保管者は、**利害関係人の請求**があれば、正当な理由がある場合を除き規約の<u>閲覧を拒めません</u>。
②③

なお、規約が**電磁的記録**で作成されているときは、当該電磁的記録に記録された情報の内容を法務省令で定める方法により表示したものの当該規約の保管場所において閲覧をさせます。

9 規約又は集会の決議で定めができるもの

個別的規約事項は、規約によって定めなければなりませんでした（絶対的規約事項）。

しかし、規約以外に**集会の決議**でも定めることができるものがあります（相対的規約事項）。

この相対的規約事項として、以下のものがあります。

- ・先取特権の目的となる債権の範囲
- ・管理者又は管理組合法人が区分所有者のために訴訟の当事者となること
- ・管理者がいない場合の規約・議事録等の保管者
- ・電磁的方法による議決権行使
- ・管理組合法人の代表理事又は共同代表の定め
- ・理事の代理行為の委任

① POINT
専有部分の賃貸人である区分所有者と賃借人との約定で、管理費の支払義務者を賃借人と定めた場合でも、約定に関与していない管理組合に対して、その約定を主張できない。

マ R2・3
管 R4

② POINT
保管（管理者・理事のみ）・閲覧義務に違反した場合、20万円以下の過料に処せられる。
③ POINT
閲覧を拒める旨の定めはすることができない。

管 R1

確認問題

問：規約の設定、変更又は廃止は、区分所有者及び議決権の各4分の3以上の多数による集会の決議によってするが、この定数は、規約で別段の定めをすることができない。

答：○（➡ **2** 規約の設定・変更・廃止）

問：最初に建物の専有部分の全部を所有する者は、公正証書により、規約共用部分の定めをすることができる。

答：○（➡ **6** 公正証書による規約の設定）

問：管理費等の支払義務について、賃借人も区分所有者と同様にその負担をしなければならない旨の規約は、賃借人に対してもその効力が生じる。

答：× 占有者に管理費等の支払義務を負わせる規約は、その効力を生じません。（➡ **7** 規約の効力）

第8節　集会

集会とは、区分所有者の団体の意思決定機関をいいます。ここで管理についての事項を話し合い決定するのです。

1　集会

　集会は区分所有者の団体の**意思決定機関**です。共用部分の変更や規約の設定等の管理に関する事項は、集会で決議されます。

2　集会の招集権者

区34条

①　集会の招集

　集会は<u>管理者が招集</u>します。集会は<u>毎年1回一定の時期</u>に開催されますが、招集権者が必要と認めるときは、いつでも招集することができます。

　管理者又は理事が複数人いる場合、各人が招集権を有しますが、規約で特定者を招集権者としてもかまいません。

②　集会の招集請求権

　区分所有者の5分の1以上で、議決権の5分の1以上を有するものは、**管理者等が選任されている場合**、管理者等に対して、会議の目的たる事項を示して集会の招集を請求することができます。**管理者がいない場合**は、直接集会の招集ができます。なお、この定数は、<u>規約で減ずる</u>ことができます。

　また、管理者に対する集会招集請求がなされたときでも、以下の場合には、**直接請求をした区分所有者が集会を招集**できます。

①　請求がなされたにもかかわらず、2週間以内に管理者等が招集手続をとらない場合
②　2週間以内に招集手続をとったが、集会の会日が請求の日から4週間を超える場合

①　**POINT**
管理組合法人の場合、理事が招集する（区47条12項）。

②　**POINT**
管理者（管理組合法人の場合は理事）は、事務報告のため毎年1回一定の時期に集会を開催する義務を負う。

過去問チェック　マ R1・5　管 R4

③　**POINT**
定数を減ずることが認められるのであり、加重することは認められない。
また、頭数、議決権の双方の定数を減ずることも、一方のみを減ずることもできる。

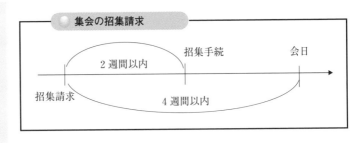

集会の招集

| 集会招集 | 区分所有者からの集会招集 | 管理者の選任の有無 | 選任されている | 区分所有者の 1 / 5 以上で議決権の 1 / 5 以上を有する | 会議の目的たる事項を示して集会の招集を請求することができる |
| | | | 選任されていない | | 直接集会の招集ができる |

3 招集手続
区35条、36条、40条

過去問チェック　マ R2・4・5　管 R2〜5

集会を招集するためには、以下の手続を行う必要があります。

① 事前通知

管理者等は、集会の招集の通知を少なくとも会日の1週間前までに、会議の目的たる事項を示して各区分所有者に通知しなければなりません。この期間は規約で伸縮することができます。

① POINT
1週間前に通知を発すればよい。

また会議の目的事項が、以下の場合、議案の要領を併せて区分所有者に通知しなければなりません。

② keyword
議案とは決議内容についての案であり、要領とは、それを要約したものである。

> ア）共用部分の重大変更
> イ）規約の設定・変更・廃止
> ウ）建物の一部が大規模滅失した場合の復旧
> エ）建物の建替え
> オ）団地規約の設定についての各棟の承認
> カ）団地内建物の建替え承認決議
> キ）団地内の複数建物の一括建替え承認決議に付する決議
> ク）団地内の複数建物の一括建替え決議

② 通知先

　招集通知は、各区分所有者に対して行う必要があります。集会に参加するのは区分所有者なのですから当然です。通知の宛先は次のとおりです。

> **ア）区分所有者から通知場所の届出がある場合は、その指定場所**
> **イ）届出がない場合は、専有部分の所在地**

　また、規約で通知を建物内に掲示してすることと定めることができ、次の者については、掲示時点で通知が到達したものとみなすことができます。

> **ア）建物内に住所を有する区分所有者**
> **イ）通知場所の届出がない区分所有者**

　ただし、区分所有者から専有部分以外の場所への通知の**届出**があった場合、その者には掲示による通知はできません。

③ **招集手続の省略**

　区分所有者全員の同意があれば招集手続を省略できます。招集通知を出すのは区分所有者に集会の開催を知らせるためのものですから、区分所有者全員が不要というのなら通知を省略してもかまわないわけです。

④ **共有者への通知**

　専有部分が共有されているときは、共有者は、議決権行使者を、共有者のうちから1人定めなければなりません。そして、**議決権行使者に通知をすれば足ります。**議決権行使者が定められていない場合は、共有者のうちのいずれか1人にすれば足ります。

4 決議要件　　　　　　　　　　　　区38条、40条

　決議の成立には、その決議において要求される区分所有者数及び議決権割合の双方の要件を満たさねばならず、どちらか一方では成立しません。

① **区分所有者数の判断基準**

> **ア）1人で2戸以上の区分所有権を有する**
> **イ）2人で1戸の区分所有権を共有する**

> ウ）2人で2戸以上の区分所有権を共有する

以上の場合、区分所有者数は1人となります。

② 議決権

規約に別段の定めがなければ、共用部分の持分割合（専有部分の床面積の割合）によります。

5 議決権の行使方法　　　　　　　　　区39条2項・3項

区分所有者は、**書面・電磁的方法又は代理人**により、議決権を行使することができます。決議事項に特別の利害関係を有する区分所有者も行使できます。

① 書面又は電磁的方法による議決権行使

書面による場合は、集会の会日までに各議案につき賛否を記載した書面を招集者に提出することにより行います。**電磁的方法**による場合は、規約又は集会の決議により、法務省令で定める方法（電子メール等）で議決権を行使できます。

② 代理人による議決権行使

代理人による議決権の行使も認められます。なお、代理人の**資格に制限はなく**、誰を代理人に指定してもかまいません。

① POINT
代理人による議決権行使の禁止の定めはできないが、代理人の資格は制限できる。例えば、組合員の親族や他の組合員等と限定することである。

6 議長　　　　　　　　　　　　　　　　区41条

原則として、**管理者が議長**となります。集会を招集する者が議長となるのが合理的なので、原則は管理者なのです。ただし、**区分所有者が集会を招集した場合**、招集した区分所有者のうち1人が議長となります。なお、**規約や別段の決議**により議長を選任することもできます。

7 議事録　　　　　　　　　　　　　　　区42条

集会の議事については、議長は、書面等により議事録を作成しなければならず、議事録には、**議事の経過の要領及びその結果**を記載又は記録し、議長及び集会に出席した区分所有者の2名がこれに署名（電磁的記録の場合は、これに代わる措置）をしなければなりません。集会の議事録は規約と同じように**管理者等が保管し**、利害関係人から請求があれば閲覧させなければ

② POINT
保管・閲覧義務に反した場合、20万円以下の過料に処せられる。

ならず、正当な理由がない限り拒めません。また、議事録の保管場所は建物内の見やすい場所に掲示する必要があります。

＜議事録＞

作成者	議長
署名者	議長＋集会に出席した区分所有者2名
保管者	管理者
閲覧義務	あり
保管場所	掲示が必要

8 占有者の意見陳述権　　区44条

▽　R2・5

区分所有者の承諾を得て専有部分を占有する者は、会議の目的たる事項につき、<u>利害関係を有する</u>場合には、集会に出席して、意見を述べることができます。集会の決議の効力は占有者にも及ぶからです。では、管理費込みの賃料を支払っている占有者は管理費の値上げに関する集会に出席できるでしょうか。答えは「できない」です。占有者には管理費の支払義務はなく、直接の利害関係がないからです。では、ペットを飼育している占有者は、ペット飼育を禁止する旨の規約設定決議に関する集会に出席できるでしょうか。これはできます。そして、占有者の意見陳述権を確保するため、集会の招集者は、<u>招集通知を発した後遅滞なく</u>、集会の日時・場所・会議の目的たる事項を建物内の見やすい場所に掲示しなければなりません。

① POINT
ここでいう「利害関係を有する」場合とは、建物又はその敷地もしくは附属施設の使用方法に関するものである。

なお、占有者は、区分所有者ではないため、議決権は行使できません。

② POINT
占有者には、通知を発する必要はない。区分所有者でないからである。

9 書面又は電磁的方法による決議等　　区45条

▽　R3・4
管　R2・3・5

集会は開催して行うのが原則ですが、次の2つの方法による場合は、**集会を開催せずに**、集会の決議と同一の効力を有することになります。これを、**書面又は電磁的方法による決議等**といいます。

方　　法	要　　件
①書面又は電磁的方法による決議	区分所有者全員の承諾
②書面又は電磁的方法による合意	区分所有者全員の書面又は電磁的方法による合意

①は、議案について区分所有者に賛否を問い、書面又は電磁的方法により決議をします。

このとき、**電磁的方法による決議**を行うのであれば、集会の招集者は、賛否の回答期限の日よりも少なくとも**1週間前**に、会議の目的たる事項を示して、各区分所有者に通知を発しなければなりません。

②は、一定の事項について、区分所有者の全員の合意が成立すれば、①の決議があったものとみなされます。

なお、書面又は電磁的方法による決議では、議事録が作れませんので、その代わり、全員合意書面・電磁的方法による記録に、議事録の保管・閲覧の規定が準用されます。

10 決議事項の制限　　　　　　　　　　　区37条

管　R1・4

集会においては、あらかじめ通知した事項についてのみ、決議をすることができます。つまり、区分所有法では緊急動議はできないのです。しかし、それだと柔軟性に欠けますので、特別決議事項（建替え決議も含む）を除き、規約で別段の定めをすることができます。

なお、区分所有者全員の同意により招集手続が省略された場合には、決議事項の制限は<u>適用されません</u>。
①

① **POINT**
決議事項の制限は、招集通知の「記載事項」に適用されるため、招集通知が発せられないときには、この適用はない。

11 集会の決議の効力　　　　　　　　　　区46条

集会の決議の効力は、全区分所有者・特定承継人・占有者に及びます。ただし**占有者**については、建物又はその敷地もしくは附属施設の**使用方法**に限定されます。

12 集会の決議　　　　　　区39条1項、62条1項、34条3項

集会の決議には、以下のものがあります。

① **特別決議**

区分所有者及び議決権の**各4分の3以上**を要するものを特別

決議といいます。

② **普通決議**

区分所有者及び議決権の各過半数を要するものをいいます。

なお、普通決議については、**規約で別段の定めが可能**です。例えば、議決権総数の半数以上を有する区分所有者が出席する集会で、出席区分所有者の議決権の過半数で決するとすることもできます。

ところで、マンションの管理に関する事項は、基本的に、この普通決議により定めます。軽微変更、管理者の選任・解任、小規模滅失の復旧等は、普通決議で定める典型例ですが、そのほかの事項も、基本的にこの決議により定めます。つまり、**特別決議や建替え決議で定める事項以外**は、**普通決議**で定めることになります。

③ **建替え決議**

建替え決議では区分所有者及び議決権の**各5分の4以上**を要します。

④ **集会招集請求**

決議とは異なりますが、集会の招集請求も併せて覚えておくと分かりやすいと思います。

集会の招集を請求するには、区分所有者の**5分の1以上**で議決権の**5分の1以上**が必要となります。

214

<**集会の決議事項**>

決議事項	決議要件	規約での別段の定めができるか
集会の招集	区分所有者の5分の1以上で議決権の5分の1以上	定数は規約で減ずることができる
管理行為	区分所有者及び議決権の各過半数	できる
軽微変更		
管理者の選任・解任		
小規模滅失の復旧		
管理者への訴訟追行権の授与		
管理組合法人の理事及び監事の選任・解任		
代表理事の選任・共同代表の定め		
共用部分の重大変更	区分所有者及び議決権の各4分の3以上	区分所有者の定数は過半数まで減ずることができる
管理組合法人の設立・解散		できない
規約の設定・変更・廃止		
義務違反者に対する使用禁止請求・競売請求・引渡請求		
大規模滅失の場合の復旧		
建替え	区分所有者及び議決権の各5分の4以上	できない
団地内建物の建替え承認決議	議決権の4分の3以上（土地の持分割合）	
団地内建物の一括建替え決議	団地内建物区分所有者及び議決権の各5分の4以上で、各棟ごとにそれぞれの区分所有者及び議決権の各3分の2以上の賛成	

確認問題

問：集会の招集通知は、会日より少なくとも1週間前に、会議の目的たる事項を示して、各区分所有者に発しなければならないが、この期間は、規約で伸縮することができる。

答：○（➡ **3** 招集手続）

第9節　管理組合法人

重要度 マ ★★★
　　　管 ★★★

マンションの管理組合は、法人格がありませんが、財産管理等の面ではあった方が便利ですので管理組合法人が認められているのです。

1　管理組合法人の設立　　　　区47条1項〜5項

　区分所有者は、建物等を管理するための団体を当然に構成しますが、この団体は、一定の要件及び手続を経ることにより、管理組合法人となることができます。法人となることは、次のようなメリットがあります。

　管理組合名義の預金や不動産登記が可能になり、個人の財産と管理組合の財産との区別が明確になります。また、だれが訴訟当事者となるかという点や、第三者との取引関係において法律関係が明確になります。

　管理組合が法人となるには次の要件を満たす必要があります。

①　設立手続

　管理組合は、区分所有者及び議決権の各4分の3以上の多数による集会の決議で、**法人となる旨**並びに<u>その名称</u>①及び**事務所**を定め、かつ、その主たる事務所の所在地において登記をすることにより、管理組合法人となります。

②　設立登記

　主たる事務所の所在地において、設立手続終了日から2週間以内に、以下の事項を登記しなければなりません（組合等登記令2・3条）。

　そして、この登記をした後でなければ、その事項を第三者に対抗することができません。

ア）目的及び業務　　イ）名称　　ウ）事務所
エ）代表権を有する者の氏名、住所及び資格
オ）共同代表の定めがあるときにはその定め

③　理事及び監事の設置

　理事と監事は、管理組合法人には必須の機関です。

　管　R5

① POINT
名称には、「管理組合法人」の文字が入っていなければならない（区48条）。
また、管理組合法人でない者が、「管理組合法人」の名称を使用すると、10万円以下の過料となる。

④ 人数要件

　区分所有者が2名以上（2名存在しないと管理組合が成立せず、法人格を与えられないため）存在すれば、法人となります。

⑤ 従前の集会決議・規約等の承継

　管理組合法人の**成立前**の集会の決議や規約は、管理組合法人における集会の決議や規約と同一の効力を有します。また、管理者の職務の範囲内の行為は、管理組合法人に帰属します。なぜなら、管理組合法人は、従前の管理組合と同一性をもって法人化したものだからです。

　なお、管理組合法人の成立後は、**管理者の職務権限**は当然に**消滅します**。管理組合法人には、**管理者の規定**は**適用されない**からです。

2 管理組合法人の事務　　　　　　　　区49条2項、52条

　管理組合法人の事務は、区分所有法に定めるもののほか、すべて**集会の決議**によるのが原則です。

　ただし、**普通決議事項**（義務違反行為の停止等の請求を訴訟上行使する場合は除きます。）については、規約で、**理事その他の役員が決する**ことができます。

　この規約により理事が決する場合、理事が1人のときにはその理事が決し、**理事が複数**のときは、規約で別段の定めがなければ、**理事の過半数**で決します。なお、**保存行為についても同様**です。

3 管理組合法人の権限　　　　　　　　区47条6項〜8項

　管理組合法人は、管理組合法人の事務に関して区分所有者を代理します。また、管理組合法人は損害保険契約に基づく保険金の請求・受領の権限、共用部分等について生じた損害賠償金・不当利得による返還金の請求・受領についての権限を有します。もっとも、管理組合法人の代理権に制限を加えることも可能ですが、**その制限につき、善意の第三者には対抗できません**。さらに規約又は集会の決議により区分所有者のために、<u>原告又は被告</u>となれます。

　なお、**法人でない管理組合では管理者がこれらの権限を有し**ましたが、**管理組合法人では、法人自体がこれらの権限を有し**

ます。理事ではありません。

4 区分所有者の責任　　　　　　　　　区53条、54条

　管理組合法人の財産をもって、その債務を完済することがで
きない場合や、強制執行が効を奏しなかったときは、原則とし
て共用部分の持分の割合で区分所有者は、債務の弁済の責任
（無限責任）を負います。ただし、規約で負担割合につき、別
段の定めがあれば、それに従います。また、区分所有者の特定
承継人は、その承継前に生じた管理組合法人の債務についても
責任を負います。

　ただし、区分所有者が管理組合法人に資力があり、かつ、執
行が容易であることを証明できれば責任を免れます。

① POINT
各区分所有者の共有
に属する共用部分、
附属施設、附属の建
物、敷地等は、管理
組合法人の財産に含
まれない。

5 管理組合法人の義務　　　　　　区47条10項、48条の2

① 　代表者の行為についての損害賠償責任
　管理組合法人は、**代表理事その他の代表者**がその職務を行う
について**第三者に加えた損害を賠償する責任**を負います。

管 R3

② 　財産目録の作成
　管理組合法人は、**設立の時及び毎年1月から3月までの間に**
財産目録を作成し、常にこれをその主たる事務所に備え置かな
ければなりません。ただし、特に事業年度を設けるものは、設
立の時及び**毎事業年度の終了の時**に財産目録を作成しなければ
なりません。

③ 　区分所有者名簿
　管理組合法人は、区分所有者名簿を備え置き、区分所有者の
変更があるごとに必要な変更を加えなければなりません。

マ R3

6 管理組合法人の解散　　　　　　　　　　　区55条

　管理組合法人は、以下の事項に該当した場合には解散します。

マ R2・3

② POINT
区分所有者が1人に
なっても解散しない。

①	建物の全部滅失（一部共用部分を共用する区分所有者の管理組合法人の場合には、その共用部分の滅失）の場合
②	建物に専有部分がなくなった場合
③	区分所有者及び議決権の各4分の3以上の集会の決議

①や②のように、建物が全部滅失したり、専有部分がなくなった場合には、もはや"区分"所有建物ではないため、区分所有者のための団体とはいえなくなるからです。この場合、管理組合法人は当然に解散します。他方、③のように区分所有者の意思で法人でなくなることもできます。

7 清算　区55条の2、55条の3、55条の6、55条の7第1項

① 清算人

解散した管理組合法人もすぐに消滅するのではなく、清算の目的の範囲内において、その清算の結了に至るまではなお存続するものとみなされます。

そして、この清算を結了させるために清算人が選任されることになります。管理組合法人が解散したときは、破産手続開始の決定による解散の場合を除き、理事がその清算人となります。ただし、規約で別段の定めをすることや、集会において理事以外の者を選任することもできます。

② 債権の申出の催告等

清算人は、その就職の日から2カ月以内に、少なくとも3回の公告をして、債権者に対し、一定の期間内にその債権の申出をすべき旨の催告をしなければなりません。

8 残余財産の帰属　区56条

解散した場合の残余財産は、規約に別段の定めがない限り共用部分の持分の割合（専有部分の床面積割合）により、各区分所有者に帰属します。

① POINT
公告は、官報に掲載してする。

過去問チェック➡ 管 R1

② POINT
集会の決議で解散した場合は、管理組合として存続するので各区分所有者の分割請求は認められない。

確認問題

問：区分所有法第3条に規定する区分所有者の団体は、区分所有者及び議決権の各4分の3以上の多数による集会の決議で法人となる旨並びにその名称及び事務所を定めることで直ちに法人となる。

答：× 法人となるためには、その登記が必要となります。
（➡ 1 管理組合法人の設立）

第**10**節	管理組合法人の役員	重要度 マ ★★★ 管 ★★★

管理組合法人には、役員として理事と監事が設置されます。これらの役員は、どのような役割を持つのでしょうか。

1 理事 区49条1項・6項〜8項

① 理事とは

理事は、管理組合の管理者に相当する者で、管理組合法人を代表するとともに、業務を執行する権限と責任を有します。管理組合法人には、**必ず理事を置かなければなりません**。実際に業務を担当する者が必要だからです。

② 理事の資格・人数

法人は理事になれません。そして、それ以外に理事の資格の制限はありません。また、最低1人の理事を選任しなければなりませんが、それ以上選任してもかまいません。

③ 理事の任期

理事の任期は2年です。ただし規約で3年以内の任期を定めることができます。

なお、理事が欠けた場合や規約で設定した員数に満たなくなった場合には、任期満了又は辞任により退任した理事は新理事（仮理事含む）の就任までその**職務を行います**。

④ 理事の選任・解任

理事の選任・解任は集会の普通決議で行うことができます。また、各区分所有者は、理事に不正行為等その職務に適しない事情がある場合、裁判所に解任請求ができます。これは集会で理事の解任請求が否決された場合等の救済措置です。

マ R1
管 R1

① POINT
管理組合の管理者の設置は任意であったことと比較。

管 R4・5

② POINT
理事の選任・解任は、管理者と同様である。

管 R3

2 理事の権限

① 法人代表権 （区49条3項、49条の2）

理事は管理組合法人を代表します。したがって、理事の行為がそのまま法人の行為とみなされ、その効果はすべて法人に及びます。代表権の範囲は管理組合法人の一切の事務に及びます。ただし、規約・集会の決議により制限が加えられている場合や法人と理事との利益が相反する場合を除きます。なお、**代表権に加えた制限は善意の第三者に対抗できません**。

② 代表理事・共同代表 （区49条4項・5項）

管 R1・5

複数の理事を置く場合、各理事が単独で法人を代表し、原則としてその**過半数**により事務の決定を行いますが、以下の定めをすることができます。

> **ア） 規約又は集会の決議により、代表理事を定める。**
> **イ） 規約又は集会の決議により、共同代表制を定める。**
> **ウ） 規約の定めにより、理事の互選で代表理事を定める。**

③ 管理者の規定の準用 （区47条11項・12項）

POINT
① 管理所有の規定は準用されていない。

理事が置かれることで、管理者は不要となりますので、**管理者は存続しなくなります**。そこで、理事は、規約・議事録等の保管、集会の招集、集会の議長、事務の報告について管理者と同様の義務を負います。①

なお、規約・議事録等は、管理組合法人の事務所で保管しなければなりません。

④ 理事の代理行為の委任 （区49条の3）

マ R1

理事と管理組合法人との関係は委任契約ですので、理事は、原則として、自ら事務処理をしなければなりませんが、**規約又は集会の決議で禁止されていない限り**、特定の行為の代理を他人に委任できます。

⑤ 仮理事 （区49条の4）

理事が欠けた場合に、事務が遅滞することにより損害を生ずるおそれがあるときは、裁判所は、**利害関係人又は検察官の請求**により、**仮理事**を選任しなければなりません。

3　監事

① **監事とは**（区50条1項）

　管理組合法人には、**必ず監事を置かなければなりません。**法人の財産状況や業務執行の状況を監督する機関が必要だからです。

② **兼任禁止**（区50条2項）

　監事は理事又は管理組合法人の使用人との**兼務が禁止**されています。監督する立場の監事と、監督される立場の理事や理事の支配下にある管理組合法人の使用人とが同一人だと、適正な監督が期待できないからです。

③ **監事の選任・解任**（区50条4項）

　監事の選任・解任・任期については理事と同様です。

④ **監事の業務**（区50条3項）

　監事は、以下の職務を行います。

> ア）管理組合法人の財産状況の監査
> イ）理事の業務執行状況の監査
> ウ）財産状況又は業務執行につき不正な事実を発見した場合の集会での報告及びその報告のために必要があるときの集会の招集

　また、理事と法人の利益が相反する場合、監事が法人を代表することになります。利益が相反するとは、例えば、理事個人の債務を法人が保証したり、理事個人の土地を法人が買い受ける等をいいます。このような場合に理事が法人を代表すると、理事が私利のために法人を犠牲にする可能性があるからです。

① **POINT**
理事と法人の利益が相反する場合でも、理事が複数人いるときには、他の理事が法人を代表する。

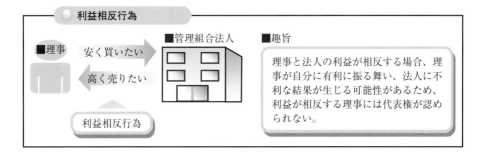

利益相反行為

■理事　安く買いたい／高く売りたい　■管理組合法人　利益相反行為

■趣旨
理事と法人の利益が相反する場合、理事が自分に有利に振る舞い、法人に不利な結果が生じる可能性があるため、利益が相反する理事には代表権が認められない。

	管理組合の管理者	管理組合法人の理事	標準管理規約の理事
役割	管理組合の業務執行機関	管理組合法人の業務執行機関	理事会の構成員。理事長の前提となる資格でもある。
任期	定めなし	2年。規約で3年以内まで変更可能	1〜2年。半数改選の場合は2年。
資格	特に定めなし（法人も可）	自然人のみ（法人不可）	外部専門家を役員として選任できる場合を除き、組合員に限られる。なお、法人が区分所有者である場合に、当該法人から管理組合役員の任務に当たることを職務命令として受けた者を役員に選任できる。

4 理事会

　区分所有法上に規定はありませんが、複数の理事がいる場合には、理事全員で構成する合議機関として理事会が設けられることがあります。

確 認 問 題

問：規約の定めにより、理事の任期は1年に、監事の任期は3年とすることができる。

答：○（➡ **1** 理事、**3** 監事）

第11節　義務違反者に対する措置

重要度 マ ★★★
　　　 管 ★★

マンションでは、共同の利益に反する行為が禁止されます。では、その義務に違反した者にはどう対処すればよいのでしょうか。

1 義務違反者に対する措置とは

　第4節で説明したように、区分所有者・占有者は共同の利益に反する行為をしないようにする義務がありました。この共同の利益に反する行為をしてしまった者（義務違反者）に対して区分所有法では、①行為の停止等の請求（裁判外・裁判上）、②使用禁止の請求、③競売請求、④占有者に対する引渡請求の4つが定められています。

　そして、これらの各請求の関係ですが、一般的には、①の請求によっては共同生活の維持を図ることが困難なときは②の請求が認められ、②の請求によっても他に方法がないときは③や④の請求が認められることになります。

　ただ、必ずしもこのように段階的に請求をしなければならないわけではありません。違反行為の程度によっては、①の請求をせずに、②や③④の請求をすることも可能です。

2 違反行為停止等の請求（裁判外）　　区57条1項・4項

　区分所有者・占有者が共同の利益に反する行為をした場合又はそのおそれがある場合に、違反者に対して、以下の行為を請求できます。

マ　R2

①	違反行為の停止
②	違反行為の結果の除去
③	違反行為を予防するための措置

　この停止等の請求ができるのは、違反行為者を除く他の区分所有者又は管理組合法人ですが、裁判外で請求する場合には、各区分所有者が単独でできます。

▽ R4・5

① **POINT**
義務違反者である区
分所有者も議決権を
行使できる。

３ 訴えによる違反行為停止等の請求 　区57条２項・３項

違反行為の停止請求を裁判上で行使する場合には、<u>集会の普通決議が必要となります</u>。そして、この訴えは、管理組合法人の場合、管理組合法人が原告となり、管理組合法人でない場合、違反者以外の区分所有者の全員が共同で原告となるか、集会の普通決議（区分所有者及び議決権の各過半数を要する）により、管理者又は集会で指定された区分所有者が原告となり訴訟を提起・追行することになります。

なお、この場合、義務違反者に弁明の機会を与える必要はありません。

▽ R2・4
管 R5

４ 使用禁止の請求 　区58条１～３項

共同の利益に反する行為をした者に対して、上記の違反行為停止請求では、有害行為を除去し、共同の利益を維持できない場合、義務違反区分所有者を建物内から一定期間排除して、共同の利益の回復を求めることができます。これを専有部分の使用禁止請求といいます。この請求の要件として以下のものがあります。

> ア）区分所有者が、共同の利益に反する行為をした又はそのおそれがあり、
> イ）その行為による区分所有者の共同生活上の障害が著しく、
> ウ）義務違反者に対して行為停止請求を行っても十分でない場合

この場合に他の区分所有者の全員又は管理組合法人は、集会の特別決議に基づき、その区分所有者に対して訴えにより相当期間の専有部分の使用の禁止を請求することができます。なお、この場合、義務違反者に弁明の機会を与える必要があります。

▽ R4

５ 競売請求 　区59条１項・２項

共同の利益に反する行為の停止等の請求や、使用禁止請求では効果が望めない場合、最終的には、建物から出ていってもらう必要があります。そこで以下の場合には、義務違反者の区分所有権及び敷地利用権の競売請求が認められます。

> ア）区分所有者が共同の利益に反する行為をした又はそのお
>   それがあり、
> イ）その行為による区分所有者の共同生活上の障害が著しく、
> ウ）他の手段ではその障害を除去して、共用部分の利用の確
>   保その他の区分所有者の共同生活の維持が困難である場合

　他の区分所有者の全員又は管理組合法人は、集会の特別決議に基づき、訴えにより、その区分所有者に対して、区分所有権及び敷地利用権の競売請求ができます。この場合、義務違反者に弁明の機会を与える必要があります。

6 競売請求の効果　　　　区59条3項・4項

　競売の申立ては判決確定後6カ月内に行う必要があります。なお、**競売を申し立てられた区分所有者**又は当該区分所有者のために（その計算で）買い受けようとする者は買受人となることはできません。これを認めると、義務違反者が区分所有建物に戻ってくるおそれがあるからです。

過去問チェック → マ R2

7 占有者に対する引渡請求　　区60条1項・2項

　占有者が共同の利益に反する行為をし、又はそのおそれがあり、その行為による区分所有者の共同生活上の障害が著しく、他の手段ではその障害を除去して共用部分の利用の確保その他区分所有者の共同生活の維持が困難である場合、区分所有者の全員又は管理組合法人は、集会の**特別決議**に基づき、訴えにより、次の行為を請求できます。

① POINT
賃貸人と賃借人の双方を共同被告として訴えを提起しなければならない。

過去問チェック → マ R4 / 管 R3

> ① その占有者が占有する専有部分の使用又は収益を目的とする契約の解除及び
> ② その専有部分の引渡請求

　この場合、占有者に弁明の機会を与える必要があります。**賃貸人である区分所有者**には与える必要はありません。
　なお、占有者が不法占有者などの正当な権限を有しない者の場合は、①の契約の解除は不要となり、占有者のみを訴訟の相手方とします。

226

8 引渡請求訴訟の効果 　　　　　　区60条3項

　　原告勝訴の判決が確定した場合、原告は占有者に対して専有部分の引渡請求権を取得します。そうしないと、貸主である区分所有者が引渡し請求をしないおそれがあるからです。そして、**原告が専有部分の引渡しを受けた場合、遅滞なく専有部分を占有する権原を有する者**（一般的には賃貸人であった専有部分の区分所有者）**に引き渡す義務**を負うことになります。

9 訴訟追行権の付与 　区57条3項、58条4項、59条2項、60条2項

① 　行為停止請求（訴訟上） 　② 　使用禁止請求
③ 　競売請求 　④ 　占有者に対する引渡し請求

　　以上の行為については、集会の普通決議により、管理者又は指定された区分所有者を原告に選任し、訴訟を提起し、追行させることができます。この場合、規約であらかじめ訴訟追行権を付与することはできません。

　　忘れてはならないのが、義務違反者に対する措置以外でしたら、管理者や管理組合法人に<u>訴訟の追行権を集会の決議だけでなく規約でも付与</u>できたということです。
①

＜義務違反者に対する措置のまとめ＞

義務違反者に対する措置	決議要件	訴訟	弁明の機会
行為の停止等の請求（訴訟外）	単独でできる	不要	不要
行為の停止等の請求（訴訟上）	区分所有者及び議決権の各過半数		
使用禁止請求	区分所有者及び議決権の各4分の3以上の多数を要する	必要	必要
競売請求			
占有者に対する引渡請求			

確認問題

　問：区分所有法第60条に基づき占有者に対する引渡し請求をする場合に、弁明の機会は、当該占有者に対して与えれば足り、当該占有者が占有する専有部分の貸主である区分所有者に与える必要はない。

　答：○（➡ 7 占有者に対する引渡請求）

第12節 滅失の復旧

重要度 マ ★★
管 ★★

災害等でマンションの一部が滅失した場合、滅失部分を修理したい
人と、したくない人の利害を調整する必要があります。

1 建物の一部滅失からの復旧

　地震等の災害で建物の全部が無くなった場合、建物に関する
権利は消滅し、敷地に関する権利関係が残ることになりますが、
一部が滅失した場合、その滅失部分の復旧に関する権利関係が
問題となります。滅失から復旧したい者もいれば、そうでない
者もいます。

　このような状況に対処するため、滅失からの復旧に関する規
定があるのです。滅失の復旧には小規模滅失からの復旧と、大
規模滅失からの復旧があります。

2 小規模滅失の復旧　　　　　　　　区61条1～3項

 マ R1・2
管 R4

　建物の価格の2分の1以下に相当する部分が滅失した場合
（小規模滅失といいます）については、**規約に別段の定めがな
ければ**、区分所有者は単独で滅失した**共用部分**及び**自己の専有
部分**の復旧工事を行うことができます。復旧に要した費用は、
各区分所有者が共用部分の持分の割合により負担することになり
ます。

　しかし、単独復旧の場合、復旧の方法や費用負担の面で問題
となることもあり、できる限り、管理組合主導で行うことが望
ましいこともあります。そこで、復旧工事の**着手前**に集会で**復
旧決議**（区分所有者及び議決権の各過半数）又は**建替え決議・
一括建替決議**が成立した場合、区分所有者は、単独で共用部分
の**復旧工事を行うことができなくなる**としました（専有部分は
その所有者が復旧します）。

　なお、復旧工事により滅失前と異なる状態にする場合には、
共用部分の変更行為となり、区分所有者及び議決権の各4分の
3以上の多数を要することになります。

228

① **POINT**
「以上」「以下」は、その数字を含む。「超」「未満」は、その数字を含まない。

② **POINT**
復旧決議をせずに、一部滅失を理由として建替え決議を行うこともできる。

3 建物の大規模滅失の場合の復旧　　区61条5項・6項

　建物の価格の2分の1を超える部分が滅失（これを**大規模滅失**といいます）した場合、集会において区分所有者及び議決権の各4分の3以上の多数により滅失した共用部分の<u>復旧決議ができます</u>。大規模滅失は、小規模滅失と異なり、区分所有者全体の利害に大きくかかわるので、各区分所有者が単独で行うことはできず、また、集会の決議の要件も厳しくなっているのです。

　なお復旧費用は、区分所有者が共用部分の持分割合に応じて負担することになります。

　また、大規模滅失の復旧決議の議事録には、区分所有者の**賛否**も記載します。

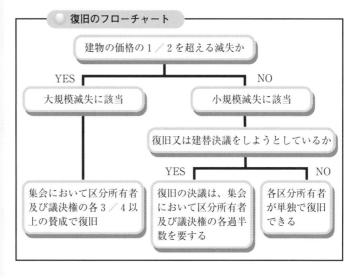

4 買取請求権

区61条7〜13項・15項

大規模滅失からの復旧の場合、多額の費用がかかることになり、区分所有者に重大な利害を及ぼします。そこで、大規模滅失の場合には、区分所有関係から離脱して、費用負担を避ける手段を設けています。これを<u>買取請求権</u>といい、復旧決議等に**賛成した者**に対して、**決議に反対した者等**から、建物に関する権利と敷地利用権の買取請求が認められます。

① 買取請求ができる者

復旧決議賛成者以外の区分所有者（反対者・議決権不行使者・決議に欠席した者）が買取請求権者となります。

② 再買取請求

①の買取請求を受けた決議賛成者は、その**請求の日から2カ月以内**に、**他の決議賛成者の全部又は一部**に対して、決議賛成者以外の区分所有者を除いて算定した**共用部分の持分割合**（専有部分の床面積割合）に応じて、**再度、時価で買い取るべきことを請求**できます（再買取請求）。

③ 買取請求権の行使期間

買取請求権は、**復旧決議の日から2週間経過後**に行使することができます。すぐに行使することはできません。後出⑤で説明する、買取指定者の指定をする時間を復旧決議に賛成した者に与える必要があるからです。

④ 買取請求権者への催告

買取指定者（買取指定者がいない場合は集会の招集者）が決議賛成者以外の区分所有者に対して**4カ月以上**の期間を定めて買取請求するか否かを書面（<u>又は電磁的方法</u>）で**催告**することができます。この催告期間を経過すると、買取請求権は**行使できなくなります**。復旧工事が進行した途中で、買取請求権を行使されることで、工事が混乱することを防ぐためです。

マ R2

① POINT
買取請求権は形成権（一方的な意思表示で権利が発生するもの）である。

② POINT
当該書面による通知に代えて、通知を受けるべき区分所有者の承諾を得て、電磁的方法により買取指定者の指定がされた旨を通知することができる。

⑤　買取指定者の指定

　買取請求権は、決議賛成者に対して行使することができました。つまり、決議賛成者の全員でも、一部の者に対してでも請求することができるのです。しかし、それでは、1人の者に買取請求権が集中するという不都合が生じ、かえって復旧が進まない結果になりかねません。そこで、以下の場合には、**買取指定者のみ**を買取請求権の相手方に限定することができます。

> ア）復旧決議の日から**2週間以内**に
> イ）決議賛成者が**全員の合意**により買取指定者を指定し
> ウ）買取指定者がその旨を書面（又は電磁的方法）で買取請求権を有する者へ通知をする

⑥　買取指定者の資力保証

　買取指定者が買取請求に基づく代金債務の全部又は一部を弁済しないときは、買取指定者以外の決議賛成者は、**連帯して責任**を負います。ただし、買取指定者に資力があり容易に執行できることを証明できれば免責されます。

⑦　裁判所による期限の許与

> ア）買取指定者の資力保証
> イ）買取請求
> ウ）買取請求を受けた賛成者の負担の分担請求
> エ）復旧費用の償還

　以上の場合には、裁判所は、償還もしくは買取りの請求を受けた区分所有者、買取りの請求を受けた買取指定者又は債務について履行の請求を受けた決議賛成者の請求により、償還金又は代金の支払につき相当の期限を許与することができます。

5　復旧決議等がなされない場合の買取請求権　区61条14項

　大規模滅失日から**6カ月以内**に復旧決議・建替え決議・一括建替え決議が成立しない場合、**各区分所有者**は、他の区分所有者に対して、建物及び敷地利用権の時価買取請求ができます。①

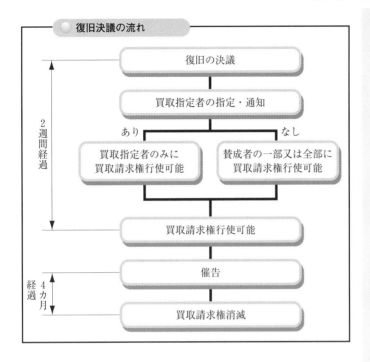

復旧決議の流れ

復旧の決議

買取指定者の指定・通知

あり　　　　　　　　　なし

買取指定者のみに
買取請求権行使可能

賛成者の一部又は全部に
買取請求権行使可能

買取請求権行使可能

催告

買取請求権消滅

２週間経過

４カ月経過

確認問題

問：滅失した部分の価格が建物の価格の２分の１を超える場合は、集会において、区分所有者及び議決権の各４分の３以上の多数で、滅失した共用部分を復旧する旨の決議をすることができる。

答：○（➡ **3** 建物の大規模滅失の場合の復旧）

第13節 建替え

マンションが古くなれば、建替えも視野に入れなければなりません。
では、どのようにしてマンションを建て替えるのでしょう。

1 建替え決議

区62条1項

　マンションが老朽化したりすれば、建て替えるということになります。しかし、マンション全体を取り壊して新しい建物にするわけですから、区分所有者全員に大きな利害を及ぼします。建て替えたい人もいれば、建替えたくない人もいるでしょう。そこで、建替え決議が必要となるのです。

　建替え決議の要件は以下のとおりです。

> ①　集会における区分所有者及び議決権の各5分の4以上の賛成
> ②　現に建物が存在すること
> ③　以前の敷地・以前の敷地の一部・以前の敷地を含む土地・以前の敷地の一部を含む土地を敷地にすること

　建替え後の敷地は、建替え前の敷地の**一部**を含んでいればよく、まったく同一である必要はありませんが、建替え前の敷地と**全く異なる敷地**に建物の建替えをする場合は、**建替え決議によることはできません**。この場合、共有物の変更行為として、**共有者全員の同意**が必要となります。さらに、建物の主たる使用目的が同一であることも必要ありません。マンションを建て替えてオフィスビルにしてしまってもかまわないのです。

　なお、災害等で**建物が完全に滅失**した場合、建替え決議の対象にはなりません。

2 集会の招集と説明会

区62条4〜6項

　建替え決議の場合、区分所有者にとって非常に重大な事項ですので、通常の集会とは招集の方法が異なります。

> ①　集会の会日の少なくとも<u>2カ月前</u>までに通知をしなければならない
> ②　集会の会日の少なくとも<u>1カ月前</u>までに<u>説明会</u>を開催

---

①② POINT
①と②の期間は規約で伸長することができる。短縮はできない。

過去問チェック → マ R1

③ POINT
説明会の開催の少なくとも1週間前に開催の通知を発しなければならない。

③　招集通知には会議の目的たる事項・議案の要領の他、以下の事項も記載しなければならない

ア）建替えを必要とする理由

イ）建替えをしない場合において建物の効用の維持・回復をするのに要する費用の額とその内訳

ウ）建物の修繕に関する計画が定められているときはその定め

エ）建物につき修繕積立金として積み立てられている金額

つまり、通常の集会よりも細かい情報を区分所有者に早く通知するだけではなく、口頭での説明会を設け、区分所有者に建替えに参加するか否かを十分に考える時間をあげるのです。

3 建替え決議の内容
区62条2項

建替え決議においては、以下の事項を定める必要があります。

マ　R1

① 再建建物の設計の概要

② 建物取壊し及び再建建物の建築費用の概算額

③ 建築費用の概算額の費用分担に関する事項

④ 再建建物の区分所有権の帰属に関する事項

なお、建替え決議においては、議事録に各区分所有者の**賛否**を記載又は記録しなければなりません。

4 建替え参加の催告
区63条1〜4項

マ　R3・5
管　R3

建替え決議後、集会招集者は、遅滞なく<u>建替え決議に賛成しない区分所有者</u>に対して、決議内容により建替えに参加するか否かを回答するように書面（又は電磁的方法）で催告しなければなりません。回答期間は**催告を受けた日から2カ月**です。建替え決議に反対した者や、議決権を行使しなかった者でも参加する旨を回答すれば建替えに参加できます。**回答しない場合、不参加とみなされます。**

① **POINT**
建替え決議に賛成しない区分所有者とは、①決議に反対した者②決議に参加しなかった者③議決権を行使しなかった者をいう。

234

① POINT
売渡請求権は形成権である。
② POINT
第三者には区分所有者以外の者(ディベロッパー等)もありえる。

5 売渡請求

区63条5項・6項

　建替え参加の催告期間が満了した時から2カ月以内に、建替え参加者及びその承継人は不参加者に対して区分所有権及び敷地利用権を時価で<u>売り渡すように請求ができます</u>。これは、建替えをスムーズに行うために認められているのです。そして、建替え参加者全員が同意すれば<u>第三者</u>を買受指定者とすることができ、買受指定者から売渡請求をすることができます。ただし、建物明渡しにより、以下の事由が発生する場合、裁判所は代金支払又は提供日から1年以内において建物明渡しにつき相当の期限を許与することができます。

> ① 建替え不参加区分所有者が、生活上著しい困難を生ずるおそれがあり
> ② かつ、建替えの遂行に甚だしい影響を及ぼさないと認めるべき顕著な事由がある場合

6 建替えを行う旨の合意をしたとみなされる者 区64条

　以下の者は建替え決議の内容により建替えを行う旨の合意をしたものとみなされます。

> ① 建替え決議に賛成した区分所有者
> ② 建替えに参加する旨の回答をした区分所有者
> ③ 買受指定者

　これにより、一度建替えに参加する旨の回答をすると、自由に建替え事業から離脱することはできなくなります。

7 再売渡請求

区63条7項・8項

　建替え決議の日から**2年以内**に正当な理由なく建物取壊工事に着手しない場合、売渡請求権の行使により、区分所有権及び敷地利用権を譲渡した者は、2年の期間満了後、6カ月以内に支払代金相当額を提供して、現在、当該区分所有権及び敷地利用権を有する者に区分所有権及び敷地利用権の**再売渡請求**ができます。建替えに反対したからこそ、区分所有権と敷地権を譲渡したのですから、建替えが実行されないのなら、区分所有権と敷地利用権を買い戻せるようにしたのです。

　なお、正当な理由があるうちは、再売渡請求ができませんが、正当な理由が消滅したときは、その時から2年間又は正当な理由が消滅したことを知った時から6カ月間のいずれか短い期間内に、再売渡請求ができます。

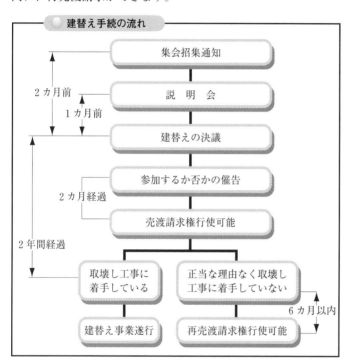

建替え手続の流れ

集会招集通知

説　明　会

建替えの決議

参加するか否かの催告

売渡請求権行使可能

取壊し工事に着手している

正当な理由なく取壊し工事に着手していない

建替え事業遂行

再売渡請求権行使可能

2カ月前

1カ月前

2カ月経過

2年間経過

6カ月以内

（確）（認）（問）（題）

　問：建替え決議を会議の目的とする集会の招集の通知は、当該集会の会日より少なくとも1カ月前に、各区分所有者に発しなければならない。

　　答：×　招集通知は、会日の「2カ月」前に発します。
　　　　（➡ 2 集会の招集と説明会）

第14節 団地

重要度 マ ★★★
　　　 管 ★★

区分所有法では、団地について定めています。どのようなものが団地となり、そして、どのような管理をするのでしょうか。

1 団地の定義　　　　　　　　　　　　　　　　区65条

管 R4

　私たちは、一区画の土地に複数の建物（一般的にはマンション）があれば団地という呼び方をしますが、区分所有法では定義がきちんとあるのです。

| ① | 一区画内に複数の建物があって、 |
| ② | 区画内の土地又は附属施設が団地建物所有者①の共有に属する |

　団地というためには①複数の建物の存在が必要ですが、区分所有建物である必要はありません。一戸建てでもかまいません。また、②の要件のように、土地なり附属施設なりが共有になっていないと団地とはいえません。

① keyword
団地内の土地や附属施設を共有する団地内の建物の所有者をいう。

2 団地建物の所有者の団体　　　　　　　　　区65条

② POINT
複数の団地管理組合が並存することもあり得る。また、団地内の区分所有建物の管理組合と、団地の管理組合は並存する。

　団地内の建物所有者は、全員で団地内の土地や附属施設の管理を行うための団体を当然に構成し②、区分所有法の定めるところにより、集会を開き、規約を定め、管理者を置くことができます。これを団地管理組合といいます。

3 団地に準用される規定　　　　　　　　　　区66条

マ R1・4・5

　団地については、原則として、建物の区分所有の規定が準用されます。
　しかし、以下のような団地に準用されない規定があります。

①	敷地・敷地利用権
②	管理所有
③	区分所有者の権利義務等・義務違反者に対する措置
④	復旧
⑤	建替え

　①の敷地利用権が準用されないのは、敷地利用権の分離処分

の禁止の規定は、区分所有建物だからこそ意味があるのであって、一戸建てのみで団地を形成することもあり、この場合は分離処分を禁止することができないからです。

　③の義務違反者に対する措置も、一棟の建物内での共同生活に関係するものだからです。④の復旧、⑤の建替えは、復旧あるいは建替え対象の建物の所有者で決定すべき事項だからです。

4 団地共用部分　　　　　　　　　　　　　　区67条

　一団地内の<u>附属施設たる建物</u>は、団地規約により団地共用部分とすることができます。団地共用部分には、以下の特徴があります。

① POINT
附属施設たる建物には、専有部分になり得る部分も含まれる。

①	団地共用部分は団地建物所有者全員の共有に属し、その持分は建物又は専有部分の床面積の割合による。
②	団地共用部分の共有持分を建物又は専有部分と分離処分できない。
③	団地共用部分を第三者に対抗するためには登記が必要。
④	一団地内の数棟の建物全部を所有する者は、公正証書により、団地共用部分を定める団地規約の設定ができる。

5 団地規約設定の特例　　　　　　　　　　　区68条

　団地規約の設定、変更又は廃止は、団地建物所有者及び議決権の各4分の3以上の多数による団地集会の決議により決します。

　また、以下のものについては団地規約により、団地管理組合が管理できることになります。

①	団地内の一部の建物所有者の共有に属する団地内の土地又は附属施設
②	当該団地内の区分所有建物

　①は、一部の団地建物所有者の共有であることに注意してください。つまり、一部の者の単独所有である土地や附属施設は規約で管理対象にできないのです。また、区分所有建物以外の建物（つまり一戸建て建物）の所有者のみの共有に属する土地

238

や附属施設も対象外です。

②は、区分所有建物を管理対象とできるとしていますので、**一戸建ては管理対象にできません**。

また、以下の要件も必要となります。

①の場合は、当該土地の全部又は附属施設の全部につき各共有者の4分の3以上で、かつ持分の4分の3以上を有する者の同意

②の場合は、各棟の集会における区分所有者及び議決権の各4分の3以上の多数の決議

なお、団地規約により、上記の団地内の一部の建物の所有者の共有に属する団地内の土地又は附属施設、当該**団地内の区分所有建物を団地管理組合で管理するものと定めたときは、団地に準用されない規定を除き、これらを団地管理組合の管理対象**物から除外して、棟の管理組合で管理することはできません。もしも、棟の管理組合でこれらを管理するのであれば、その団地規約を変更又は廃止しなければなりません。

<団地管理組合の管理目的物>

管理の目的物	団地管理組合が管理できるか	要件
団地建物所有者の共有に属する団地内の土地及び附属施設	当然管理できる	特になし
区分所有建物以外（戸建建物）の建物所有者のみの共有に属するもの	管理できない	
団地内の一部の建物所有者の共有に属する団地内の土地又は附属施設	規約による設定可能	当該土地の全部又は附属施設の全部につき各所有者の4分の3以上で、かつその持分の4分の3以上を有する者の同意が必要
当該団地内の区分所有建物	規約による設定可能	区分所有者及び議決権の各4分の3以上の多数による集会の決議が必要
当該団地内の戸建建物	管理できない	

① POINT
一戸建ての所有者は団地管理組合の構成員にはなるが、一戸建て建物は団地管理組合の管理対象とならない。

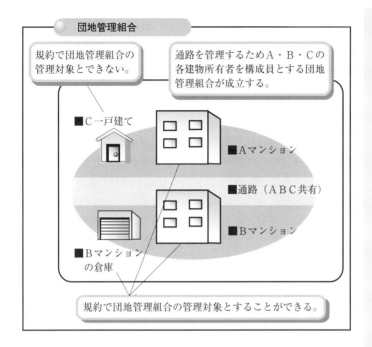

（確）（認）（問）（題）

問：一筆の甲土地上に区分所有建物と戸建て住宅が存在する場合に、当該建物の所有者全員が甲を共有するときは、団地管理組合が成立する。

答：○（➡ **1** 団地の定義）

第15節 団地内建物の建替え承認決議

重要度 マ ★★
重要度 管 ★

団地内の建物の建替えの場合、土地の共有者にも同意を得る必要がでてきます。どのような同意を受ければよいのでしょう。

マ R1・2

1 建替え承認決議

区69条1項・2項

団地内建物の建替え承認決議とは、団地内の土地共有者が団地内の建物について建替えを承認する決議をいいます。団地内の土地が共有状態の場合、団地内の建物を建替えようとすると、今までの区分所有法では規定がありませんでしたので、民法の共有の規定が適用となり、共有者全員の合意が必要となりました。しかし、それでは団地内建物の建替えにとって大きな障害となってしまいます。そこで、団地管理組合の集会又は団地管理組合法人の集会で、<u>議決権の4分の3以上の多数</u>の承認の決議を得た場合は、建替えを行うことができるとしました。これを団地内建物の建替え承認決議といいます。

① POINT
この場合の議決権は、敷地の持分割合による。また、頭数要件はない。

この場合、建替えの対象となる土地上の建物を特定建物といいます。

建替え承認決議の要件は以下のとおりです。

① 団地内に敷地を共有(準共有)する2棟以上の建物が存在すること
② そのうち少なくとも1棟は区分所有建物であること
③ 団地管理組合又は団地管理組合法人の集会で議決権の4分の3以上の多数による決議を得ること
④ 建替えようとする建物について、建替え決議又は建替えの同意があること

なお、④ですが、建替え承認決議は、あくまで共有物である土地について、建物を建て替えることを承認するのであって、特定建物自体を建て替えるか否かの判断は、各建物ごとに行います。

また、建替え承認決議を行う場合、これに関する**説明会を開催する必要はありません**。

2 みなし承認　　　　　　　　　　　　　　区69条3項

　特定建物の建替え決議がなされている場合、その特定建物の区分所有者は、**建替え決議に賛成したかどうかを問わず、建替え承認決議に賛成した者とみなされます**。これは、建替えに反対した者が、建替えの妨害のために、建替え承認決議で反対することが考えられるからです。

3 建替え承認決議の集会　　　　　　　　　区69条4項

　建替え承認を決議する集会については次のような手続が必要となります。

① 少なくとも集会の会日の2カ月前に招集通知を発する。 ② 招集通知には、議案の要領に加え、以下の事項を記載する必要がある。 　ア）再建建物の設計の概要 　イ）団地内における再建建物の位置

① **POINT**
規約でこの期間を伸長できるが短縮できない。

　建替え決議と同様、非常に重要な決議なので十分に検討する時間を与えるためです。

4 他の建物に特別の影響を及ぼす場合　　　区69条5項

　団地内の建物を建て替えると、他の建物に**特別の影響を与えてしまう**場合があります。例えば、再建建物の規模を建替え前の建物よりも大きくしたため、他の建物の容積率が減少してしまったり、騒音等の被害を受けてしまうような場合です。この場合、以下の者が当該建替え承認決議に賛成していることが必要となります。

特別の影響を受ける他の建物が区分所有建物の場合	区分所有者全員の議決権の4分の3以上を有する区分所有者
特別の影響を受ける他の建物が区分所有建物以外の場合	建物の所有者

5 団地内建物の一括建替え承認決議　区69条6項・7項

　建替え承認決議において、特定建物が2以上あるときは、その2以上の特定建物の団地建物所有者は、**各特定建物の団地建物所有者の合意**により、その2以上の特定建物について、**一括して建替え承認決議を受けることができます**。建て替える建物が複数あるときは、それぞれ別個に承認決議を受けるより一括して承認決議をしたほうが効率的なこともあるからです。

　この場合、特定建物が専有部分のある建物である場合、その特定建物における建替え決議の集会において、特定建物の区分所有者及び議決権の各5分の4以上の多数で、特定建物について一括承認決議に付す旨の決議をすることができます。

　この決議があったときは、**この特定建物の団地建物所有者については、一括建替え承認決議の合意があったものとみなされます**。

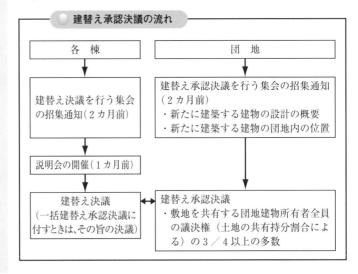

確認問題

　問：建替え承認決議は、団地管理組合又は団地管理組合法人の集会において、議決権の4分の3以上の多数により成立する。

- -

　答：○（➡ 1 建替え承認決議）

第16節　一括建替え決議

団地管理組合の決議で、団地内の建物をすべて一括して建て替えるには、どうしたらいいのでしょうか。

1 一括建替え決議　　　　　　　　　　　　　　　　　　区70条

　団地内の建物について、一括して建替えをすることにより、コストを削減したり、建替えに伴う高層化や規模の拡大等をし易くすることができます。

　そこで、団地管理組合又は団地管理組合法人の集会において、団地内建物につき、一括して、その全部を取り壊し、団地内建物の敷地もしくはその一部の土地又は当該団地内建物の敷地の全部もしくは一部を含む土地（これらを再建団地内敷地といいます）に、新たに建物を建築する一括建替え決議をすることができるようになりました。

2 招集手続　　　　　　　　　　　　　　　　　　　　区70条4項

　一括建替え決議を会議の目的とする場合、集会の会日より少なくとも、２カ月前に招集の通知を発しなければなりません。また、集会の招集通知では、議案の要領だけでなく、さらに以下の事項を通知しなければなりません。

①　建替えを必要とする理由
②　建物を建て替えないとした場合における当該建物の効用の維持又は回復をするのに要する費用の額及びその内訳
③　建物の修繕に関する計画が定められているときは、当該計画の内容
④　建物につき修繕積立金として積み立てられている金額

3 説明会の開催

区70条4項

一括建替えは団地内建物の区分所有者にとって非常に重要な事項ですので、説明会を開催する必要があります。この説明会は、集会の会日より少なくとも1カ月前までに行わなければなりません。

4 一括建替え決議の要件

区70条1～4項

一括建替え決議については、団地内建物の区分所有者及び議決権の各5分の4以上の多数が必要です。

さらに、以下の事項も定めなければなりません。

①	再建団地内敷地の一体的な利用についての計画の概要
②	新たに建築する建物（再建団地内建物）の設計の概要
③	団地内建物の全部の取壊し及び再建団地内建物の建築に要する費用の概算額
④	団地内建物の全部の取壊し及び再建団地内建物の建築に要する費用の概算額に関する費用の分担に関する事項
⑤	再建団地内建物の区分所有権の帰属に関する事項

また、以下の要件も満たしている必要があります。

①	団地内建物の全部が専有部分のある建物であること
②	団地内建物の敷地が団地内建物区分所有者の共有（準共有）に属すること
③	団地内建物において、団地規約で区分所有建物が団地管理組合の管理対象となっていること

さらに、一括建替え決議のためには、**団地管理組合の集会**で、**各棟**ごとに、それぞれの区分所有者の3分の2以上の者であって、議決権の合計の3分の2以上の議決権を有するものが、一括建替え決議に賛成していることも必要となります。

これは、団地管理組合の集会での議決権は、土地の共有持分によるため、各棟の議決権と一致するとは限らず、たとえある棟の区分所有者全員が一括建替え決議に反対しても、団地管理組合の集会では、区分所有者及び議決権の各5分の4以上の多数という要件を満たしてしまう可能性があるため、少数者保護のため認められたのです。

① POINT
この場合の議決権割合は、敷地の持分割合となり、規約で別段の定めができない。

過去問チェック → マ R5 管 R5

　また、1棟建替えの場合と同じく、**建替えに参加しない区分所有者**は、売渡請求権の行使を受けることにより、**区分所有権及び敷地利用権を時価で売り渡す**こととなります。

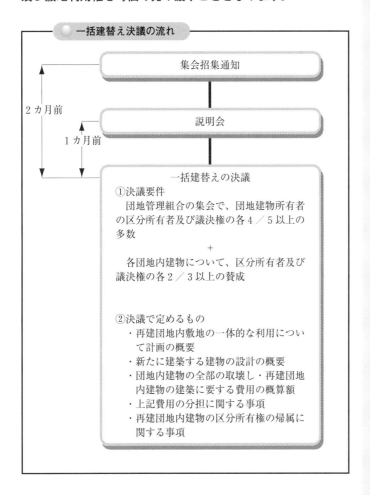

一括建替え決議の流れ

集会招集通知

説明会

2カ月前

1カ月前

一括建替えの決議

①決議要件
　団地管理組合の集会で、団地建物所有者の区分所有者及び議決権の各4／5以上の多数

＋

　各団地内建物について、区分所有者及び議決権の各2／3以上の賛成

②決議で定めるもの
　・再建団地内敷地の一体的な利用について計画の概要
　・新たに建築する建物の設計の概要
　・団地内建物の全部の取壊し・再建団地内建物の建築に要する費用の概算額
　・上記費用の分担に関する事項
　・再建団地内建物の区分所有権の帰属に関する事項

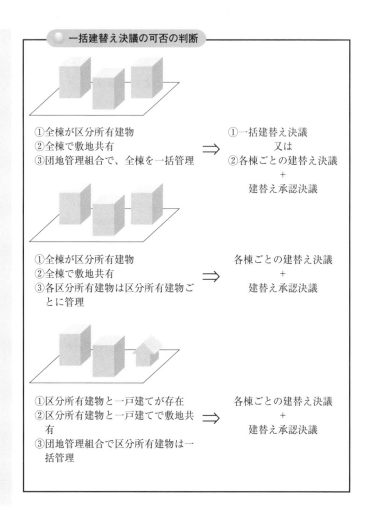

┌─ 一括建替え決議の可否の判断 ──────────────┐

①全棟が区分所有建物
②全棟で敷地共有
③団地管理組合で、全棟を一括管理
　⟹　①一括建替え決議
　　　又は
　　　②各棟ごとの建替え決議
　　　　＋
　　　　建替え承認決議

①全棟が区分所有建物
②全棟で敷地共有
③各区分所有建物は区分所有建物ごとに管理
　⟹　各棟ごとの建替え決議
　　　＋
　　　建替え承認決議

①区分所有建物と一戸建てが存在
②区分所有建物と一戸建てで敷地共有
③団地管理組合で区分所有建物は一括管理
　⟹　各棟ごとの建替え決議
　　　＋
　　　建替え承認決議

└────────────────────────────┘

(確)(認)(問)(題)

問：団地内の建物の一括建替え決議は、団地建物所有者の集会において、団地内建物の区分所有者及び議決権の各5分の4以上の多数の賛成を得るとともに、その集会において、各団地内建物ごとに、それぞれその区分所有者の3分の2以上の者であって、議決権の合計の3分の2以上の議決権を有するものがその一括建替え決議に賛成しなければならない。

　　　答：○（➡ **4** 一括建替え決議の要件）

第17節　被災マンション法
（被災区分所有建物の再建等に関する特別措置法）

重要度　マ ★★
　　　　管 ★

マンションが、大規模な地震等の災害によって滅失した場合の、当該マンションの再建や敷地の売却等に関して定めた法律です。

1　被災マンション法の目的　　　　被マ1条

　被災マンション法は、**大規模な火災、震災その他の災害**により、その全部が滅失した区分所有建物の**再建及びその敷地の売却**、その一部が滅失した区分所有建物及びその**敷地の売却**並びに当該区分所有建物の**取壊し等を容易**にする特別の措置を講じることにより、被災地の健全な復興に資することを目的としています。

2　区分所有建物の全部が滅失した場合　被マ2条、4条、5条

①　敷地共有者等集会等

過去問チェック → マ R3〜5

　大規模な火災、震災その他の災害で政令で定めるもの（政令指定災害）により、区分所有建物の全部が滅失した場合（区分所有建物が**一部滅失**した場合に、当該区分所有建物が**取壊し決議又は区分所有者全員の同意**により**取り壊されたとき**を含む）、その建物に係る敷地利用権が、数人で有する所有権その他の権利であったときは、その権利（敷地共有持分等）を有する者（敷地共有者等）は、その政令の施行日から**3年**が経過するまでの間は、その後のことに対処するために、集会（敷地共有者等集会）を開き、及び**管理者を置くことができます**。

②　再建決議

　敷地共有者等集会においては、敷地共有者等の<u>議決権</u>①の5分の4以上の多数で、<u>建物を再建築する旨の決議</u>②をすることができます。

　なお、再建建物と全部滅失した建物の使用目的は同一である必要はなく、敷地も従前の一部を含んでいればかまいません。

　再建の決議に賛成した敷地共有者等は、再建に参加しない敷地共有者に対し、その敷地共有持分を売り渡すように請求できます。再建をスムーズに行うためです。

---

①　POINT
議決権の割合は土地の共有持分等の価格の割合による。

②　POINT
再建決議では以下の事項を定めなければならない。
(1)再建建物の設計の概要
(2)再建建物の建築に要する費用の概算額
(3)上記(2)の費用の分担
(4)再建建物の区分所有権の帰属

なお、この決議の集会の**招集通知**は、その会日よりも少なくとも2カ月前に発し、また、会日の1カ月前までに**説明会**を開催しなければなりません。この期間は、いずれも**規約で別段の定めができません**。

③　敷地売却決議

敷地共有者等集会においては、敷地共有者等の議決権の5分の4以上の多数で、敷地共有持分等に係る**土地を売却する**旨の決議（敷地売却決議）をすることができます。

④　共有物分割請求の禁止

民法では、各共有者には共有物の分割請求が認められているので、マンションの滅失後の敷地は、各共有者が分割の請求をすることができることになります。しかし、それでは、マンション再建決議や敷地売却決議等が不可能となるので、敷地権の分割の禁止規定が認められています。この規定により、敷地共有者等は、民法256条の規定にかかわらず、**政令施行日から起算して1カ月を経過する日の翌日以後当該施行の日から起算して3年を経過する日までの間**は、敷地共有持分等にかかる土地又はこれに関する権利について**分割請求できません**。

ただし、**5分の1を超える議決権**を有する敷地共有者等が分割請求をする場合又はその他再建決議、敷地売却決議等ができない顕著な事由がある場合には、分割請求の禁止は適用除外となり、**分割請求ができる**ことになります。

3 区分所有建物の一部が滅失した場合 被マ7条、9～12条

①　区分所有者集会

政令指定災害により、区分所有建物の一部が滅失した場合、区分所有者は、その政令の施行の日から1年を経過するまでの間は、被災区分所有建物及び区分所有法の定めるところにより、区分所有者集会を開くことができます。

②　建物敷地売却決議

区分所有者集会においては、区分所有建物に係る敷地利用権が数人で有する所有権その他の権利であるときは、**区分所有者、議決権及び当該敷地利用権の持分の価格の5分の4以上の多数**

---

① **POINT**

敷地売却決議においては以下の事項を定めなければならない。
(1) 売却の相手方となるべき者の氏名・名称
(2) 売却による代金の見込額

② **POINT**

5分の1を超える議決権を有する者が分割請求をすると、再建決議が成立しないことが明らかだからである。

過去問チェック　マ R1～3

で、当該**区分所有建物及びその敷地を売却する旨**の<u>決議（建物敷地売却決議）</u>をすることができます。
　　　　　　　①

　なお、この決議の集会の**招集通知**は、その会日よりも少なくとも**2カ月前に発**し、また、会日の**1カ月前までに説明会を開催**しなければなりません。この期間は、いずれも**規約で別段の定め**ができません。

③　建物取壊し敷地売却決議

　区分所有者集会においては、**区分所有者、議決権及び敷地利用権の持分の価格の各5分の4以上の多数**で、当該**区分所有建物を取り壊し**、かつ、これに係る**建物の敷地を売却する旨**の<u>決議（建物取壊し敷地売却決議）</u>をすることができます。
　　　　　　　　　　　　②

④　建物取壊し決議等

　区分所有者集会においては、**区分所有者及び議決権の各5分の4以上の多数**で、当該**区分所有建物を取り壊す旨**の<u>決議（取壊し決議）</u>をすることができます。
　　　③

⑤　買取請求権

　政令指定災害により、建物の一部が滅失した場合、政令施行の日から起算して<u>1年以内</u>に復旧等の決議がされないときは、他の区分所有者に買取請求ができます。
　　　　　　④

決議内容	決議方法
敷地売却決議	議決権⇒4／5以上
建物敷地売却決議	区分所有者＋議決権＋敷地利用権の持分価格
建物取壊し敷地売却決議	⇒各4／5以上
建物取壊し決議等	区分所有者＋議決権⇒各4／5以上

① 　　　POINT
建物敷地売却決議においては、以下の事項を定めなければならない。
(1)売却の相手方となるべき者の氏名・名称
(2)売却による代金の見込額
(3)売却によって区分所有者が取得できる金銭の額の算定方法に関する事項

② 　　　POINT
建物取壊し敷地売却決議においては、以下の事項を定めなければならない。
(1)区分所有建物の取壊しに要する費用の概算額
(2)(1)の費用の分担に関する事項
(3)建物の敷地の売却の相手方となるべき者の氏名・名称
(4)建物の敷地の売却による代金の見込額

③ 　　　POINT
取壊し決議においては、以下の事項を定めなければならない。
(1)区分所有建物の取壊しに要する費用の概算額
(2)(1)の費用の分担に関する事項

④ 　　　check
区分所有法では、滅失した日から6カ月以内であった。

第18節 マンションの建替え等の円滑化に関する法律（マンション建替法）

重要度 マ ★★★
重要度 管 ★★

マンションを建て替える場合に、様々な問題が生じます。これらを円滑に処理するために、建替え等円滑化法が制定されました。

1 マンション建替法の目的

建替1条

マンション建替法は、マンション建替事業、除却する必要のあるマンションに係る特別の措置、マンション敷地売却事業及び敷地分割事業について定めることにより、マンションにおける良好な居住環境の確保・地震によるマンションの倒壊、老朽化したマンションの損壊その他の被害からの国民の生命、身体及び財産の保護を図り、もって国民生活の安定向上と国民経済の健全な発展に寄与することを目的としています。

2 用語の定義

建替2条、5条

① マンション

2以上の区分所有者が存する建物で人の居住の用に供する専有部分のあるものをいいます。

② マンションの建替え

現に存する1又は2以上のマンションを除却するとともに、当該マンションの敷地（隣接する土地を含む）にマンションを新たに建築することをいいます。

③ 再建マンション・施行マンション・施行再建マンション

再建マンションとは、マンションの建替えにより新たに建築されたマンションをいい、施行マンションとは、マンション建替事業を施行する際に現に存するマンション（つまり旧マンション）をいい、施行再建マンションとは、再建マンションの中でも、マンション建替事業の施行により建築された再建マンションをいいます。

④ マンションの建替事業

マンション建替法によって定められた手続に従って行われる、マンションの建替えに関する事業及びこれに付帯する事業をいいます。つまり、施行マンションを除却し、施行再建マン

ションを建築する事業をいいます。

⑤　施行者

　施行者とは、マンション建替法に基づきマンション建替事業を施行する者をいいます。マンション建替法では、**マンション建替組合**と**個人施行者**が規定されています。

管　R1

3　マンション建替組合　建替9条1項～4項、13条、16条、17条

　マンション建替事業をマンション建替組合によって行う場合、まず、その設立が必要となります。設立の要件は、次のようになります。なお、設立された組合は、当然に**法人**となります。

①　組合の設立要件

> ア）マンションの建替えを行う旨の合意をしたとみなされる者が5人以上共同する
>
> イ）定款及び事業計画を定める
>
> ウ）建替え合意者の4分の3以上の同意を得て都道府県知事等の認可の申請をし、その認可を受ける

　<u>建替え合意者の4分の3以上の同意</u>とは、同意した者の区分所有法38条の議決権の合計が、建替え合意者の同条の議決権の合計の4分の3以上であることをいいます。①

　また、一括建替え決議により、建替えを行う場合も、一括建替え合意者5人以上が共同することで、建替組合を設立できます。

②　組合員

　施行マンションの<u>建替え合意者</u>（承継人を含む）は、すべて②組合の組合員とされます。これは当然ですが、この他にも参加組合員というものが存在します。**参加組合員とは建替え合意者以外の者で、組合が施行するマンション建替事業に参加することを希望し、かつ、それに必要な資力及び信用を有する者であって、定款で定められた者**をいいます。

　なお、マンションの1つの専有部分が数人の共有に属するときは、その数人を1人の組合員とみなします。

マ　R5

①　POINT
一括建替えの場合は、一括建替え合意者の4分の3以上の同意及び一括建替え決議の対象であるマンションごとに、その区分所有権を有する一括建替え合意者の3分の2以上の同意を得なければならない。

マ　R1・5
管　R1

②　POINT
建替えに参加しない旨を回答した者でも、建替組合の組合員となることができる。

4 建替え反対者への対応　　　　　　　　建替15条1項・2項

　建替組合は、組合の認可の公告の日から**2カ月以内**に、建替えに参加しない旨を回答した区分所有者に対し、区分所有権及び敷地利用権を時価で売り渡すべきことを請求することができます。建替え決議があった後に当該区分所有者から敷地利用権のみを取得した者の敷地利用権も同様です。

　ただし、正当な理由がある場合を除いて、売渡請求権は建替え決議の日から1年以内にしなければなりません。

5 マンション建替事業の施行の認可　　　　建替12条、14条

　都道府県知事等は認可の申請があった場合において、一定の事項のいずれにも該当すると認めるときは、その認可をしなければなりません。

　なお、建替組合は、**認可の公告**があるまでは、**組合の成立・定款・事業計画を組合員その他の第三者に対抗できません。**

6 建替組合の役員　　　　　　　　　建替20条、21条1項

　建替組合の役員には、理事・監事・理事長があります。理事・監事は、特別な事情があるときを除き、**組合員の中から総会**で選任します。理事長は理事の**互選**により選任します。

　役員の員数は理事は3人以上、監事は2人以上、理事長は1人です。なお、理事及び監事の任期は3年以内です。

7 審査委員　　　　　　　　　　　　　　　　建替37条

　建替組合には、建替え等円滑化法及び定款で定める権限を行わせるため、**審査委員**3人以上を置かなければなりません。この審査委員は、土地及び建物の権利関係又は評価について特別の知識経験を有し、かつ、公正な判断をすることができる者のうちから総会で選任します。

8 建替組合の総会　　　　　　　　　建替26条、28条1項・5項

　総会は、総組合員で組織される建替組合の最高意思決定機関です。建替組合の設立の認可を受けた者は、建替組合の認可の

公告があった<u>日から起算して30日以内</u>に最初の理事・監事を選
任するための総会を開催しなければ_①なりません。

なお、建替組合の組合員の数が**50人を超える場合**には総会
に代わって権限を行使する**総代会**を設けることができます。

① POINT
その後は毎事業年度
1回総会を招集する。

9 総会の決議事項　　　　　　　建替29条、30条

総会は**総組合員の半数以上の出席**がなければ議事を開くこと
ができません。また、決議の種類は次のとおりです。

> 普通決議…出席者の議決権の過半数
> 特別決議…組合員の議決権及び持分割合の各4分の3以上_②
> 権利変換計画及びその変更…組合員の議決権及び持分割合の
> 　　　　　　　　　　　　　各5分の4以上

なお、特別決議によるものは、**定款の変更及び事業計画の変
更のうち政令で定める重大な事項、施行者による施行再建マン
ションについての管理規約の設定、建替え組合の解散**となりま
す。

過去問
チェック　　マ R1・5

② POINT
組合員及び総代は、
定款に特別の定めが
ある場合を除き、各
一個の議決権及び選
挙権を有する。

10 経費の賦課徴収　　　　　　　　建替35条

建替組合は、その事業に要する経費に充てるため、**賦課金**と
して**参加組合員以外の組合員に対して**金銭を賦課徴収すること
ができます。この賦課金の額は、組合員の有する施行マンショ
ン（権利変換期日以後においては、施行再建マンション）の専
有部分の位置、床面積等を考慮して公平に定めなければなりま
せん。

また、組合員は、賦課金の納付について、**相殺をもって組合
に対抗することができません。** そして、組合は、組合員が賦課
金の納付を怠ったときは、定款で定めるところにより、その組
合員に対して**過怠金**を課することができます。

11 参加組合員の負担金及び分担金　　　　建替36条

参加組合員は、権利変換計画の定めるところに従い取得する
こととなる施行再建マンションの区分所有権及び敷地利用権の
価額に相当する額の負担金並びに組合のマンション建替事業に

要する経費に充てるための**分担金**を組合に納付しなければなりません。

相殺の禁止・過怠金については上記賦課金と同様です。

12 権利変換計画　建替30条３項・67条

過去問チェック　マ　R5　管　R1

権利変換計画とは、**建替え前のマンションの権利関係を、建替え後のマンションに移行させる手続**をいいます。マンションを取り壊すと、その所有権等の権利は原則として消滅してしまいます。そこで、建替え後のマンションに従前の権利を移行設定する制度が必要となったのです。

権利変換計画及びその変更は、**組合員の議決権及び持分割合の各５分の４以上**で決めます。そして、建替組合は、権利変換計画を定め、又は変更しようとするとき（一定の軽微な変更をしようとする場合を除く）は、**審査委員の過半数の同意**を得なければなりません。

13 権利変換手続開始の登記　建替55条

施行者は、次の①又は②の公告があったときは、遅滞なく、登記所に、施行マンションの区分所有権及び敷地利用権（既登記のものに限る）並びに隣接施行敷地の所有権及び借地権（既登記のものに限る）について、**権利変換手続開始の登記**①を申請しなければなりません。

> ① **組合が施行するマンション建替事業にあっては建替組合設立認可の公告又は新たな施行マンションの追加に係る事業計画の変更の認可の公告**
> ② **個人施行者が施行するマンション建替事業にあっては、その施行についての認可の公告又は新たな施行マンションの追加に係る事業計画の変更の認可の公告**

① POINT
権利変換手続開始の登記があった後においては、当該登記に係る施行マンションの区分所有権もしくは敷地利用権を有する者（組合が施行するマンション建替事業にあっては、組合員に限る。）又は当該登記に係る隣接施行敷地の所有権もしくは借地権を有する者は、これらの権利を処分するときは、施行者（建替組合）の承認を得なければならない。

14 権利変換を希望しない旨の申出等　建替56条

建替組合設立認可の公告又は個人施行者の施行の認可の公告があったときは、施行マンションの区分所有権又は敷地利用権を有する者は、その公告があった日から起算して30日以内に、

施行者に対し、**権利の変換を希望せず、自己の有する区分所有権又は敷地利用権に代えて金銭の給付を希望する旨を申し出る**ことができます。

15 権利変換計画の決定及び認可　建替57条

　施行者は、手続に必要な期間の経過後、遅滞なく、権利変換計画を定めなければなりません。この場合**都道府県知事等**の認可を受けなければなりません。施行者は、この認可を申請しようとするときは、権利変換計画について、あらかじめ、組合にあっては総会の議決を経るとともに施行マンション又はその敷地について権利を有する者（組合員を除く）及び隣接施行敷地がある場合における当該隣接施行敷地について権利を有する者の**同意**を得、個人施行者にあっては施行マンション又はその敷地（隣接施行敷地を含む）について権利を有する者の同意を得なければなりません。ただし、次の者については、**同意は不要**となります。

---

①　特定建物である施行マンションの建替えを行うことができるときは、当該施行マンションの所在する土地（これに関する権利を含む）の共有者である団地建物所有者
②　その権利をもって施行者に対抗することができない者

　この場合に、区分所有権等以外の権利を有する者から同意を得られないときは、その同意を得られない理由及び同意を得られない者の権利に関し損害を与えないようにするための措置を記載した書面を添えて、認可を申請することができます。

16 権利変換計画に賛成しなかった組合員　建替64条1項・3項

　権利変換計画について総会の議決があったときは、以下の請求が可能です。

---

①　組合は、当該議決があった日から2カ月以内に、当該議決に賛成しなかった組合員に対し、区分所有権及び敷地利用権を時価で売り渡すように請求できます。
②　当該決議に賛成しなかった組合員は、当該議決があった日から2カ月以内に、組合に対して区分所有権及び敷地利用権を時価で買い取るように請求できます。

256

マ R3

17 権利変換の効果　　建替70条・71条・73条〜75条

　権利変換により、マンションの権利関係は次のようになります。

・権利変換により、権利変換期日には、施行マンションの敷地利用権は失われ、施行再建マンションの敷地利用権は新たに当該敷地利用権を与えられるべき者が取得する。
・隣接施行敷地の所有権又は借地権は、失われ、又はその上に施行再建マンションの敷地利用権が設定される。
・施行マンションは、施行者に帰属し、施行マンションを目的とする区分所有権以外の権利は、別段の定めがあるものを除き、消滅する。
・施行マンションについて借家権を有していた者は、施行再建マンションの建築工事の完了の公告の日に、施行再建マンションの部分について借家権を取得する。
・施行マンションの区分所有権又は敷地利用権について存する担保権等の登記に係る権利は、権利変換期日以後は、施行再建マンションの区分所有権又は敷地利用権の上に存する。

　施行者は、**権利変換期日後遅滞なく、施行再建マンションの敷地**（保留敷地を含む）につき、権利変換後の土地に関する権利について必要な**登記**を申請しなければなりません。

　また、施行者は、次の者に対し、**権利変換期日**までに、権利変換計画に基づき**補償金**を支払わなければなりません。

・施行マンションに関する権利又はその敷地利用権を有する者で、権利変換期日において当該権利を失い、かつ、当該権利に対応して、施行再建マンションに関する権利又はその敷地利用権を与えられないもの
・隣接施行敷地の所有権又は借地権を有する者で、権利変換期日において当該権利を失い、又は当該権利の上に敷地利用権が設定されることとなるもの

18 解散　　建替38条

建替組合は、次に掲げる理由により解散します。

①	設立についての認可の取消し
②	総会の議決（権利変換期日前に限る）
③	事業の完成又はその完成の不能

　組合は、②、③に掲げる理由により解散しようとする場合において、借入金があるときは、解散について債権者の同意を得なければなりません。また、組合は、②、③に掲げる理由により解散しようとするときは、都道府県知事等の認可を受けなければなりません。

　そして、都道府県知事等は、組合の設立についての認可を取り消したとき、又は上記の規定による認可をしたときは、遅滞なく、その旨を公告しなければならず、この公告があるまでは、組合は解散をもって組合員以外の第三者に対抗することができません。

19 施行再建マンションに関する登記　建替82条1項

　マンションの建替えをするときは、区分所有者それぞれの区分所有権などを建替えた後のマンションに移行することになるため、本来は、非常に複雑で数多くの登記をする必要があります。このことから、施行者（建替組合）は、施行再建マンションの建築工事が完了したときは、遅滞なく、**施行再建マンション及び施行再建マンションに関する権利について必要な登記**を申請しなければなりません。つまり、施行者（建替組合）が、必要な登記を行うことになっています。

20 マンション敷地売却

　マンションの管理者等は、特定行政庁に対し、当該マンションを除却する必要がある旨の認定（**要除却認定**）を申請できます。そして、この認定の基準のうち、**一定のもの**に該当するマンションは、特定要除却認定を受けたマンション（特定要除却認定マンション）となります。

　この場合に、マンションの敷地売却組合を設立して、既存のマンションとその敷地を売却することを、マンション敷地売却事業といいます。この事業は、**敷地売却組合**により行います。

主な規定は、次のようになります。

① **組合の設立**（建替120条）

マンション敷地売却合意者が**5人以上**共同して、**定款及び資金計画**を定め、都道府県知事等の認可を受けて敷地売却組合を設立することができます。この認可の申請には、マンション敷地売却合意者の4分の3以上の同意を得なければなりません。

② **特別決議**（建替130条）

定款の変更のうち政令で定める**重要な事項**及び**解散**についての事項は、組合員の議決権及び敷地利用権の持分の価格の4分の3以上で決します。

③ **マンション敷地売却決議**（建替108条）

この決議をするためには、売却の対象マンションにつき、特定要除却認定を受けていなければなりません。そして、区分所有者、議決権及び敷地利用権の持分の価格の各5分の4以上の多数で決します。

また、この決議では、**買受人となるべき者の氏名又は名称、売却による代金の見込額、売却によって各区分所有者が取得することができる金銭（分配金）の額の算定方法に関する事項**を定めなければなりません。

④ **分配金取得計画の決定及び認可**（建替141・142条）

組合は、設立の認可の公告後、遅滞なく、分配金取得計画を定めなければなりません。

この計画も、都道府県知事等の認可が必要となり、その申請をしようとするときは、当該計画について、総組合員の半数以上が出席し、その出席者の議決権の過半数で決します。

また、売却マンションの敷地利用権が**賃借権**であるときは、売却マンションの敷地の**所有権**を有する者の同意を得なければなりません。

そして、分配金取得計画には、組合員が取得することとなる**分配金の価額**や、売却マンション又はその敷地の明渡しにより当該売却マンション又はその敷地に関する権利を有する者で、権利消滅期日に当該権利を失うものの受ける**損失の額**等を定めなければなりません。

① keyword
権利消滅期日とは、分配金取得手続により、売却マンション及びその敷地利用権が敷地売却組合に帰属する日をいう。

⑤　容積率の特例（建替105条）

　その敷地面積が一定規模以上であるマンションのうち、要除却認定マンションに係るマンションの建替えにより新たに建築されるマンションで、特定行政庁が交通上、安全上、防火上及び衛生上支障がなく、かつ、その建ぺい率、容積率及び各部分の高さについて総合的な配慮がなされていることにより、**市街地の環境の整備改善に資すると認めて許可したものの容積率**は、その許可の範囲内において、建築基準法の規定による限度を超えることができるとする**特例**が認められます。

⑥　敷地売却組合の規定

　これまで述べたもののほか、**敷地売却組合と建替組合の規定が同一のもの**があります。例えば、**組合の役員、審査委員、総代会、組合の解散**などの規定は、同一となります。

21 団地における敷地分割　建替115条の４、164条、168条

　団地型マンションにおいて、複数棟の一部を残しながら、老朽化している建物の敷地だけ分割（敷地分割）して、棟単位で建替えや売却をすることができます。

　これには、**特定要除却認定**を受け、団地建物所有者集会において、団地内建物を構成する特定要除却認定マンションの敷地の共有者である当該団地内建物の団地建物所有者（**特定団地建物所有者**）**及び議決権**の各５分の４以上の多数で、当該特定団地建物所有者の共有に属する団地内建物の敷地又はその借地権を分割する旨の決議（**敷地分割決議**）をすることとなります。

　そして、敷地を分割する事業（敷地分割事業）を実施するために、敷地分割組合を設立することができます。この**設立**には、**５人以上共同**して、定款及び事業計画を定め、敷地分割合意者の**４分の３以上の同意**（同意した者の議決権の合計が敷地分割合意者の議決権の合計の４分の３以上となる場合に限られます。）を得た上で、**都道府県知事等の認可**を受ける必要があります。

　なお、上記のほか、**敷地分割組合と建替組合の規定が同一の**ものがあります。例えば、**組合の役員、審査委員、総代会、組**

合の**解散**などの規定は、同一となります。

確認問題

問：マンション建替組合の設立の認可を申請しようとする者は、建替組合の設立について、建替え合意者の4分の3以上の同意を得なければならない。

答：○（➡ **3** マンション建替組合）

問：マンション建替組合には、役員として、理事3人以上及び監事1人以上を置かなければならない。

答：× マンション建替組合には、役員として、理事3人以上及び監事「2人」以上を置かなければなりません。（➡ **6** 建替組合の役員）

問：マンション敷地売却組合設立の認可を申請しようとするマンション敷地売却合意者は、組合の設立について、マンション敷地売却合意者の5分の4以上の同意を得なければならない。

答：× マンション敷地売却合意者の「4分の3」以上の同意です。（➡ **20** マンション敷地売却）

第**4**章

マンション標準管理規約

<table>
<tr><td rowspan="2">第 1 節</td><td rowspan="2"># 単棟型マンション標準管理規約</td><td>重要度 ⓥ ★★</td></tr>
<tr><td>重要度 ⓜ ★★</td></tr>
</table>

標準管理規約は、マンションを管理していくための規約のモデルケースです。規約を利用するうえで留意すべき点をまとめました。

1 標準管理規約の意義　　　　規約全般関係コメント

　マンションは、複数の区分所有者が共同して生活するので権利関係が複雑となるため、区分所有者相互のルールを定めておくことが有益です。

　区分所有建物に関しては区分所有法に規定がありましたが、よりマンションの実情に適応するように規約を定めるのが一般的です。ただし、規約の内容は、管理会社や分譲会社で、その内容がまちまちだったり不十分である場合も多かったため、管理規約の参考として標準管理規約が定められました。

　標準管理規約は、あくまでも管理規約を定める場合の参考とする**標準的なモデル**です。したがって、標準管理規約と異なる定めも可能です。

　そして、この標準管理規約には、３つのモデルがあり、①一般分譲の住居専用の単棟型マンションのもの、②一般分譲の住居・店舗併用の単棟型マンションのもの、③一般分譲の住居専用のマンションが数棟所在する団地型マンションのものとなっています。

　ここからは、上記①の**単棟型**の標準管理規約を記述します。

2 外部専門家の活用　　　　規約全般関係コメント

　近年、マンションの高経年化の進行等による管理の困難化やマンションの高層化・大規模化等による管理の高度化・複雑化が進んでおり、これらの課題への対応の１つとして、外部の専門家の活用が考えられます。

　以前から、管理組合がマンション管理士等の専門家に対し、相談、助言、指導その他の援助を求めることについては規定してきましたが、さらに進んで、**外部の専門家が直接管理組合の運営に携わることも想定**する必要があります。

　このような外部の専門家には、管理の執行を担うという点から、特に、管理規約、管理の委託、修繕、建替え等に関する広範な知識が必要とされ、例えば、マンション管理士のほか、マンションの権利・利用関係や建築技術に関する専門家である弁護士、司法書士、建築士、行政書士、公認会計士、税理士等の国家資格取得者や、区分所有管理士、マンションリフォームマネジャー等の民間資格取得者のような者が外部の専門家として想定されます。

　外部の専門家が管理組合の運営に携わる際の基本的なパターンとしては、**①理事・監事外部専門家型又は理事長外部専門家型**、**②外部管理者理事会監督型**、**③外部管理者総会監督型**の3つが想定されます。

　この標準管理規約は、理事会を中心とした管理組合の運営を想定したものであり、理事及び監事を組合員以外の者からも選任できるとした場合には、前記①の**理事・監事外部専門家型又は理事長外部専門家型による外部の専門家の活用を可能**としています。

＜外部専門家の活用パターン＞

①理事・監事外部専門家型又は理事長外部専門家型	・従来どおり理事会を設け、理事会役員に外部専門家を入れるパターン ・外部専門家が理事長（＝管理者）となることも想定される。
②外部管理者理事会監督型	・外部専門家を区分所有法上の管理者として選任し、理事会は監事的立場となり外部管理者を監視するパターン ・監視する立場の理事会の役員に、さらに別の外部専門家を選任することも考えられる。
③外部管理者総会監督型	・外部専門家を区分所有法上の管理者として選任し、理事会は設けないパターン ・**区分所有者からは監事を選任して監視する**とともに、全区分所有者で構成する総会が監視する。 ・監査法人等の外部監査を義務付ける。

3　標準管理規約の目的　　　　　　　　　　規約1条

　この規約は、マンションの管理又は使用に関する事項等について定めることにより、区分所有者の共同の利益を増進し、良好な住環境を確保することを目的とします。マンションは、複数の者が存在するため、権利関係や利害関係の調整が必要とな

るからです。

4 規約及び総会の決議の遵守義務　　　規約3条、5条2項

　区分所有者が円滑な共同生活維持のため、規約及び総会の決議を遵守しなければならないのはもちろん、同居者にも規約及び総会の決議の遵守義務が課せられます。また、専有部分の**占有者**も対象物件の使用方法につき、規約や総会の決議を遵守しなければなりません。実際に住んでいる者が規約を守らなければ意味がないからです。

5 規約及び総会の決議の効力　　　　　　　規約5条

　規約及び総会の決議の効力は、次の者に及びます。

① 　**区分所有者**
② 　**区分所有者の包括承継人（相続人等）**
③ 　**区分所有者の特定承継人（買主・交換の譲受人）**
④ 　**占有者（賃借人等）**

　ただし、占有者には対象物件の使用方法・生活共同上のルールに関するものの他は、規約及び総会の決議の効力は及びません。例えば、**管理費の支払義務を規約で占有者に負わせること**はできません。

6 管理組合　　　　　　　　　　　規約6条、6条コメント

　区分所有者は、区分所有法第3条に定める建物並びにその敷地及び附属施設の管理を行うための団体として、標準管理規約の目的を達成するため、管理組合を構成します。この管理組合は区分所有者全員が加入するものです。また、規約においては、**管理組合は法人ではなく、権利能力なき社団**とされています。

　なお、管理組合は、区分所有者全員の強制加入の団体であって、脱退の自由がないことに伴い、任意加入の団体と異なり、区分所有者は全て管理組合の意思決定に服する義務を負うことになるので、**管理組合の業務は、区分所有法第3条の目的の範囲内に限定されます**。ただし、建物等の物理的な管理自体ではなくても、それに附随し又は附帯する事項は管理組合の目的の

範囲内です。

7 対象物件の明確化

規約4条

標準管理規約では、規約の対象となる物件について以下の点を明らかにするように定めています。

- ・物件名
- ・敷地（所在地・面積・権利関係）
- ・建物（構造等、専有部分）
- ・附属施設（塀、フェンス、駐車場、通路、自転車置場、ごみ集積所、排水溝、排水口、外灯設備、植栽、掲示板、専用庭、プレイロット等建物に附属する施設）

確 認 問 題

問：区分所有者の特定承継人は、規約及び集会の決議を遵守しなければならない。

答：○（➡ 5 規約及び総会の決議の効力）

第 2 節 専有部分・共用部分

重要度 マ ★★
管 ★★

ここでは、専有部分と共用部分について説明します。標準管理規約では、これらをどのように定めているのでしょうか。

過去問チェック → 管 R1

① POINT
専有部分に倉庫・車庫を加えることも可能（規約7条コメント①）。

1 専有部分の範囲
規約7条1項・2項

標準管理規約では、対象物件のうち区分所有権の対象となる専有部分は、住戸番号を付した住戸とされています。では、壁や、床等の専有部分と共用部分の境界はどこになるのでしょうか。標準管理規約では、次のように定められています。

＜専有部分の範囲＞

天井・床・壁	躯体部分を除いた部分
玄関扉	錠・内部塗装部分
窓枠・窓ガラス（雨戸・網戸を含む）	専有部分に含まない
専有部分の専用に供される設備で共用部分内にある部分以外	専有部分内の電気の枝線・ガスや水道の枝管

過去問チェック → 管 R1

② POINT
一部の区分所有者のみの共有とする共用部分があればその旨を記載する。

2 共用部分の範囲
規約8条

共用部分の範囲は、以下のようになります。

① 専有部分に属さない「建物の部分」

エントランスホール、廊下、階段、エレベーターホール、エレベーター室、共用トイレ、屋上、屋根、塔屋、ポンプ室、自家用電気室、機械室、受水槽室、高置水槽室、パイプスペース、メーターボックス（**給湯器ボイラー等の設備を除く。**）、内外壁、界壁、床スラブ、床、天井、柱、基礎部分、バルコニー等

② 専有部分に属さない「建物の附属物」

エレベーター設備、電気設備、給水設備、排水設備、消防・防災設備、インターネット通信設備、テレビ共同受信設備、オートロック設備、宅配ボックス、避雷設備、集合郵便受箱、各種の配線配管（給水管については、**本管から各住戸メーターを含む部分**、雑排水管及び汚水管については、**配管継手及び立て管**）等

③　管理事務室・管理用倉庫・清掃員控室・集会室・トランクルーム・倉庫及びそれらの附属物

なお、専有部分と共用部分の区分は、必ずしも費用負担と連動しません。

3　敷地及び共用部分等の共有　規約9条、10条コメント

敷地及び共用部分は区分所有者の共有とされます。**共有持分は、専有部分の床面積の割合**によります。ただし、敷地については、公正証書によりその割合が定まっている場合には、それに合わせる必要があります。

また、共有持分の割合の基準となる面積は、<u>壁心計算</u>（界壁の中心線で囲まれた部分の面積を算出する方法）によります。①

敷地及び附属施設の共有持分は、規約ではなく、分譲契約等によって定まるものです。これに対して、共用部分の共有持分は規約で定まります。

なお、<u>価値割合</u>による議決権割合を設定する場合には、分譲契約等によって定まる敷地等の共有持分についても、価値割合②に連動させることができます。

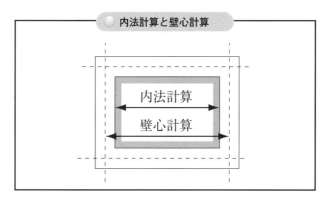

内法計算と壁心計算

内法計算

壁心計算

① POINT
壁心計算によるのは、民間分譲業者がマンション完成前に販売する場合、区分所有法で規定している内法（うちのり）計算では正確な面積が算出できないためである。

② POINT
「価値割合」とは、専有部分の大きさ及び立地（階数・方角等）等を考慮した効用の違いに基づく議決権割合を設定するものであり、住戸内の内装や備付けの設備等住戸内の豪華さを加味したものではない（規約46条コメント③）。

4 分割請求の禁止・単独処分の禁止　　規約11条

　区分所有者は、敷地又は共用部分の分割は請求できません。これを**分割請求の禁止**といいます。また、専有部分と敷地及び共用部分等の共有持分とを分離して譲渡したり、抵当権設定等の処分をしてはなりません。これを<u>単独処分の禁止</u>といいます。

　例外として、倉庫又は車庫が専有部分となっている場合、倉庫等を他の区分所有者に対してのみ譲渡することは可能です。

① POINT
住戸のみを賃貸することは禁止されていない（規約11条コメント①②）。

確認問題

問：共有持分の割合の基準となる面積は、標準管理規約によれば、壁心計算による。

答：○（➡ 3 敷地及び共用部分等の共有）

第3節　用法

重要度　マ ★★★
　　　　管 ★★

ここでは、専有部分や共用部分等の用法について**説明します**。標準管理規約では、どのように使用方法を定めているのでしょうか。

1 専有部分の用途　規約12条、12条コメント、民泊関係

過去問チェック → 管 R1・2

　区分所有者は、その専有部分を、**専ら住宅として使用し**、他の用途に供してはなりません。

　もっとも、区分所有者が、その専有部分を住宅宿泊事業に使用しようとする場合、次のように、それが**可能**なときと、**禁止**されるときとがあります。

① 住宅宿泊事業を可能とする場合

　「区分所有者は、その専有部分を住宅宿泊事業法第3条第1項の届出を行って営む同法第2条第3項の住宅宿泊事業に使用することができる。」と規定されている場合には、住宅宿泊事業が可能となります。

　ただし、旅館業法や住宅宿泊事業法に違反して行われる事業は、当然に禁止されます。

② 住宅宿泊事業を禁止する場合

　「区分所有者は、その専有部分を住宅宿泊事業法第3条第1項の届出を行って営む同法第2条第3項の住宅宿泊事業に使用してはならない。」と規定されている場合には、住宅宿泊事業が禁止されます。

2 敷地及び共用部分等の用法　規約13条

　区分所有者は、敷地及び共用部分等をそれぞれの**通常の用法**に従って使用しなければなりません。

3 バルコニー等の専用使用権　規約2条8号、14条、14条コメント②③

　専用使用権とは、敷地及び共用部分等の一部について、**特定の区分所有者が排他的に使用できる権利**をいいます。そして、専用使用権の対象となっている敷地及び共用部分等の部分を専用使用部分といいます。区分所有者は、**バルコニー・玄関扉・**

窓枠・窓ガラス・一階に面する庭及び屋上テラスについて専用
使用権を有しています。これらは、**共用部分等**ですが、専有部
分と一体として取り扱うのが妥当だからです。ただし、専用使
用権は、その対象があくまで共用部分や敷地なのですから、そ
れぞれの通常の用法に従って使用すること、管理のために必要
な範囲で他の者の立ち入りを受けることがあることや、工作物
の設置・外観変更の禁止等の制限を伴います。

そして、1階に面している庭の専用使用権を有している者は、
別に定めるところにより、管理組合に**専用使用料を納入しなけ
ればなりません**。また、バルコニー・屋上テラスがすべての住
戸に附属していない場合は、別途専用使用料の徴収について規
定することもできます。

なお、**区分所有者から貸与を受けた者は、その区分所有者が専
用使用権を有しているバルコニー等を使用することができます**。

4 駐車場の使用　　　　　　　　　規約15条、15条コメント

標準管理規約では、マンションの住戸の数に比べて、駐車場
の収容台数が不足しており、駐車場利用希望者が多い場合を前
提に、特定の区分所有者に対して駐車場を使用させる方法とし
て、駐車場使用契約を締結するという方式を採っています。専
用使用権のように、特定の専有部分や区分所有者に付従する権
利ではありません。標準管理規約では、駐車場の使用に関して
以下のように定めています。

　マ R2

① 使用契約により、特定の区分所有者に使用させる
② 管理組合への使用料の納入義務
③ 区分所有者がその所有する専有部分を、他の区分所有者
　又は第三者に譲渡又は貸与したときは、その区分所有者の
　駐車場使用契約は効力を失う
④ 車両の保管責任を管理組合は負わない旨の定めを使用契
　約又は使用細則に規定することが望ましい
⑤ 管理費・修繕積立金の滞納等の規約違反の場合、契約を
　解除できるか又は選定参加資格を剥奪できる旨を使用細則
　等に定めることも可能

⑥　駐車場使用者の選定は最初に使用者を選定する場合には、抽選、２回目以降の場合には抽選又は申込み順にする等、公平な方法により行うものとする

⑦　マンションの状況等によっては、契約期間満了時に入れ替えるという方法又は契約の更新を認めるという<u>方法</u>①について定めることも可能

⑧　駐車場が全戸分ない場合等には、<u>駐車場使用料を近傍の同種の駐車場料金と均衡を失しないよう設定すること</u>②等により、区分所有者間の公平を確保することが必要

また、使用者の選定方法をはじめとした具体的な手続、使用者の遵守すべき事項等、駐車場の使用に関する事項の詳細については、駐車場使用細則で定め、使用契約の内容についても、駐車場使用細則に位置付け、あらかじめ総会で合意を得ておくことが望ましいとされています。

なお、近時、駐車場の需要が減少しており、空き区画が生じているケースもあります。駐車場収入は駐車場の管理に要する費用に充てられるほか、修繕積立金として積み立てられるため、修繕積立金不足への対策等の観点から組合員以外の者に使用料を徴収して使用させることも考えられます。その場合、税務上、全てが収益事業として課税されるケースもありますが、区分所有者を優先する条件を設定している等のケースでは、外部貸しのみが課税対象となり、区分所有者が支払う使用料は、共済事業として非課税とされています。

5 第三者の使用　　規約16条

管理組合は、①管理事務室や機械室等の管理の執行上必要な施設を、管理事務を受託した者に、②電気室を対象物件に電気を供給する設備を維持し、及び運用する事業者に、③ガスガバナーを当該設備を維持し、及び運用する事業者に使用させることができます。さらに総会の決議により、共用部分や敷地の一部（駐車場及び専用使用部分を除く）を第三者に使用させることができます。例えば、広告塔や看板を設置させることができるのです。

① POINT
例えば、駐車場使用契約に使用期間を設け、期間終了時に公平な方法により入替えを行うこと（定期的な入替え制）が考えられる。

② POINT
近傍の同種の駐車場料金との均衡については、利便性の差異も加味して考えることが必要である。また、駐車場区画の位置等による利便性・機能性の差異や、使用料が高額になっても特定の位置の駐車場区画を希望する者がいる等の状況に応じて、柔軟な料金設定を行うことも考えられる。

過去問チェック　管　R5

6　専有部分の修繕　　　規約17条、17条コメント

①　理事長の承認

　区分所有者は、**専有部分の修繕・模様替え・建物に定着する物件の取付けもしくは取替えであって共用部分又は他の専有部分に影響を与えるおそれのあるもの**を行う場合は、あらかじめ、理事長に申請し、書面又は電磁的方法による承認を受けなければなりません。専有部分のリフォームは、共用部分等に関係することも少なくないからです。

　そして、理事長は、理事会の決議により、その承認又は不承認を決定しなければなりません。この承認の判断に際して、**調査等により特別な費用がかかる場合、申請者に負担させること**ができます。

②　設計図等の提出

　区分所有者は設計図・仕様書・工程表を添付した申請書を理事長に提出する必要があります。

③　修繕箇所への立入り・調査

　理事長又はその指定を受けた者は、必要な範囲内において、修繕箇所に立ち入り、必要な調査ができます。この場合、区分所有者は、正当な理由がなければこれを拒否できません。

④　専有部分の修繕等に係る共用部分の工事

　承認があったときは、区分所有者は、**承認の範囲内**において、専有部分の修繕等に係る**共用部分の工事**を行うことができます。

⑤　承認を受けない場合の措置

　承認を受けないで専有部分の修繕等の工事を行った場合には、理事長はその是正等のため必要な勧告又は指示もしくは警告を行うか、その差止め、排除又は原状回復のための必要な措置等をとることができます。

⑥　承認後の措置

　承認を受けた修繕等の工事後に、当該工事により共用部分又は他の専有部分に影響が生じた場合は、当該工事を発注した区分所有者の責任と負担により、必要な措置をとらなければなりません。

①　POINT
床のフローリング、ユニットバス、エアコン等の設置、配管（配線）の枝管（枝線）の取付け・取替え、間取り変更等をいう。

②　POINT
配管（配線）の枝管（枝線）の取付け、取替え工事に当たって、共用部分内に係る工事についても、理事長の承認を得れば、区分所有者が行うことができる。

⑦　承認を要しない専有部分の修繕等の届出

　区分所有者は、承認を要しない修繕等のうち、工事業者の立入り、工事の資機材の搬入、工事の騒音、振動、臭気等、工事の実施中における共用部分又は他の専有部分への影響について管理組合が事前に把握する必要があるものを行おうとするときは、あらかじめ、**理事長にその旨を届け出なければなりません**。これは、他の居住者等に影響を与えることが考えられるため、当該届出に加えて工事内容等を掲示する等の方法により、他の区分所有者等への周知を図ることが適当だからです。

7　使用細則　　　　　　　　　　　　　　規約18条

　敷地及び共用部分等についての使用制限は、使用細則で幅広く定めることができます。使用細則で定めるものとしては、

① 　<u>専有部分の使用方法の規制</u>
　　　　　　　　　　　　①
② 　<u>敷地、共用部分等の使用方法及び対価等に関する事項</u>
　　　　　　　　　　　　　　　　　　　　　　　　②

があります。この使用細則は総会の普通決議で定めることができます。

　なお、専用使用部分でない共用部分に物品を置くことは原則として認められませんが、宅配ボックスが無い場合等、例外的に共用部分への置き配を認める場合には、長期間の放置や大量・乱雑な放置等により避難の支障とならないよう留意する必要があります。

8　専有部分の貸与　　　　　　　　規約19条、19条コメント

　区分所有者は、その専有部分を第三者に貸与する場合には、この規約及び使用細則に定める事項をその第三者に遵守させなければなりません。この場合、区分所有者は、**貸与契約に規約及び使用細則を遵守する旨の条項を定める**とともに、契約の相手方に**誓約書**を管理組合に**提出させる**必要があります。賃借人はマンション共同生活上の諸ルールに無関心なこともありますので、これらの義務を定め、共同生活上の諸ルールを徹底させるようにしたのです。

①　　POINT
専有部分の使用方法の規制：ペットの飼育等が該当する。また、基本事項は規約で定める。
②　　POINT
駐車場や倉庫の使用料がこれに当たる。

過去問チェック　マ　R2／管　R5

274

9 暴力団員への貸与を禁止する旨の規約　規約19条の2

　専有部分の貸与に関し、暴力団員への貸与を禁止する旨の規約の規定を定める場合で、区分所有者がその専有部分を第三者に貸与するときには、次の内容を含む条項をその貸与契約に定めなければなりません。

① 契約の相手方が暴力団員ではないこと及び契約後において暴力団員にならないことを確約すること
② 契約の相手方が暴力団員であることが判明した場合には、何らの催告を要せずして、区分所有者は当該契約を解約することができること
③ 区分所有者が②の解約権を行使しないときは、管理組合は、区分所有者に代理して解約権を行使することができること

　また、**区分所有者**は、③による解約権の代理行使を管理組合に認める旨の書面又は電磁的方法により**提出**するとともに、**契約の相手方に暴力団員ではないこと及び契約後において暴力団員にならないことを確約する旨の誓約書**を、管理組合に**提出**させなければなりません。

　なお、管理組合は、区分所有者が解約権を行使しない場合、区分所有者から当該解約権行使の代理権の授与を受けて、区分所有者に代理して解約権を行使することになります。このとき、管理組合の解約権の代理行使を「理事会決議事項」とすることも考えられますが、理事会で決定することを躊躇するケースもあり得ることから、**総会決議**によることが望ましいとされています。

確認問題

問：区分所有者は、専有部分につき一定の修繕等を行う場合は、書面又は電磁的方法による総会の承認を必要とする。

答：× 理事長に申請し、書面又は電磁的方法による承認が必要となります。（⇒ 6 専有部分の修繕）

第 4 節	管理	重要度 マ ★★★ 管 ★★★

ここでは、マンションの管理のために必要となる権利・義務について説明します。

1 区分所有者の責務　　　規約20条

区分所有者は、対象物件について、その価値及び機能の維持・増進を図るため、常に適正な管理を行うように努めなければなりません。

2 敷地及び共用部分等の管理　　規約21条、規約21条コメント

マ R1・2・4・5
管 R4・5

敷地及び共用部分等の管理については、管理組合がその責任と負担において行います。例えば、駐車場の管理は、管理組合がその責任と負担において行います。ただし、**バルコニー等の保存行為のうち通常使用に伴うもの**については、専用使用権を有する者がその**責任と負担**において行います。

＜敷地・共用部分等の管理＞

管理の対象		負担・責任を負う者
敷地・共用部分		管理組合
	バルコニー等の保存行為	
	通常の使用に伴うもの	専用使用権を有する者

このバルコニー等の保存行為のうち「通常の使用に伴うもの」とは、バルコニーの清掃や窓ガラスが割れた時の入替え等をいいます。他方、バルコニー等の経年劣化への対応については、管理組合がその<u>責任と負担</u>において、計画修繕として行います。

また、バルコニー等の破損が**第三者による犯罪行為等**によることが明らかである場合の保存行為については、通常の使用に伴わないものであるため、**管理組合がその責任と負担において**これを行います。ただし、**同居人や賃借人等**による破損は、「通常の使用に伴う」ものとして、当該バルコニー等の**専用使用権を有する者**が、その責任と負担において保存行為を行います。

そして、専有部分である設備のうち**共用部分と構造上一体となった部分**（配管や配線の枝管・枝線）の管理を共用部分の管

①　POINT
バルコニー等の管理のうち、管理組合がその責任と負担において行わなければならないのは、計画修繕等である（規約21条コメント③）。

理と一体として行う必要があるときは、総会の決議を経て管理組合がこれを行うことができます。そのため、**配管の清掃等に要する費用**については、共用設備の保守維持費として**管理費を充当することが可能**です。一方、配管の取替え等に要する費用のうち専有部分に係るものは、各区分所有者が実費に応じて負担すべきとされています。

＜配管の清掃・取替え等の費用＞

配管の清掃等に要する費用	共用設備の保守維持費として管理費を充当できる。
配管の取替え等に要する費用	専有部分に係るものは、各区分所有者が実費に応じて負担する。

なお、共用部分の配管の取替えと専有部分の配管の取替えを**同時に行う**ことにより、専有部分の配管の取替えを単独で行うよりも**費用が軽減される**場合には、これらについて一体的に工事を行うことも考えられます。その場合には、あらかじめ**長期修繕計画**において専有部分の配管の取替えについて**記載**し、その工事費用を修繕積立金から拠出することについて**規約に規定**するとともに、先行して工事を行った区分所有者への補償の有無等についても十分留意することが必要です。

ところで、**区分所有者は、敷地及び共用部分等の保存行為を行うことができません**。ただし、前述の、①バルコニー等の保存行為で通常の使用に伴うものや、②**あらかじめ理事長に申請して書面又は電磁的方法による承認を受けたとき**は、可能となります。また、③専有部分の使用に支障が生じている場合に、当該専有部分を所有する区分所有者が行う保存行為の実施が、<u>緊急を要するもの</u>についても、同様です。この規定に違反して保存行為を行った場合には、保存行為に要した費用は、この保存行為を行った区分所有者が負担することになります。

また、**理事長は、災害等の緊急時においては、総会又は理事会の決議によらずに、敷地及び共用部分等の必要な**<u>保存行為</u>を行うことができます。他方、災害等の緊急時には、保存行為を超える応急的な修繕行為の実施が必要となる場合がありますが、総会の開催が困難である場合には、理事会においてその実

施を決定することができます。しかし、大規模な災害や突発的な被災では、理事会の開催すら困難な場合があることから、そのような場合には、保存行為に限らず、応急的な修繕行為の実施まで理事長単独で判断し実施することができる旨を、規約において定めることも考えられます。

3 窓ガラス等の改良　　　　　規約22条、22条コメント

共用部分のうち各住戸に附属する窓枠・窓ガラス・玄関扉その他の開口部に係る改良工事であって、<u>防犯・防音・断熱等の住宅の性能の向上等に資するもの</u>については、原則として管理組合の責任と負担で計画修繕として実施します。窓ガラス等は専有部分には含まれないとされていましたので、共用部分として、管理組合主導で修繕を行うのです。

もっとも、**区分所有者は、管理組合が当該工事を速やかに実施できない場合には、あらかじめ理事長に申請して書面又は電磁的方法による承認を受けることにより、当該工事を当該区分所有者の責任と負担において実施することができます。**

なお、当該書面又は電磁的方法による承認の手続は、基本的に専有部分の修繕等の手続と同様となります。

4 必要箇所への立入り　　　　　　　　規約23条

管理規約では、<u>管理を行う者</u>に、敷地及び共用部分の管理を行うために必要な範囲内において、他の者が管理する専有部分又は専用使用部分への立入り請求を認めています。この立入り請求をされた者は正当な理由なくしてこれを拒否することができず、**正当な理由なく拒否したことにより損害が生じた場合は、その損害を賠償しなければなりません。**

理事長は、災害、事故等が発生した場合であって、緊急に立ち入らないと共用部分等又は他の専有部分に対して、物理的に又は機能上重大な影響を与えるおそれがあるときは、専有部分又は専用使用部分に自ら立ち入り、又は委任した者に立ち入らせることができます。この緊急の立入りが認められるのは、災害時等における共用部分に係る緊急的な工事に伴い必要な場合

① POINT
防音等の性能に優れた複層ガラスやサッシへの交換・既存サッシの内窓又は外窓の増設が該当する（規約22条コメント⑥）。

② check
組合業務の執行者である理事長や当該管理行為の担当理事、管理会社等をいう。

278

や、専有部分における大規模な水漏れ等、そのまま放置すれば、他の専有部分や共用部分に対して物理的に又は機能上重大な影響を与えるおそれがある場合に限られます。

また、この実効性を高めるため、管理組合が**各住戸の合い鍵を預かっておくことを定める**ことも考えられます。

なお、**立入りをした者は、速やかに立入り箇所を原状に復す義務を負います。**

5 損害保険

区分所有者は、共用部分等に関して、管理組合が火災保険や地震保険等の損害保険契約を<u>締結することを承認する</u>とされています。これにより、集会の決議を経なくても管理組合は保険をかけることができます。また、**理事長は、損害保険契約に基づく保険金額の請求及び受領**について、区分所有者を**代理**します。

① check
区分所有法では、管理組合による損害保険契約締結は集会の決議事項である。

確認問題

問：バルコニーの保存行為は、すべて専用使用権を有する者がその責任と負担において行う。

答：× 「通常の使用に伴うもの」が対象です。
（➡ 2 敷地及び共用部分等の管理）

第 5 節　費用負担

ここでは、費用の負担について説明します。マンションの管理のために、どのように修繕積立金は使用されるのでしょうか。

1 管理費等（管理費及び修繕積立金）　規約25条、25条コメント

　区分所有者は、敷地及び共用部分等の管理に要する経費に充当するために、管理費等（管理費・修繕積立金）を管理組合に納入しなければなりません。この管理費等の額は**共用部分の共有持分**に応じて算出します。なお、管理費等の負担割合を定める場合、使用頻度等は勘案しません。

　また、議決権割合の設定方法について、**一戸一議決権や価値割合を採用する場合**であっても、**これとは別に管理費等の負担額**については、**共用部分の共有持分**に応じて算出することができます。

2 管理費　規約27条、27条コメント

　管理費は、以下の経費に充当されます。

マ　R1・2・4・5
管　R1・5

①管理員人件費
②公租公課
③共用設備の保守維持費及び運転費
④備品費、通信費その他事務費
⑤共用部分等に係る火災保険料、地震保険料その他の損害保険料
⑥経常的な補修費
⑦清掃費、消毒費及びごみ処理費
⑧委託業務費
⑨専門的知識を有する者の活用に要する費用
⑩管理組合の運営に要する費用　※役員活動費を含む
⑪その他管理組合の業務に要する費用(特別の管理に要する経費を除く。)

　管理組合による従来の活動の中で、例えば、マンションやその周辺における美化や清掃、景観形成、防災・防犯活動、生活ルールの調整等で、その経費に見合ったマンションの資産価値の向上がもたらされる活動は、それが管理組合の目的である「建物並びにその敷地及び附属施設の管理」の範囲内で行われ

る限りにおいて可能です。

　また、管理組合は、区分所有者全員で構成される強制加入の団体であり、**居住者が任意加入する地縁団体である自治会、町内会等とは異なる性格の団体である**ことから、管理組合と自治会、町内会等との活動を混同することのないよう注意する必要があります。

　各居住者が各自の判断で自治会又は町内会等に加入する場合に支払うこととなる自治会費又は町内会費等は、地域住民相互の親睦や福祉、助け合い等を図るために居住者が任意に負担するものであり、**マンションを維持・管理していくための費用である**管理費等とは別のものです。

　このことから、自治会費又は町内会費等を管理費等と一体で徴収している場合には、次の点に留意が必要です。

> ①　自治会又は町内会等への加入を強制するものとならないようにすること
> ②　自治会又は町内会等への加入を希望しない者から自治会費又は町内会費等の徴収を行わないこと
> ③　自治会費又は町内会費等を管理費とは区分経理すること
> ④　管理組合による自治会費又は町内会費等の代行徴収に係る負担について整理すること

　そして、前述の管理組合の法的性質からすれば、マンションの管理に関わりのない活動を行うことは適切ではありません。例えば、**一部の者のみに対象が限定されるクラブやサークル活動経費、主として親睦を目的とする飲食の経費**などは、マンションの管理業務の範囲を超え、マンション全体の資産価値向上等に資するとも言い難いため、区分所有者全員から強制徴収する管理費をそれらの費用に充てることは適切ではなく、管理費とは別に、**参加者からの直接の支払や積立て等によって費用を賄うべきもの**です。

　前出表中の⑩の「管理組合の運営に要する費用」には、役員活動費も含まれますが、これについては一般の人件費等を勘案して定めるものとされ、役員は区分所有者全員の利益のために活動することに鑑み、適正な水準に設定することとされます。

また、管理費のうち管理組合の運営に要する費用については、**組合費として管理費とは分離して徴収することもできます**（規約25条コメント②）。

3　修繕積立金　　　　　　　　　　　　　　　規約28条

標準管理規約では、大規模修繕に要する費用負担に対応するため、予め修繕積立金を計画的に積み立てることが望ましいとの考えから、管理組合は修繕積立金を必ず積み立てることとしました。この修繕積立金については、**管理費と区分して経理し**なければなりません。なお、管理組合は、下記の①〜⑤の経費に充てるため、**必要な範囲内において借入れを行うことができ**ますが、この返済には**修繕積立金を充当**することができます。

修繕積立金は以下の特別の管理に要する経費に充当する場合に限って取り崩すことができます。

①	一定年数の経過ごとに計画的に行う修繕
②	不測の事故その他特別の事由により必要となる修繕
③	敷地及び共用部分等の変更
④	建物の建替え及びマンション敷地売却（以下「建替え等」という。）に係る合意形成に必要となる事項の調査①
⑤	その他敷地及び共用部分等の管理に関し、区分所有者全体の利益のために特別に必要となる管理

①　**POINT**
建替え等に係る調査に必要な経費の支出は、管理費から支出する旨を管理規約に定めることができる（規約28条コメント⑧）。

なお、分譲会社が分譲時において、将来の計画修繕に要する経費に充当するため、一括して購入者より**修繕積立基金**として徴収している場合や、修繕時に、既存の修繕積立金の額が修繕費用に不足すること等から、**一時負担金**を区分所有者から徴収する場合がありますが、これらも修繕積立金として積み立てられ、**区分経理**されるべきものとなります。

4　使用料　　　　　　　　　　　　　　　　　規約29条

駐車場使用料その他敷地及び共用部分等に係る使用料は、それらの管理に要する費用に充当するほか、**修繕積立金として積**み立てます。**機械式駐車場**は、その維持及び修繕に多額の費用を要することから、その**使用料を、管理費及び修繕積立金と区**

282

分して経理することもできます。

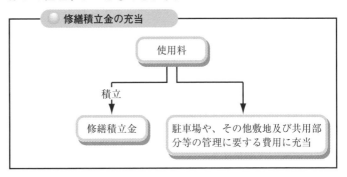

修繕積立金の充当

使用料

積立

修繕積立金

駐車場や、その他敷地及び共用部
分等の管理に要する費用に充当

5 承継人に対する債権の行使 規約26条

　管理組合が管理費等について有する債権は、**区分所有者の特定継承人**に対しても行うことができます。

確認問題

　問：管理組合役員として官公署との打合せに出席するための交通費は、通常の管理に要する経費に該当しない。

　　答：× 　当該交通費は、管理組合の業務に要する費用であり、通常の管理に要する費用に該当します。（⇒ **2** 管理費）

第6節　管理組合の業務

重要度　マ ★★★
　　　　管 ★★★

ここでは、管理組合の業務について説明します。管理組合は、どのような業務を行うのでしょうか。

1 管理組合の業務　　　　　　　　　　　　　　規約32条

　管理組合は、建物並びにその敷地及び附属施設の管理のため、次の業務を行います。

①管理組合が管理する敷地及び共用部分等（組合管理部分）の保安・保全・保守・清掃・消毒及びごみ処理
②組合管理部分の修繕
③長期修繕計画の作成又は変更に関する業務及び長期修繕計画書の管理
④建替え等に係る合意形成に必要となる事項の調査に関する業務
⑤適正化法に規定する宅建業者から交付を受けた設計図書の管理
⑥修繕等の履歴情報の整理及び管理等
⑦共用部分等に係る火災保険、地震保険その他の損害保険に関する業務
⑧区分所有者が管理する専用使用部分につき管理組合が行うことが適当であると認められる管理行為
⑨敷地及び共用部分等の変更及び運営
⑩修繕積立金の運用
⑪官公署・町内会等との渉外業務
⑫マンション及び周辺の風紀、秩序及び安全の維持、防災並びに居住環境の維持及び向上に関する業務
⑬広報及び連絡業務
⑭管理組合の消滅時における残余財産の清算
⑮その他建物並びにその敷地及び附属施設の管理に関する業務

2 長期修繕計画　　　　　　　　　　　規約32条コメント①〜④

過去問チェック　マ R2・4　管 R5

　建物を長期にわたって良好に維持管理していくためには、一定年数の経過ごとに計画的な修繕を行うことが必要であり、その対象となる建物の部分・修繕時期・費用等についてあらかじめ長期修繕計画として定め、区分所有者の間で合意しておくことが重要です。長期修繕計画の内容としては次のようなものが必要です。

① 計画期間の定めがあること

　計画期間が**30年以上**で、かつ**大規模修繕工事が２回含まれる期間**以上とします。また、長期修繕計画の内容については定期的な見直しをすることが必要です。

② **外壁補修、屋上防水、給排水管取替え、窓及び玄関扉等の開口部の改良等について、各部位ごとに修繕周期、工事金額等が定められていること**

③ **全体の工事金額が定められていること**

　また、長期修繕計画の作成又は変更及び修繕工事の実施の前提として、劣化診断（建物診断）を管理組合として併せて行う必要があります。この劣化診断のうち、長期修繕計画の作成のための劣化診断の費用は管理組合の財産状態に応じて管理費又は修繕積立金のどちらからでも充当できますが、修繕工事の前提としての劣化診断は修繕工事の一環としての経費であるので、原則として修繕積立金から取り崩すことになります。

劣化診断の種類	費用の充当
長期修繕計画の作成又は変更に要する経費及び**長期修繕計画の作成等のための劣化診断（建物診断）に要する経費**の充当	管理組合の財産状態等に応じて管理費又は修繕積立金のどちらからでもできる。
修繕工事の前提としての劣化診断（建物診断）に要する経費の充当	修繕工事の一環としての経費であることから、原則として修繕積立金から取り崩すこととなる。

3 業務の委託　　　　　　　　規約33条、33条コメント

　標準管理規約では、管理組合はその業務の全部又は一部を第三者に委託し、又は請け負わせて執行することができるものとしています。これは、管理組合の業務は広範にわたり、専門的な知識や技術、資格等が必要となることが多いからです。

　なお、管理組合は管理会社に業務を委託しているのが現状であり、管理会社等の第三者に管理業務を委託する場合は、マンション標準管理委託契約書によります。

4 専門的知識を有する者の活用　　規約34条

　管理組合は、マンション管理士、その他マンション管理に関する各分野の<u>専門的知識を有する者</u>に対し、管理組合の運営その他マンションの管理に関し、相談したり、助言・指導その他の援助を求めたりすることができます。マンションという居住形態では、権利関係が複雑になりますし、建物構造上の技術的判断も難しく、建物を維持するため、管理会社に業務を委託したり、専門的知識を有する者の助言や指導を求めたりすることが必要となるのです。

① POINT
弁護士、司法書士、建築士、行政書士、公認会計士、税理士等の国家資格取得者、リフォームマネージャーの民間資格者が考えられる。

5 管理組合の組合員　　規約30条、31条

　標準管理規約は、管理組合の<u>組合員の資格</u>について、**区分所有者になったときに取得**し、**区分所有者でなくなったときに喪失**すると規定しています。

　また、新たに組合員の資格を取得し又は喪失した者は、直ちにその旨を書面又は電磁的方法により管理組合に届け出なければなりません。これは管理組合が管理費の徴収など、業務執行を円滑に行うためなのです。

マ R2・4

② POINT
管理組合は区分所有者全員で構成するものであるから、その資格も区分所有者であるか否かで決まる。

6 役員の選任　　規約35条、35条コメント①

　管理組合には、理事長、副理事長、会計担当理事、理事（理事長・副理事長・会計担当理事を含む）、監事の<u>役員を置きます</u>。理事及び監事になるための資格として、**組合員**である必要があります。この際、役員の資格要件に**居住要件**を加えることも考えられます。他方で、<u>外部専門家</u>を役員として選任できるとすることもできます。この場合には、組合員以外の者を選任することも可能です。このときの選任方法については細則で定めます。

　また、**理事**及び**監事**は総会の決議により**選任**又は**解任**します。そして、**理事長、副理事長**及び**会計担当理事**は、理事会の決議により、**選任**又は**解任**します。

マ R3
管 R4・5

③ check
区分所有法にはこのような役員の設置の規定は存在しない。

④ POINT
外部専門家としては、マンション管理士のほか弁護士、建築士などで、一定の専門的知見を有する者が想定され、当該マンションの管理上の課題等に応じて適切な専門家を選任することが重要である。

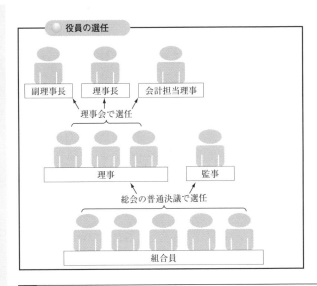

役員の選任

| 副理事長 | 理事長 | 会計担当理事 |

理事会で選任

| 理事 | | 監事 |

総会の普通決議で選任

組合員

7 理事の員数

規約35条コメント②〜④

マ R1

　理事の員数に関しては、マンションの規模に応じて決められますが、おおむね10〜15戸につき1名を選出するものとします。また、員数の範囲は、最低3名程度、最高20名程度とし、「○〜○名」という枠により定めることもできます。

　また、200戸を超え、役員数が20名を超えるような大規模マンションでは、理事会のみで、実質的検討を行うのが難しくなるので、理事会の中に**部会**を設け、各部会に理事会の業務を分担して、実質的な検討を行うような、複層的な組織構成、役員の体制を検討する必要があります。この場合、理事会の運営方針を決めるため、理事長、副理事長（各部の部長と兼任するような組織構成が望ましいです。）による**幹部会**を設けることも有効です。

　なお、理事会運営細則を別途定め、部会を設ける場合は、理事会の決議事項につき決定するのは、あくまで、理事全員による**理事会**であることを明確にする必要があります。

　ところで、役員として意思決定を行えるのは**自然人**であり、**法人そのものは役員になることができない**と考えられています。そのため、法人関係者が役員になる場合には、管理組合役

員の任務に当たることを当該法人の職務命令として受けた者等を選任することが、一般的に想定されます。

8 役員の任期　　　　　　　　　規約36条、36条コメント

管理規約では、役員の任期につき、組合の実情に応じて１～２年で設定することとし、選任に当たっては、その就任日及び任期の期限を明確にすることとしています。

また、役員が任期途中で欠けた場合に、規約で、あらかじめ補欠を定めておくことができる旨規定するなど、**補欠の役員の選任方法**について定めておくことが望ましいです。さらに、組合員である役員が転出・死亡その他の事情により任期途中で欠けた場合、組合員から補欠の役員を理事会の決議で**選任する**ことができると、**規約で定めることもできます**。なお、理事や監事の員数を、「○～○名」という枠により定めている場合には、その下限の員数を満たさなくなったときにも、補欠の役員を選任することが必要となります。

① POINT
補欠役員の任期は前任者の残任期間となる。

そのほか、役員が組合員でなくなった場合には、その地位を失います。ただ、**外部の専門家として選任された役員**がいるときには、この役員は専門家としての地位に着目して役員に選任されたものですから、当該役員が役員に選任された後に組合員となった場合にまで、組合員でなくなれば当然に役員としての地位も失うとするのは相当ではありません。これを避けるため、外部専門家を理事として選任するような場合には、「選任（再任を除く）の時に組合員であった役員が組合員でなくなった場合には、その役員はその地位を失う。」と定めます。なお、任期の満了又は辞任によって退任する役員は、後任の役員が就任するまでの間、引き続き職務を継続する義務を負います。

9 役員の欠格条項　　　　　　規約36条の２、36の２コメント

次のいずれかに該当する者は、役員となることができません。これを役員の欠格条項といいます。

① 精神の機能の障害により役員の職務を適正に執行するに当たって必要な認知、判断及び意思疎通を適切に行うこと

ができない者又は破産者で復権を得ないもの

② 禁錮以上の刑に処せられ、その執行を終わり、又はその
執行を受けることがなくなった日から5年を経過しない者

③ 暴力団員等（暴力団員又は暴力団員でなくなった日から
5年を経過しない者をいう。）

また、外部の専門家を役員として選任する場合、細則におい
て次のような役員の欠格条項を定めます。

① 個人の専門家の場合

マンション管理に関する各分野の専門的知識を有する者か
ら役員を選任しようとする場合にあっては、マンション管理
士の登録の取消し又は当該分野に係る資格についてこれと同
様の処分を受けた者

② 法人から専門家の派遣を受ける場合 （①に該当する者に
加えて）

次のいずれかに該当する法人から派遣される役職員は、外
部専門家として役員となることができない。

・銀行取引停止処分を受けている法人

・管理業者の登録の取消しを受けた法人

10 役員の誠実義務等 規約37条

① POINT
必要経費は管理運営
上の経費として管理
費から支払われる。

役員は職務を遂行するにあたり、法令、規約、使用細則等並
びに総会及び理事会の決議に従い、組合員のため誠実にその職
務を遂行する義務を負います。また、役員は別に定めるところ
により、役員としての活動に応ずる<u>必要経費の支払</u>と報酬を受
けることができます。

11 利益相反取引の防止 規約37条の2、37条の2コメント

役員は、マンションの資産価値の保全に努めなければならず、
管理組合の利益を犠牲にして自己又は第三者の利益を図ること
があってはなりません。とりわけ、外部の専門家の役員就任を
可能とする選択肢を設けたことに伴い、このようなおそれのあ
る取引に対する規制の必要性が高くなっています。

そこで、役員は、次の場合には理事会において、当該取引に

つき重要な事実を開示し、その承認を受けなければなりません。

> ①　役員が自己又は第三者のために管理組合と取引をしよう
> 　とするとき
> ②　管理組合が役員以外の者との間において管理組合と当該
> 　役員との利益が相反する取引をしようとするとき

12 理事長 規約38条

理事長は管理組合を代表し、その業務を統括するほか、次の業務を遂行します。

> ・規約、使用細則等又は総会もしくは理事会の決議により、
> 　理事長の職務として定められた事項
> ・理事会の承認を得て、職員の採用又は解雇

理事長は、区分所有法に定める管理者です。そのため、管理者の権限を持ちます。また、理事長は理事会の承認を受けて、他の理事にその職務の一部を委任することができます。

もっとも、管理組合と理事長との利益が相反する事項については、理事長は、代表権を有しません。この場合、監事又は理事長以外の理事が管理組合を代表します。

さらに、理事長は、通常総会において、組合員に対し、前会計年度における管理組合の業務の執行に関する報告をしなければなりません。また、理事長は、一定の期間に1回以上、職務の執行の状況を理事会に報告しなければなりません。

なお、上記の通常総会や理事会での報告は、WEB会議システム等（電気通信回線を介して、即時性及び双方向性を備えた映像及び音声の通信を行うことができる会議システム等をいいます。）を用いて開催する通常総会や理事会において、理事長が当該システム等を用いて出席し報告を行うことも可能です。ただし、WEB会議システム等を用いない場合と同様に、各組合員や理事からの質疑への応答等について適切に対応する必要があることに留意しなければなりません。

13 副理事長 規約39条

副理事長は、理事長を補佐し、理事長に事故があるときには、

その職務を**代理**し、理事長が欠けたときはその**職務**を行います。

つまり副理事長が理事長に代わり総会を招集したり、総会の議長を務めたりするのです。

14 理事 規約40条1項・2項

① check
管理組合法人の理事は、各自代表権を有することと比較する。

理事は、理事会を構成し、理事会の定めるところに従い、管理組合の業務を担当します。つまり、理事には<u>代表権はなく</u>、理事会を構成し、理事会の定めるところにより管理組合の業務を担当することとなります。理事は、**管理組合に著しい損害を及ぼすおそれのある事実があることを発見したとき**は、直ちに、当該事実を監事に報告しなければなりません。

15 会計担当理事 規約40条3項

会計業務についてはその重要性にかんがみて、会計担当理事を定める必要があるとしています。会計担当理事は管理費等の収納、保管、運用、支出等の会計業務を行います。

16 監事 規約41条

監事の職務に関する権限と義務には、次のものがあります。

① 監事は、管理組合の業務の執行及び財産の状況を監査し、その結果を総会に報告しなければならない。
② 監事は、いつでも、理事及び理事会の承認を得て採用した職員に対して業務の報告を求め、又は業務及び財産の状況の調査をすることができる。
③ 監事は、管理組合の業務の執行及び財産の状況について不正があると認めるときは、臨時総会を招集することができる。
④ 監事は、理事会に出席し、必要があると認めるときは、意見を述べなければならない。
⑤ 監事は、理事が不正の行為をし、もしくは当該行為をするおそれがあると認めるとき、又は法令、規約、使用細則等、総会の決議もしくは理事会の決議に違反する事実もしくは著しく不当な事実があると認めるときは、遅滞なく、

その旨を理事会に報告しなければならない。

⑥　監事は、⑤について必要があると認めるときは、理事長に対し、理事会の招集を請求することができる。

⑦　⑥による請求があった日から5日以内に、その請求があった日から2週間以内の日を理事会の日とする理事会の招集の通知が発せられない場合は、その請求をした監事は、理事会を招集することができる。

確認問題

問：理事長、副理事長、会計担当理事及び監事は、理事会で選任する。

答：×　監事は、総会で選任します。（➡ 6 役員の選任）

| 第 7 節 | 総会 | 重要度 マ ★★★ 管 ★★★ |

総会とは、管理組合の最高意思決定機関をいいます。総会はどのように開催され、どのような事項を決議するのでしょうか。

1 総会の構成
規約42条1項

標準管理規約では、総会を管理組合の意思決定機関とし、区分所有法で定める集会として位置づけています。また、総会は総組合員で組織されます。

2 総会の種類
規約42条2項～4項、44条

管 R2・3

総会には、通常総会及び臨時総会の2種類があります。

① 通常総会

毎年1回定例的に開催する総会を通常総会といい、理事長は通常総会を毎年1回新会計年度開始以後2カ月以内に招集しなければなりません。もっとも、**災害又は感染症の感染拡大等**への対応として、WEB会議システム等を用いて会議を開催することも考えられますが、**やむを得ない場合**には、通常総会を必ずしも「新会計年度開始以後2カ月以内」に招集する必要はなく、これらの状況が**解消された後**、遅滞なく招集すれば足りると考えられます。

② 臨時総会

必要に応じて開催される総会を臨時総会といい、理事長は、必要と認める場合には、**理事会の決議を経て**、いつでも臨時総会を招集することができます。また、前述したように監事にも臨時総会の招集権が認められています。さらに、組合員にも以下の要件の下、臨時総会の招集権が認められています。

ア）組合員が組合員総数の5分の1以上**及び**議決権総数の5分の1以上に当たる組合員の同意を得て、

イ）会議の目的を示して総会の招集を請求した場合には、

ウ）理事長は、<u>2週間以内</u>にその請求があった日から4週間以内の日を会日とする臨時総会の招集の通知を発しなければならない

そして、理事長が上記の通知を発しない場合、**総会の招集請**

① **POINT**
会議の目的が建替え決議又はマンション敷地売却決議であるときは、2カ月と2週間以内の日を会日とする通知を発しなければならない。

求をした組合員は、臨時総会を招集することができます。

3 議長

規約42条５項、44条３項

　通常総会、臨時総会のうち、理事長が招集した場合と監事が招集した場合は、理事長が議長となります。

　ただし、**組合員が招集請求した又は直接招集した臨時総会に**おいては、議長は、総会に出席した組合員の議決権の過半数をもって、組合員の中から選任することになります。また、総会において、議長を選任する旨の定めをすることもできます。

	招集権者	要 件	議 長
通常総会	理事長	毎年１回新会計年度開始後２カ月以内に招集する。	
臨時総会	理事長	必要と認めるときは理事会の決議を経ていつでも招集できる。	理事長
	理事長	組合員が組合員総数の５分の１以上及び議決権総数の５分の１以上に当たる組合員の同意を得て、会議の目的を示して総会の招集を請求した場合、理事長は２週間以内にその請求があった日から４週間以内の日を会日とする臨時総会の招集の通知を発する。	総会に出席した組合員の議決権の過半数をもって、組合員の中から選任する。
	監事	管理組合の業務の執行及び財産の状況について不正があると認められるときは、臨時総会を招集することができる。	理事長
	組合員	理事長が組合員からの請求があったにもかかわらず、請求を受けて２週間以内に招集通知を発しない、又は総会の会日が４週間を超える場合、総会の招集請求をした組合員は、臨時総会を招集することができる。	総会に出席した組合員の議決権の過半数をもって、組合員の中から選任する。

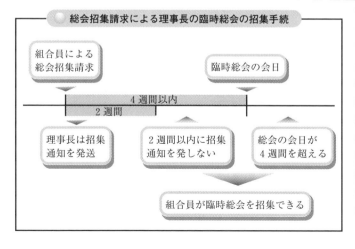

総会招集請求による理事長の臨時総会の招集手続

① check
区分所有法では、会日の1週間前である。

過去問チェック → マ R4・5

4 総会の招集期間
規約43条1項・9項

　総会を招集するには、少なくとも会議を開く日の<u>2週間前</u>までに、会議の日時・場所（WEB会議システム等を用いて会議を開催するときは、その開催方法）・目的を示して組合員に通知を発する必要があります。

　ただし、火災などの事故が起きた場合の事後処理等、緊急に総会を開催する必要がある場合には、理事長は、**理事会の承認を得て**、この期間を5日間を下回らない範囲において短縮できます。また、会議の目的が建替え決議又はマンション敷地売却決議の場合は、総会の会日の2カ月前に通知を発する必要があり、期間の短縮は認められません。

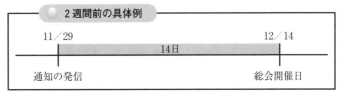

● 2週間前の具体例

11／29		12／14
通知の発信	14日	総会開催日

5 通知すべき事項
規約43条4項〜7項

　一般の議題の場合、通知すべき事項は会議の日時・場所・目的ですが、以下の場合にはその<u>議案の要領</u>も通知する必要があります。

② POINT
これらの議題は、重要な特別決議事項であり、十分に検討する必要があるからである。

①	規約の変更
②	敷地及び共用部分等の変更（重大変更の場合）
③	大規模滅失の場合の共用部分の復旧
④	建替え決議
⑤	マンション敷地売却決議

　④の建替え決議の場合は、以下の事項をも通知しなければなりません。

ア）	建替えを必要とする理由
イ）	建物の建替えをしないとした場合における当該建物の効用の維持及び回復（建物が通常有すべき効用の確保を含む）をするのに要する費用の額及びその内訳
ウ）	建物の修繕に関する計画が定められているときは、当該

　計画の内容

エ）建物につき修繕積立金として積み立てられている金額

　前記⑤の「マンション敷地売却決議」の場合は、売却を必要とする理由等の一定の事項をも通知しなければなりません。

　そして、建替え決議及びマンション敷地売却決議を目的とする総会を招集する場合、総会の会日の少なくとも1カ月前までに**説明会を開催**しなければなりません。

6 通知の宛先　　　　規約43条2項・3項

　招集通知は、組合員があらかじめ管理組合に届出をした宛先に発します。この届出がない組合員に対しては、その者の所有する専有部分の所在地あてに発することになります。

　また、マンション内に日常の伝達事項についての定まった掲示場所がある場合、**マンション内に居住している組合員**及び**宛先の届出をしない組合員**については、掲示をもって通知に代えることができます。

7 占有者に対する掲示　　規約45条2項、43条8項

　区分所有者の承諾を得て専有部分を占有する者は、会議の目的につき利害関係を有する場合には、総会に出席して意見を述べることができます。この意見陳述権を確保するために、招集者は議題が占有者に利害関係があると判断した場合、組合員に通知を発した後、遅滞なく、**通知の内容を所定の掲示場所に掲示**しなければなりません。

8 組合員の議決権　規約46条2項・3項、規約46条コメント①〜③

　各組合員の議決権の割合は、共用部分の持分の割合によること、あるいは総会運営上の手続の煩雑さを避けるため、それを基礎としつつ賛否を算定しやすい数字に直した割合によることが適当であるとされています。また、各住戸の面積があまり異ならない場合は、住戸一戸につき各一個の議決権とすること、住戸の数を基準とする議決権と専有面積を基準とする議決権を併用することも可能です。一方、住戸の価値に大きな差がある

場合においては、単に共用部分の共有持分の割合によるのではなく、専有部分の階数（眺望、日照等）、方角（日照等）等を考慮した価値の違いに基づく**価値割合**を基礎として、**議決権の割合**を定めることも考えられます。また、このような価値割合による議決権割合を設定する場合には、分譲契約等によって定まる敷地等の共有持分についても、価値割合に連動させることが考えられます。ただし、**前方に建物が建築されたことによる眺望の変化等の各住戸の価値に影響を及ぼすような事後的な変化があったとしても、それによる議決権割合の見直しは原則として行いません。**

なお、住戸1戸が数人の共有に属する場合、その議決権行使については、これら共有者をあわせて1人の組合員とみなされます。そして、この場合、**議決権を行使する者1名**を選任し、その者の氏名をあらかじめ**総会開会まで**に**理事長**に届け出なければなりません。

9 議決権の行使方法 規約46条4項〜6項、46条コメント⑤〜⑧

 マ R4

① 代理権証明書の提出

組合員は**書面・電磁的方法又は代理人**によって議決権を行使することができます。このとき、**組合員**又は**代理人**は代理権を証する書面を理事長に提出（又は電磁的方法による提出）しなければなりません。

① POINT
書面・電磁的方法又は代理人によって議決権を行使する者は出席組合員とみなされる。

② 代理人の資格

 マ R2・3・5
管 R2・4・5

組合員が代理人により議決権を行使しようとする場合には、その代理人は、次の者でなければなりません。

① その組合員の配偶者（**婚姻の届出をしていないが事実上婚姻関係と同様の事情にある者を含みます**）又は**一親等の親族**
② その組合員の住戸に同居する親族
③ 他の組合員

総会は管理組合の最高の意思決定機関であることを踏まえると、代理人は、区分所有者としての組合員の意思が総会に適切に反映されるよう、区分所有者の立場から見て利害関係が一致

すると考えられる者に限定することが望ましいとされていま
す。

　また、総会の円滑な運営を図る観点から、代理人の欠格事由
として暴力団員等を規約に定めておくことも考えられます。な
お、成年後見人、財産管理人等の組合員の法定代理人について
は、法律上本人に代わって行為を行うことが予定されている者
であり、当然に議決権の代理行使をする者の範囲に含まれます。

③　書面による議決権行使と代理人による議決権行使

　書面による議決権の行使とは、総会には出席しないで、総会
の開催前に**各議案ごとの賛否**を記載した書面（いわゆる「議決
権行使書」）を、総会の招集者に提出することをいいます。

　他方、**代理人による議決権の行使**とは、代理権を証する書面
（いわゆる「委任状」。電磁的方法による提出が利用可能な場合
は、電磁的方法を含みます。）によって、組合員本人から授権
を受けた**代理人が総会に出席して議決権を行使**することをいい
ます。

　このように、議決権行使書と委任状は、いずれも組合員本人
が総会に出席せずに議決権の行使をする方法ですが、議決権行
使書による場合は組合員自らが主体的に賛否の意思決定をする
のに対し、委任状による場合は賛否の意思決定を代理人に委ね
る、という点で性格が大きく異なります。そもそも総会が管理
組合の最高の意思決定機関であることを考えると、**組合員本人
が自ら出席して**、議場での説明や議論を踏まえて議案の賛否を
直接意思表示することが望ましいのはもちろんです。しかし、
やむを得ず総会に出席できない場合であっても、組合員の意思
を総会に直接反映させる観点からは、議決権行使書によって組
合員本人が自ら**賛否の意思表示**をすることが望ましく、そのた
めには、総会の招集の通知において議案の内容があらかじめな
るべく明確に示されることが重要であることに留意が必要です。

　また、代理人による議決権の行使として、誰を代理人とする
かの記載のない委任状（白紙委任状）が提出された場合には、
当該委任状の効力や議決権行使上の取扱いについてトラブルと
なる場合があるため、そのようなトラブルを防止する観点から、

例えば、<u>委任状の様式等</u>において、委任状を用いる場合には誰を代理人とするかについて主体的に決定することが必要であること、適当な代理人がいない場合には代理人欄を空欄とせず議決権行使書によって自ら賛否の意思表示をすることが必要であること等について記載しておくことが考えられます。

そして、WEB会議システム等を用いて総会に出席している組合員が議決権を行使する場合の取扱いは、WEB会議システム等を用いずに**総会に出席している**組合員が議決権を行使する**場合と同様**であり、**規約の定め**や**集会の決議**は**不要**です。ただし、第三者が組合員になりすました場合やサイバー攻撃や大規模障害等による通信手段の不具合が発生した場合等には、総会の決議が無効となるおそれがあるなどの課題に留意する必要があります。

🔟 出席資格　　　　　　　　　　　　規約45条

総会は、組合員で構成されるので、原則は組合員以外出席できませんが、**理事会が必要と認めた者**（管理会社や管理員、マンション管理士等）は、総会に出席することができます。

また、区分所有者の承諾を得て専有部分を占有する者は、会議の目的につき、利害関係を有する場合には、総会に出席して意見を述べることができます。ただし、この場合、あらかじめ**理事長にその旨を通知**しなければなりません。

11 総会の決議事項　　　　　　　　規約48条、47条

総会の決議事項は、次表のとおりです。

なお、総会においては、あらかじめ通知した事項についてのみ、**決議する**ことができます。また、規約の制定、変更又は廃止が、一部の組合員の権利に特別の影響を及ぼすべきとき、及び、敷地及び共用部分等の変更が、専有部分や専用使用部分の使用に特別の影響を及ぼすべきときは、影響を受ける組合員の承諾が必要となります。

決議事項	決議要件
・使用細則等の制定、変更又は廃止	普通決議
・役員の選任及び解任並びに役員活動費の額及び支払方法	
・収支決算及び事業報告	
・収支予算及び事業計画	
・長期修繕計画の作成又は変更	
・管理費等及び使用料の額並びに賦課徴収方法	
・修繕積立金の保管及び運用方法	
・管理適正化法で規定する管理計画の認定の申請、管理計画の認定の更新の申請及び管理計画の変更の認定の申請	
・共用部分と構造上一体となった専有部分の管理の実施	
・特別の管理の実施並びにそれに充てるための資金の借入れ及び修繕積立金の取崩し	
・義務違反者に対する行為の停止請求の訴えの提起、この訴えを提起すべき者の選任	
・小規模滅失の復旧	
・マンション建替法に基づく除却の必要性に係る認定の申請	
・建物の建替え等に係る計画又は設計等の経費のための修繕積立金の取崩し	
・組合管理部分に関する管理委託契約の締結	
・その他管理組合の業務に関する重要事項	
・規約の制定、変更又は廃止	特別決議
・敷地及び共用部分等の変更（その形状又は効用の著しい変更を伴わないもの及び耐震改修法に基づく認定を受けた建物の耐震改修を除く）	
・義務違反者に対する、使用禁止・競売・引渡し請求の訴え提起	
・大規模滅失の復旧	
・建替え	※**12**の③参照
・マンション敷地売却決議	※**12**の④参照

12 決議要件　　　　　　　　　　規約47条1項～5項

　総会の会議（WEB会議システム等を用いて開催する会議を含みます。）には議決権総数の半数以上を有する組合員が出席しなければなりません（定足数）。また、決議要件については、

次のとおりです。

> ① 普通決議は、出席組合員の議決権の過半数で決する
> ② 特別決議は、組合員総数の4分の3以上及び議決権総数の4分の3以上で決する
> ③ 建替え決議に関しては、組合員総数の5分の4以上及び議決権総数の5分の4以上で決する
> ④ マンション敷地売却決議に関しては、組合員総数、議決権総数及び敷地利用権の持分の価格の各5分の4以上で決する

① POINT
区分所有法では区分所有者と議決権の各過半数。

①の普通決議は、区分所有法の普通決議とは異なりますが、②③の特別決議や建替え決議は、区分所有法と同じです。また、④の決議は、マンション建替え等円滑化法と同じです。なお、普通決議においては、議長を含む出席組合員（書面・電磁的方法又は代理人によって議決権を行使する者を含む。）の議決権の過半数で決議し、**過半数の賛成を得られなかった議事は否決**とすることを意味します。

また、定足数について、議決権を行使することができる組合員がWEB会議システム等を用いて出席した場合については、定足数の算出において**出席組合員に含まれる**と考えられます。これに対して、議決権を行使することができない傍聴人としてWEB会議システム等を用いて議事を**傍聴する組合員**については、**出席組合員には含まれない**と考えられます。

過去問チェック → マ R1・4　管 R2・3

13 敷地及び共用部分等の変更の決議　規約47条8項、規約47条コメント⑥

共用部分等の変更は、形状又は効用に著しい変更を伴うか否かにより、決議要件が異なります。基本的には各工事の具体的内容により判断されますが、標準管理規約は、次のような例をあげています。

② POINT
普通決議のうち大規模修繕工事のように多額の費用を要する事項について、組合員総数及び議決権総数の過半数とすることや議決権総数の過半数で決する旨を規約に定めることもできる。

① バリアフリー化工事

普通決議…建物の基本構造部を取り壊したりしないスロープ・手すりの設置工事
特別決議…階段部分等の改造によるエレベーターの設置工事

② 耐震改修工事

普通決議…・柱やはりに炭素繊維シートや 　　　　　鉄板を巻き付ける工事 　　　　・構造躯体に壁や筋かい等の耐 　　　　　震部材を設置する工事	基本構造部 への加工が 少ないもの

③　防犯工事

普通決議…・オートロック設備で配線等加工が少ないもの 　　　　・防犯カメラの設置 　　　　・防犯灯の設置

④　IT化工事

普通決議…・既存のパイプスペースを利用した光ケーブルの 　　　　　施設工事 　　　　・外壁等に相当程度の加工を要さず、外観等を見 　　　　　苦しくない状態に復元する光ケーブルの施設工 　　　　　事

⑤　計画修繕工事

普通決議…鉄部塗装工事・外壁補修工事・屋上等防水工事・ 　　　　　給水管更生更新工事・照明設備・共聴設備・消防 　　　　　用設備・エレベーター設備の更新工事

⑥　その他の工事

普通決議…・窓枠・窓ガラス・玄関扉等の一斉交換工事 　　　　・不要となったダストボックス・高置水槽の撤去 　　　　　工事 特別決議…集会室・駐車場・駐輪場等の増改築工事で大規模 　　　　　なものや著しい加工を伴うもの

　なお、敷地及び共用部分等の変更が、専有部分又は専用使用
部分の使用に**特別の影響を及ぼすべきとき**は、その専有部分を
所有する組合員又はその専用使用部分の専用使用を認められて
いる組合員の承諾を得なければなりません。この場合に、その
組合員は**正当な理由**がなければこれを**拒否してはなりません**。

14　書面又は電磁的方法による決議　　　規約50条

　規約により総会において決議をすべき場合に、**組合員全員の
承諾**があるときは、**書面又は電磁的方法による決議**をすること

マ　R2・5

ができます。

　また、規約により総会において決議すべきものとされた事項については、**組合員の全員の書面又は電磁的方法による合意**があったときは、**書面又は電磁的方法による決議**があったものとみなされます。

　そして、規約により総会において決議すべきものとされた事項についての書面又は電磁的方法による決議は、**総会の決議と同一の効力を有します**。

15 議事録の作成・保管　　　　規約49条、50条

過去問チェック ☑ R2・4

　総会の議事については、議長は書面等により議事録を作成しなければなりません。議事録には、議事の経過の要領・結果を記載又は記録し、議長及び議長の指名する2名の総会に出席した組合員がこれに署名（電磁的記録で作成する場合は、電子署名）しなければなりません。書面又は電磁的方法による決議の場合、総会が開かれず、議事録は作れませんので、当該決議に係る書面等を保管しなければなりません。そして、**理事長**は議事録及び組合員の書面又は電磁的方法による合意の際の書面等を**保管**し、組合員又は利害関係人の書面又は電磁的方法による請求があったときは、これらを**閲覧**（議事録が電磁的記録で作成されているときは、当該電磁的記録に記録された情報の内容を**紙面**又は出力装置の**映像面**に表示する方法により表示したものの当該議事録の**保管場所における閲覧**をいいます。）させなければなりません。この場合、閲覧について、相当の日時、場所等を指定することができます。なお、理事長は、所定の掲示場所に**議事録の保管場所を**掲示しなければなりません。

① **POINT**
ここでいう利害関係人とは、担保権者、差押え債権者、賃借人、組合員からの媒介の依頼を受けた宅地建物取引業者等法律上の利害関係人をいい、親族関係にある者のような事実上の利害関係人は対象とならない。

確認問題

問：駐車場の使用細則は、理事会の決議をもって制定又は変更することができない。

答：○（➡ 11 総会の決議事項）

| 第 8 節 | 理事会 | 重要度 マ ★★★ 管 ★★★ |

ここでは、理事会について説明します。理事会の業務や決議内容について、総会との違いを押さえておく必要があります。

1 理事会の構成員・議長　　　　規約51条1項・3項

理事会の構成員は理事です。監事は理事会の構成員ではありません。また、理事会の議長は理事長が務めることとなります。

理事会は総会の意思決定に従い、具体的業務を執行する機関です。したがって、総会の決議に反した業務執行はできません。

2 理事会の職務　　　　規約51条2項、51条コメント

理事会は、次の職務を行います。

① 規約や使用細則等又は総会の決議により理事会の権限として定められた管理組合の業務執行の決定
② 理事の職務の執行の監督
③ 理事長、副理事長及び会計担当理事の選任及び解任

なお、③から理事長、副理事長及び会計担当理事を、理事の過半数の一致によりその職を解くことができますが、理事としての地位は、総会の決議を経なければその職を解くことができません。

3 理事会の招集　　　　規約52条

理事会は理事長が招集します。この理事会も、WEB会議システム等を用いて開催できます。また、理事が一定数以上の理事の同意を得て理事会の招集を請求した場合には、理事長は速やかに理事会を招集しなければなりません。

この請求があった日から一定の日以内に、その請求があった日から一定の日を理事会の日とする理事会の招集の通知が発せられない場合には、その請求をした理事は、理事会を招集することができます。

そのほか、理事会を招集するには、少なくとも会議を開く日の2週間前までに、会議の日時、場所及び目的を示して、理事

① **POINT**
区分所有法では理事会に関する規定はないが、多くの管理組合では設置されているので、標準管理規約で規定を設けた。

過去問チェック ➡ 管 R3

過去問チェック ➡ マ R3・4

② **POINT**
理事会では、あらかじめ通知していない事項についても決議することができる。

及び監事に通知を発しなければなりません。当該通知は、管理組合に対し理事及び監事が届出をしたあて先に発します。ただし、その届出のない理事及び監事に対しては、対象物件内の専有部分の所在地あてに発します。もっとも、当該通知は、対象物件内に居住する理事及び監事及び当該届出のない理事及び監事に対しては、その内容を所定の掲示場所に掲示することをもって、これに代えることができます。

　また、緊急を要する場合には、理事長は、理事及び監事の全員の同意を得て、5日間を下回らない範囲において、当該期間を短縮することができます。

　なお、これらの規定は、理事会において別段の定めをすることができます。

4　理事会の会議及び議事　　規約53条、53条コメント

① 理事会の会議と決議

　理事会の会議は、理事の半数以上が出席しなければ開くことができず、その議事は出席理事の過半数で決します。

② 書面・電磁的方法による決議

　次の事項の**承認又は不承認**について、理事の過半数の承諾があれば、**書面又は電磁的方法による決議**によることができます。これは、申請数が多いことが想定され、かつ、迅速な審査を要するものだからです。

> ア）専有部分の修繕等
> イ）敷地及び共用部分等の保存行為
> ウ）窓ガラス等の改良

③ 議決に加わることができない者

　理事会の決議について特別の利害関係を有する理事は、議決に加わることができません。この「特別の利害関係を有する」理事とは、利益相反取引をしようとする理事をいいます。

④ 理事の代理出席

　理事は、総会で選任され、組合員のため、誠実にその職務を遂行しなければなりません。このため、理事会には本人が出席して、議論に参加し、議決権を行使することが求められ、理事

の代理出席（議決権の代理行使を含みます。）を、規約におい
て認める旨の明文の規定がない場合に、それを認めることは適
当ではありません。

この「規約」とは、例えば、「理事に事故があり、理事会に
出席できない場合は、その配偶者又は<u>1親等の親族</u>（理事が、
組合員である法人の職務命令により理事となった者である場合
は、法人が推挙する者）に限り、代理出席を認める」とするも
のです。もっとも、これは、あくまでやむを得ない場合の代理
出席を認めるものであることに留意が必要です。

なお、**外部専門家**など当人の個人的資質や能力等に着目して
選任されている理事については、**代理出席を認めることは適当
ではありません**。

⑤　**議決権行使書等**

理事がやむを得ず欠席する場合には、代理出席によるのでは
なく、事前に議決権行使書又は意見を記載した書面を出せるよ
うにすることが考えられます。もっとも、これを認める場合に
は、理事会に出席できない理事が、あらかじめ通知された事項
について、書面をもって表決することを認める旨を、**規約の明
文の規定で定めること**が必要です。

⑥　**WEB会議システム等**

WEB会議システム等を用いて開催する理事会を開催する場
合は、当該理事会における議決権行使の方法等を、規約や使用
細則等において定めることも考えられますが、この場合におい
ても、規約や使用細則等に則り理事会議事録を作成することが
必要となる点などについて留意する必要があります。

なお、**理事会の定足数**について、理事が**WEB会議システム
等を用いて出席した場合**については、定足数の算出において**出
席理事に含まれる**と考えられます。

5　理事会の決議・承認事項　　　規約54条

理事会の決議・承認事項は、次のとおりです。

・収支決算案、事業報告案、収支予算案及び事業計画案
・規約及び使用細則等の制定、変更又は廃止に関する案

①　POINT
「一親等の親族」とは、
父、母、子をいう。

・長期修繕計画の作成又は変更に関する案
・その他の総会提出議案
・専有部分の修繕、敷地及び共用部分の保存行為、窓ガラス等の改良に関する承認又は不承認
・収支予算案の承認を得るまでの間の一定の経費の支出の承認又は不承認
・未納の管理費及び使用料の請求に関する訴訟その他法的措置の追行
・共同生活の秩序を乱す行為等を行った者への勧告又は指示等
・総会から付託された事項
・**災害等により総会の開催が困難である場合における応急的な修繕工事の実施等** 
・理事長、副理事長及び会計担当理事の選任及び解任
・職員の採用・解雇の承認
・理事長職務の他の理事への一部委任の承認
・臨時総会の招集の決定
・総会の招集手続の期間短縮の承認
・組合員以外の者の総会出席の承認
・理事会の招集手続の別段の定め
・役員の利益相反取引

POINT
理事会がこの決議をした場合には、当該決議に係る応急的な修繕工事の実施に充てるための資金の借入れ及び修繕積立金の取崩しについて決議することができる。

管 R4

6 議事録の作成・保管　　　　　　規約53条4項

　理事会の議事録については、基本的に総会の議事録の規定が準用されます。この議事録には、**議長及び議長の指名する2名（計3名）の理事会に出席した理事**がこれに署名（電磁的記録で作成する場合は、電子署名）をしなければなりません。

　そして、理事長は、議事録を保管し、組合員又は利害関係人の書面又は電磁的方法による請求があったときは、議事録の閲覧をさせなければなりませんが、この場合、閲覧につき、相当の日時、場所等を指定することができます。

　なお、理事会の議事録の保管場所は、掲示する必要はありません。

7 総会手続と理事会手続との相違点　　規約52条、53条

　総会手続と理事会手続との相違点として、次のようなものがあります。

	総会	理事会
招集通知の発送	原則：２週間前 例外：５日前（緊急時）	原則：総会の招集通知の 　　　発送と同様 例外：理事会での別段の 　　　定め
招集請求の要件	組合員総数の1/5以上で 議決権総数の1/5以上	一定数以上の理事の同意
定足数	議決権総数の半数以上の 組合員の出席	理事の半数以上の出席
決議（議事）	出席組合員の議決権の過 半数（普通決議）	出席理事の過半数
書面・電磁的方法 による議決権行使 の可否	可	原則：不可 例外：規約による定め
書面・電磁的方法 による決議	可	原則：不可 例外：専有部分の修繕等・ 　　　敷地及び共用部分 　　　等の保存行為・窓 　　　ガラス等の改良の 　　　承認又は不承認
代理人による議決 権行使の可否	可	原則：不可 例外：規約による定め
議事録	署名者	議長と議長の指名する２名 の総会に出席した組合員
	保管者	理事長
	閲覧義務の 有無	有
	保管場所の 掲示の要否	必要

署名者（理事会）：議長と議長の指名する２名の理事会に出席した理事
保管場所の掲示の要否（理事会）：不要

8 専門委員会の設置　　規約55条、55条コメント

　理事会は、その責任と権限の範囲内において、専門委員会を設置し、特定の課題を調査又は検討させることができます。そして専門委員会は調査又は検討した結果を**理事会に具申**します。

　なお、次の場合は、専門委員会の設置に総会の決議が必要となります。

308

> ① 専門委員会の検討対象が理事会の責任と権限を越える事項である場合
> ② 理事会活動に認められている経費以上の費用が専門委員会の検討に必要となる場合
> ③ 運営細則の規定が必要な場合

　また、専門委員会は、検討対象に関心が強い組合員を中心に構成されるものですが、必要に応じ検討対象に関する専門的知識を有する者（組合員以外も含む）の参加を求めることもできます。

確認問題

　問：理事長は、未納の管理費等及び使用料の請求に関して、理事会の決議により、管理組合を代表して、訴訟その他法的措置を追行することができる。

　　答：○（➡ **5** 理事会の決議・承認事項）

第 9 節

会計・雑則

ここでは、管理組合の会計について説明します。管理費等がどのように処理されるのか、押さえておきましょう。

1 会計年度

規約56条

　管理組合の会計年度は毎年○月○日から翌年○月○日までとされています。管理者は集会において毎年1回一定時期にその事務に関する報告をすることが義務づけられているので、会計年度も1年とするのが通常です。

2 管理組合の収入及び支出

規約57条

　管理組合の会計における収入は、**管理費・修繕積立金・専用使用料・その他使用料**によるものとし、その支出は通常の管理に要する経費・特別の管理に要する経費及び借入金の返済・専用使用部分等の管理に要する費用等の諸費用に充当します。

3 収支予算の作成及び変更

規約58条

過去問チェック：マ R1・4／管 R4

　理事長は、毎会計年度の収支予算案を通常総会に提出し、その承認を得なければなりません。また、収支予算を変更しようとするときは、理事長は、その案を臨時総会に提出し、その承認を得なければなりません。

　また、理事長は、会計年度の開始後、総会の承認を得るまでの間に、次の経費の支出が必要となった場合には、理事会の承認を得てその支出を行うことができます。

① 　通常の管理に要する経費のうち、経常的であり、かつ、総会の承認を得る前に支出することがやむを得ないと認められるもの
② 　総会の承認を得て実施している長期の施工期間を要する工事に係る経費であって、総会の承認を得る前に支出することがやむを得ないと認められるもの

　この費用は、新会計年度開始と予算の承認との間に一定の期間が空いてしまうため、支出することがやむを得ない経費につ

いて取扱いを明確にすることによって、迅速かつ機動的な業務の執行を確保するものです。

なお、①②の支出について、通常総会で収支予算案の承認を得たときは、当該収支予算案による支出とみなされます。

また、理事会が災害等により総会の開催が困難である場合における応急的な修繕工事の実施等の決議をした場合には、**理事長は、理事会の決議に基づき、その支出を行うことができます。**

さらに、**理事長は、災害等の緊急時に、敷地及び共用部分等の保存行為を行う場合には、そのために必要な支出を行うことができます。**

4 会計報告

規約59条

理事長は、毎会計年度の収支決算案を監事の会計監査を経て、通常総会に報告し、その承認を得なければなりません。

5 管理費等の徴収

規約60条、62条

管理組合は、管理費等や使用料について、組合員が各自開設する預金口座から口座振替の方法により管理組合の口座に受け入れることとし、当月分は別に定める徴収日までに一括して徴収します。ただし、臨時に要する費用として特別に徴収する場合には、徴収方法は別に総会で定められることになります。

組合員が期日までに納付すべき金額を**納付しない場合**には、管理組合は、その未払金額について年利○％の<u>遅延損害金</u>と、**違約金としての弁護士費用並びに督促及び徴収の諸費用を加算**して、その組合員に対して<u>請求することができます。</u>

そして、管理組合は、納付すべき金額を納付しない組合員に対し、督促を行うなど、必要な措置を講じます。この遅延損害金等は、通常の管理に要する経費に充当されます。また、**理事長**は、未納の管理費等及び使用料の請求に関して、理事会の決議により、管理組合を代表して、**訴訟その他法的措置を追行で**きます。

---

① **POINT**
利息制限法や消費者契約法等における遅延損害金利率よりも高く設定することができる。

② **POINT**
請求しないことについて合理的事情がある場合を除き、請求すべきものである。

　なお、組合員は、**納付した管理費等及び使用料**について、その**返還請求又は分割請求**をすることができません。例えば、転居を理由に前払管理費等の全額返還や日割計算を求めることはできません。

6 預金口座の開設　　　　　　　　　　　　規約62条

　管理組合は、会計業務を遂行するため、管理組合の預金口座を開設するとされています。

7 管理費等の過不足　　　　　　　　　　　規約61条

　収支決算の結果、管理費に余剰を生じた場合には、その余剰は翌年度における管理費に充当します。管理費等に不足を生じた場合には、管理組合は組合員に対してその<u>負担割合</u>により、その都度必要な金額の負担を求めることができます。

過去問
チェック

マ　R1・2
管　R2・4

① 　POINT
管理費等の負担割合は各区分所有者の共用部分の共有持分に応じて算出される。

8 借入れ　　　　　　　　　　　　　　　　規約63条

　管理組合は、一定年数の経過ごとに計画的に行う修繕、不測の事故その他特別の事由により必要となる修繕、敷地及び共用部分の変更等のために必要な範囲内で借入れができます。

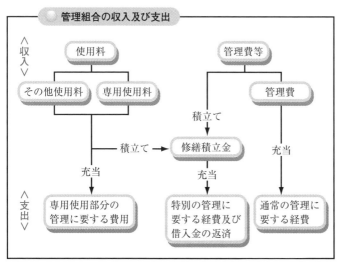

マ R2・5
管 R5

① POINT
理由を付した書面又
は電磁的方法により
請求させるのは、議
事録等に比べ、内部
書類としての性格が
強いからである。

9 帳票類等の作成・保存

規約64条

　理事長は、**会計帳簿、什器備品台帳、組合員名簿及びその他の帳票類**（管理委託契約書や駐車場使用契約書等）を書面又は電磁的記録により作成して保管し、組合員又は利害関係人の<u>理由を付した書面又は電磁的方法</u>による請求があった場合は、これらを閲覧させなければなりません。また、理事長は、**長期修繕計画書、設計図書及び修繕等の履歴情報**を保管し、組合員又は利害関係人の理由を付した書面又は電磁的方法による請求があったときは、これらを閲覧させなければなりません。なお、これらの閲覧につき、**相当の日時、場所等を指定**することができます。

　そのほか、理事長は、閲覧の対象とされる管理組合の財務・管理に関する情報については、組合員又は利害関係人の理由を付した書面又は電磁的方法による請求に基づき、当該請求をした者が求める情報を記入した書面又は電磁的方法を交付することができます。この場合、理事長は、交付の相手方にその費用を負担させることができます。

<閲覧請求につき理由を付した書面又は電磁的方法の要否> <○…必要、×…不要>

総会・理事会議事録	×
規約・規約原本等	×
会計帳簿、什器備品台帳、組合員名簿及びその他の帳票類	○
長期修繕計画書、設計図書及び修繕等の履歴情報	○

10 消滅時の財産の清算

規約65条

　管理組合が消滅する場合、その残余財産は、各区分所有者の共用部分の共有持分割合に応じて<u>区分所有者に帰属します</u>。

② POINT
共有持分と修繕積立
金の負担割合が大き
く異なる場合、負担
割合に応じた清算に
するなど、衡平な規
定を定めることが望
ましい。

マ R1～3
管 R5

11 雑則

規約67条、70～72条

① 理事長の勧告及び指示等

　区分所有者もしくはその同居人又は専有部分の貸与を受けた者もしくはその同居人（区分所有者等といいます）が、**法令・規約・使用細則等に違反**したとき又は**対象物件内における共同生活の秩序を乱す行為を行った**ときは、理事長は、理事会の決

議を経てその区分所有者等に対し、**その是正等のため必要な勧告又は指示もしくは警告**を行うことができます。

　区分所有者は、その同居人又はその所有する専有部分の貸与を受けた者もしくはその同居人が法令等違反行為を行った場合には、その**是正等のため必要な措置を講じなければなりません**。

　区分所有者等がこの規約もしくは使用細則等に違反したとき、又は区分所有者等もしくは区分所有者等以外の第三者が敷地及び共用部分等で不法行為を行ったときは、理事長は、理事会の決議を経て、次の措置を講ずることができます。

> ア）行為の差止め、排除又は原状回復のための必要な措置の請求に関し管理組合を代表し訴訟その他法的措置を追行すること
> イ）敷地及び共用部分等につき生じた損害賠償金又は不当利得による返還金の請求又は受領に関し、区分所有者のために、訴訟において原告又は被告となり、その他法的措置をとること①②

　ここで、間違えてはならないのが、「規約に違反した」≠「共同の利益に反する行為」ということです。

　共同の利益に反する行為には当たらないけれど、規約に反しているということもありますし、また受忍限度を越えたとはいえない場合もあります。そういったケースのために、規約で制裁条項を定めているのです。つまりマンションのトラブルのすべてを「共同の利益に反する行為の違反者に対する措置」で処理するのではないことに注意してください。

　なお、**共同利益に反する行為の違反者**に対しては、区分所有法と同様に、**総会の決議**が必要となります。

② **細則**

　総会及び理事会の運営、会計処理、管理組合への届出事項等については、別に細則を定めることができます。

③ **規約外事項**

　規約及び使用細則等に定めのない事項については、区分所有法その他の法令の定めるところによります。法令にも定めのな

① POINT
訴えを提起する場合、理事長は、請求の相手方に対し、違約金としての弁護士費用及び差止め等の諸費用を請求することができる。また、請求した弁護士費用及び差止め等の諸費用に相当する収納金は、管理費に充当する。

② POINT
理事長は、区分所有者のために、原告又は被告となったときは、遅滞なく、区分所有者にその旨を通知しなければならない。

314

い事項については、総会の決議により定めます。

④　規約原本等

　区分所有者全員が書面に署名又は電磁的記録に電子署名した規約を1通作成し、これを規約原本とします。規約原本は、<u>理事長が保管</u>し、区分所有者又は利害関係人の書面又は電磁的方法による請求があったときは、<u>規約原本の閲覧</u>をさせなければなりません。

　規約が規約原本の内容から総会決議により変更されているときは、理事長は、1通の書面又は電磁的記録に、現に有効な規約の内容と、その内容が規約原本及び規約変更を決議した総会の議事録の内容と相違ないことを記載又は記録し、署名又は電子署名した上で、この書面又は電磁的記録を保管します。

　区分所有者又は利害関係人の書面又は電磁的方法による請求があったときは、理事長は、規約原本、規約変更を決議した総会の議事録及び現に有効な規約の内容を記載した書面又は記録した電磁的記録（規約原本等）並びに現に有効な使用細則の内容を記載した書面又は記録した電磁的記録（使用細則等）の閲覧をさせなければなりません。

①　POINT
理事長は、所定の掲示場所に、規約原本等及び使用細則等の保管場所を掲示しなければならない。
②　POINT
理事長は、閲覧につき、相当の日時、場所等を指定することができる。

確認問題

問：収支決算の結果、管理費に余剰を生じた場合には、その余剰は組合員に返還する。

答：✕　余剰は、翌年度における管理費に充当します。
　　（➡ **7** 管理費等の過不足）

第10節 団地型マンション標準管理規約

重要度 マ ★★
　　　 管 ★★

団地の場合も、管理組合が成立しますが、１棟の建物に存在する管理組合とは異なる点があります。その違いに注意しましょう。

1 団地型の標準管理規約の対象　規約団地型コメント全般関係

　団地型の標準管理規約が対象としているのは、一般分譲の住居専用マンションが数棟所在する団地型マンションで、団地内の土地及び集会所等の附属施設がその数棟の区分所有者（団地建物所有者）全員の共有となっているものです。団地の典型例には、以下の２つがあります。

> ①　団地内の土地全体が全団地建物所有者の共有となっている形態
> ②　土地の共有関係は各棟ごとに分かれ、集会所等の附属施設が全団地建物所有者の共有となっている形態

　この規約が対象とするのは、①の形態で、特に、以下の３つの要件が満たされている団地としました。

> ア）団地内の数棟の建物が全部区分所有建物であること
> イ）建物の敷地が団地内の団地建物所有者の共有に属していること
> ウ）団地管理組合において、団地内にある区分所有建物全部の管理又は使用に関する規約が定められていること

　②については、基本的に各棟は単棟型の標準管理規約を使用し、附属施設についてのみ全棟の区分所有者で規約を設定することになります。

2 管理費等　規約団地型25条

　団地建物所有者は、土地及び共用部分等の管理に要する経費に充てるため、以下の費用（管理費等）を管理組合に納入しなければなりません。

① 管理費

　管理費の額については、棟の管理に相当する額はそれぞれの棟の各区分所有者の棟の共用部分の共有持分に応じ、**それ以外**

① POINT
この規約では、団地建物所有者の共有物である団地内の土地、附属施設及び団地共用部分（団地全体の共有物）のほか、それぞれの棟についても団地全体で一元的に管理する。

マ　R2
管　R3

の管理に相当する額は各団地建物所有者の土地の共有持分に応じて算出されます。

② 団地修繕積立金

団地修繕積立金の額については、各団地建物所有者の土地の共有持分に応じて算出されます。

③ 各棟修繕積立金

各棟修繕積立金については、それぞれの棟の各区分所有者の棟の共用部分の共有持分に応じて算出されます。

管 R3

3 団地修繕積立金　　　　　　規約団地型28条

管理組合は団地修繕積立金を積み立てる必要があります。また、団地修繕積立金は土地、附属施設及び団地共用部分の以下の特別の管理に要する経費に充当する場合に限って取り崩すことができます。

① POINT
特別の管理に要する経費に充てるための借入金返済に充当することができる。

| ①一定年数の経過ごとに計画的に行う修繕 |
| ②不測の事故その他特別の事由により必要となる修繕 |
| ③土地、附属施設及び団地共用部分の変更 |
| ④建物の建替え及びマンション敷地売却及び敷地分割（以下「建替え等」という。）に係る合意形成に必要となる事項の調査 |
| ⑤その他土地、附属施設及び団地共用部分の管理に関し、団地建物所有者全体の利益のために必要となる管理 |

マ R4
管 R3

4 各棟修繕積立金　　　　　　規約団地型29条1項

管理組合は、各棟修繕積立金を積み立てる必要があります。また、各棟修繕積立金はそれぞれの棟の共用部分の以下の特別の管理に要する経費に充当する場合に限って取り崩すことができます。

② POINT
各棟修繕積立金も棟の共用部分の特別管理費のための借入金返済に充当することができる。

| ①一定年数の経過ごとに計画的に行う修繕 |
| ②不測の事故その他特別の事由により必要となる修繕 |
| ③棟の共用部分の変更 |
| ④建替え等に係る合意形成に必要となる事項の調査 |
| ⑤その他棟の共用部分の管理に関し、その棟の区分所有者全体の利益のために特別に必要となる管理 |

5 区分経理
規約団地型30条２項

　管理組合は以下の費用ごとにそれぞれ区分して経理しなければなりません。

　また、各棟修繕積立金は、棟ごとにそれぞれ区分して経理する必要があります。

①管理費
②団地修繕積立金
③各棟修繕積立金

＜各区分所有者の費用負担＞

費用区分	管理費	団地修繕積立金	各棟修繕積立金
費用の算出	・棟の管理費用→各棟の区分所有者の**共用部分の共有持分**で算出 ・それ以外の管理費用→団地建物所有者の**土地の共有持分**で算出	団地建物所有者の**土地の共有持分**で算出	各棟区分所有者の棟の**共用部分の共有持分**で算出
使途	通常の管理に要する費用	土地・附属施設及び団地共用部分の特別の管理に要する経費	各棟共用部分の特別の管理に要する経費

6 使用料
規約団地型31条

　駐車場使用料その他の土地及び共用部分等に係る使用料（**使用料**）は、それらの管理に要する費用に充てるほか、団地建物所有者の**土地の共有持分**に応じて棟ごとに**各棟修繕積立金**として積み立てます。

7 団地総会
規約団地型44条

　団地総会は、総組合員で組織されます。総会の種類・通常総会の招集義務・臨時総会の招集に関しては、単棟型と同様の規定が置かれています。なお、総会の議長は原則として理事長が務めます。

8 団地総会の議決権
規約団地型48条

　各組合員の議決権については、**土地の共有持分の割合**あるいはそれを基礎としつつ賛否を算定しやすい数字に直した割合に

よるのが適当であるとされています。

9 団地総会の決議事項　　　規約団地型50条

過去問チェック　マ R1・3〜5　管 R1

- ・規約及び使用細則等の制定、変更又は廃止
- ・役員の選任及び解任並びに役員活動費の額及び支払方法
- ・収支決算及び事業報告
- ・収支予算及び事業計画
- ・長期修繕計画の作成又は変更
- ・管理費等及び使用料の額並びに賦課徴収方法
- ・団地修繕積立金及び**各棟修繕積立金**の保管及び運用方法
- ・管理適正化法で規定する管理計画の認定の申請、管理計画の認定の更新の申請及び管理計画の変更の認定の申請
- ・共用部分と構造上一体となった専有部分の管理の実施
- ・特別の管理の実施並びにそれに充てるための資金の借入れ及び団地修繕積立金又は**各棟修繕積立金**の取崩し
- ・建替え等及びマンション建替法の敷地分割に係る計画又は設計等の経費のための団地修繕積立金又は**各棟修繕積立金**の取崩し
- ・団地内建物の建替えの承認
- ・団地内建物の一括建替え
- ・マンション建替法に基づく除却の必要性に係る認定の申請
- ・マンション建替法の敷地分割
- ・組合管理部分に関する管理委託契約の締結
- ・その他管理組合の業務に関する重要事項

10 棟総会　　　規約団地型68条、68条コメント

過去問チェック　マ R4

① POINT
区分所有法で棟ごとに適用される事項については、団地総会では**決議できない**。そこで、棟総会に関する規定が設けられた。

　棟総会は団地内の棟ごとに、その棟の区分所有者全員で組織します。①棟総会は、その棟の区分所有者が当該**棟の区分所有者総数の5分の1以上**及び**議決権総数の5分の1以上**に当たる区分所有者の同意を得て招集します。

　また、棟総会の議長は、棟総会に出席した区分所有者の議決権の過半数をもって、当該棟の区分所有者の中から選任されます。

　なお、棟総会に関する**管理規約の変更**は、**棟総会のみ**で議決できます。

11 棟総会の議決権　　　　　　　　　　　　規約団地型71条

　各組合員の議決権については、**棟の共用部分の共有持分の割合**あるいはそれを基礎としつつ賛否を算定しやすい数字に直した割合によるのが適当であるとされています。

12 棟総会の決議事項　　　　　　　　　　　　規約団地型72条

　以下の事項については、棟総会の決議を経なければなりません。

①区分所有法で団地関係に準用されていない規定に定める事項に係る規約の制定、変更又は廃止
②区分所有法に定める行為停止請求・使用禁止請求・競売請求・占有者に対する引渡請求の訴えの提起及びこれら訴訟の追行者の選任
③建物が一部滅失した場合の滅失した棟の共用部分の復旧
④建替え等に係る合意形成に必要となる事項の調査の実施及びその経費に充当する場合の各棟修繕積立金の取崩し
⑤区分所有法に定める建替え及び円滑化法第108条第１項の場合のマンション敷地売却
⑥建物の建替えを団地内の他の建物の建替えと一括して建替え承認決議に付すこと

確認問題

　問：義務違反者に対する行為の停止等の請求に関する訴えの提起及びこれらの訴えを提起すべき者の選任については、棟総会の決議を経なければならない。

　　答：○（➡️ **12** 棟総会の決議事項）

第11節 複合用途型マンション標準管理規約

重要度 マ ★★
管 ★

複合用途型のマンションでは、**管理費用の負担等**、住居のみに使用されているマンションとは**異なる点がありますので注意**しましょう。

1 複合用途型の標準管理規約の対象 規約複合型コメント全般関係

複合用途型の標準管理規約は、低層階に店舗、その上層階に住戸がある区分所有建物を対象としています。また、複合用途型の標準管理規約は、住宅又は店舗の各区分所有者のみが共用する**一部共用部分についても一元的に管理**し、管理組合は全体のものを規定し、一部管理組合は特に規定していません。

2 管理対象物に対する費用負担等 規約複合型25条、26条、28～33条

マ R2～4
管 R1

過去問チェック

管理対象物の各区分所有者の費用負担を明確にすることは、複合用途型マンションにとって重要です。そこで、以下の費用に関する納入義務を明確にする必要があります。

① 全体管理費

全体管理費は、敷地、全体共用部分及び附属施設の通常の管理に要する経費に充当されます。

② 全体修繕積立金

全体修繕積立金は、敷地、全体共用部分及び附属施設の特別の管理に要する経費に充当する場合に限って取り崩すことができます。また、特別の管理の経費に充てるため借入れをしたときは、全体特別修繕費をもってその償還に充てることができます。

③ 住宅一部管理費及び店舗一部管理費

住宅一部管理費は住宅一部共用部分の、店舗一部管理費は、店舗一部共用部分の通常の管理に要する経費に充当されます。

④ 住宅一部修繕積立金及び店舗一部修繕積立金

住宅一部修繕積立金と、店舗一部修繕積立金は、それぞれ積み立てる必要があります。そして、**住宅一部修繕積立金は住宅一部共用部分**の、**店舗一部修繕積立金は店舗一部共用部分**の特別の管理に要する費用に充当するために取り崩すことができます。また、特別の管理の経費に充てるため借入れをしたときは、

① **POINT**
公租公課や清掃費、共用部分の火災保険費用等に充当される。

② **POINT**
火災からの復旧費用、一定年数ごとの計画的修繕費等がこれに当たる。

それぞれ住宅一部修繕積立金又は店舗一部修繕積立金をもって
その償還に充てることができます。

そして、前記①〜④の費用は、それぞれ区分して経理しなけ
ればなりません。

なお、**駐車場使用料**その他の敷地及び共用部分等に係る使用
料は、それらの管理に要する費用に充てるほか、**全体修繕積立
金**として積み立てます。

＜費用の区分＞

	全体管理費	住宅一部管理費	店舗一部管理費	全体修繕積立金	住宅一部修繕積立金	店舗一部修繕積立金
負担者	各区分所有者	住戸部分の各区分所有者	店舗部分の各区分所有者	各区分所有者	住戸部分の各区分所有者	店舗部分の各区分所有者
費用区分	住戸部分と店舗部分の費用を按分し、住宅又は店舗の各区分所有者ごとに全体共用部分の共有持分に応じ算出	住宅各区分所有者の一部共用部分の共有持分に応じ算出	店舗各区分所有者の一部共用部分の共有持分に応じ算出	全体管理費と同様	住宅一部管理費と同様	店舗一部管理費と同様
使途	敷地、全体共用部分及び附属施設の通常の管理に要する費用	住宅一部共用部分の通常の管理に要する費用	店舗一部共用部分の通常の管理に要する費用	敷地、全体共用部分及び附属施設の特別の管理に要する費用	住宅一部共用部分の特別の管理に要する費用	店舗一部共用部分の特別の管理に要する費用

3 住宅部会及び店舗部会　　　規約複合型60条

管理組合には、住宅部会及び店舗部会を置きます。

住宅部会及び店舗部会は、それぞれ住宅部分、店舗部分の一
部共用部分の管理等について協議する組織でそれぞれの区分所
有者で構成します。複合用途型のマンションでは、総会で決議
する前に、住宅又は店舗の区分所有者で、関係する事項につい
て協議をしておくことが効果的だからです。

ただし、住宅部会及び店舗部会は、管理組合としての意思を
決定する機関ではありません。

322

また、住宅、店舗おのおのから選出された管理組合の役員が、**各部会の役員を兼ねる**ようにし、各部会の意見が理事会に反映されるような仕組みが、有効であると考えられます。

(確)(認)(問)(題)

問：店舗部分の区分所有者で組織される店舗部会も、住宅部分の区分所有者で組織される住宅部会も、いずれも区分所有法に定める集会である。

答：×　店舗部会も住宅部会も、協議する組織です。
（➡ **3** 住宅部会及び店舗部会）

第5章

マンション標準管理委託契約書

第1節 マンション標準管理委託契約書

標準管理委託契約書は、管理組合・管理業者間で締結する管理委託契約書のモデルです。特に、管理業者の義務が重要です。

1 標準管理委託契約書の意義及び管理対象部分 契約書2条

マンションの管理は、本来、管理組合自身で行うべきものです。しかし、その多くが外部の管理会社に管理を依頼しているのが実情です。この場合、管理組合と管理会社（管理業者）との間で管理委託契約を締結することになりますが、管理委託契約の参考として「標準管理委託契約書」が定められています。

もっとも、標準管理委託契約書は、あくまでも**標準的なモデル**ですので、実務上は、これと異なる定めも可能です。
①

また、標準管理委託契約書では、次のように当該マンションの表示及び管理事務の対象となる部分を明示しています。

①名称		
②所在地		
③敷地	面積	
	権利形態	
④建物	構造等	○○造地上○階建地下○階建共同住宅
	建築面積　㎡	
	延床面積　㎡	
	専有部分　住宅○戸	
⑤管理対象部分	敷地	
	専有部分に属さない建物の部分（規約共用部分を除く）	エントランスホール、廊下、階段、エレベーターホール、共用トイレ、屋上、屋根、塔屋、ポンプ室、自家用電気室、機械室、受水槽室、高置水槽室、パイプスペース、内外壁、床、天井、柱、バルコニー、風除室
	専有部分に属さない建物の附属物	エレベーター設備、電気設備、給水設備、排水設備、テレビ共同受信設備、消防・防災設備、避雷設備、各種の配線・配管、オートロック設備、宅配ボックス
	規約共用部分	管理事務室、管理用倉庫、清掃員控室、集会室、トランクルーム、倉庫
	附属施設	塀、フェンス、駐車場、通路、自転車置場、ゴミ集積所、排水溝、排水口、外灯設備、植栽、掲示板、専用庭、プレイロット

2　管理事務の内容　契約書3条、3条コメント①、1条コメント③

過去問チェック ➡ 管 R1・4・5

標準管理委託契約書における管理会社の管理事務の内容は、次の4つとなっています。

① 事務管理業務
② 管理員業務
③ 清掃業務
④ 建物・設備等管理業務

①の事務管理業務は、**基幹事務**と**基幹事務以外**の**事務管理業務**に分かれます。

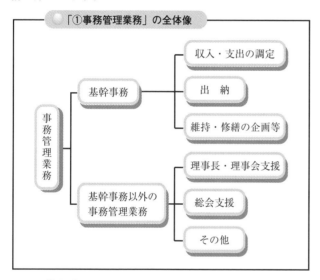

「①事務管理業務」の全体像

- 事務管理業務
  - 基幹事務
    - 収入・支出の調定
    - 出納
    - 維持・修繕の企画等
  - 基幹事務以外の事務管理業務
    - 理事長・理事会支援
    - 総会支援
    - その他

この基幹事務とは、**(1)**管理組合の会計の収入及び支出の調定、**(2)**出納、**(3)**本マンション（専有部分を除く）の維持又は修繕に関する企画又は実施の調整の3つをいいます。

また、**基幹事務以外の事務管理業務**は、**(1)理事長・理事会支援業務**、**(2)総会支援業務**、**(3)その他**をいいます（なお、この「事務管理業務」の内容は、第2節で詳述します）。

②の管理員業務は、管理員による受付等の業務や点検業務、報告連絡業務等を行うものです。

③の清掃業務は、マンションの清掃を行うものです。

④の建物・設備等管理業務は、マンションの建物・設備の点

検、調査・検査等を行うものです。

　そして、試験では、①の**事務管理業務**が重要となります。

　それから、次のような業務を管理会社に委託する場合、個々の状況や必要性に応じて適宜、追加・修正・削除します。

> ①　共用部分の設備等の監視・出動業務
> ②　インターネット、ＣＡＴＶ等の運営業務
> ③　除雪・排雪業務
> ④　植栽管理業務
> ⑤　管理組合が行うコミュニティ活動の企画立案及び実施支援業務（美化や清掃、防災・防犯活動等、管理規約に定めて組合員全員から管理費を徴収し、それらの費用に充てることが適切であるもの）

　また、管理会社の管理対象部分は、原則として敷地及び共用部分等ですが、専有部分である設備のうち**共用部分と構造上一体となった部分**（配管、配線等）は共用部分と一体で管理を行う必要があるため、管理組合が管理を行うとされている場合には、**管理組合から依頼があるとき**に**管理委託契約に含める**ことも可能です。

　なお、マンション管理計画認定制度・民間団体が行う評価制度等に係る業務、警備業法に定める警備業務、消防法に定める防火管理者が行う業務は含まれません。

3 第三者への再委託　　　　　　　　　契約書４条、４条コメント

　管理会社は、**事務管理業務**の管理事務の一部又は**管理員業務**、**清掃業務、建物・設備等管理業務**の管理事務の全部又は一部を第三者に再委託することができます。事務管理業務については、第三者に全部を再委託することはできません。①

マ　R1
管　R2・3

① POINT
事務管理業務には基幹事務が含まれるので、一括再委託を禁止している。

管理事務	全部の再委託	一部の再委託
事務管理業務	×	○
管理員業務	○	○
清掃業務	○	○
建物・設備等管理業務	○	○

※再委託された者が更に委託を行う場合以降も含む。

　そして、再委託する場合に、契約締結時に再委託先の名称が明らかなときや契約締結後に明らかになったときには、管理組合に通知することが望ましいです。

　また、管理会社は、第三者に再委託した管理事務の適正な処理について、**管理組合に責任を負います**。

　管理委託契約は、管理組合と管理会社の信頼関係を基礎とするものですから、管理事務を第三者に再委託する場合においても、管理会社は、自らの責任と管理体制の下で処理すべきだからです。

4　善管注意義務　　　　　　契約書5条、5条コメント

　管理会社は、**善良な管理者の注意**をもって管理事務を行う必要があります。この契約書の他の条項で定める免責事項も、この善管注意義務を果たしていなければ認められません。

5　管理事務に要する費用の負担及び支払方法　契約書6条

① 委託業務費

　管理組合は、管理事務として管理会社に委託する事務のため、管理会社に委託業務費を支払います。

　この委託業務費は、次の2つとなります。

> **ア）定額委託業務費**
> **イ）定額委託業務費以外の費用**

　ア）の「**定額委託業務費**」とは、その負担方法が定額でかつ精算を要しない費用をいいます。この費用は、管理組合が管理会社に対して、毎月、次のとおり支払うものとしています。

a. 定額委託業務費の額	合計月額○○円（消費税及び地方消費税抜き価格○○円、消費税額及び地方消費税額（以下、本契約において「消費税額等」）○○円を含む）
b. 支払期日及び支払方法	毎月○日までにその○月分を、管理会社が指定する口座に振り込む方法により支払う。
c. 日割計算	期間が1月に満たない場合は当該月の暦日数によって日割計算を行う（1円未満は四捨五入とする）。
注：上記 a.～c. 以外の支払方法で委託業務費を支払うときは、適宜追加・修正します。	

なお、マンション管理適正化法72条に基づき管理委託契約締結前に行う重要事項説明等の際に、管理業者が管理組合に対して見積書等であらかじめ定額委託業務費の内訳を明示している場合であって、**当事者間で合意している**ときは、管理委託契約書にその**内訳を記載しない**ことができます。

イ）の「**定額委託業務費以外の費用**」とは、実施内容によって価額に変更が生じる場合があるため各業務終了後に管理組合と管理会社で精算を行う費用をいいます。例えば、**業務の一部が専有部分で行われる排水管の清掃業務、消防用設備等の保守点検業務等に支払う費用**が想定されます。

また、以下のような特殊な管理事務の費用の取扱いにも注意が必要です（契約書6条コメント⑤⑥）。

①② **POINT**
定額委託業務費に含める場合には、実施時期や費用を明示し、管理事務を実施しない場合の精算方法をあらかじめ明らかにすべきである。

3年ごとに実施する特定建築物定期調査のように、契約期間をまたいで実施する管理事務	①定額委託業務費に含める方法① ②定額委託業務費以外の費用に含める方法 ③本契約と別個の契約とする方法
1年に1回以上実施する消防用設備等の点検のように、契約期間内に複数回実施する管理事務	①定額委託業務費に含める方法② ②定額委託業務費以外の費用に含める方法

過去問チェック → 管 R5

② **管理会社が管理事務を実施するのに伴う必要な諸費用の負担**
管理組合は、管理会社が管理事務を実施するのに伴い必要となる水道光熱費、通信費、消耗品費等の諸費用を負担します。

過去問チェック → 管 R3・4

6 管理事務室等の使用等 契約書7条、7条コメント

管理組合は、管理会社に管理事務を行わせるために不可欠な管理事務室、管理用倉庫、清掃員控室、器具、備品等（以下「**管理事務室等**」といいます）を<u>無償で使用させる</u>③ものとします。

また、管理会社の管理事務室等の使用に係る費用の負担は、次のとおりとします。

③ **POINT**
管理事務室等は、管理組合が管理業者にマンションの管理事務を行わせるのに不可欠であるので無償で使用させるものとしている（契約書7条コメント①）。

① ○○○○費	管理組合（又は管理会社）の負担とする。
② ○○○○費	管理組合（又は管理会社）の負担とする。
③ ○○○○費	管理組合（又は管理会社）の負担とする。
④ ○○○○費	管理組合（又は管理会社）の負担とする。

　さらに、管理事務室等の**資本的支出**が必要となったときは、管理組合と管理会社が**協議**して決定します。

＜管理事務室等に関する費用＞

管理事務室等の使用	管理組合が**無償**で使用させる。
管理事務室等の使用に係る諸費用	当該諸費用の**負担区分**について、その内容を規定する。
管理事務室等の資本的支出	管理組合及び管理会社が**協議**して決定する。

7　管理事務の指示　　契約書8条、8条コメント

　管理委託契約に基づく管理組合の管理会社に対する**管理事務に関する指示**については、法令の定めに基づく場合を除いて、管理組合の管理者等又は管理組合の指定する管理組合の役員が、管理会社の使用人その他の従業者（**使用人等**）のうち**管理会社が指定した者**に対して行います。

　これは、カスタマーハラスメント（顧客等からのクレーム・言動のうち、当該クレーム・言動の要求の内容の妥当性に照らして、当該要求を実現するための手段・態様が社会通念上不相当なものであって、当該手段・態様により、労働者の就業環境が害されるもの）を未然に防止する観点から、管理組合が管理業者に対して管理事務に関する指示を行う場合には、管理組合が指定した者以外から行わないことを定めたものです。

　もっとも、管理組合の組合員等が管理業者の使用人等に対して行う情報の伝達、相談や要望（管理業者がカスタマーセンター等を設置している場合に行うものを含みます。）ができないものではありません。

8　緊急時の業務　　契約書9条、9条コメント

　管理会社は委託された業務を行うのが原則ですが、次の災害又は事故等の事由により、管理組合のために、**緊急に行う必要がある業務**で、管理組合の承認を受ける時間的な余裕がないものについては、**管理組合の承認を受けないで**実施することができます。

過去問チェック　➡　管　R1・3・5

①	地震、台風、突風、集中豪雨、落雷、雪、噴火、ひょう、あられ等
②	火災、漏水、破裂、爆発、物の飛来もしくは落下又は衝突、犯罪、孤立死（孤独死）等

この場合、管理会社は、速やかに、**書面をもって**、その業務の内容及びその実施に要した費用の額を管理組合に**通知**しなければなりません。

管理組合は、管理会社が<u>緊急時の業務</u>①を遂行する上でやむを得ず**支出した費用**については、速やかに、管理会社に支払わなければなりません。ただし、**管理会社の責めによる事故等の場合**は、管理組合は費用を**支払う必要はありません**。

なお、専有部分は組合員が管理することになりますが、専有部分において犯罪や孤立死（孤独死）等があり、当該専有部分の組合員の同意の取得が困難な場合には、警察等から管理会社に対し、緊急連絡先の照会等の協力を求められることがあります。

また、管理業者は、災害又は事故等の発生に備え、管理組合と管理業者の役割分担やどちらが負担すべきか**判断が難しい場合の費用負担**のあり方について、あらかじめ管理組合と**協議**しておくことが望ましいです。

そして、組合員等で生じたトラブルについては、組合員等で解決することが原則ですが、管理組合がマンションの共同利益を害すると判断した場合、管理組合で対応することになります。この場合に、管理組合が管理業者に助言等の協力を必要とするときは、緊急時の業務に明記することも考えられます。

9 管理事務の報告等　　契約書10条、10条コメント

管理会社は、管理組合の事業年度終了後〇月以内（「〇」は任意）に、管理組合に対し、当該年度における管理事務の処理状況及び管理組合の会計の<u>収支の結果を記載した書面</u>②を交付し、**管理業務主任者をして、報告**をさせなければなりません。③

また、管理会社は、**毎月末日**までに、管理組合に対し、前月における管理組合の会計の収支状況に関する書面を交付しなければなりません。

さらに管理会社は、管理組合から請求があるときは、管理事務の処理状況及び管理組合の会計の収支状況について報告を行わなければなりません。

これらの場合において、管理組合は、管理会社に対し、管理事務の処理状況及び管理組合の会計の収支に係る関係書類の提示を求めることができます。

なお、この報告期限は、管理組合の総会の開催時期等を考慮し、管理組合の運営上支障がないように定めます。

10 管理費等滞納者に対する督促　契約書11条、11条コメント

管 R1・3・4

管理会社は、事務管理業務のうち、出納業務を行う場合において、管理組合の組合員に対し**電話や自宅訪問又は督促状の方法**により、管理費等の支払の督促を行っても、なお当該組合員が支払わないときは、その責めを免れ、その後の収納の請求は管理組合が行うこととします。この場合、管理組合が管理会社の協力を必要とするときは、管理組合及び管理会社は、その協力方法について協議するものとします。

債権回収をする場合、これはあくまで**管理組合が行うもの**であることに留意し、管理業者の管理費等滞納者に対する督促に関する協力について、**事前に協議が調っている場合**は、**協力内容**（管理組合の名義による配達証明付内容証明郵便による督促等）、**費用の負担等**に関し、具体的に規定するものとします。

また、滞納者が支払わない旨を明らかにしている状態又は複数回の督促に対して滞納者が明確な返答をしない状態にもかかわらず、管理業者が督促業務を継続するなど**法的紛争となるおそれがある場合**には、弁護士法第72条（非弁護士の法律事務の取扱い等の禁止）の規定に**抵触する可能性**があることに十分留意します。

11 有害行為の中止要求　契約書12条、12条コメント

マ R1

管理会社は、管理事務を行うため必要なときは、管理組合の組合員及びその所有する専有部分の占有者（以下「組合員等」といいます）に対し、管理組合に代わって、以下の**行為の中止**

を求めることができます。

①	法令、管理規約、使用細則又は総会決議等に違反する行為
②	建物の保存に有害な行為
③	所轄官庁の指示事項等に違反する行為又は所轄官庁の改善命令を受けるとみられる違法もしくは著しく不当な行為
④	管理事務の適正な遂行に著しく有害な行為（カスタマーハラスメントに該当する行為を含む）
⑤	組合員の共同の利益に反する行為
⑥	上記に掲げるもののほか、共同生活秩序を乱す行為

　管理会社は、上記の規定により組合員等に**行為の中止を求めた場合**は、速やかに、その旨を**管理組合に報告**します。

　また、管理会社は、組合員等に中止を求めても、なおその行為を**中止しないとき**は、**書面**をもって管理組合にその内容を**報告しなければなりません**。

　この報告を行った場合、管理会社はさらなる中止要求の責務を免れるものとし、その後の中止等の要求は管理組合が行うこととなります。

　この場合に、管理組合は、上記④に該当する行為については、その是正のために必要な措置を講じるよう努めなければなりません。

① POINT
管理規約や使用細則に組合員の住所変更や組合員等の長期不在等について届出義務を設けている場合は適宜追加することが望ましい。

12 通知義務
契約書13条

　管理組合又は管理会社は、当該マンションにおいて滅失、き損、瑕疵等の事実を知った場合においては、速やかに、その状況を相手方に通知しなければなりません。

　管理組合又は管理会社は、次のいずれかに該当した場合には、速やかに、書面をもって、相手方に通知しなければなりません。

①	管理組合の役員又は組合員が変更したとき
②	管理組合の組合員がその専有部分を第三者に貸与したとき
③	管理会社が商号又は住所を変更したとき
④	管理会社が合併又は会社分割したとき
⑤	管理会社がマンションの管理の適正化の推進に関する法律の規定に基づき処分を受けたとき
⑥	管理会社が後出「**19契約の解除**」の表のうち①～③の事項に該当したとき

13 専有部分等への立入り　　　契約書14条

管理会社は、管理事務を行うため必要があるときは、組合員等に対して、その専有部分又は専用使用部分（以下「専有部分等」といいます）への立入りを請求することができます。あくまで"請求"ですので、強制立入りはできません。そして組合員等がその専有部分等への立入りを拒否したときは、管理会社はその旨を管理組合に通知しなければなりません。

ただし管理会社は、災害又は事故等の事由により、管理組合のために緊急に行う必要がある場合、専有部分等に立ち入ることができます。こちらは"請求"ではないので組合員の承諾がなくても立ち入ることができます。この場合、管理会社は、管理組合及び管理会社が立ち入った専有部分等の組合員等に対して、事後速やかに、報告をしなければなりません。

14 管理規約の提供等　　　契約書15条、15条コメント

① 管理会社の義務

管理会社は、管理組合の組合員から当該組合員が所有する専有部分の売却等の依頼を受けた宅地建物取引業者が、その媒介等の業務のために、理由を付した書面の提出又は電磁的方法により提出することにより、管理組合の管理規約、管理組合が作成し保管する会計帳簿、什器備品台帳及びその他の帳票類並びに管理組合が保管する長期修繕計画書及び設計図書（管理規約等）の提供又は所定の事項の開示を求めてきたときは、管理組合に代わって、当該宅地建物取引業者に対し、管理規約等の写しを提供し、所定の事項について書面をもって、又は電磁的方法により開示しなければなりません。

また、管理組合の組合員が、当該組合員が所有する専有部分の売却等を目的とする情報収集のためにこれらの提供等を求めてきたときも、同様です。

② 提供・開示の範囲

管理会社が提供・開示できる範囲は、原則として管理委託契約書に定める範囲となります。管理委託契約書に定める範囲外の事項については、組合員又は管理組合に確認するよう求める

334

べきものとなります。

また、管理委託契約書に定める範囲内の事項であっても、「敷地及び共用部分における重大事故・事件」のように該当事項の個別性が高いと想定されるものについては、該当事項ごとに管理組合に開示の可否を確認し、承認を得て開示する事項とします。

さらに、提供・開示する事項に組合員等の個人情報やプライバシー情報が含まれる場合には、個人情報保護法の趣旨等を踏まえて適切に対応する必要があります。

③ 費用の受領・滞納管理費等への措置

管理会社は、当該**業務に要する費用**を管理規約等の提供又は所定の事項の開示を行う相手方から**受領**することができます。

また、管理会社は、当該組合員が管理費等を**滞納している**ときは、管理組合に代わって、当該宅地建物取引業者に対し、その清算に関する**必要な措置を求める**ことができます。

④ 開示する所定の事項

管理会社が宅地建物取引業者等の求めに応じて開示する所定の事項の概要は、次のものです。

＜開示する所定の事項の概要＞

1	マンション名称等	物件名称、総戸数、物件所在地等
2	管理計画	管理計画認定の有無、認定取得日
3	管理体制関係	管理組合名称、管理組合役員数（理事総数及び監事総数）、管理組合役員の選任方法（立候補、輪番制、その他の別）、通常総会の開催月と決算月、理事会の年間の開催回数等
4	共用部分関係	基本事項、駐車場、自転車置場・バイク置場・ミニバイク置場、共用部分の点検・検査・調査
5	売主たる組合員が負担する管理費等関係	管理費、修繕積立金、修繕一時金、駐車場使用料、組合費、遅延損害金の有無とその額等 ※管理費、修繕積立金、使用料等の項目毎に金額を記載（滞納がある場合は滞納額も併せて記載）。

6　管理組合収支関係	収支及び予算の状況、管理費等滞納及び借入の状況、**管理費等の変更予定等（変更予定有（年月から）、変更予定無、検討中の別を記載）**、修繕積立金に関する規約等の定め（規定している規約等の条項、別表名）、特定の組合員に対する管理費等の減免措置の有無（規定している規約条項、別表名）
7　専有部分使用規制関係	専有部分用途の「住宅専用（住宅宿泊事業は可）」、「住宅専用（住宅宿泊事業は不可）」、「住宅以外も可」の別（規定している規約条項）、専有部分使用規制関係、専有部分使用規制の制定・変更予定の有無
8　大規模修繕計画関係	**長期修繕計画の有無（有（年月作成（見直し））、無、検討中**の別）、共用部分等の修繕実施状況（工事概要、実施時期（年月））、**大規模修繕工事実施予定の有無（有（年月予定、工事概要）、無、検討中**の別）
9　アスベスト使用調査の内容	調査結果の記録の有無、調査実施日、調査機関名、調査内容、調査結果
10　耐震診断の内容	耐震診断の有無、耐震診断の内容
11　建替え関係	**建替え推進決議の有無（有（年月決議）、無、検討中**の別）、**要除却認定の有無（有（年月認定）、無、申請中（年月申請）、検討中**の別）、建替え決議、**マンション敷地売却決議の有無（有（年月決議）、無、検討中**の別）
12　管理形態	マンション管理業者名、業登録番号、主たる事務所の所在地、委託（受託）形態（全部、一部の別）
13　管理事務所関係	管理員業務の有無（有（契約している業務内容）、無）、管理員業務の実施態様（通勤方式、住込方式、巡回方式の別及び従事する人数）等
14　備考	敷地及び共用部分における重大事故・事件があればその内容、ゴミ出しや清掃に関する情報、自治体や民間団体が行う認定・評価制度等による結果、設計図書等保管場所

　上記の事項で、「**検討中**」とあるのは、その事項が**理事会で検討されている場合**であって、**管理業者が把握できている場合**をいいます。

　「**変更予定有**」とは、その事項が**総会で承認されている場合又は総会に上程されることが決定している場合**をいいます。

15　管理会社の使用者責任　　　　契約書16条

　管理会社は、管理会社の使用人等が、管理事務の遂行に関し、

管理組合又は組合員等に損害を及ぼしたときは、管理組合又は組合員等に対し、**使用者としての責任**を負います。

16 秘密保持義務　　　　　契約書17条、17条コメント

　管理会社及び**管理会社の使用人等**は、正当な理由なく、管理事務に関して知り得た管理組合及び組合員等の秘密を漏らし、又は**管理事務以外の目的に使用**してはなりません。もっとも、**書面**をもって管理組合の事前の承諾を得た場合等は**除かれます**。

　なお、管理適正化法の規定では、**管理業者でなくなった後及び管理業者の使用人等でなくなった後**にも、秘密保持義務が課せられています。

17 個人情報の取扱い　　　　契約書18条、18条コメント

　管理会社は、管理事務の遂行に際して組合員等に関する個人情報を取り扱う場合には、**管理委託契約の目的の範囲**において取り扱い、正当な理由なく、**第三者に提供、開示又は漏えい**してはなりません。

　また、管理会社は、個人情報への不当なアクセス又は個人情報の紛失、盗難、改ざん、漏えい等の危険に対し、合理的な**安全管理措置**を講じなければなりません。

　そして、管理会社は、個人情報を**管理事務の遂行以外の目的**で、**使用、加工、複写等**してはなりません。

　管理会社において**個人情報の漏えい等の事故が発生したとき**は、管理会社は、管理組合に対し、速やかにその状況を**報告する**とともに、自己の費用において、漏えい等の原因の調査を行い、その結果について、書面をもって管理組合に**報告し、再発防止策を講じなければなりません**。

　管理会社は、個人情報の取扱いを再委託してはなりませんが、**書面**をもって管理組合の事前の承諾を得たときは**再委託ができ**ます。この場合、管理会社は、再委託先に対して、管理委託契約で定められている管理会社の義務と同様の義務を課すとともに、必要かつ適切な監督を行わなければなりません。

　管理会社は、**管理委託契約が終了したとき**は、管理組合と**協議を行い**個人情報を**返却**又は**廃棄**するものとし、その結果について、書面をもって管理組合に**報告**します。

　管理会社が管理組合から委託を受けて作成、管理していた**個人情報以外の情報**についての返却又は廃棄の取扱いや、管理業者において**特定の個人が識別できないように加工した情報**の活用に関する取扱いについては、あらかじめ、管理組合に対して十分に説明し、明確にしておくことが望ましいといえます。

　また、管理業者が管理委託契約の**管理事務の遂行とは関係のない**目的で組合員等から取得した個人情報については、本規定の対象外ですが、当該個人情報についても本規定の趣旨にのっとり適切に管理すべきです。

18 免責事項　契約書19条、19条コメント

過去問チェック　管 R1・3

　管理会社は、管理組合又は組合員等が、災害又は事故等（管理会社の責めによらない場合に限る）による損害及び以下の損害を受けたときは、その損害を賠償する責任を負わないものとします。

①　管理会社が善良な管理者の注意をもって管理事務を行ったにもかかわらず生じた管理対象部分の異常又は故障による損害
②　管理会社が、**書面をもって注意喚起**したにもかかわらず、管理組合が承認しなかった事項に起因する損害
③　上記①②に定めるもののほか、管理会社の責めに帰することができない事由による損害

　なお、管理会社の免責事項については、管理組合及び管理業者の協議の上、例えば、「感染症の拡大のため予定していた総会等の延期に係る会場賃借・設営に対する損害」、「排水設備の能力以上に機械式駐車場内に雨水流入があったときの車両に対する損害」、「通信機器の不具合等により生じた総会等の延期に伴う出席者の機会損失に対する損害」等、必要に応じて具体的な内容を記載することも考えられます。

19 契約の解除　契約書20条

過去問チェック　管 R1・2・5

　管理組合又は管理会社は、その相手方が、管理委託契約に定

められた義務の履行を怠った場合は、**相当の期間を定めてその履行を催告**し、相手方が当該期間内に、その義務を履行しないときは、管理委託契約を**解除**することができます。

この場合、管理組合又は管理会社は、その相手方に対し、**損害賠償を請求**することができます。

また、管理組合又は管理会社の一方について、次のいずれかに該当したときは、その相手方は、**何らの催告を要せずして**、管理委託契約を**解除**することができます。

①管理会社が、銀行の取引を停止されたとき
②管理会社に、破産手続、会社更生手続、民事再生手続その他法的倒産手続開始の申立て、若しくは私的整理の開始があったとき
③管理会社が、合併又は上記②以外の事由により解散したとき
④管理会社が、マンション管理業の<u>登録の取消しの処分</u>を受けたとき
⑤管理組合又は管理会社が後出「**25**反社会的勢力の排除」の確約に反する事実が判明したとき

① POINT
指示・業務停止処分は契約解除事由となっていない。

マ R1
管 R2・3・5

20 解約の申入れ　　　　　　　　　契約書21条

前出**19**の契約の解除の規定にかかわらず、管理組合又は管理会社は、その相手方に対し、少なくとも**3カ月前に書面で解約の申入れ**を行うことにより、管理委託契約を終了させることができます。これは、民法の委任の規定を踏まえ、契約当事者双方の任意解除権を規定したものだからです。

管 R5

21 契約の更新等　　　　　　契約書23条、23条コメント

管理組合又は管理会社は、管理委託契約を更新しようとする場合、当該契約の有効期間が満了する日の**3カ月前**までに、その相手方に対し、**書面**をもって、その旨を申し出る必要があります。

管理委託契約の更新について申出があった場合に、その有効期間が満了する日までに更新に関する**協議が調う見込みがないとき**は、管理組合及び管理会社は、当該契約と**同一の条件**で、

期間を定めて**暫定契約**を締結することができます。

　この場合でも、管理適正化法に規定する**重要事項の説明等**の手続は**必要**です。

　他方、管理委託契約の更新について、管理組合と管理会社の**いずれからも申出がないとき**は、契約は**有効期間満了**をもって終了します。

　この場合、管理会社は、**契約の終了時**までに、**管理事務の引継ぎ等**を管理組合又は管理組合の指定する者に対して行います。ただし、**引継ぎ等の期限**について、**管理組合の事前の承諾を得たとき**は、**契約終了後の日時**とすることができます。

22 法令改正に伴う契約の変更　　契約書24条

　管理組合及び管理会社は、管理委託契約締結後の法令改正に伴い管理事務又は委託業務費を変更する必要が生じたときは、協議の上、当該契約を変更することができます。

　ただし、消費税法等の税制の制定又は改廃により、**税率等の改定**があった場合には、委託業務費のうちの消費税額等は、その改定に基づく額に変更することとされています。

23 ITの活用　　契約書25条、25条コメント

　管理組合又は管理会社は、あらかじめ、相手方に対し、その用いる電磁的方法の種類及び内容を示した上で、その承諾を得た場合は、管理委託契約に規定する書面及びその事務処理上必要となる書面を**電磁的方法**により**提供**することができます。

　そして、この場合には、**管理事務の報告その他の報告**を**WEB会議システム等**（電気通信回線を介して、即時性及び双方向性を備えた映像及び音声の通信を行うことができる会議システム等）により行うことができます。

　なお、ITの活用に必要となる費用やデータの保存に必要となる**サーバ費用等の負担**については、あらかじめ管理組合と管理業者が**協議**しておきます。

　また、理事会や総会の様子を動画に保存し、当日出席できなかった者が後日確認できるようにする場合には、肖像権等の権

利関係に十分留意の上、セキュリティが十分確保できるサーバ等を利用する必要があります。**保存しておく期間等**については、管理組合と管理業者が**協議**して定めることとなります。

24 誠実義務等　　　　　　　　契約書26条、26条コメント

　管理組合及び管理会社は、管理委託契約に基づく義務の履行について、<u>信義を旨とし、誠実に行わなければなりません</u>。

　この誠実義務には、管理業者・管理組合双方ともに厳にハラスメントに該当する言動を行わないことや、管理業者が管理組合に対して法令等に反するような助言等を行ってはならないことも含まれます。

　また、管理委託契約に定めのない事項又は管理委託契約について疑義を生じた事項については、管理組合及び管理会社は、誠意をもって協議するものとします。

25 反社会的勢力の排除　　　　　　　　契約書27条

　管理組合及び管理会社は、それぞれ相手方に対し、次の事項を確約します。

　具体的な確約の事項は、次のとおりとなります。

---

① 　自らが、暴力団、暴力団関係企業、総会屋、社会運動等標ぼうゴロもしくはこれらに準ずる者又はその構成員（反社会的勢力）ではないこと。

② 　自らの役員（管理組合の役員及び管理会社の業務を執行する社員、取締役、執行役又はこれらに準ずる者をいう）が反社会的勢力ではないこと。

③ 　反社会的勢力に自己の名義を利用させ、本契約を締結するものではないこと。

④ 　本契約の有効期間内に、自ら又は第三者を利用して、次の行為をしないこと。

　　ア 　相手方に対する脅迫的な言動又は暴力を用いる行為

　　イ 　偽計又は威力を用いて相手方の業務を妨害し、又は信用をき損する行為

---

① keyword
信義誠実の原則：契約上、相手方の信頼を裏切るような行為をしてはならないという原則（民1条2項）。

過去問チェック
マ R1
管 R1

確認問題

問：管理組合又はマンション管理業者は、管理委託契約を更新しようとする場合、当該契約の有効期間が満了する日までに、その相手方に対し、書面をもって、その旨を申し出る必要がある。

答：×　有効期間の満了する日の「3カ月前」までに、申し出をします。（➡**21**契約の更新等）

第2節 事務管理業務

ここでは、事務管理業務の具体的な内容を学習します。

1 事務管理業務

　第1節で学習した「**事務管理業務**」は、基幹事務と基幹事務以外の事務管理業務の2つに分かれます。

　まず、基幹事務は（1）管理組合の会計の収入及び支出の調定、（2）出納、（3）本マンション（専有部分を除く）の維持又は修繕に関する企画又は実施の調整の3つです。

　他方、基幹事務以外の事務管理業務は、（1）理事長・理事会支援業務、（2）総会支援業務、（3）その他です。

　そして、これらの具体的な内容は、次のとおりとなります。

2 管理組合の会計の収入及び支出の調定　別表第一1(1)

① 収支予算案の素案の作成

　管理会社は、管理組合の会計年度開始の○月前までに、管理組合の会計区分に基づき、管理組合の次年度の収支予算案の素案を作成し、管理組合に提出します。

② 収支決算案の素案の作成

　管理会社は、管理組合の会計年度終了後○月以内に、管理組合の会計区分に基づき、管理組合の前年度の収支決算案（収支報告書及び貸借対照表）の素案を作成し、管理組合に提出します。

③ 収支状況の報告

　管理会社は、**毎月末日**までに、前月における管理組合の**会計の収支状況**に関する**書面の交付**を行うほか、管理組合の**請求**があったときは、管理組合の**会計の収支状況**に関する報告を行います。

　なお、あらかじめ管理組合が当該書面の交付に代えて電磁的方法による提供を承諾した場合には、管理会社は、当該方法による提供を行うことができます。

　また、標準管理委託契約書コメントでは、次のように規定しています。

・管理会社が管理組合の出納業務の全部を受託していない場合においては、収入及び支出の調定についても、管理会社が受託した出納業務に係る範囲で行うものとする。

・収支予算案の素案及び収支決算案の素案の報告期限は、個々の状況や管理組合の総会の開催時期等を考慮し、管理組合の運営上支障がないように定めるものとする。

・会計の収支状況に関する書面として、収支状況及び収納状況が確認できる書面の作成が必要である。

3　出納　別表第一1(2)

① 管理組合の組合員が管理組合に納入する管理費等の収納

　管理会社は、管理組合の管理規約等の定めもしくは総会決議、組合員名簿もしくは組合員異動届又は専用使用契約書に基づき、組合員別の1月当たりの管理費等の負担額の一覧表（**組合員別管理費等負担額一覧表**）を管理組合に提出します。

② 管理費等滞納者に対する督促

　管理会社は、**毎月**、管理組合の組合員の管理費等の滞納状況を、管理組合に報告します。

　管理組合の組合員が管理費等を滞納したときは、管理会社は、最初の支払期限から起算して〇月の間、**電話**もしくは**自宅訪問**又は**督促状の方法**により、その支払の督促を行います。

　この方法により督促しても管理組合の組合員がなお**滞納管理費等を支払わない**ときは、管理会社はその業務を終了します。

　管理費等の滞納者に対する督促については、管理会社は組合員異動届等により管理組合から提供を受けた情報の範囲内で督促します。

　なお、督促の方法（電話もしくは自宅訪問又は督促状）については、滞納者の居住地、督促に係る費用等を踏まえ、合理的な方法で行います。また、その結果については滞納状況とあわせて書面で報告します。

③ 管理組合の会計に係る帳簿等の管理

　管理会社は、管理組合の会計に係る**帳簿等**を**整備、保管**します。また、管理会社は、当該帳簿等を、管理組合の**通常総会終了後**、遅滞なく、管理組合に引き渡します。

④　**財産の分別管理**

　マンション管理適正化法では、管理会社が管理組合から委託を受けて修繕積立金等の財産を管理する方法（**財産の分別管理**）を定めています（「財産の分別管理」は、第13章第4節**12**で詳述しています）。これにより、標準管理委託契約書では、次のように規定されています。

ア）保証契約を締結して管理組合の収納口座と管理組合の保管口座を設ける場合

　　管理組合の組合員の管理費等の収納は、管理組合の預金口座振替の方法によるものとし、毎月○日に、管理組合の組合員の口座から**管理組合の収納口座**に振り替えし、管理組合の経費の支払いを行った後その残額を、当該管理費等を充当する月の翌月末日までに、管理組合の**保管口座**に移し換えます。

イ）管理会社の収納口座と管理組合の保管口座を設ける場合

　　管理組合の組合員の管理費等の収納は、管理組合の預金口座振替の方法によるものとし、毎月○日に、管理組合の組合員の口座から**管理会社の収納口座**に収納し、管理組合の経費の支払いを行った後その残額を、当該管理費等を充当する月の翌月末日までに、管理組合の**保管口座**に移し換えます。

ウ）保証契約を締結する必要がないときに管理組合の収納口座と管理組合の保管口座を設ける場合

　　管理組合の組合員の管理費等の収納は、管理組合の預金口座振替の方法によるものとし、毎月○日に、管理組合の組合員の口座から**管理組合の収納口座**に振り替えし、管理組合の経費の支払いを行った後その残額を、当該管理費等を充当する月の翌月末日までに、管理組合の**保管口座**に移し換えます。

エ）管理組合の収納・保管口座を設ける場合

　管理組合の組合員の管理費等の収納は、管理組合の預金口座振替の方法によるものとし、毎月○日に、管理組合の組合員の口座から管理組合の**収納・保管口座**に振り替えます。

　そして、上記の**ア）〜エ）**の方式が想定される収納口座等に係る名義人等の区分は、次の通りとなります。

＜収納口座等に係る名義人等の区分＞

収納口座			保管口座		収納・保管口座		方式
名義人	印鑑等の管理者	集金代行の委託者	名義人	印鑑等の管理者	名義人	印鑑等の管理者	
管理組合	管理組合	管理会社	管理組合	管理組合	—	—	ア）
		管理組合					ウ）
		—					
	管理会社	管理会社					ア）
		管理組合					
		—					
管理会社	管理組合	管理会社					イ）
		管理組合					
		—					
	管理会社	管理会社					
		管理組合					
		—					
—	—	—	—	—	管理組合	管理組合	エ）

　印鑑等とは、印鑑、預貯金等の引出用カード、その他これらに類するものをいいます。
　また、管理会社が管理費等の収納事務を**集金代行会社**に再委託する場合、管理組合の組合員の管理費等の収納は、収納日に、**管理組合の組合員の口座**から**集金代行会社の口座**に振り替え、収納日の所定の営業日後に**集金代行会社の口座**から**管理組合**（ア、ウ方式）又は**管理会社**（イ方式）の収納口座に収納し、管理組合の経費の支払いの事務を行った後その残額を、当該管理費等を充当する月の**翌月末日**までに、管理組合の**保管口座**に移し換えます。

また、前記**ア）**と**イ）**の方式により管理するときには、**保証契約**を締結することとなりますが、この場合、当該保証契約には、次の事項を定めます。

> ・保証する第三者の名称
> ・保証契約の名称
> ・保証契約の内容（保証契約の額及び範囲、保証契約の期間、更新に関する事項、解除に関する事項、免責に関する事項、保証額の支払に関する事項）

⑤　**管理組合の経費の支払い**

　財産の分別管理に従い、管理組合の経費の支払いをする場合、次の規定によります。

ア）の方式	管理組合の承認の下に管理組合の**収納口座**から、又は承認を得て管理組合の**保管口座**から支払う。
イ）の方式	管理組合の承認の下に管理会社の**収納口座**から、又は承認を得て管理組合の**保管口座**から支払う。
ウ）の方式	管理組合の承認を得て、管理組合の**収納口座**及び管理組合の**保管口座**から支払う。
エ）の方式	管理組合の承認を得て、管理組合の**収納・保管口座**から支払う。

　保証契約を締結する上記ア）とイ）の方式の場合には、「下」「得て」となります。保証契約を締結しない上記ウ）とエ）の方式の場合には、「得て」となります。

　これは、支払に使用する収納口座について、管理会社が印鑑等を保管している場合には、管理組合からの支払委託により包括的に承認を得ていると考えられるため「承認の下に」と表記し、管理組合が印鑑等を保管している場合には、支払の都度管理組合から承認を得ることになるため「承認を得て」と表記します。

　なお、管理会社は、**掛け捨て保険**に限り管理組合の損害保険証券を**保管**します。また、管理組合の請求があったときは、遅滞なく、当該保険証券を管理組合に提出します。

　そして、管理組合の管理費等のうち**余裕資金**については、必要に応じ、管理組合の**指示**に基づいて、定期預金、金銭信託等に振り替えます。

⑥　現金収納業務

　現金収納は行わないのが原則です。だだ、例外として、現金収納を行う場合には、次の通りとします。

> ア　管理会社が現金で受領する使用料等の種類は所定のものとし、これら以外は、現金で受領することはできないものとする。
>
> イ　管理会社は、現金を受領したときは、あらかじめ管理組合の承認を得た様式の領収書を支払者に発行するとともに、上記アの使用料等を毎月末で締め、速やかに管理会社の収納口座又は収納・保管口座に入金する。
>
> ウ　管理会社は、上記アの使用料等の収納状況に関して所定の帳簿を備え、これに記載する。

4　マンション（専有部分を除く）の維持又は修繕に関する企画又は実施の調整　別表第一1(3)

　マンション（専有部分を除く）の維持又は修繕に関する企画又は実施の調整の内容として、次のものがあります。

 管　R2・4・5

> ①　管理会社は、管理組合の長期修繕計画における**修繕積立金の額が著しく低額である場合や設定額に対して実際の積立額が不足している場合**、管理事務を実施する上で把握した本マンションの劣化等の状況に基づき、当該計画の修繕工事の内容、実施予定時期、工事の概算費用や修繕積立金の**見直しが必要であると判断した場合**には、**書面をもって**管理組合に助言します。
>
> 　なお、管理会社は、**長期修繕計画案の作成業務**並びに**建物・設備の劣化状況等を把握するための調査・診断の実施及びその結果に基づき行う当該計画の見直し業務を実施する場合**は、本契約とは別個の契約とします。
>
> ②　管理会社は、管理組合が**本マンションの維持又は修繕（大規模修繕を除く修繕又は保守点検等。）を外注により管理会社以外の業者に行わせる場合**には、見積書の受理、管理組合と受注業者との取次ぎ、実施の確認を行います。
>
> 　なお、管理会社は、**本マンションの維持又は修繕を自ら**

実施する場合は、本契約とは別個の契約とします。

　上記②の「**本マンションの維持又は修繕（大規模修繕を除く修繕又は保守点検等。）を外注により管理会社以外の業者に行わせる場合**」とは、本契約以外に管理組合が自ら本マンションの維持又は修繕（日常の維持管理として管理費を充当して行われる修繕、保守点検、清掃等）を第三者に外注する場合をいいます。

　「**大規模修繕**」とは、建物の全体又は複数の部位について、修繕積立金を充当して行う計画的な修繕又は特別な事情により必要となる修繕等をいいます。

　「**見積書の受理**」には、見積書の提出を依頼する業者への現場説明や見積書の内容に対する管理組合への助言等（見積書の内容や依頼内容との整合性の確認の範囲を超えるもの）は含まれません。

　「**管理組合と受注業者との取次ぎ**」には、工事の影響がある住戸や近隣との調整、苦情対応等、管理組合と受注業者の連絡調整の範囲を超えるものは含まれません。

　「**実施の確認**」とは、管理員が外注業務の完了の立会いにより確認できる内容のもののほか、管理員業務に含まれていない場合又は管理員が配置されていない場合には、管理会社の使用人等が完了の立会いを行うことにより確認できる内容のものをいいます。なお、管理組合と管理会社の協議により、施工を行った者から提出された作業報告書等の確認をもって「実施の確認」とすることができます。また、「実施の確認」について、本契約とは別個の契約として、建築士やマンション維持修繕技術者等の有資格者による確認を行うことも考えられます。

　また、標準管理委託契約書コメントでは、次のように規定しています。

①　長期修繕計画案の作成及び見直しは、長期修繕計画標準様式、長期修繕計画作成ガイドライン、長期修繕計画作成ガイドラインコメントを参考にして作成することが望ましい。また、長期修繕計画における修繕積立金の額が著しく低額である場合の確認については、マンションの修繕積立

金に関するガイドラインにおいて修繕積立金の額の目安を
示しているため、参考とすることが望ましい。

② 長期修繕計画案の作成業務（長期修繕計画案の作成のた
めの建物等劣化診断業務を含む）以外にも、必要な年度に
特別に行われ、業務内容の独立性が高いという業務の性格
から、以下の業務を管理会社に委託するときは、本契約と
は別個の契約にすることが望ましい。

一　修繕工事の前提としての建物等劣化診断業務（耐震診
断を含む）

二　大規模修繕工事実施設計及び工事監理業務

三　建物・設備の性能向上に資する改良工事の企画又は実
施の調整（耐震改修工事、防犯化工事、バリアフリー化
工事、ＩＴ化工事等）

四　マンション建替え支援業務

5 基幹事務以外の事務管理業務　　別表第一2(1)～(3)

① 理事長・理事会支援業務

理事会支援業務は、理事会の円滑な運営を支援するもので
すが、理事会の運営主体があくまで**管理組合**であることに留意し
ます。

ア）組合員等の名簿の整備

　管理会社は、組合員等異動届に基づき、組合員及び賃借人
等の氏名、連絡先（緊急連絡先を含む）を記載した名簿を整
備し、書面をもって理事長に提出します。

イ）理事会の開催、運営支援

一　管理組合の理事会の開催日程等の調整

二　管理組合の役員に対する理事会招集通知及び連絡

三　管理組合が管理会社の協力を必要とするときの理事会
議事に係る助言、資料の作成

四　管理組合が管理会社の協力を必要とするときの理事会
議事録案の作成

五　WEB会議システム等を活用した理事会を行う場合に
おいて、管理組合が管理会社の協力を必要とするときの

350

機器の調達、貸与及び設置の補助

　なお、上記の場合に、管理組合が管理会社の協力を必要とするときは、管理組合及び管理会社は、その協力する会議の開催頻度（上限回数○回／年）、出席する概ねの時間（１回当たり○時間を目安）等の協力方法について協議します。

　また、大規模修繕、長期修繕計画変更、管理規約改正等、理事会が設置する**各種専門委員会の運営支援業務を実施する場合**は、その業務内容、**費用負担**について、別途、管理組合及び管理会社が**協議**して定めます。

ウ）管理組合の契約事務の処理

　管理組合に代わって、管理組合が行うべき共用部分に係る損害保険契約、マンション内の駐車場等の使用契約、マンション管理士その他マンション管理に関する各分野の専門的知識を有する者との契約等に係る事務を行います。

② **総会支援業務**

ア）管理組合の総会の開催日程等の調整

イ）管理組合の次年度の事業計画案の素案の作成

ウ）総会会場の手配、招集通知及び議案書の配付

エ）組合員等の出欠の集計等

オ）管理組合が管理会社の協力を必要とするときの総会議事に係る助言

カ）管理組合が管理会社の協力を必要とするときの総会議事録案の作成

キ）WEB会議システム等を活用した総会を行う場合において、管理組合が管理会社の協力を必要とするときの機器の調達、貸与及び設置の補助

　なお、上記の場合において、管理組合が管理会社の協力を必要とするときは、管理組合及び管理会社は、その協力する会議の開催頻度（上限回数○回／年、臨時総会への出席）、出席する概ねの時間（１回当たり○時間を目安）等の協力方法について協議します。

　また、議決権行使書や委任状により議決権を行使する方法

について、管理組合から管理会社が協力を求められたときは、その協力方法について、別途、管理組合及び管理会社が協議して定めます。

そして、理事会支援業務や総会支援業務について、区分所有法及び管理組合の管理規約に照らし、管理組合の管理者等以外の正規に招集の権限があると考えられる者から当該支援業務に関する契約書に規定する**業務の履行の要求があった場合**にも、これを**拒否すべき正当な理由がある場合を除き**、管理会社は**業務を履行すべきもの**となります。ただし、あらかじめ定めた理事会等支援業務の頻度を超える場合には超えた部分の費用について、WEB会議システム等を活用した理事会・総会を行う場合には機器の調達、貸与及び設置の補助に係る費用（アカウントのライセンス費用を含む。）について、別途、管理組合及び管理会社が協議して定めます。

③　その他

ア）各種点検、検査等に基づく助言等

管理会社は、管理対象部分に係る各種の点検、検査等の結果を管理組合に報告するとともに、**改善等の必要がある事項**については、**具体的な方策**を管理組合に助言します。この報告及び助言は、書面をもって行います。

イ）管理組合の各種検査等の報告、届出の補助

　一　管理組合に代わって、消防計画の届出、消防用設備等点検報告、特定建築物定期調査又は特定建築物の建築設備等定期検査の報告等に係る補助を行います。

　二　管理組合の指示に基づく管理組合の口座の変更に必要な事務を行います。

　三　諸官庁からの各種通知を、管理組合及び管理組合の組合員に通知します。

ウ）図書等の保管等

　一　管理会社は、本マンションに係る**設計図書**を、**管理組合の事務所**で保管します。

　二　管理会社は、管理組合の**管理規約の原本**、**総会議事録**、**総会議案書等**を、管理組合の**事務所**で保管します。

352

三　管理会社は、**解約等により本契約が終了した場合**には、管理会社が保管する図書等、整備する組合員等の名簿及び出納事務のため管理会社が預かっている**管理組合の口座の通帳等**を遅滞なく、**管理組合に引き渡します。**

(確)(認)(問)(題)

問：マンション管理業者は、出納業務を行う場合において、管理組合の組合員に対し、電話、自宅訪問及び督促状による督促を行っても、なお当該組合員が支払わないときは、その責任を負う。

答：× マンション管理業者は、その責任を免れます。（➡ **3** 出納）

問：マンション管理業者の収納口座と管理組合の保管口座を設ける場合、管理組合の経費の支払いに関して、マンション管理業者は、管理組合の収支予算に基づき、管理組合の経費を、管理組合の承認の下にマンション管理業者の収納口座から、又は管理組合の承認を得て管理組合の保管口座から支払う。

答：○（➡ **3** 出納）

問：マンション管理業者は、管理事務を通じて当該マンションの劣化等の状況を把握することができることから、長期修繕計画案の作成業務を実施する場合、当該業務に係る契約については、管理委託契約と別個の契約としてはならない。

答：× 管理委託契約とは別個の契約とします。（➡ **4** マンション(専有部分を除く。)の維持又は修繕に関する企画又は実施の調整）

問：マンション管理業者は、管理組合の管理規約の原本、総会議事録、総会議案書等を、マンション管理業者の事務所で保管する。

答：× 管理組合の事務所で保管します。（➡ **5** 基幹事務以外の事務管理業務）

第 3 節　管理員業務

重要度　マ ★
　　　　管 ★★

ここでは、管理員業務の具体的な内容を学習します。

1　業務実施の態様　　　　　　　　　　　別表第二1

　管理員業務においては、管理員の勤務形態で最も多い「管理員通勤方式」の勤務・業務態様を規定しています。これ以外の方式（住込方式又は巡回方式等）による場合は、適宜修正をします。

　また、集会室やパーティールーム、ライブラリー、フィットネスルーム、来客用駐車場等の各種共用施設があるようなマンション等で、管理員とは別に受付等の業務を専門に行うスタッフを配置することを管理業者に委託することも考えられ、その場合は、管理員の業務と区分して別途記載します。

　管理員に勤務時間外の対応が想定される場合、あらかじめ管理組合との協議を行い、必要に応じて、管理委託契約に条件等を明記することが望ましいといえます。

　管理事務実施の必要上、管理員の勤務日以外の日に、管理事務の実施に係る外注業者が業務を行う場合、管理員による業務の着手、実施の立会いが困難な場合が想定されます。このような場合、管理組合への連絡、事後の確認等により、適切な対応を行うことが望ましいといえます。

　管理員の執務場所は、管理事務室としています。

　なお、清掃業務を管理員が兼務する場合は、その旨を「業務の区分及び業務内容」に記載するものとします。

2　業務の区分及び業務内容　　　　　　　別表第二2

　管理員業務の区分及び業務内容は、次の通りとなります。

過去問チェック　管　R4・5

① 　**受付等の業務**

　ア）管理組合が定める各種使用申込の受理及び報告
　イ）管理組合が定める組合員等異動届出書の受理及び報告
　ウ）利害関係人に対する管理規約等の閲覧
　エ）共用部分の鍵の管理及び貸出し

354

オ）管理用備品の在庫管理

カ）引越業者等に対する指示

② 点検業務

ア）建物、諸設備及び諸施設の外観目視点検

イ）照明の点灯及び消灯並びに管球類等の点検、交換（高所等危険箇所は除く。）

ウ）諸設備の運転及び作動状況の点検並びにその記録

エ）無断駐車等の確認

③ 立会業務

ア）管理事務の実施に係る**外注業者**の業務の着手、**実施の立会い**

イ）ゴミ搬出時の際の立会い

ウ）災害、事故等の処理の立会い

ア）の「外注業者」とは、管理事務の実施に係るものであり、専有部分のリフォーム工事等に係る業者は含まれません。

また、「実施の立会い」とは、終業又は業務の完了確認等を行うものであり、外注業者の業務中、**常に立会うことを意味しません**。また、工事の完了確認を行う場合は、**工事が設計図書のとおりに実施されているかいないかを確認するものではなく**、外観目視等によりその完了を確認することや外注業者から業務終了の報告を受けることをいいます。

④ 報告連絡業務

ア）管理組合の文書の配付又は掲示

イ）各種届出、点検結果、立会結果等の報告

ウ）災害、事故等発生時の連絡、報告

確認問題

問：立会業務には、災害、事故等の処理の立会いが含まれるが、そのための専有部分の鍵の保管は含まれない。

答：○　立会業務には、災害、事故等の処理の立会いが含まれます。しかし、そのための専有部分の鍵の保管は含まれません。（➡ **2** 業務の区分及び業務内容）

第6章

建築基準法

第 1 節　用語の定義

重要度 マ ★
　　　 管 ★★★

建築基準法を理解するための基本的な用語を学びます。他の法令で定めている用語と似ているものもあり、紛らわしいので要注意です。

1 目的
建1条

　建築基準法は、建築物の敷地・構造・設備及び用途に関する**最低の基準**を定めて、国民の**生命・健康**及び財産の保護を図り、もって**公共の福祉**の増進に資することを目的とします。

2 用語の定義

① **建築物**（建2条1号）

　建築物とは、土地に定着する工作物のうち、屋根及び柱もしくは壁を有するもの、これに附属する門もしくは塀、観覧のための工作物又は地下もしくは高架の工作物内に設ける事務所、店舗、興行場、倉庫その他これらに類する施設をいい、**建築設備**を含むものをいいます。

② **特殊建築物**（建2条2号）

　特殊建築物とは、学校（専修学校・各種学校含む）・体育館・病院・劇場・観覧場・集会場・展示場・百貨店・市場・ダンスホール・遊技場・公衆浴場・旅館・共同住宅・寄宿舎・下宿・工場・倉庫・自動車車庫・危険物の貯蔵場・と畜場・火葬場・汚物処理場その他これらに類する用途に供する建築物をいいます。

③ **建築設備**（建2条3号）

　建築設備とは、建築物に設ける電気・ガス・給水・排水・換気・暖房・冷房・消火・排煙もしくは汚物処理の設備又は煙突・昇降機もしくは避雷針をいいます。

④ **居室**（建2条4号）

　居室とは、**居住・執務・作業・集会・娯楽**その他これらに類する目的のために**継続的に使用**する室をいいます。

⑤ **主要構造部**（建2条5号）

　主要構造部とは、壁・柱・床・梁・屋根又は階段をいいます。

ただし、建築物の構造上重要ではない**間仕切壁**（パーテーション）・間柱（下地をつくるため、柱と柱の間に立てる小さな柱）・付け柱（装飾用の柱）・揚げ床（二重床のこと）・**最下階の床**・廻り舞台の床・**小梁**・ひさし・局部的な小階段・屋外階段等の部分は<u>主要構造部ではありません</u>。
①

① 　　POINT
主要構造部は防火的な意味から定められており、構造的に建物を支える部分である、構造耐力上主要な部分とは異なる。

管　R3・4

⑥　**建築等**（建2条13号～15号）

建築等とは、次の行為をいいます。

建築	建築物を**新築**し、**増築**し、**改築**し又は**移転**すること
大規模の修繕	建築物の主要構造部の一種以上について行う**過半**の修繕のこと
大規模の模様替え	建築物の主要構造部の一種以上について行う**過半**の模様替えのこと

大規模の修繕・模様替えについては、「主要構造部」が対象であること、「過半」であることに注意しましょう。

⑦　**不燃材料・準不燃材料・難燃材料**

種類	定　義	例
不燃材料	20分間の不燃性能の要件を満たすもの	コンクリート・レンガ・瓦・ガラス・モルタル・漆くい・鉄鋼・アルミニウム・石等
準不燃材料	10分間の不燃性能の要件を満たすもの	厚さが9㎜以上の石膏ボード・厚さが15㎜以上の木毛セメント板・厚さが9㎜以上の硬質木片セメント板等
難燃材料	5分間の不燃性能の要件を満たすもの	難燃合板で厚さが5.5㎜以上のもの・厚さが7㎜以上の石膏ボード（ボード用厚紙の厚さ0.5㎜以下のもの）等

⑧　**不燃性能**（建令108条の2）

不燃性能とは、通常の火災時における火熱により燃焼しないこと、建築材料に通常の火災による火熱が加えられた場合に、加熱開始後、次の要件を満たすものをいいます。

> **ア**）燃焼しないものであること（**不燃性**）
> **イ**）防火上有害な変形・溶融・亀裂その他の損傷を生じないものであること（**非損傷性**）
> **ウ**）避難上有害な煙又はガスを発生させないものであること（**非発煙性**）

⑨ 延焼のおそれがある部分 （建2条6号）

延焼のおそれのある部分とは、隣地や別棟の建築物が火災の際に焼え移るおそれのある部分のことで、隣地境界線・道路中心線・同一敷地内の2以上の建築物（延べ面積の合計が500㎡以内の建築物は、1の建築物とみなされる）相互の外壁間の中心線から、1階にあっては3m、2階以上にあっては5m以下の距離にある建築物の部分が該当します。炎は上に広がるので、2階の方が要件が厳しいのです。

ただし、防火上有効な公園・広場・川等の空地・水面・耐火構造の壁その他これらに類するものに面する部分は除かれます。

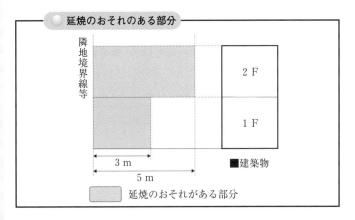

⑩ 耐火構造 （建2条7号）

耐火構造とは、壁・柱・床その他の建築物の部分の構造のうち、**耐火性能**（通常の火災が終了するまでの間、当該火災による建築物の**倒壊及び延焼を防止**するために必要とされる性能）に関して技術的基準に適合する鉄筋コンクリート造・レンガ造その他の構造で、国土交通大臣が定めた構造方法を用いるもの又は国土交通大臣の認定を受けたものをいいます。

耐火構造では、通常の火災が終了するまでの間、火災の拡大と、建物の倒壊を防止するために必要な性能が必要となります。

⑪ 準耐火構造 （建2条7の2号）

準耐火構造とは、壁・柱・床その他の建築物の部分の構造のうち、**準耐火性能**（通常の火災による**延焼を抑制**するために必

要とされる性能）に関して技術的基準に適合するもので、国土交通大臣が定めた構造方法を用いるもの又は国土交通大臣の認定を受けたものをいいます。準耐火構造になると、火災が終了するまでという要件もなく、建築物の倒壊を防止するという要件もなくなっています。また、延焼も防止ではなく抑制とされています。

⑫　**防火構造**（建2条8号）

　防火構造とは、建築物の外壁・軒裏の構造のうち、**防火性能**（建築物の**周囲において発生する通常の火災による延焼を抑制**するために当該外壁又は軒裏に必要とされる性能）に関して政令で定める基準に適合する鉄網モルタル塗・漆くい塗・その他の構造で、国土交通大臣が定めた構造方法によるもの又は国土交通大臣の認定を受けたものをいいます。

⑬　**耐火構造・準耐火構造と防火構造の違いについて**

　耐火・準耐火と防火の違いは、次のようになります。

　「**耐火構造**」は文字どおり火に耐えるのだから、内部から出火しても、単に燃えないという不燃性だけではなく、構造耐力的な低下の少ない構造でなければなりません。

　その典型が鉄筋コンクリート（RC）造です。RCというのはReinforced Concreteで、つまり（鉄筋で）補強されたコンクリートということです。ところが不燃材の「鉄」が主要構造の鉄骨（S）造は、そのままでは**耐火構造ではありません**（建物の外部階段である場合を除く）。鉄は、火の熱に弱く、わずか、摂氏500℃で構造耐力が2分の1となり、600℃では3分の1の耐力しかなくなるので、とても火災時の高熱（800〜1000℃以上）には耐えられないからです。

　次に「**準耐火構造**」ですが、準耐火構造も内部出火に対して強いのですが、耐火構造との差は、火災の後でその建築物が再使用が可能かどうかという点にあります。つまり、同じ1時間耐火といっても、耐火構造ならば、火災が1時間程度で終った後は、再使用ができるという構造ですが、準耐火構造の方は、1時間は持ちこたえても、1時間以上燃え続けると、その建築物は火熱に耐えることができず、もちろん、再使用はできない

ということになります。

　これに対して「**防火構造**」は、文字どおり火を防ぐことにあり、建物自身は不燃性を有するものではありません。むしろ、木造などで燃えやすいからこそ、延焼を防ぐために表面に防火被覆をする必要があるのです。したがって、防火構造は、外部からの延焼防止の効果はありますが、内部からの出火に対しては全く無力なのです。

⑭　**不燃材料**（建2条9号）

　不燃材料とは、建築材料のうち、不燃性能に関して政令で定める技術的基準に適合するもので、国土交通大臣が定めたもの、又は国土交通大臣の認定を受けたものをいいます。

⑮　**耐火建築物・準耐火建築物とは**（建2条9号の2、2条9号の3）

　耐火建築物とは、主要構造部のうち、防火上及び避難上支障がないものとして政令で定める部分以外の部分（特定主要構造部）が、次のいずれかに該当するものをいいます。

> ア）耐火構造であること
> イ）建築物の構造、建築設備及び用途に応じて屋内において発生が予測される火災による火熱に当該火災が終了するまで耐えること
> ウ）建築物の周囲において発生する通常の火災による火熱に当該火災が終了するまで耐えること
> エ）外壁の開口部で延焼のおそれのある部分に、防火戸その他の政令で定める防火設備を有すること

　準耐火建築物とは、耐火建築物以外の建築物で、次のいずれかに該当し、外壁の開口部で延焼のおそれのある部分に防火戸その他の防火設備を有するものをいいます。

> ア）主要構造部を準耐火構造としたもの
> イ）ア）に掲げる建築物以外の建築物であって主要構造部を準耐火構造等とした建築物と同等の耐火性能を有する建築物

⑯　**敷地**（建令1条1号）

　敷地とは、1の建築物又は用途上不可分の関係にある2以上の建築物のある一団の土地をいいます。

　1つの敷地には、1つの建築物が原則で、用途上不可分の場

合にのみ、2以上の建築物が認められます。

⑰　**地階**（建令1条2号）

　地階とは、床が地盤面下にある階で、床面から地盤面までの高さがその階の天井の高さの3分の1以上のものをいいます。

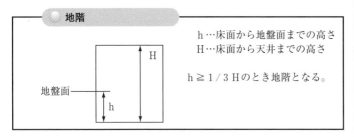

　地階

　　h…床面から地盤面までの高さ
　　H…床面から天井までの高さ

　　h ≧ 1 / 3 H のとき地階となる。

地盤面

⑱　**構造耐力上主要な部分**（建令1条3号）

　構造耐力上主要な部分とは、**基礎、基礎ぐい、壁、柱、小屋組、土台、斜材**（筋かい、方づえ、火打材その他これらに類するものをいう。）、**床版、屋根版又は横架材**（梁、けたその他これらに類するものをいう。）で、建築物の自重もしくは積載荷重、積雪、風圧、土圧もしくは水圧又は地震その他の震動もしくは衝撃を支えるものをいいます。

⑲　**耐水材料**（建令1条4号）

　耐水材料とは、**れんが、石、人造石、コンクリート、アスファルト、陶磁器、ガラス**その他これらに類する耐水性の建築材料をいいます。

確認問題

　問：主要構造部に、最下階の床は含まれない。

　　　　答：○（➡ **2** 用語の定義）

第2節 建築確認申請等

重要度 マ ★★
管 ★

確認申請に関する規定の、基本的なことを学びます。本法における建築の定義をしっかり理解してください。

過去問チェック
マ R4・5
管 R2

① keyword
建築主事等とは、都道府県知事又は市町村の長の指揮監督のもとで、確認申請に係る事務を司る者をいう。

② POINT
1．～3．の場合は、建築（新築、増築、改築、移転）だけではなく、大規模の修繕及び大規模の模様替を行う場合にも確認申請が必要である。

1 建築確認申請

建6条1項・2項

建築主は、次に掲げる建築物を建築する場合等には工事着手前に建築基準法その他の法令に適合するものであることについて建築主事等又は指定確認検査機関の確認を受けなければなりません。
①

なお、確認申請をするのはあくまでも**建築主**です。設計事務所や建設会社は、建築技術や法令に詳しくない建築主の代理人にすぎません。

	要件
1．特殊建築物② （マンション等）	その部分の面積が**200㎡を超えるとき**
2．木造建築物②	次のいずれかに該当するとき ・3以上の階数を有するとき ・延べ面積が500㎡を超えるとき ・高さが13mを超えるとき ・軒の高さ9mを超えるとき
3．木造以外の建築物② （鉄筋コンクリート、鉄骨造など）	次のいずれかに該当するとき ・2以上の階数を有するとき ・延べ面積が200㎡を超えるとき
4．上記以外の建築物	次のいずれかの区域に建築するとき ・都市計画区域内 ・準都市計画区域内 ・準景観地区内 ・都道府県知事が指定する区域内

また、床面積の合計が**200㎡を超える特殊建築物に用途変更**するときにも、原則として、確認を受けなければなりません。

なお、建築物の**増築、改築、移転**を行う場合、次のすべてに該当するときには建築確認は不要です（建6条2項）。

① 防火地域及び準防火地域**外**であること
② 増築等に関わる部分の床面積の合計が**10㎡以内**であること

2 建築物の建築・除却の届出　建15条

　建築主が建築物を建築しようとする場合又は建築物の除却の工事を施工する者が建築物を除却しようとする場合においては、これらの者は、建築主事を経由して、その旨を都道府県知事に届け出なければなりません。ただし、当該建築物又は当該工事に係る部分の床面積の合計が10㎡以内の場合は、不要です。

確認問題

問：準防火地域内にある共同住宅を増築しようとする場合、その増築部分の床面積の合計が10㎡以内であれば、建築確認を受ける必要はない。

答：×　準防火地域内では、10㎡以内の増築でも確認が必要です。
（➡ 1 建築確認申請）

第 3 節	構造計算	重要度 マ ★ / 管 ★

建築物には様々な力が加わります。どんな力をどのように計算し、建物の安全性を確保するのかを覚えましょう。

1 構造計算が必要な建築物　　　　　　　　建20条

　建築物は、自重・積載荷重・積雪・風圧・土圧・水圧・地震その他の振動及び衝撃に対して安全な構造のものでなければならないとされています。

　そして、一定の建築物は、構造計算によって安全性を確かめなければなりません。

2 荷重・外力　　　　　　　　　　　　　　建令84〜88条

過去問チェック　マ R1・2

　建築物に作用する荷重及び外力としては、次に掲げるものを採用しなければなりません。なお、**固定荷重**、積載荷重及び積雪荷重は、重力により建築物の鉛直方向に働くもので鉛直荷重といいます。風圧力及び地震力は、主に水平方向に働くもので水平荷重といいます。

① 固定荷重	② 積載荷重	③ 積雪荷重
④ 風圧力	⑤ 地震力	

① **固定荷重**

　固定荷重とは、**躯体、仕上材料等、建築物自体**の重量をいいます。固定荷重は、建築物の実況に応じて計算しますが、**屋根、床、壁等の建築物の部分別に定められた数値により計算することができます**。

② **積載荷重**

　積載荷重は、人、家具、調度物品等、移動が比較的簡単にできるものの重量のことです。積載荷重は、建築物の実況に応じて計算しますが、住宅の居室、事務室、自動車車庫等、室の種類別に定められた数値により計算することができます。

③ **積雪荷重**

　積雪荷重は、「積雪の単位荷重」に「屋根の水平投影面積」

及び「特定行政庁が定めるその地方における垂直積雪量」を乗じて計算します。

④　**風圧力**

風圧力は、建築物の屋根の高さやその地方における風の性状等により計算される「速度圧」に、建築物の断面や平面の形状等により定まる「風力係数」を乗じて計算します。

⑤　**地震力**

地上部分にある建築物のある層に作用する地震力は、その層の高さに応じ、その層が支える荷重（固定荷重と積載荷重の和、さらに多雪区域においては積雪荷重を加えます。）に、その層に対する「地震層せん断力係数」を乗じて計算します。「地震層せん断力係数」は、地震活動による地域性、地盤の種類、建築物の剛性・高さ等の影響を考慮した方法により計算します。地域性を考慮したものとしては「地震地域係数」があり、各地方における過去の地震の記録に基づく被害の程度、地震の活動状況等に応じて定められています。

3 構造耐力に係る適合基準　　建20条

建築物は、自重、積載荷重、積雪荷重、風圧、土圧及び水圧並びに地震その他の震動及び衝撃に対して安全な構造のものとして、次に掲げる建築物の区分に応じ、それぞれ基準に適合するものでなければなりません。

高さが60mを超える建築物	その構造方法は、荷重及び外力によって建築物の各部分に連続的に生ずる力及び変形を把握すること。その他の政令で定める基準に従った構造計算によって安全性が確かめられたものとして国土交通大臣の認定を受けたものであること。	
高さが60m以下の建築物	木造の建築物で、高さが13m又は軒の高さが9mを超えるもの	当該建築物の安全上必要な構造方法に関して政令で定める技術的基準に適合すること。この場合において、その構造方法は、地震力によって建築物の地上部分の各階に生ずる水平方向の変形を把握すること。その他の政令で定める基準に従った構造計算で、国土交通大臣が定めた方法によるもの又は国土交通大臣の認定を受けたプログラムによるものによって確かめられる安全性を有すること。
	木造以外の建築物で、地階を除く階数が4以上である鉄骨造の建築物	
	高さが20mを超える鉄筋コンクリート造、鉄骨鉄筋コンクリート造の建築物	
高さが60m以下の建築物	木造の建築物で階数3以上又は延べ面積が500㎡超の建築物で、高さが13m又は軒の高さが9mを超えないもの	当該建築物の安全上必要な構造方法に関して政令で定める技術的基準に適合すること。この場合において、その構造方法は、構造耐力上主要な部分ごとに応力度が許容応力度を超えないことを確かめること。その他の政令で定める基準に従った構造計算で、国土交通大臣が定めた方法によるもの又は国土交通大臣の認定を受けたプログラムによるものによって確かめられる安全性を有すること。
	木造以外の建築物で、地階を除く階数が2以上又は延べ面積が200㎡を超えるもの	
	その他主要構造部がコンクリートブロック造等で、高さが13m又は軒の高さが9mを超えるもの	

第 4 節

建築物の維持保全

重要度 マ ★★
管 ★★

ここでは、建築物の維持保全に関わる規定を学びます。報告・検査に関する規定は、範囲も狭いのでよく覚えておきましょう。

過去問チェック ➡ マ R4

① POINT
占有者は含まれていないことに注意。

1 建築物の維持保全

建8条

　せっかく法令の基準どおりに建築物を建てても、管理が不十分で不適法な建築物となっては意味がありません。そこで、建築物の所有者・管理者・占有者は、その建築物の敷地、構造及び建築設備を常時適法な状態に維持するように努めなければなりません。

　また、特殊建築物（共同住宅等でその部分の面積が100㎡を超えるもの）の所有者・管理者は、その建築物の敷地・構造・建築設備を常時適法な状態に維持するため、必要に応じ、その建築物の維持・保全に関する準則又は計画を作成し、その他適切な措置を講じなければなりません。この場合、国土交通大臣は準則又は計画の作成に関し必要な指針を定めることができます。

2 定期調査

建12条1項、規則5条

　一定の規模の共同住宅を、特定建築物といいます。

　そして、この特定建築物の所有者（所有者と管理者が**異なる場合**においては、管理者）は、建築物の敷地、構造及び建築設備について、おおむね6ヵ月〜3年の間で特定行政庁が定める時期に、一級建築士、二級建築士、特定建築物調査員（特定建築物調査員資格者証の交付を受けている者）に**調査**をさせて、その結果を**特定行政庁**に報告しなければなりません。

3 定期検査

建12条3項

　昇降機等、建築設備、防火設備の所有者（所有者と管理者が**異なる場合**においては、管理者）は、これらのものについて、おおむね6ヵ月〜1年（**国土交通大臣が定める検査項目は、1年から3年**）の間で特定行政庁が定める時期に、一級建築士、二級建築士、建築設備等検査員（昇降機等検査員資格者証・建築設備検査員資格者証・防火設備検査員資格者証の交付を受け

ている者）に**検査**をさせて、その結果を**特定行政庁**に報告しなければなりません。

① **昇降機等**

　昇降機等の検査は、一級建築士、二級建築士、昇降機等検査員（昇降機等検査員資格者証の交付を受けている者）に行わせなければなりません。

② **建築設備**

　上記①の昇降機等以外の建築設備の検査は、一級建築士、二級建築士、建築設備検査員（建築設備検査員資格者証の交付を受けている者）に行わせなければなりません。

③ **防火設備**

　防火設備（防火戸・防火シャッター等）の検査は、一級建築士、二級建築士、防火設備検査員（防火設備検査員資格者証の交付を受けている者）に行わせなければなりません。

＜定期調査・検査のまとめ＞

	定期調査	定期検査		
		昇降機等	建築設備	防火設備
義務者	所有者又は管理者			
資格者	特定建築物調査員	一級・二級建築士		
		建築設備等検査員		
		昇降機等検査員	建築設備検査員	防火設備検査員
報告時期	６カ月～３年ごと	原則６カ月～１年ごと		
報告先	特定行政庁			

(確)(認)(問)(題)

　問：建築基準法第12条第３項に掲げる昇降機の定期検査は、３年に１回実施しなければならない。

　　　答：×　昇降機の定期検査は、少なくとも１年に１回実施します。
　　　（➡ **3** 定期検査）

368

| 重要度 | マ ★ |
| 管 ★ |

第5節 道路規制

過去の出題は、2項道路の場合における敷地面積の規定のみであるものの、建築基準法上で「道路」とされるものに関する規定は重要です。

1 接道義務

建43条

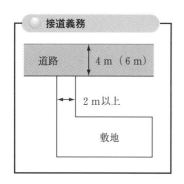

接道義務

道路　4m（6m）

2m以上

敷地

　　　　　　　　　土地は、道路に接していなければ、その利用はかなり制限されてしまいます。また、路線価という言葉からも、敷地の価値に道路が大きな影響を与えていることが分かるでしょう。あるいは、災害時における避難経路や、消防車や救急車などの緊急車両が接近するための経路を確保する必要があります。そこで建築基準法では都市計画区域及び準都市計画区域においては、建築物の敷地は、原則として道路に2m以上接していなければならないとされています。ただし、その敷地の周囲に広い空地を有する建築物等、特定行政庁が交通上・安全上・防火上及び衛生上支障がないと認めて建築審査会の同意を得て許可したものについては、道路に2m以上接していなくてもかまいません。また、特殊建築物・階数3以上の建築物・延べ面積1,000㎡を超える建築物に対しては、地方公共団体は、条例で制限を付加することができます。

① POINT
大規模な建築物があると、一戸建住宅にくらべ、交通量が増加するからである。

2 道路の幅員

建42条2項

　建築基準法上、道路の幅員は、原則として4m以上必要とされていますが、都市計画区域に指定された際、既に建築物が立ち並んでいる道で特定行政庁が指定したものは、幅員が4m未満であっても、建築基準法上の道路とみなされます（2項道路）。

3 2項道路の取扱い

建42条2項

　2項道路の場合、暫定的に道路とされたため、将来の拡幅に備え、道路の中心線から水平距離で2m後退した線（一方に崖や水路などがあり、両側に2m取れない場合は、崖等の境界線

から道路側に水平距離4mとった線）が**道路の境界とみなされ
ます**。これをセットバックといいます。

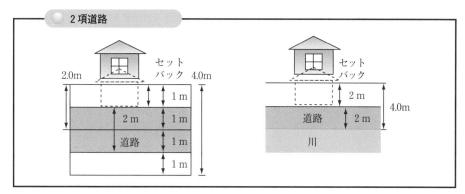

4　道路内における建築制限　建44条1項・2項

　防災上の道路あるいは避難路を確保するために、道路内にお
いて、建築物の建築等をすることは、原則禁止されています。

　ただし、次の場合は、道路内又は道路に突き出して建築する
ことができます。

> **ア）** 地盤面下に設ける建築物
> **イ）** 公衆便所・派出所等公益上必要な建築物で、特定行政庁
> 　　が通行上支障がないと認めて建築審査会の同意を得て許可
> 　　したもの
> **ウ）** 公共用歩廊等、その他一定の建築物で、周囲の環境を害
> 　　するおそれがないと特定行政庁が認めて許可したもの（事
> 　　前に建築審査会の同意が必要）

5　壁面線の指定　建46条

　特定行政庁は、街区内における建築物の位置を整え、その環
境の向上を図るために必要があると認められるときは、建築審
査会の同意を得て、壁面線を指定することができます。

　また、第一種・第二種低層住居専用地域、田園住居地域内に
おいては、当該地域に関する都市計画において、外壁の後退距
離の限度が定められた場合に限り、外壁の後退距離の制限が適
用①されます。

① **POINT**
この限度は1.5m又
は1mとされる（建
54条2項）。

第 6 節　面積に関する規定

重要度 マ ★
　　　 管 ★★

ここでは、建築基準法上の面積に関する各規定を学びます。まずは
定義をしっかり覚えることが、理解するコツです。

1 敷地面積　建令2条1項1号

　敷地面積は、敷地の<u>水平投影面積</u>によります。これは、敷地
が坂になっていたとしても、水平投影面積によるということで
す。なお、<u>2項道路</u>の場合、道路の境界線とされる部分と道と
の間の敷地の部分は、**敷地面積には算入されません**。

2 建築面積　建令2条1項2号

　建築面積とは、建築物の面積のことで、建築物の柱・壁の中
心線で囲まれた部分の水平投影面積によります。この建築面積
に含まれないものに、以下のものがあります。

① 　1 m以上突出した軒・ひさし

　建築物に1 m以上突出した軒・ひさし等がある場合は、その
先端から**1 m後退した部分**までは建築面積に算入しません。

② 　地階突出部

　地階の面積で、**地盤面上1 m以下**にある突出部分は、建築面
積に算入しません。

3 延べ面積　建令2条1項3号・4号・ 3項、建52条3項・ 6項

　各階の床面積の合計を、延べ面積といいます。床面積は、原
則として、壁その他の区画の中心線で囲まれた部分の面積をい
います。ただし、床面積に算入されないものとして、以下のも
のがあります。

① 　自動車車庫等の不算入

　容積率算定の際、自動車車庫その他専ら自動車又は自転車の
停留又は駐車のための施設の用途に供する部分の床面積は、床
面積の合計の1/5を限度として、容積率算定のための床面積
に算入されません。

① 　keyword
水平投影面積とは真
上から見た面積をい
う。
② 　keyword
2項道路とは、都市
計画区域等に指定さ
れた際、既に建築物
が立ち並んでいる現
存する道で、幅員4 m
未満のものをいう。

② 地階部分の不算入

容積率算定の際、建築物で地階のその天井が地盤面からの高さ1m以下にあるものの住宅の用途に供する部分の床面積は、延べ面積に算入されません。ただし、住宅の用途に供する床面積の1/3が限度です。

③ 共同住宅の共用廊下・階段の不算入

容積率算定の際、共同住宅の共用の廊下又は共用の階段の用に供する部分の床面積は、延べ面積に算入されません。

④ 備蓄倉庫等部分の不算入

備蓄倉庫等を設置し易くするために、備蓄倉庫等の部分については、次の区分に応じて、敷地内の建築物の各階の床面積の合計に、次のア)〜オ)に定める割合を乗じて得た面積を限度として、容積率を算定する際の延べ面積に算入されません。

ア）備蓄倉庫部分	1／50
イ）蓄電池設置部分	1／50
ウ）自家発電設備設置部分	1／100
エ）貯水槽設置部分	1／100
オ）宅配ボックス設置部分	1／100

⑤ 昇降機の昇降路部分の不算入

容積率算定の際の床面積に一定の昇降機の昇降路の部分は算入されません。

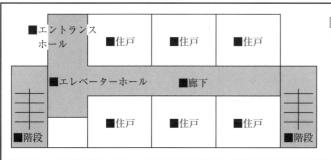

部分は床面積に算入しない。
・共用廊下、階段
・エントランスホール、エレベーターホール
・階段の代わりに設けるスロープ

⑥　その他（建52条14項）

　次のいずれかに該当する建築物で、特定行政庁が交通上・安全上・防火上及び衛生上支障がないとして許可したものは、その許可の範囲内で容積率が緩和されます。

> ア）同一敷地内の建築物の機械室その他これに類する部分の床面積の合計の建築物の延べ面積に対する割合が著しく大きい場合におけるその敷地内の建築物
>
> イ）その敷地の周囲に広い公園、広場、道路その他の空地を有する建築物

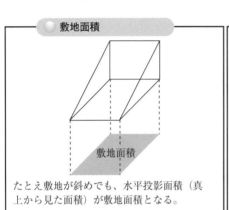

敷地面積

たとえ敷地が斜めでも、水平投影面積（真上から見た面積）が敷地面積となる。

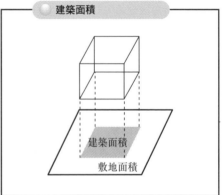

建築面積

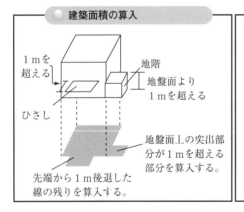

建築面積の算入

1mを超える

ひさし

地階
地盤面より1mを超える

地盤面上の突出部分が1mを超える部分を算入する。

先端から1m後退した線の残りを算入する。

自動車車庫等の延べ面積への不算入

| 50㎡（住居） |
| 50㎡（住居） |
| 50㎡（住居） |
| 50㎡（住居） |
| 50㎡（車庫） |

車庫は1/5まで算入しないので、この建物の容積率対象床面積は200㎡となる。

4 建蔽率　建53条

　建蔽率とは、建築物の建築面積の敷地面積に対する割合をいいます。例えば、建蔽率50%なら、敷地の半分までしか建築面積として利用できないわけです。

＜建蔽率の制限＞

地　域	原　則	①特定行政庁指定の角地・準角地	②防火地域内の耐火建築物等	③準防火地域内の耐火・準耐火建築物等	①②の双方又は①③の双方に該当する場合
一種低層住専 二種低層住専 田園住居 一種中高層住専 二種中高層住専 工業専用	3/10、4/10、5/10、6/10のうち都市計画で定める割合	+1/10	+1/10	+1/10	+2/10
一種住居 二種住居 準住居 準工業	5/10、6/10、8/10のうち都市計画で定める割合	+1/10	+1/10 8/10のときは無制限	+1/10	+2/10 8/10のときは無制限
工業	5/10、6/10のうち都市計画で定める割合	+1/10	+1/10	+1/10	+2/10
近隣商業	6/10、8/10のうち都市計画で定める割合	+1/10	+1/10 8/10のときは無制限	+1/10	+2/10 8/10のときは無制限
商業	8/10	9/10	10/10(無制限)	9/10	10/10(無制限)
用途地域の指定のない区域	3/10、4/10、5/10、6/10、7/10のうち、特定行政庁が当該区域を区分して都道府県都市計画審議会の議を経て定める	+1/10	+1/10	+1/10	+2/10

5 建蔽率の計算方法　建53条1項

　建蔽率は以下の計算式で求めます。

　　　建蔽率＝建築面積／敷地面積

6 建蔽率の異なる地域にわたる場合　建53条2項

　建築物の敷地が、建蔽率の**異なる地域にわたる場合**には、それぞれの地域の建蔽率に、その地域に属する**敷地の割合を乗じて得たもの**の合計が、その敷地の建蔽率となります。

7 建蔽率の緩和　　　　　　　　　　建53条3項・5項・6項

以下の場合は、建蔽率が緩和・不適用となります。

① 特定行政庁指定の角地・準角地…1/10緩和

② 建蔽率が8/10の区域「以外」で防火地域内の耐火建築物等…1/10緩和

③ 建蔽率が適用されない場合

| **ア)** 建蔽率が8/10の区域内でかつ防火地域内の耐火建築物等 |
| **イ)** 派出所・公共用歩廊等の公益上必要な建築物 |
| **ウ)** 公園・広場等の内にあり安全上・防火上支障のない建築物 |

④ 準防火地域内の耐火建築物等又は準耐火建築物等…1/10緩和

なお、**耐火建築物等**とは、耐火建築物又は耐火建築物と同等以上の延焼防止性能を有する建築物（延焼防止建築物）をいいます。また、**準耐火建築物等**とは、準耐火建築物又は準耐火建築物と同等以上の延焼防止性能を有する建築物（準延焼防止建築物）をいいます。

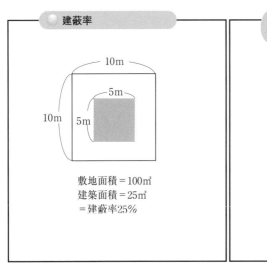

建蔽率

敷地面積＝100㎡
建築面積＝25㎡
＝建蔽率25%

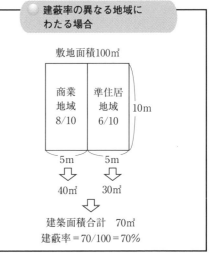

建蔽率の異なる地域にわたる場合

敷地面積100㎡

商業地域 8/10　準住居地域 6/10

40㎡　30㎡

建築面積合計　70㎡
建蔽率＝70/100＝70%

8 容積率　　　　　　　　　　　　　　　　　建52条

　容積率とは、**建築物の延べ面積の敷地面積に対する割合**のことをいいます。

＜各用途地域の容積率＞

地　　域	容積率
第一種低層住居専用地域 第二種低層住居専用地域 田園住居地域	5/10、6/10、8/10、10/10、15/10、20/10のうち、当該地域に関する都市計画で定められたもの
第一種中高層住居専用地域 第二種中高層住居専用地域 第一種住居地域 第二種住居地域 準住居地域 近隣商業地域 準工業地域	10/10、15/10、20/10、30/10、40/10、50/10のうち、当該地域に関する都市計画で定められたもの
商業地域	20/10、30/10、40/10、50/10、60/10、70/10、80/10、90/10、100/10、110/10、120/10、130/10のうち当該地域に関する都市計画で定められたもの
工業地域 工業専用地域	10/10、15/10、20/10、30/10、40/10のうち当該地域に関する都市計画で定められたもの
用途地域の指定のない区域	5/10、8/10、10/10、20/10、30/10、40/10のうち、特定行政庁が都市計画審議会の議を経て定める

9 容積率の計算方法　　　　　　　　　　　建52条1項

　容積率は以下の計算式で求めます。

> 容積率＝建築物の延べ面積／敷地面積

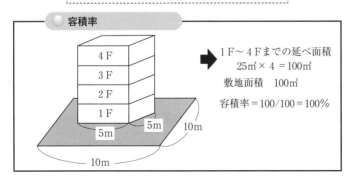

容積率

1F～4Fまでの延べ面積
25㎡×4 ＝100㎡

敷地面積　100㎡

容積率＝100/100＝100%

10 前面道路による制限　建52条2項

　前面道路が**12m未満**のときは、原則として前面道路の幅員に次の法定乗数をかけた数字と、都市計画で定めている容積率のうち**小さい方の容積率**となります。

　なお、前面道路が**2以上**あるときは、その幅員の**最大のもの**を基準とします。

> ア）住居系の用途地域…4/10
> イ）商業系・工業系の用途地域…6/10
> ウ）用途地域の指定がない区域…6/10

11 2以上の用途地域にまたがる場合　建52条7項

　建築物の敷地が、**容積率の異なる地域にわたる場合**には、それぞれの地域の容積率に、その地域に属する**敷地の割合を乗じて得たものの合計**が、その敷地の容積率となります。

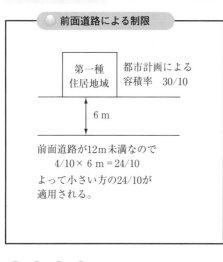

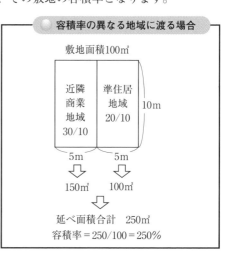

確認問題

問：延べ面積は、建築物の各階の床面積の合計であり、共同住宅の容積率の算定においても、共用の廊下及び階段の用に供する部分の面積を含む。

答：✕　共同住宅の共用の廊下及び階段の用に供する部分は、延べ面積に含みません。（➡ 3 延べ面積）

第 **7** 節	高さに関する規定

ここでは、建築基準法上の高さの制限に関する各規定を学びますが、第6節と同じく、定義を覚えることが重要です。

1 建築物の高さの算定

建令2条1項6号

　建築物を無制限に高くすることはできず、一定の制限が加わります。では、建築物の高さはどのように算定するのでしょうか。建築基準法では建物の高さは地盤面からの高さによるとされています。ただし、以下のものは建築物の高さに算入されません。

> ①　階段室、昇降機塔、装飾塔などの建築物の屋上部分（ペントハウス）の水平投影面積の合計が、当該建築物の建築面積の1/8以内の場合、その部分の高さは、原則として12mまでは、当該建築物の高さに算入しない。
> ②　棟飾、防火壁の屋上突出部などの屋上突出物は、当該建築物の高さに算入しない。

　なお、避雷設備は、①②には該当しませんので、建築物の高さに算入されます。

2 地盤面

建令2条2項

　建築物の高さの算定基準となる地盤面とは、建築物が周囲の地盤面と接する位置の平均の高さにおける水平面をいいます。ただし、その接する位置の高低差が3mを超える場合は、その高低差3m以内ごとの平均の高さにおける水平面とされます。

3 絶対高さ制限

建55条1項

　第一種・第二種低層住居専用地域、田園住居地域内においては、原則として10m又は12mのうち、都市計画で定められた高さの最高限度を超えてはならないとされています。

378

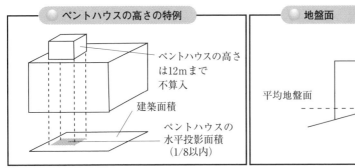

ペントハウスの高さの特例

ペントハウスの高さ
は12mまで
不算入

建築面積

ペントハウスの
水平投影面積
（1/8以内）

地盤面

平均地盤面

高低差が3mを超える場合

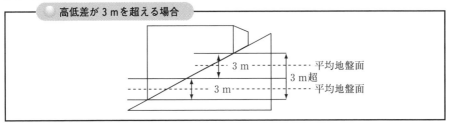

3 m ── 平均地盤面
3 m超
3 m ── 平均地盤面

---

4 階数　　　　　　　　　　　建令2条1項8号

建築物の階数を算定する場合、昇降機塔、装飾塔、物見塔その他これらに類する建築物の屋上部分又は地階の倉庫、機械室その他これらに類する建築物の部分で、水平投影面積の合計がそれぞれ当該建築物の建築面積の**1/8以下**のものは、当該建築物の**階数に算入しません**。

また、建築物の一部が吹き抜けとなっている場合や**建築物の敷地が斜面又は段地である場合**等、建築物の部分によって**階数を異にする場合**においては、これらの階数のうち最大なものが階数となります。

階数

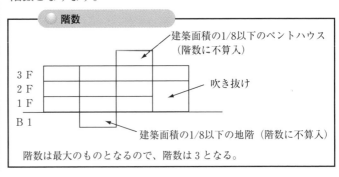

建築面積の1/8以下のペントハウス
（階数に不算入）

3 F
2 F
1 F
B 1

吹き抜け

建築面積の1/8以下の地階（階数に不算入）

階数は最大のものとなるので、階数は3となる。

5　日影規制　　　　　　　　　　　　　建56条の2

日影規制とは、一定時間以上日影となる部分を制限することにより、土地の上空利用と隣地の日照を確保することを目的とする制限をいいます。

①　日影規制の対象となる区域

日影規制の対象となる区域は、用途地域のうち、**商業地域・工業地域・工業専用地域を除いたもの**と用途地域の指定のない区域で、地方公共団体の条例で指定された区域です。

②　対象となる建築物の高さ

高さが10mを超える建築物が対象となります。ただし、第一種・第二種低層住居専用地域、田園住居地域では、軒の高さが7mを超える建築物又は地階を除く階数が3以上の建築物が対象となります。

＜日影規制の対象区域・対象建築物＞

適用対象地区	適用対象建築物
一種・二種低層住専 田園住居	軒の高さが7mを超える建築物又は地階を除く階数が3以上の建築物
一種・二種中高層住専 一種・二種住居 準住居 近隣商業 準工業	高さが10mを超える建築物

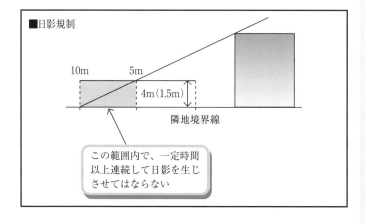

第 8 節 防火地域・準防火地域

重要度 マ ★★
　　　 管 ★

ここでは、防火地域と準防火地域に関する規定を学びますが、両者の違いを意識して学習を進めてください。

1 防火地域・準防火地域　　　　都計9条20項

　防火地域・準防火地域とは、市街地における火災の危険を防除するために定められる地域をいいます。

2 防火地域内の制限　　　　建61条、建令136条の2

　防火地域においては、地階を含めて階数が3以上の建築物又は延べ面積が100㎡を超える建築物は、原則として耐火建築物等とし、その他の建築物は耐火建築物等又は準耐火建築物等としなければなりません。

3 準防火地域内の制限　　　　建61条、建令136条の2

　準防火地域においては、以下のような規制があります。

① 　地階を除く階数が4以上である建築物、又は延べ面積が1,500㎡超える建築物は、耐火建築物等としなければなりません。

② 　地階を除く階数が3で、延べ面積が1,500㎡以下の建築物耐火建築物等又は準耐火建築物等としなければなりません。

4 防火・準防火地域に共通する制限　　　　建62条、63条

① 　建築物の屋根

　屋根の構造は、市街地における火災を想定した火の粉による建築物の火災の発生を防止するために屋根に必要とされる性能に関して建築物の構造及び用途の区分に応じて政令で定める技術的基準に適合するもので、国土交通大臣が定めた構造方法を用いるもの又は国土交通大臣の認定を受けたものとしなければなりません。

過去問チェック　マ R3

② 　隣地境界線に接する外壁

　建築物の外壁が耐火構造のものについては、その外壁を隣地

境界線に接して設けることができます。

5 防火地域のみの規制 建64条

防火地域内にある看板・広告塔・装飾塔等で、建築物の屋上に設けるもの又は高さ３ｍを超えるものは、その主要な部分を不燃材料で造り、又は覆わなければなりません。

6 建築物が防火地域又は準防火地域の内外にわたる場合 建65条

① 建築物が防火地域又は準防火地域とこれらの地域として指定されていない区域にわたる場合

　原則として、建物の全部に防火地域又は準防火地域内の建築物に関する規定が適用されます。

　ただし、その建築物が防火地域又は準防火地域外において防火壁によって区画されている場合においては、その防火壁外の部分には適用されません。

② 防火地域と準防火地域にわたる場合

　原則として、防火地域内の建築物に関する規定が適用されます。

　ただし、建築物が防火地域外において防火壁で区画されている場合においては、その防火壁外の部分については、準防火地域の規定が適用されます。

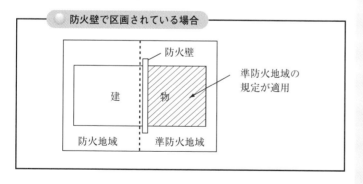

防火壁で区画されている場合

＜防火・準防火地域のまとめ＞

地　域	対象建築物	構　造
防火地域	・地階を含む階数 3 以上の建築物 ・延べ面積が100㎡を超える建築物	耐火建築物等
	上記以外の建築物	耐火建築物等又は準耐火建築物等
準防火地域	・地階を除く階数が 4 以上の建築物 ・延べ面積が1500㎡を超える建築物	耐火建築物等
	地階を除く階数が 3 で、延べ面積が1,500㎡以下の建築物	耐火建築物等又は準耐火建築物等

(確)(認)(問)(題)

問：防火地域内にある階数が 2 で延べ面積が250㎡の共同住宅は、耐火建築物等としなくてもよい。

答：×　防火地域内で延べ面積が100㎡超のときは、耐火建築物等とします。(➡ **2** 防火地域内の制限)

第9節　単体規定（避難等に関する規定）

重要度 マ ★★
　　　 管 ★★

単体規定のうち、マンションで重要な避難に関する規定を学びます。
余力のある方は各寸法なども暗記しておきたいところです。

1 避難階

建令13条1号

　避難階とは、直接地上へ通ずる出口のある階をいいます。通常建物は1階に出入口があります。しかし、敷地の形状によっては1階に出入口が設けられないことがありますので、これとは別に直接地上へ通ずる出入口のある階を避難階としたのです。

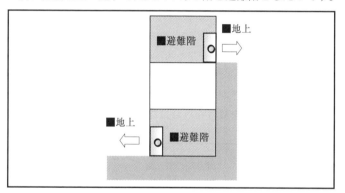

2 マンションの階段等

建令23条〜25条

　マンションにおける階段、手すり、踊り場等については、以下のような規定がおかれています。

① 階段の寸法等

　ア）原則

　　マンションの階段の寸法等については次のように決められています。

- 幅120cm以上
- けあげ20cm以下
- 踏面24cm以上

　なお、階段の幅は、階段に設ける**手すりの幅が10cm以下**である場合、**手すりの幅がない**ものとみなして算定します。

　また、回り階段の踏面の寸法は、踏面の狭い方の端から

過去問チェック
マ R2
管 R1

① POINT
直上階の居室の床面積の合計が200㎡をこえる地上階又は居室の床面積の合計が100㎡を超える地階もしくは地下工作物内におけるもの。

30cmの位置で測ります。

イ）例外

昇降機機械室用階段、物見塔用階段その他特殊の用途に専用する階段には、適用されません。

② **階段等の手すり等**

階段には、手すりを設けなければなりません。また、**階段及びその踊場の両側**（手すりが設けられた側を除く。）には、**側壁又はこれに代わるもの**を設けなければなりません。

さらに、階段の幅が**3m を超える**場合は、中間にも手すりが必要となりますが、けあげ15cm以下かつ踏み面30cm以上のときは不要です。

ただし、これらの規定は、**高さ1m以下**の階段の部分には**適用されません。**

③ **踊場の位置**

階段でその高さが4mを超えるものにあっては、高さ4m以内ごとに踊場を設けなければなりません。

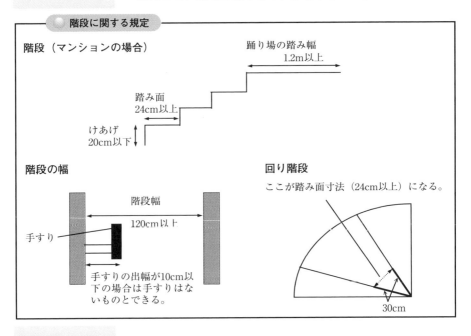

階段に関する規定

階段（マンションの場合）

踊り場の踏み幅
1.2m以上

踏み面
24cm以上

けあげ
20cm以下

階段の幅

階段幅
120cm以上

手すり

手すりの出幅が10cm以下の場合は手すりはないものとできる。

回り階段

ここが踏み面寸法（24cm以上）になる。

30cm

3 避難階段

建令121条、123条、125条の2

過去問チェック ▽ R3

　一定の建物の直通階段（避難階段以外の階で、地上又は避難階に直通している階段）は、火災などの災害時に重要な避難経路となるため、一般的な直通階段より安全性の高い設備・構造を備えた避難階段の設置が義務づけられています。避難階段には、**屋内避難階段**と**屋外避難階段**があります。

　また、一定の高層建築物など大規模な建築物は、避難階段よりも重要な階段として排煙設備を備えた付室などの構造・設備をもった**特別避難階段**の設置が義務づけられています。

　屋内避難階段と**特別避難階段**の階段の構造は、耐火構造とし、避難階まで直通していなければなりません。また、**屋外避難階段**の階段の構造は、耐火構造とし、地上まで直通していなければなりません。

　そして、住戸等に火災が発生した場合に、その住戸等がある階から安全に避難できるようにするため、**2以上の異なった避難経路**を確保しておかなければなりません（二方向避難の原則）。**共同住宅**では、その用途に供する避難階以外の階で、**各階における居室の床面積の合計**が、それぞれ100㎡を超えるものであるときには、原則として、**各階から避難階又は地上に通ずる2以上の直通階段**を設けなければなりません。

　また、**屋外に設ける避難階段に屋内から通ずる出口に設ける戸の施錠装置**は、屋内からかぎを用いることなく解錠できるものとし、かつ、当該戸の近くの見やすい場所にその**解錠方法を表示**しなければなりません。

4 廊下の幅

建令119条

　マンション等の共用廊下の幅については、次のように決められています。

過去問チェック ▽ R1

a．両側に居室がある場合≧1.6m
b．片側のみに居室がある場合≧1.2m

　ただし、この規定が適用されるのは、次の場合です。

a．住戸又は住室の床面積の合計が100㎡を超える階における共用のもの

b．居室の床面積の合計が200㎡（地階にあっては、100㎡）
を超える階におけるもの（3室以下の専用のものを除く）

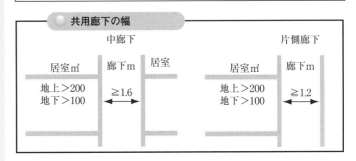

共用廊下の幅

中廊下

居室㎡	廊下m	居室
地上＞200 地下＞100	≧1.6	

片側廊下

居室㎡	廊下m
地上＞200 地下＞100	≧1.2

5 非常用の進入口 　　建令126条の6

　災害時に、はしご車から消防隊員が進入するために、高さ31
m以下の部分にある3階以上の階には、非常用の進入口を設け
なければなりません。赤い三角のシールが貼ってあるビルの窓
がその例です。これは、この規定による進入口のマークです。

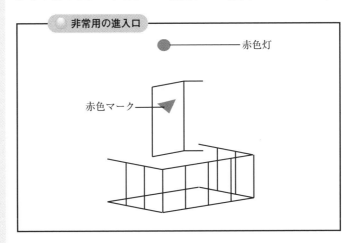

非常用の進入口

赤色灯

赤色マーク

6 傾斜路 　　建令26条

　階段に代わる傾斜路の表面は、滑りにくい材料で勾配は1/8
を超えてはならないとされています。

7 非常用エレベーターについて　建34条2項、建令129条の13の2・3

① 意義

　非常用エレベーターは、火災などの時に消防署のはしご車の代わりに消防隊が消火活動などに使用するエレベーターです。高さ31mを超える建物に必要となります。これは、一般にはしご車のはしごが届く高さがおよそ31mだからです。

　ただし、例外として、**31mを超える部分が階段室等**の場合、**31mを超える部分の各階の床面積が500㎡以下**の場合、**31mを超える部分の階数が4以下の耐火建築物で100㎡以内ごとに防火区画等されている**場合、不燃物倉庫で火災発生のおそれが少ないものなどは非常用エレベーターは**不要**とされています。

② 必要台数

　非常用エレベーターは高さが31mを超える部分の床面積が最大の階の床面積に応じて、1,500㎡以下ならば1基、1,500㎡を超える場合は3,000㎡以内を増すごとに1基必要とされています。つまり、4,500㎡であれば2基必要となります。

③ 乗降ロビー

　非常用エレベーターの乗降ロビーは、次にような構造としなければなりません。

> **ア）**各階（屋内と連絡する乗降ロビーを設けることが構造上著しく困難である階で一定のものに該当するもの及び避難階を除く。）において屋内と連絡するものとする。
>
> **イ）**バルコニーを設ける。
>
> **ウ）**出入口（特別避難階段の階段室に通ずる出入口及び昇降路の出入口を除く。）には、特定防火設備（炎を遮る性能を高めた開口部等）を設ける。
>
> **エ）**窓若しくは排煙設備又は出入口を除き、耐火構造の床及び壁で囲む。
>
> **オ）**天井及び壁の室内に面する部分は、仕上げを不燃材料でし、かつ、その下地を不燃材料で造る。
>
> **カ）**予備電源を有する照明設備を設ける。
>
> **キ）**床面積は、非常用エレベーター1基について**10㎡以上**とする。

388

ク）屋内消火栓、連結送水管の放水口、非常コンセント設備
等の消火設備を設置できるものとする。

ケ）乗降ロビーには、見やすい方法で、積載量及び最大定員
のほか、非常用エレベーターである旨、避難階における避
難経路その他避難上必要な事項を明示した標識を掲示し、
かつ、非常の用に供している場合においてその旨を明示す
ることができる表示灯その他これに類するものを設ける。

④ 構造

非常用エレベーターは、次のような構造にしなければなりま
せん。

ア）かごを避難階又は避難階の直上もしくは直下階に呼び戻
す装置を設け、その装置の作動を中央管理室においても行
うことができるものとする。

イ）かご内と中央管理室とを電話連絡する装置を設ける。

ウ）ドアスイッチの機能を停止し、ドアを開いたまま昇降す
る装置を設ける。

エ）予備電源を設ける。

オ）定格速度を60m／min以上とする。

8 非常用の照明設備 　建令126条の4、126条の5

非常用の照明設備は、停電時に避難に必要な最低限の明るさ
を確保するための設備で、劇場、映画館、病院、ホテル、博物
館、百貨店、マーケット等の特殊建築物、階数3以上で500㎡
以上の建築物の居室（マンションの住戸は除く）、及び居室か
ら避難口に至る廊下や階段に設置されます。

●設置場所

ア）居室及び避難経路（居室から、地上に通じる廊下、階段、
通路、ただし、採光上有効に直接外気に開放された通路は
不要）

イ）居室及び通路に類する部分、廊下に接するロビー、通り
抜け避難に用いられる場所

非常用の照明装置は、次のような構造としなければなりません。

ア） 照明は、直接照明とし、床面において1ルクス以上の照度を確保することができるものとすること

イ） 非常用の照明装置は、常温下で床面において水平面照度で1ルクス（蛍光灯又は**LEDランプを用いる場合**にあっては、2ルクス）以上を確保することができるものとしなければならない

ウ） 予備電源（充電を行うことなく30分以上点灯できるもの）を設けること。また、常用の電源が断たれた場合に自動的に切り替えられて接続され、かつ、常用の電源が復旧した場合に自動的に切り替えられて復帰するものとしなければならない

エ） 上記のほか、非常の場合の照明を確保するために必要があるものとして国土交通大臣が定めた構造方法を用いるものとすること

オ） 火災時において、停電した場合に自動的に点灯し、かつ、避難するまでの間に、当該建築物の室内の温度が上昇した場合にあっても床面において1ルクス以上の照度を確保することができるものとして、国土交通大臣の認定を受けたものとすること

9 排煙設備

建令126条の2

排煙設備は、火災時に発生する煙を屋外に排出し、消防活動を円滑に行うことを目的として設置するものです。共同住宅では、延べ面積が**500㎡超**の場合に設置しなければなりません。ただし、**階段の部分**には、**その必要はありません**。

10 防火壁

建26条

延べ面積が**1,000㎡を超える**建築物は、防火上有効な構造の**防火壁**又は防火床によって有効に区画し、かつ、各区画における床面積の合計をそれぞれ**1,000㎡以内**としなければなりません。ただし、**耐火建築物又は準耐火建築物**については、その必要はありません。

390

11 手すり壁・さく・金網の設置　　建令126条1項

　屋上広場又は2階以上の階にあるバルコニーその他これに類するものの周囲には、安全上必要な高さが1.1m以上の手すり壁、さく又は金網を設けなければなりません。

12 共同住宅の敷地内の通路　　建令128条

　共同住宅の敷地内には、屋外に設ける避難階段及び避難階の屋外への出口から道又は公園、広場その他の空地に通ずる幅員が1.5m（階数が3以下で延べ面積が200㎡未満の建築物の敷地内にあっては、90cm）以上の通路を設けなければなりません。

確認問題

問：高さ31mの建築物は、非常用エレベーターを設けなければならない。

答：×（→7 非常用エレベーターについて）
　　高さ31mちょうどのときは、その設置は不要です。

第10節　単体規定（居室に関する規定）

重要度 マ ★★
　　　 管 ★★

単体規定のうち、マンションで特に重要な規定を学びます。特に、近年問題とされているシックハウスに関わる規定には要注意です。

1 地階における住宅等の居室の防湿　　建29条

　住宅等の居室は、地階に設ける場合、衛生上、壁や床に防湿の措置を講じなければなりません。

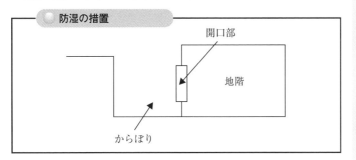

防湿の措置

開口部

地階

からぼり

2 居室の採光　　建28条1項、建令19条3項

マ R2

　住宅の居室には、採光のための窓その他の開口部を設け、その**採光に有効な部分の面積**は、**その居室の床面積**に対して、原則として、**7分の1以上**としなければなりません。

　この場合、ふすま、障子その他随時開放することができるもので仕切られた二室は、一室とみなされます。

3 居室の換気　　建28条2項

マ R3

　居室を有する建築物は、その居室内において、政令で定める化学物質の発散による衛生上の支障がないよう、建築材料及び換気設備について政令で定める技術的基準に適合するものとしなければなりません。

① **換気の方法**

　ア）換気に有効な部分のある開口部による自然換気

　　換気に有効な部分とは、直接外気を取り込むことのできる部分をいいます。

イ）技術的基準に従った換気設備を設ける。

② **換気の種類**

ア）自然換気

イ）機械換気

ウ）中央管理方式の空気調和設備

　これは、建物全体の空調システムによる換気です。

③ **換気に必要な部分の面積**

　各室の床面積の１/20以上が必要となります。

　ただし、政令で定める技術基準に従って換気設備を設けた場合は不要です。

④ **空気齢**

　空気齢とは、換気効率の指標の一つのことで、給気口から入った新鮮な空気が、室内のある点に到達するまでに経過する平均時間をいいます。この空気齢の数値が**小さい**ほど空気が**新鮮**であり、その数値が**大きい**ほど空気が**汚染**されている可能性が高いことになります。

4 火気使用室の換気　　　建28条３項、建令20条の３

　火を使用する設備や器具がある場合、居室かどうかにかかわらず、換気設備を設ける必要があります。このような部屋では酸素不足による不完全燃焼が生じたり、ガスが充満してしまうからです。

　また、建築物の**調理室等**で火を使用する設備や器具の近くに**排気フードを有する排気筒**を設ける場合には、排気フードは、**不燃材料**で造らなければなりません。

5 換気設備　　　建令129条の2の5、20条の２

① **換気設備の概要**

　室内の空気が、汚染物質の発生により阻害された場合は、外気の新鮮な空気と入れ換える必要があります。そのために設けるファンその他の装置が換気設備です。

② **換気方式**

　換気設備は、自然又は機械的手段で、室内の空気と外気とを入れ替え、室内空気の浄化、熱の除去、酸素の供給、水蒸気の

除去などを行うもので、次の２つの方式に大別されます。

　ア）自然換気方式

　　建物の内外の温度差や外部風によって生じる圧力を利用して換気を行います。

　イ）機械換気方式

　　給気機（送風機など）や排気機（換気扇など）の機械力を利用して換気を行います。さらに、機械換気方式には、次の３種類の方式があります。

　ａ．第一種機械換気

　　給気機によって室内に外気を送入すると同時に、排気機によって室内の空気を排出する方法で、換気量が確実に得られ、室内の気流分布の設定も容易です。機械室、電気室及び一般の居室にも用いられます。

　　また、温度（熱）と湿度（湿気）の両方を交換する全熱交換型の換気は、**第一種機械換気の方式**に当たります。

　ｂ．第二種機械換気

　　給気機によって室内に外気を送入し、排気は排気口より自然に押し出す方法で、他室の汚染空気の侵入を嫌う部屋や、燃焼空気を必要とする部屋の換気に適しています。病院の手術室に多く採用され、マンションではあまり例がありません。

　ｃ．第三種機械換気

　　排気機によって室内の空気を排出し、外気は給気口より自然に流入させる方法で、室内は負圧となるので、室内で発生した臭気や水蒸気が、他室に流出してはいけない部屋の換気に適しており、トイレや、台所、浴室など、マンションでは多く使われます。

　　また、換気対象範囲によっては、次のように類別されます。

　ア）全般換気

　　対象室全体の気流分布を計画し、室内で発生する汚染物質を完全に希釈・拡散して排気を行うものです。

　イ）局所換気

　　フードなどを設け、汚染物質を発生源の近くで捕集するもので、周辺の室内環境を衛生的かつ安全に保持するうえで簡

①　POINT
負圧とは、大気圧を基準にして、それよりも小さい圧力をいう。

便にして有効な方法です。

③ **換気回数**

1時間に室内の空気の入れ替る回数を換気回数といい、居室に必要な換気量は、居室の容積に換気回数を乗じて計算します。

6 居室の天井の高さ　　　　　　　　　　建令21条

居室の天井の高さは2.1m以上でなければなりません。一室で天井の高さが異なる部分がある場合は、その平均の高さによります。

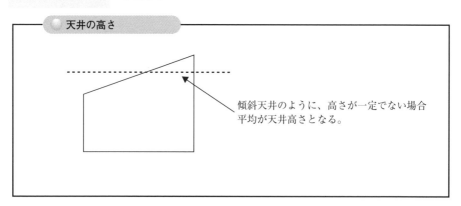

天井の高さ

傾斜天井のように、高さが一定でない場合
平均が天井高さとなる。

7 界壁の遮音構造　　　　　　　　　　建30条1項

管　R3

共同住宅又は長屋の住居の境界の壁（界壁）は、**小屋裏又は天井裏に達する**ものとするほか、**遮音性が必要**となります。遮音性とは、隣接する住戸からの日常生活に伴い生ずる音を衛生上支障がないように低減するために、界壁に必要とされる性能をいいます。

8 居室の床の高さ及び防湿方法　　　　　建令22条

最下階の居室の床が木造である場合、原則として、床の高さは、直下の地面からその床の上面まで45cm以上としなければなりません。また、外壁の床下部分には、壁の長さ5m以下ごとに、面積300cm²以上の換気孔を設け、これにねずみの侵入を防ぐための設備を設けなければなりません。

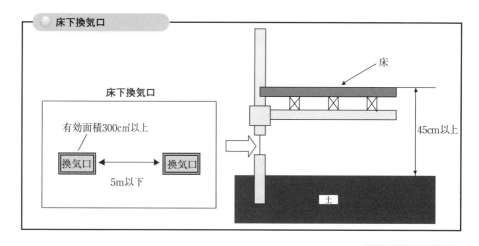

床下換気口

床下換気口

有効面積300㎠以上

換気口　⟷　換気口

5m以下

床

45cm以上

土

9　シックハウス対策　　建28条の2第3号

【居室内における化学物質の発散に対する衛生上の措置】

　居室を有する建築物は、その居室内において政令で定める化学物質の発散による衛生上の支障がないよう、建築材料及び換気設備について政令で定める技術的基準に適合するものとしなければなりません。

① **規制対象となる化学物質**（建令20条の5）

　規制対象は、クロルピリホスとホルムアルデヒドです。

　クロルピリホスとは、有機リン系化合物の殺虫剤で、家庭用から農業用まで広く使用されています。シロアリ駆除には効果があるものの、人体への影響や特に水生生物への影響が危惧されるものです。

　ホルムアルデヒドとは、合板などの接着剤として利用されますが、発がん性物質で、建物の中では、合板・パーティクルボード・保温材・断熱材・緩衝材〔ロックウール・グラスウール・フェノール樹脂（発泡プラスチック）〕・木質フローリング・壁紙に含まれています。

② **クロルピリホスに関する規制**（建令20条の6）

　居室を有する建築物の建築材料にクロルピリホスを**添加しないこと**及びクロルピリホスを**あらかじめ添加した建築材料**

396

を用いないこと。

　ただし、その添加から長期間経過していることその他の理由によりクロルピリホスを発散するおそれがないものとして国土交通大臣が定める建築材料（建築物に使用された状態で**5年以上経過**）については、この限りではないとされています（平14告示1112号）。

③ **ホルムアルデヒドに関する規制**（建令20条の7、20条の9）

　ア）**内装仕上げの制限**

　　居室の種類及び換気回数に応じて内装仕上げに使用するホルムアルデヒドを発散する建材の面積が制限されます。

　イ）**換気設備の義務**

　　ホルムアルデヒドを発散する建材を使用しない場合でも家具からの発散があるため、原則としてすべての建築物に機械換気設備の設置が義務づけられています。マンションの住宅等の居室では<u>換気回数0.5回／h</u>以上の機械換気設備①の設置が必要で、最近のマンションでは<u>24時間換気システム</u>②などが採用されています。

　　なお、住宅等の居室以外の居室では、0.3回／h以上の換気設備が必要となります。

　ウ）**天井裏等の制限**

　　天井裏、床下、壁内、収納スペースなどから居室へのホルムアルデヒドの流入を防ぐため、下地材をホルムアルデヒドの発散が少ない建材とする、天井裏等も機械換気できる構造とします。

　エ）**規制対象となる建材**

　　木質建材（合板、木質フローリング、パーティクルボード、MDFなど）、壁紙、ホルムアルデヒドを含む断熱材、接着剤、塗料、仕上げ材等が規制対象です。これらには原則として、JIS、JAS又は国土交通省大臣認定による「等級付け」が必要となります。

過去問チェック　マ R1・4　管 R2

① POINT
換気回数を0.7回／h以上とした場合、使用面積の制限が緩和される。

② POINT
24時間換気システムでは、従来のものだと風量が大きすぎるので省風力のものを用いる。

＜マーク表示（等級付け）＞

建築材料の区分	JIS・JASなどの表示記号	ホルムアルデヒドの発散	内装仕上げの制限	換気回数と使用可能面積	
				0.5〜0.7回未満／時	0.7回以上／時
建築基準法の規制対象外	F☆☆☆☆	非常に少ない	制限なしに使える		
第3種ホルムアルデヒド発散建築材料	F☆☆☆	少ない	使用面積が制限される	床面積の2倍まで	床面積の5倍まで
第2種ホルムアルデヒド発散建築材料	F☆☆	やや少ない		床面積の0.3倍まで	床面積の0.8倍まで
第1種ホルムアルデヒド発散建築材料	F☆	多い	使用禁止		

　なお、第1種から第3種までのホルムアルデヒド発散建築材料のうち、夏季においてその表面積1m²につき毎時0.005mgを超える量のホルムアルデヒドを発散させないものとして国土交通大臣の認定を受けたものについては、**これらの建築材料に該当しないものとみなされます**。つまり、この建築材料のみを居室の内装の仕上げに用いる場合は、その使用面積に対する制限はなくなります。

オ）技術的基準の特例

　1年を通じて、居室内の人が通常活動することが想定される空間のホルムアルデヒドの量を空気1m³につきおおむね0.1mg以下に保つことができるものとして、国土交通大臣の認定を受けた居室については、政令で定めた技術的基準を満たした**換気設備を設置する必要はありません**。

10 石綿に関する規制　建28条の2第1号・第2号、建令137条の4の3、137条の12

① 石綿に関する規制

　石綿（アスベスト）とは、微細な浮遊繊維が人体に有害を生じさせる物質をいいます。この種類として、**クリソタイル**（白石綿）、**クロシドライト**（青石綿）、**アモサイト**（茶石綿）などがあります。

　石綿による健康被害を防止するため、建築物における石綿の飛散の恐れのある建築材料の使用が規制されています。

② 規制の内容

ア）建築材料への石綿等の添加及び石綿等をあらかじめ添加した建築材料の使用禁止

　吹付け石綿及び吹付けロックウールでその含有する石綿の重量が当該建築材料の重量の0.1％を超えるもの（以下「石綿等規制材料」という。）は使用禁止とされます。

イ）増改築時における除去等を義務付け

　増改築時には、原則としての既存部分の石綿等規制材料の除去が義務づけられています。ただし、増改築部分の床面積が増改築前の**床面積の１／２を超えない増改築**のときには、増改築部分以外の部分について、封じ込めや囲い込みの措置が許されます。

　また、大規模修繕・模様替のときには、<u>大規模修繕・模様替部分以外の部分</u>について、封じ込めや囲い込みの措置が許容されます。
①

ウ）石綿の飛散の恐れのある場合における勧告・命令等の実施

　損傷、腐食その他の劣化が進み、そのまま放置すれば著しく保安上危険となり、又は著しく衛生上有害となるおそれがあると認める場合においては、勧告・命令等を実施できます。

エ）報告聴取・立入検査を実施

　上記**ウ**）に関して、報告聴取・立入検査を実施できます。

① POINT
大規模修繕・模様替のときには、床面積の1/2という要件はない。

(確)(認)(問)(題)

問：吹付けロックウールでその含有する石綿の重量が当該建築材料の重量の0.01％を超えるもの及び吹付け石綿は、建築材料として使用することができない。

答：×　0.01％ではなく、0.1％です。（➡**10**石綿に関する規制）

第11節	既存不適格建築物・その他

既存不適格建築物に関する規定を学びますが、細かい規定を覚える必要はなく、その趣旨を理解することが重要です。

1 既存不適格建築物　　建3条2項、10条1項、11条

① 既存不適格建築物の意義

建築基準法の施行前から存在する建築物や、同法の改正により改正後の規定に適合しなくなった建築物を**既存不適格建築物**といい、違反建築物とは異なります。そして、この既存不適格建築物については、改正後の建築基準法の適用が**除外**されます。

② 是正措置

既存不適格建築物をそのままにしておけない以下のような場合には、是正措置がとられます。

ア）危険・有害建築物に対する措置

特定行政庁は、敷地・建築物の構造・建築設備が保安上危険又は衛生上著しく有害である場合、建築物等の所有者に建築物の除却・移転・修繕等必要な措置をとることを勧告できます。

イ）公益上著しい支障がある建築物に対する措置

特定行政庁は、敷地・建築物の構造・建築設備が公益上著しい支障があると認められるときは、建築物等の所有者・管理者に相当の猶予期限をつけて、建築物の除却・移転・修繕等必要な措置をとることを勧告できます。

2 違反建築物に対する措置　　建9条1項・7項・8項

① 工事の停止等の措置

特定行政庁は、建築基準法の規定に違反する建築物又は建築物の敷地に対しては、建築物の建築主、請負人、現場管理者、所有者、管理者等に当該工事の停止を命じ、又は相当の猶予期限をつけて、建築物の除却・移転・修繕等違反を是正するに必要な措置をとることを命じることができます。

また、この是正措置をとる場合、命じようとする措置及びそ

400

の事由、並びに意見書の提出先・提出期限を記載した通知書を交付して、その措置を命じようとする者又はその代理人に意見書及び自己に有利な証拠を提出する機会を与えなければなりません。

② **緊急時の手続**

特定行政庁は、**緊急の必要がある場合**、意見書の提出先等の通知・意見の聴取等の**手続によらず**、仮の使用禁止又は使用制限を命じることができます。そしてこの命令を受けた者は、当該命令を受けた日以後**3日以内**に、特定行政庁に対して公開による意見の聴取を行うことを請求できます。

確認問題

問：建築基準法の改正により、現に存する建築物が改正後の建築基準法の規定に適合しなくなった場合、当該建築物は違反建築物となり、速やかに改正後の建築基準法の規定に適合させなければならない。

- -

答：× 本肢の建物は既存不適格建築物であり、違反建築物ではありません。また、改正後の建築基準法の規定に適合させる義務もありません。（➡ **1** 既存不適格建築物）

第7章

建物知識

建物構造の種類

第1節

ここでは、建物構造について学びますが、各構造の特徴をしっかり理解する必要があります。

1 材料による分類

構　造	内　容	特　徴
木造 （W造） Wooden construction	柱・梁・筋交いなどで構成する軸組工法や、耐震性・耐熱性を高めた枠組壁工法（例2×4工法）がある。	工法としては軽量で加工しやすい。骨組みを外に出す真壁造とそれを内部外壁で包んで外に出さない大壁造に分類される。
鉄骨造 （S造） Steel construction	色々な形鋼を用いて柱と梁を主体とした立体的な骨組みを構成する構造。	ラーメン・トラス・アーチ構造等の多くの構造形式で使われ、高層建築や大スパンの構造が可能。主に低層用の軽量鉄骨を用いたものと中層以上用の重量鉄骨を用いたものがある。
鉄筋コンクリート造 （RC造） Reinforced Concrete construction	**引張力に強い鉄筋**と**圧縮力に強いコンクリート**の良い所を活かした一体構造。 柱・梁・壁・床等を主体として構成する構造。	ラーメン・壁式・アーチ・折版・シェル構造など多彩な構造形式を選択することが可能。
鉄骨鉄筋コンクリート造 （SRC造） Steel Reinforced Concrete construction	鉄骨造を鉄筋コンクリートで被覆したもの。	鉄骨造よりも**耐火性**が高く、鉄筋コンクリートより**耐震性が高い**。
充填型鋼管コンクリート構造（CFT構造） Concrete Filled steel Tube construction	鋼管にコンクリートを充填した構造。	鋼管がコンクリートを拘束し、剛性、変形性能が向上するために特に耐震性に優れる。

　上記の表に掲げた構造のうち、マンションの建築で多く採用されるのは、RC造とSRC造です。従前は、高さ20m以下の建築物にはRC造、それ以上の高さの建築物にはSRC造が採用されてきましたが、近年は、高さ20m以上の建築物にもRC造が採用されてきています。

長　所	短　所
・加工や組立てが容易 ・軽量な割に強度大	・燃えやすい ・腐りやすく、白アリに弱い ・含水率により、変形が大きくなる
・粘り強く、耐震性が高い ・鉄筋コンクリート造に比べて軽量 ・大スパンの工場や超高層の建物に適する	・熱に弱い。耐火被覆が必要 ・腐食しやすい。防錆処理が必要 ・座屈しやすい
・燃えにくい ・耐久性がある ・剛性が高く、耐震性がある ・形が自由につくれる	・自重が大きい ・大部分が現場施工であり、品質に差が生じやすい
・鉄骨造より耐火性が高い	・施工工程が長期にわたる ・施工管理により品質のバラツキが生じやすい ・施工費がかかる
・耐震性が高い ・型枠が不要で施工性がよい ・空間自由度が大きい	・コストが高い ・一般的には耐火被覆が必要

▽ R2・5

① POINT
壁式構造は鉄筋コンクリートやブロック等でつくられる。

② POINT
スラブとは、鉄筋コンクリートの板のことである。

③ POINT
剛接合とは、外力を受けても接合部が変形しない接合をいう。柱と梁が一体となる。

2 構造形式による分類

種　類	特　徴	内　容
壁式構造①	住宅等壁の多い**中低層**建物に利用することで、柱や梁が内部に出ないというメリットがある。耐震性も高い。	柱を用いずに、耐力壁と床だけで構成した構造。
フラットスラブ構造	梁がないので、開放的な空間をつくる場合に利用される。梁はスラブ内②に構造耐力上内蔵される。	スラブを直接柱で支える形式で、床スラブが梁を兼ねる構造である。
ラーメン構造	柱と梁を剛接合③する必要があるので、接合部が一体に造られる鉄筋コンクリート造や、接合部を溶接することで一体化できる鉄骨造で利用される。	柱・梁で構成され、柱・梁の接点を剛接合した四角形で構成される骨組み。
鋼管コンクリート構造	大スパンが可能であり、また、コンクリートの中性化が起こりにくいというメリットがある。	チューブ状の鋼管の中にコンクリートを詰め主要構造材としたもの。

壁式構造

耐力壁を用いることにより室内空間がすっきりする。ただし、この耐力壁を撤去することはできない。

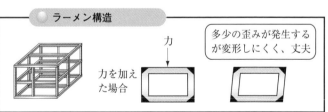

ラーメン構造

力
力を加えた場合

多少の歪みが発生するが変形しにくく、丈夫

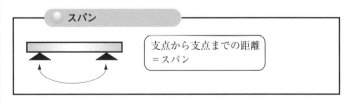

スパン

支点から支点までの距離＝スパン

3 施工方法による分類

① 乾式工（構）法

　施工に際し、ベース（基礎部）以外は、モルタル（水、セメント、砂）を用いない施工法。いわゆる水を用いないで、ボルト、ビス等で施工するものをいいます。

② 湿式工（構）法

　鉄筋コンクリート造などのように基礎工事以外でも水を使用する工法です。

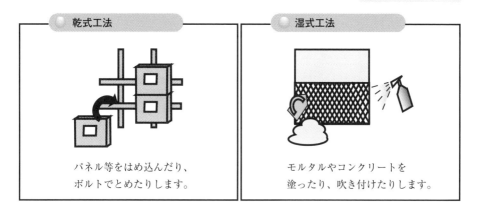

乾式工法	湿式工法
パネル等をはめ込んだり、ボルトでとめたりします。	モルタルやコンクリートを塗ったり、吹き付けたりします。

406

4 マンションの住棟型式の分類

マンションの住棟型式として、次のようなものがあります。

型式	内　容
タウンハウス型	低層の集合住宅で、各住戸の玄関が1階に設けられているもの。外観は棟割長屋のような建物の型式となっている。各住戸に専用庭を持つほか、共用の広場、庭、駐車場などのコモンスペースを持つ。また、1戸建住宅の独立性と集住化することによる経済性も併せ持つ。
廊下型	共用廊下の一方又は両方に住戸が設けられているもの。共用廊下の一方に住戸が設けられているものが片廊下型、両方に住戸が設けられているものが中廊下型である。中廊下型は、日照等の居住性に劣るため、マンションでの採用例は少ない。
階段室型	階段室から直接各住戸に入る型式のもの。廊下型に比べて各住戸の独立性が高くなる。
スキップフロア型	2階おき程度にエレベーターの停止階及び共用廊下が設けられ、エレベーターの停止階以外の階には階段によって各住戸へ達する型式のもの。停止階以外の住戸の独立性が向上するが、エレベーターの停止階からの階段の上昇が生じるため、バリアフリーにはならない。
メゾネット型	住戸が上下2層以上にまたがる型式のもの。開放的な空間を作りやすく、2層にバルコニーがあるため通風や採光に有利であるが、室内に階段を設けるために有効面積が減少する。
コア型	エレベーターや階段室などが建物の中央に設けられ、その周辺に多くの住戸が配置された型式のもの。20階以上の超高層住宅で多く用いられるが、方位によって居住性（採光・通風）に不利な住戸が生じやすい。
センターコア型・ボイド型	高層マンションや超高層マンションで多く採用されるもので、住棟中央部に共用廊下や階段室、エレベーターホールが配置されるセンターコア型と、住棟中央部に吹き抜けがあるボイド型（中央吹き抜け型）がある。

5 免震構造と制震構造

近年では、免震構造のマンションをよく見受けますが、どのような構造かを簡単に説明すると、次のとおりです。

① 免震構造とは

免震構造とは、一般に建物基礎と上部構造との間に免震装置

が置かれ、免震層が設けられている構造です。免震層は、その柔らかいバネ特性によって、**建物の揺れをゆっくりさせて**、地震のエネルギーを吸収して上部構造への伝達を**低減**させます。

　免震構造<u>①</u>は、揺れそのものを建物が吸収し、体感する揺れは少なくなるように工夫した構造となっています。

② 免震構造の利点

　免震構造を採用することによって地震力が低減するので、次のような利点が生まれます。

　　ア）居住者の安心感が増し居住性の向上が図れる。

　　イ）外壁、間仕切り壁、天井などの非構造部材の脱落や破損防止が図れる。

　　ウ）<u>設備機器</u>②、家具・什器、備品などの機能維持や転倒防止が図れる。

　　エ）構造部材などが比較的小さくなり、建築計画上の自由度が増す。

① POINT
免震構造としては、「基礎免震構造」のほかに、建物の中間層に免震層を設けた「柱頭免震構造」などがある。

② POINT
設備機器に作用する地震力の計算は一般的に局部震度法により行われる。耐震クラスにはS、A、Bがあるが、Sが最も性能が高い。

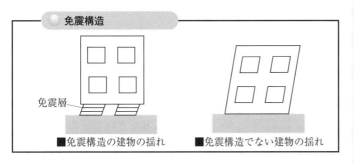

■免震構造の建物の揺れ　　■免震構造でない建物の揺れ

③ 制震構造とは

　制震構造とは、震動を何らかの装置（ダンパーなど）を建物の骨組みに取り付けて装備して抑制する構造であり、地震ばかりでなく、風揺れの低減のためにも用いられ、居住性の向上を図ることができます。

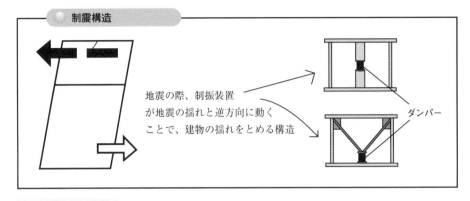

制震構造

地震の際、制振装置
が地震の揺れと逆方向に動く
ことで、建物の揺れをとめる構造

ダンパー

6 地震に弱い建築物

次のような建築物は、地震に弱くなります。

① ピロティ形式の建物
② コの字型、L字型の建物
③ 重心と剛心に距離がある建物
④ 耐力壁等が均等に配置されていない建物
⑤ 上層階と下層階で構造形式が異なる建物

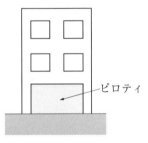

ピロティ

①のピロティとは、建物の1階部分に壁がなく、柱だけの空間をいいます。一般的に、駐車場などとして利用されていますが、**大きな地震があると、剛性の低いピロティ部分に損害が生じることがあります**。阪神・淡路大震災の時は、ピロティが潰れて、上階部分が地上に崩れ落ちたりしました。

②の**コの字型、L字型の建物**は、長方形や正方形などに近い形状の建物に比べて、構造的に不安定になります。なお、建物形状が複雑になったり、建物の一部分の構造が異なる場合は、単純な形のブロックや構造ごとに分割しますが、そのときに伸縮可能な**エキスパンションジョイント**という継手を設けることがあります。

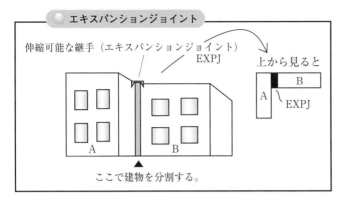

③の**重心**とは、建物の重さの中心となる位置をいいます。**剛心**とは、水平荷重によって建物にねじれが生じるときの回転の中心をいいます。重心と剛心の位置が異なると、地震の時に、剛心を中心にねじれが生じます。そのため、重心と剛心は、できるだけ近づけた方がよいとされています。

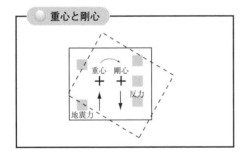

④の**耐力壁等が均等に配置されていない建物**は、地震に弱くなります。耐力壁は、地震力等の水平力を負担するものですから、平面上、立面上でつり合いよく配置しないと、ねじれが生じやすくなります。

⑤の**上層階と下層階で構造形式が異なる建物**とは、例えば、下層階が鉄骨鉄筋コンクリート造で、上層部が鉄筋コンクリート造となっている建物をいいます。そして、構造形式が切り替わる付近の階で、層崩壊等の被害が集中するおそれがあります。

⑤　耐震改修

耐震改修には、次のようなものがあります。

耐震壁増設	窓等の開口を有している部分の壁を取り除き、耐震壁を設置する方法	
袖壁増設	窓等の開口を有している部分の壁を取り除き、袖壁を設置する方法。柱自体の補強として用いられる	
鉄骨ブレース増設	既存の壁等を取り除き、鉄骨ブレース（筋交い）をいれる事により耐震強度を向上させる方法	
柱・梁に鉄板や炭素繊維を巻き付ける	部分的に地震時に破壊されるおそれがある部分に鉄板や炭素繊維を巻きつけ、コンクリートを拘束することで崩壊を防ぐ方法	

　また、鉄筋コンクリート造の建物の一般的な耐震改修工法等とその目的は、次のとおりです。

目　的	工法等
強度の向上	枠付き鉄骨ブレース補強、ＲＣ壁増設、増打ち壁、鋼板壁増設、そで壁補強、そで壁増打ち補強、外付けフレーム補強、バットレス補強、ＲＣ巻き立て補強
靭性能の向上	鋼板巻き立て補強、連続繊維巻き補強、ＲＣ巻き立て補強、耐震スリットの新設
構造上のバランスの改善	耐震スリットの新設、ＲＣ壁増設、増打ち壁、鋼板壁増設、そで壁補強、そで壁増打ち補強
地震力の低減	制震機構の組込、免震構造化

7　曲げモーメントとせん断力

　曲げモーメントとは、物体を曲げる方向に作用するモーメントのことをいいます。建築の構造を支える梁、柱は細長い形状となるため、曲げモーメントによる影響が大きくなります。曲げモーメントは単に、「曲げ」とも呼ばれます。

　また、せん断力は、簡単にいうと“ハサミで切る力”のことです。地震時等には、曲げモーメントとせん断力が建物に働きます。

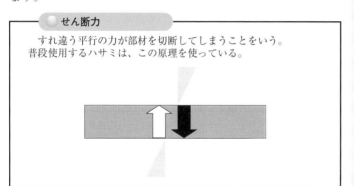

● せん断力

　すれ違う平行の力が部材を切断してしまうことをいう。
　普段使用するハサミは、この原理を使っている。

（確）（認）（問）（題）

　問：ピロティ式構造のマンションは、1階にピロティを設けることにより、地盤から建物に伝わる地震の振動を軽減するように計画されたものである。

　　答：×　　剛性の低いピロティは、地震に弱い部分です。
　　　　　　　（➡ **6** 地震に弱い建築物）

第 2 節 建物構造の基本

重要度 マ ★
管 ★

ここでは、建物の構造に関する定義を学びますが、定義を暗記する
必要はなく、理解中心で勉強しましょう。

1 各部の名称

— ■壁式鉄筋コンクリート造 —
主要構造部が鉄筋コンクリートと板状のスラブからなる構造で、
いわゆるボックス形状であり、ラーメン構造と異なり柱がなく、
内部空間が広くとれるが高層の建物には適さない。また、各階
の開口部や壁の位置に構造上の制約がある。

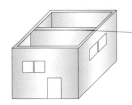

— ■耐力壁 —
ベアリングウォールともいう。壁式構造の建物で鉛
直荷重と水平力(地震力等)に抵抗する壁のこと。

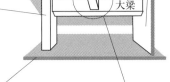

小梁

大梁

— ■柱 —
柱は主に床や屋根荷重などの鉛直力を
負担し地盤に伝えるが、地震時にはせ
ん断力や曲げモーメントも負担する。
柱の太さは柱間隔と階数で決まる。な
お、耐力壁を持たないピロティ形式の
柱は座屈を起こしやすく、構造上は不
利である。

— ■床 —
床は、主に、①人や家具等を直接支え
る、②建築空間を上下に仕切る、とい
う機能がある。人や家具等の重さを積
載荷重という。

— ■梁 —
床荷重を支え柱と一体になってラーメン構
造の骨組みを構成する。柱と柱をつなぐも
のを大梁、梁と梁をつなぐものを小梁という。
通常は、鉛直荷重を負担するが地震時には
せん断力と曲げモーメントをも負担する。

2 耐震壁

　耐震壁とは、地震時に柱、梁や床などと一体になって耐震上
有効な壁をいいます。耐震壁の偏りがあると地震時にねじれ現
象を起こしやすいので、バランスよく配置することが必要です。

3 鉄筋コンクリート造

① **コンクリートの材料**（建令72条）

　鉄筋コンクリート造に使用するコンクリートの材料は、次に
定めるところによらなければなりません。

> ア）骨材、水及び混和材料は、鉄筋をさびさせ、又はコンク
> 　　リートの凝結及び硬化を妨げるような酸、塩、有機物又は
> 　　泥土を含まないこと
> イ）骨材は、鉄筋相互間及び鉄筋とせき板との間を容易に通
> 　　る大きさであること
> ウ）骨材は、適切な粒度及び粒形のもので、かつ、当該コン
> 　　クリートに必要な強度、耐久性及び耐火性が得られるもの
> 　　であること

② **コンクリートの強度**（建令74条1項）

　鉄筋コンクリート造に使用するコンクリートの強度は、次に
定めるものでなければなりません。

> ア）4週圧縮強度※は、**12N/mm²**（軽量骨材を使用する場合に
> 　　おいては、**9N**）以上であること
> イ）設計基準強度（設計に際し採用する圧縮強度をいう。）
> 　　との関係において国土交通大臣が安全上必要であると認め
> 　　て定める基準に適合するものであること

〔※：「4週圧縮強度」とは〕

　コンクリートは硬化してすぐに強度が出るわけではありませ
ん。練り合わせてから4週間程度までは急激に強度が上がり、
その後は緩やかに何年間もかけて強度が上がっていきます。そ
こで、目安として4週間経過後の強度によってコンクリート強
度を表すのです。

③ **コンクリートの養生**（建令75条）

　コンクリートの打込み中及び打込み後5日間は、コンクリー

414

トの温度が2℃を下らないようにし、かつ、乾操、震動等によってコンクリートの凝結及び硬化が妨げられないように養生しなければなりません。ただし、コンクリートの<u>凝結及び硬化を促進するための特別の措置</u>を講ずる場合を除きます。
①

④ **柱の構造**（建令77条）

構造耐力上主要な部分である柱は、原則として、次に定める構造としなければなりません。

> **ア）** 主筋は、4本以上とすること
> **イ）** 主筋は、帯筋（フープ）と緊結すること
> **ウ）** 帯筋の径は、6mm以上とし、その間隔は、15cm（柱に接着する壁、はりその他の横架材から上方又は下方に柱の小径の2倍以内の距離にある部分においては、10cm）以下で、かつ、最も細い主筋の径の15倍以下とすること
> **エ）** 帯筋比（柱の軸を含むコンクリートの断面の面積に対する帯筋の断面積の和の割合として国土交通大臣が定める方法により算出した数値をいう）は、0.2％以上とすること
> **オ）** 柱の小径は、原則として、その構造耐力上主要な支点間の距離の1/15以上とすること
> **カ）** 主筋の断面積の和は、コンクリートの断面積の0.8％以上とすること

① POINT
プレキャストコンクリートで蒸気養生をする場合等がこれに該当する。

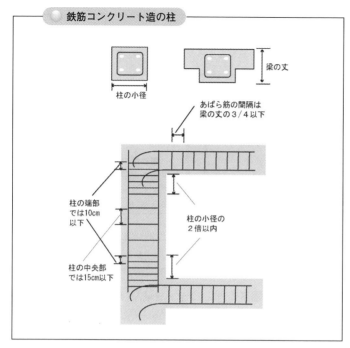

鉄筋コンクリート造の柱

梁の丈

柱の小径

あばら筋の間隔は
梁の丈の3／4以下

柱の端部
では10cm
以下

柱の小径の
2倍以内

柱の中央部
では15cm以下

⑤　**鉄筋のかぶり厚さ**（建令79条1項）

過去問チェック　管　R3

　鉄筋に対するコンクリートのかぶり厚さは、耐力壁以外の壁又は床にあっては2cm以上、耐力壁、柱又は梁にあっては3cm以上、直接土に接する壁、柱、床もしくは梁又は布基礎の立上り部分にあっては4cm以上、基礎（布基礎の立上り部分を除く）にあっては捨コンクリートの部分を除いて6cm以上としなければなりません。

⑥　**鉄骨鉄筋コンクリート造における鉄骨のかぶり厚さ**（建令79条の3）

　鉄骨に対するコンクリートのかぶり厚さは、原則として、5cm以上としなければなりません。

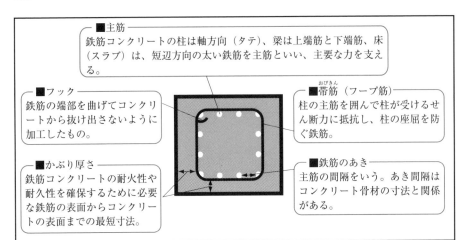

■主筋
鉄筋コンクリートの柱は軸方向（タテ）、梁は上端筋と下端筋、床（スラブ）は、短辺方向の太い鉄筋を主筋といい、主要な力を支える。

■フック
鉄筋の端部を曲げてコンクリートから抜け出さないように加工したもの。

■帯筋（フープ筋）
柱の主筋を囲んで柱が受けるせん断力に抵抗し、柱の座屈を防ぐ鉄筋。

■かぶり厚さ
鉄筋コンクリートの耐火性や耐久性を確保するために必要な鉄筋の表面からコンクリートの表面までの最短寸法。

■鉄筋のあき
主筋の間隔をいう。あき間隔はコンクリート骨材の寸法と関係がある。

確 認 問 題

問：コンクリートの養生における温度管理につき、凝結及び硬化を促進するための特別の措置を講じない場合、コンクリート打込み中及び打込み後5日間は、コンクリートの温度が2℃を下らないようにしなければならない。

答：○（➡ **3** 鉄筋コンクリート造）

第 3 節	建築物の構成	重要度

ここでは、建物の構成部分について学びますが、特に、基礎と地盤に関する事項を中心に勉強を進めてください。

1 建築物の構成

　建築物は、その機能によっていくつかの部分に分けて考えることができます。建築物はまず、躯体部分と設備部分に分けられ、躯体部分は、さらに基礎構造と躯体構造に分けられます。

2 基礎構造

　基礎とは、建物の最下部にあって、建物の重さを地盤に伝え、さらに建物と地盤とを固定する部分の総称です。

　基礎は、上部構造と一体になっている基礎スラブと、基礎スラブの下に設けられる地業とがあります。

　基礎の種類は以下のとおりです。

① 直接基礎

　直接基礎は、建物の荷重を直接地盤に伝えるもので、比較的浅い所に支持層がある場合に利用されます。

　ア）フーチング基礎

　　柱や壁の直下で建物の荷重や外力を地盤面に分散させる機能を持つ基礎型式をいいます。フーチング基礎には、以下の種類があります。

　　ａ．独立基礎

　　　1本の柱の下に単一に設けられた基礎で、独立フーチングともいいます。

　　ｂ．複合基礎

　　　2本以上の柱を1つの基礎底板で支える形式で、複合フーチングともいいます。

　　ｃ．連続フーチング基礎

　　　布基礎、連続基礎ともいいます。壁下の基礎のように連続した同じ断面の基礎で基礎スラブ（底板）と基礎梁が一体となって建物の荷重を支えます。

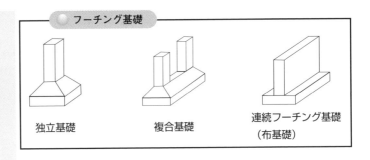

イ）ベタ基礎

　許容地耐力に比較して建築物の荷重が大きい場合に、建物の全平面にわたって一体となったフーチングを設ける基礎です。

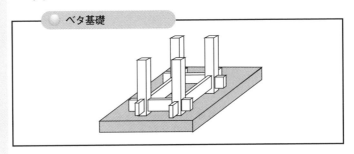

② 杭基礎

　軟弱な土層が地表から相当深い場合、建築物の重量を下部地盤に伝達させる杭を使って支持させます。この方法を杭地業といい、基礎スラブと杭地業を併せて杭基礎といいます。

ア）支持杭

　杭支持層が強固な場合に利用されます。杭先端をこの強固な**支持層に到達させ**、杭の先端に働く先端支持力によって建築物の荷重を支えます。

イ）摩擦杭

　建築物が比較的軽量である場合や軟弱な地盤が非常に深い（厚い）場合に利用されます。杭先端を支持層まで**到達させず**、杭の側面と地盤との間に働く周面摩擦力によって荷重を支えます。

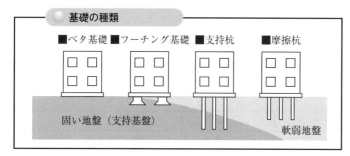

基礎の種類

■ベタ基礎　■フーチング基礎　■支持杭　■摩擦杭

固い地盤（支持基盤）　軟弱地盤

3 不同沈下とは

　異種形式の基礎を混用したり地盤が一様でない場合に建物の一部が沈んでしまうことをいいます。したがって、建物基礎の設計にあたっては、原則として異なる種類の基礎を使用してはなりません。

異なる基礎の使用による不同沈下

◀ 摩擦杭と支持杭を混用すると不同沈下が起きます。

4 液状化現象とは

　地盤は土や砂、水、空気などで構成されており、地盤の中では土の粒子が重なり合っています。この土粒子はかみあっていて、通常は建物を支えていますが、地下水位以下の地盤ではそのすきまの中に地下水がある状態となっています。しかし、地震による振動で土粒子のかみ合わせがはずれると土粒子がばらばらになり、地下水の中に浮いたような状態になり、水と砂が地中から噴き上げてくる現象が起きます。これが液状化現象です。**海岸や川のそばの比較的地盤がゆるく地下水位が高い砂地盤が液状化現象が起こりやすい地盤といえます。**

第4節 建築物の材料

重要度 マ ★
重要度 管 ★

ここでは、建物材料に関することを学びます。特にコンクリートに関する事項は重要ですので、しっかり勉強しておきましょう。

1 セメント

① POINT
セメントは水と合わせると化学反応を起こし固まる。これを水和反応といい、コンクリートはこれを利用している。

　セメントとは、物を膠着する材料の総称であり、通常セメントといえば、ポルトランドセメントのことをいいます。ポルトランドセメントは、石灰石・粘土等を焼成し、それを急冷してできた砂利状の物（クリンカー）に石膏を混ぜ微粉砕した物です。セメントはポルトランドセメントのほか、高炉セメント、フライアッシュセメントがあります。

2 コンクリート

② POINT
モルタルとはセメントに水と細骨材（砂）を混ぜたもの。

　コンクリートは、セメントに空気・水・細骨材（砂）・粗骨材（砂利）を混ぜ、硬化させたものです。コンクリートの強度・形成には、水とセメントの比率が大きく影響し、水が多くなれば形成しやすいがもろくなり、水が少なければ頑丈となりますが、形成しにくくなります。これを一般に「水セメント比」で表すことになります。この水セメント比とは、セメントに対する水の重量比（W／C）をいい、次のように計算します。

$$水セメント比 = \frac{水の重さ(W)}{セメントの重さ(C)} \times 100 (\%)$$

　水セメント比が**小さい**とコンクリートの**強度は高く**なりますが、練り混ぜや打ち込みなどの**作業性は低く**なります。反対に、水セメント比が**大きい**とコンクリートの**強度は低く**なりますが、**作業性は高く**なります。通常、水セメント比は50％〜60％となります。また、コンクリートは通常アルカリ性ですが、コンクリート表面からの水・炭酸ガスの浸入はコンクリートの中性化を促進し、鉄筋に悪影響を及ぼします。密実なコンクリートは中性化速度を遅らせ、耐久性を向上させます。

① コンクリートの種類

コンクリートの種類には以下のものがあります。

種　類	内　容
普通コンクリート	川砂・川砂利・砕石等を骨材としたもの
軽量コンクリート	比重2.0以下のもので、骨材に軽量骨材が用いられるもの
重量コンクリート	鉄粉・磁鉄鋼等の骨材を用いたもので、放射線の透過防止に使われるもの

② コンクリートの特徴

コンクリートの特徴としては、以下のものがあります。

> ア）防火・防水・防錆効果に優れている。
> イ）圧縮に強いが、引張りに弱く、<u>靱性が低い</u>。
> 　　　　　　　　　　　　　　　　　① じんせい

過去問チェック　管 R3

① POINT
靭性とは、部材の粘り強さをいう。コンクリートは曲がったり歪んだりする前に壊れてしまう。

このコンクリートの欠点を補うために考え出されたのが、**鉄筋コンクリート**です。また、コンクリートと鋼材は温度上昇に伴う**膨張の程度がほぼ等しく相性がよい**とされています。

なお、**固まらない状態のコンクリート**を、フレッシュコンクリートといい、**その状態で現場に運ぶコンクリート**を、レディーミクストコンクリートといいます。

また、工場などで固められるコンクリートを、プレキャストコンクリートといいます。

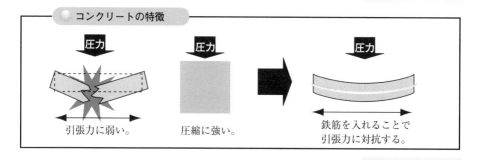

●コンクリートの特徴

圧力　引張力に弱い。

圧力　圧縮に強い。

圧力　鉄筋を入れることで引張力に対抗する。

422

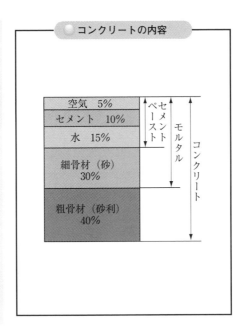

コンクリートの内容

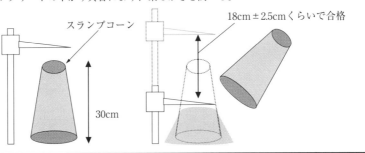

スランプコーン試験

　スランプコーン試験とはコンクリートの軟らかさや流動性を測定する方法の中で最も簡便で一般的な試験方法。
　スランプコーンいっぱいにコンクリートを入れ、スランプコーンを引き抜いた時のコンクリートの下がり具合により、柔らかさを調べる。

③　混和材料

　混和材料とは、セメント、水、骨材以外にコンクリートに添加して一定の効果をもたらす材料のことをいい、数％程度混ぜるものを「混和剤」、使用量の多いものを「混和材」と区別されます。混和材料には次のものがあります。

種　類	内　容
ＡＥ剤	コンクリート用化学混和剤のひとつで、Air Entraining Agentといい、空気連行剤のこと。コンクリートの中に独立した微細な空気の泡を含ませて、ワーカビリチー（施工軟度）を高めるために用いられる。また、コンクリート中の水分の凍結や融解に伴う膨張と収縮によってコンクリートが劣化するのを防ぐ効果もある。
減水剤	セメントと水を混ぜた時に、粉末状のセメント表面に吸着して反発力のある静電気を帯びることで、セメント粒子をバラバラに分散させ、セメントペーストの流動性を高め、水量を増加させずにワーカビリチーを高めることができる。
ＡＥ減水剤	ＡＥ剤と減水剤の双方の特性を同時に発揮できるように両者を混ぜ合わせたもの。

3 鉄鋼材料

　鉄鋼は、様々な形に加工され、建物の骨格を成す主要部分に使用されます。鉄鋼の特徴として、**引張**に強く**靭性**が高い、薄くても重さに耐える力が強いので背の高い建築物に用いられますが、**圧縮**に弱く、また、錆びやすい、**熱**に弱いという欠点を持ちます。

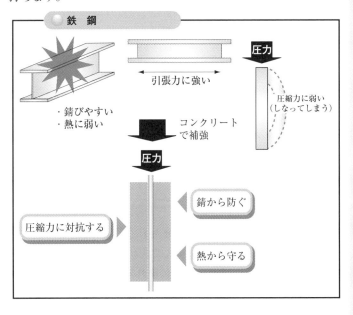

424

4 木材

　木材は、加工しやすく、強くて軽いという特徴がありますが、火に弱く（可燃性あり）、腐朽しやすいという欠点もあります。

① 含水率

　含水率とは、木材にどのくらい水分が含まれているかを比率で表したもので、含水率が低いと木材が乾燥しており、高いと水を多く含んでいることになります。一般的に製材品では、15%程度まで乾燥されています。

② 強度

　木材には、以下のような強度に関する長所があります。

> ア）繊維に直角方向より、繊維方向の方が強度が大きい
> イ）含水率が小さいほど強度は大きい
> ウ）芯材は辺材より強度が大きい
> エ）節は強度の低下に影響する

③ 木材の種類

種　類	内　容
集成材	製材された板（ひき板）あるいは小角材などを乾燥し、節や割れなどの欠点の部分を取り除き、繊維方向（長さの方向）を平行にして、接着剤を使って集成接着したもの
積層材	単板を主としてその繊維方向を互いにほぼ平行にし、積層接着したもの
合板（ベニヤ）	薄い単板を繊維方向が交差するように数枚重ね合わせて接着したもの
ファイバーボード	植物繊維を主な原料にしてつくった板状の建築材料

5 その他の材料

① 石膏ボード

　石膏を主体に軽量の骨材を混ぜたものを芯にしてその両面をサンドイッチのように厚紙で挟んで板状にしたものです。防火性、遮音性、加工性、寸法安定性に**優れており**、壁や天井の内外装下地材として多く使われますが、化粧石膏ボードのように天井の仕上げ材として使われるものもあります。PB（プラスタ

ーボード）ともいわれますが、防水処理をしたものは洗面所や
台所などの水回りの下地としても使われます。

② ポリスチレンフォーム

　ポリスチレンフォームとは、発泡プラスチック系の断熱材の
一種で、ポリスチレンを主原料に発泡成型したボード状の断熱
材をいいます。ポリスチレンフォームには、製造法により、以
下のものがあります。

ア）ビーズ法ポリスチレンフォーム　〔EPS〕

　　ビーズ法ポリスチレンフォームは、ポリスチレン樹脂と炭
　化水素系の発泡剤からなる原料ビーズを予備発泡させた後
　に、金型に充填し加熱することによって約30倍から80倍に発
　泡させてつくられます。

イ）押出法ポリスチレンフォーム

　　押出法ポリスチレンフォームは、ポリスチレン樹脂に炭化
　水素や代替フロンなどの発泡剤を加えて押出成形されます。

確 認 問 題

問：まだ固まらない状態にあるコンクリートを、プレーンコンクリートという。

答：× 　まだ固まらない状態にあるコンクリートは、「フレッシュコンク
　　　　リート」です。（➡ 2 コンクリート）

第 5 節 防火・耐火・防水

ここでは、防火材料や防水材料などに関する事項を学びます。防水剤と各工法の特徴をよく理解しておいてください。

1 防火材料

火災から建築物を守るため、建築物の内装材・外装材には耐火材・防火材を使用することが大切です。防火材とは、火に当たっても着火しにくい材料のことで、防火機能の強い順に以下のような種類があります（建告H12.1400〜1402号）。

種　類	具体例
不燃材料	コンクリート・れんが等
準不燃材料	石膏ボード・木毛セメント板等
難燃材料	難燃ボード・難燃プラスチック等

2 耐火材料

耐火材料は、防火材料の中でも材料が長時間火に当たっても熱に耐えうるものです。

耐火材料には、コンクリート・レンガ・モルタル・セメント等を混ぜ合わせたものを構造材に吹き付ける吹付軽量コンクリート等があります。

① 断熱材料

断熱材料は、**伝導**、**対流**、**輻射**の3要素による熱の伝達を減少させることを目的として使用する材料の総称です。材料固有の性質のみならず、気体（空気など）の低い熱伝導を利用し、材料の組合せや形態の工夫により、多種の断熱材料が考案されています。省エネルギー、温熱環境の改善及び耐火被覆の用途などに幅広く使用されており、居住のための快適性の点でもとても重要な材料です。

② 断熱材の種類

ア）繊維の積層

短繊維を重ね合せ、繊維間に溜め込まれた空気により断熱性を得ます。

　グラスウールは、けい酸ガラスを溶融し、蒸気吹付法、火炎吹付法、遠心法などによって、極細の繊維状ガラスとしたもので、居室の断熱に欠かすことのできない材料です。また、配管の保温剤としても使用されます。

　ロックウールは、安山岩や玄武岩からなる原料をグラスウールと同様の方法によって繊維化したもので、鉄骨の耐火被覆や機械室などの内断熱に使用されます。

イ）気泡の封入

　材料中に閉じ込めた空気などの無数の微細な気泡により、断熱性を得ます。

　けい酸カルシウム板は、火に強いので厨房の天井材などに使われます。

　ポリスチレンフォームは、北側居室の壁断熱（GL工法）として施工されるほか、配管の保温剤としても使用されます。

ウ）空気層の形成

　異種材料の組合せあるいは形態の工夫により、材料間に空気層を構成して断熱性を得る方法があります。典型的な例は<u>**複層ガラス**（ペアガラス）</u>によるサッシです。
①

　また、ガラス棚板やガラス陳列棚などに使われている一般的な透明ガラスの**フロートガラス**は、**複層ガラスよりも熱を通しやすい**ものとなっています。

① POINT
複層ガラスは、板ガラスを重ねた間に乾燥空気を封じ込めたものである。

3　建物と熱

①　熱伝導

　熱伝導とは、**熱が物体の高温部から低温部へ移る現象**をいいます。

　また、熱伝導率とは、ある材料の熱の伝わり易さを表す値をいいます。熱伝導率が**大きい**ものは**熱を伝えやすい**材料であり、**小さい**ものは**熱を伝えにくい**材料となります。一般に、**重くて冷たく感じるもの**（アルミニウム・鋼材・コンクリート等）は**熱伝導率が大きく**、**軽くて暖かみを感じるもの**（グラスウール保温板・硬質ウレタンフォーム・木材・合板等）は**熱伝導率が小さい**といえます。

断熱材の熱伝導率は、一般に水分を含むと大きくなります。

なお、熱の伝わりにくさを示す値を**熱伝導抵抗**といいますが、外壁の仕様を熱伝導抵抗の**高いもの**とすることにより、熱の出入りを低減し、**断熱性能を高める**ために有効です。

② 熱伝達

熱伝達とは、**周囲流体から固体表面、又は固体表面から周囲流体に熱が移動する現象**をいいます。

また、熱伝達率とは、材料表面とそれに接する周辺空気の間の、熱の伝わり易さを表す値をいいます。熱伝達率は、一般にその周辺の**空気の動きが大きい**ほど**大きな値**となります。

過去問チェック ➡ マ R3・5

③ 熱貫流

熱貫流には、**熱伝導と熱伝達の2つの要素**があります。

また、熱貫流率とは、**外壁や屋根・間仕切等を伝わって流れる熱の大小を表す数値**をいいます。熱貫流率は、**数値が小さい**ほど**断熱性能が良く**なります。

④ コールドドラフト

暖かい室内の空気が冷たい窓ガラスに触れて冷やされ、床面に下降する現象をいいます。

⑤ 露点温度

空気中の温度が下がっていくときに空気中の水蒸気の圧力が飽和水蒸気圧に達する温度をいい、この温度以下になると結露が生じます。

4 結露対策

結露対策の有効性の有無は、次のとおりとなります。

有効である	有効でない
・外断熱工法による外壁の改修工事	・換気をしない
・単板ガラスから複層ガラスにする	・窓にカーテンを設置する
・窓サッシを二重化する	・単板ガラスを厚くする

5 防水

過去問チェック ➡ マ R4・5 / 管 R3

防水には、**メンブレン防水**と**シーリング防水**とがあります。

メンブレン防水は、被膜を形成して防水層をつくる工法の総

称で、屋根、屋上、庇、バルコニ一、開放廊下等の漏水を防止すべき箇所に施されるものです。

　他方、シーリング防水とは、コンクリートの打継ぎ部や目地部、各種部材の接合部等からの雨水の浸入を防止するために施すもので、線状の防水工法のことです。

① **メンブレン防水**

　メンブレン防水には、次のような種類があります。

露出アスファルト防水	・アスファルトルーフィングを2～3層、溶融アスファルトで接着し、一体化した防水工法。夏は軟らかく、冬は硬くなり、ふくれ、しわ、波打ちなどが生じやすい。 ・メンテナンス等のための軽歩行には十分耐えられるが、傷がつきやすく、強度も弱いため、ルーフテラスなど**日常使用（歩行、置物）する場所には採用されない。**
アスファルト防水保護コンクリート押さえ	・アスファルト防水の上に、その保護のため、押さえコンクリートを60～100mmの厚さで打設したもの。 ・歩行用アスファルト防水ともいわれ、ルーフテラスや屋上利用部分（又は全面）に採用され、高層住棟に多い。
改質アスファルト防水	・改質アスファルトルーフィングシート防水ともいい、アスファルトにポリマーを添加したもので、通常は1層であり、トーチバーナーで加熱しながらはり付けるトーチ工法である。 ・アスファルト防水に比べて、溶融したアスファルトの臭気や煙による影響が少ないため、改修で採用されることが多い。
シート防水	・合成高分子系ルーフィングシート防水といい、ゴム系と塩ビ系とがあり、1層のシートを接着剤等ではり付ける。 ・ゴム系のものは、軟らかいため、非歩行用の部位に使用される。 ・塩ビ系は、表面強度があるため、軽歩行用として使用される。
塗膜防水	・液状の防水材を塗り重ね、表面にトップコートを塗る。硬化（ゴム状）して、防水層を形成する。材料はウレタンゴム系が多い。 ・軽歩行用として使用され、断熱工法もある。 ・施工が容易なことから、バルコニーや廊下の床、排水溝、屋根パラペット、庇等に施工される。 ・**突出物の多い改修工事の際に、施工が容易なため採用されることが多い。** ・開放廊下や屋外階段の床防水改修工事の際、通行制限の時間を短縮するため超速硬化型ウレタン塗膜防水を採用することが多い。

② シーリング防水

　シーリング防水におけるシーリング材には、次のような種類があります。

ウレタン系シーリング材	・性能及び価格が**標準的**で最も多用されているシーリング材である。 ・そのままでは、**紫外線等に弱く劣化が速い**ため、基本的には、外壁塗装と一緒に表面塗装できる箇所に使用される。 ・伸縮性は大きくないため、コンクリート目地やサッシ枠回り、パイプ貫通回り等に使用される。 ・コンクリートのひび割れ補修のUカットシーリング材としても使われる。
ポリサルファイド系シーリング材	・ウレタン系より耐候性、伸縮性等の性能に優れており、主に塗装をせず、露出して仕上げる箇所に使われる。 ・タイルの伸縮目地や金属間の目地等に使用される。
変成シリコーン系シーリング材	・ポリサルファイド系と同程度の性能を有する。 ・表面に塗装しても、剥がれや変色等に問題がないため、使用箇所が制限されず、汎用的シーリング材として使用される。
シリコーン系シーリング材	・**最も高性能**である。 ・周辺の壁面等を**汚染させる**傾向があるため、金属とガラスの間等、**使用箇所が限られる**。

6 保護工法・露出工法

　防水には、防水材保護から分類すると**保護（押え）工法**と**露出工法**があり、また、断熱工法から分類すると**内断熱工法**と**外断熱工法**があります。

＜保護工法と露出工法の比較＞

項目	歩行・非歩行などの屋上利用	防水層の耐久性	メンテナンス・改修時の難易	コスト及び工期	防水システムとしての荷重
保護工法	可	大	難	大	大
露出工法	不可	小	易	小	小

7 各断熱工法の特徴と防水層の寿命

<各断熱工法の特徴>

		構造	使用断熱材	特徴			
				躯体保護	防水層の寿命	内部結露	コスト
外断熱	押え断熱防水工法	防水層	発泡ポリスチレン	良	長	有利	高
	露出工法	防水層	発泡ポリウレタン	良	短	有利	高
内断熱	押え工法	防水層	発泡ポリスチレン	悪	長	不利	低
	露出工法	防水層	発泡ポリスチレン	悪	短	不利	低

　内断熱工法は、コストが低く、空調の面で有利ですが、躯体が外気の**温度変化の影響を受けやすく**、コンクリートの熱伸縮により、伸縮目地を設けても躯体に亀裂が入りやすいという欠点があります。

　外断熱工法は、コストが高いという欠点はありますが、建物内部が**結露しにくく**、躯体が断熱材で保護されるので昼夜・年間を通じて**温度変化が小さく**、躯体の寿命が長くなります（躯体に亀裂が入りにくい）。また、押え断熱防水工法（アップサイドダウン工法ともいいます）では防水層の温度変化も小さく、防水層の寿命も長くなるという長所があります。

432

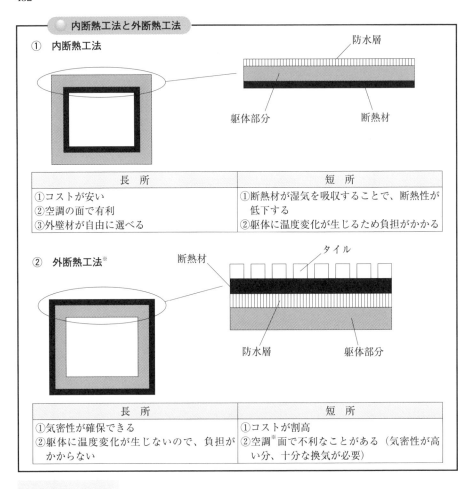

● 内断熱工法と外断熱工法

① 内断熱工法

防水層

躯体部分　　　　　　　　　　断熱材

長　所	短　所
①コストが安い ②空調の面で有利 ③外壁材が自由に選べる	①断熱材が湿気を吸収することで、断熱性が低下する ②躯体に温度変化が生じるため負担がかかる

② 外断熱工法※

断熱材　　　　タイル

防水層　　　　　　　　　躯体部分

長　所	短　所
①気密性が確保できる ②躯体に温度変化が生じないので、負担がかからない	①コストが割高 ②空調※面で不利なことがある（気密性が高い分、十分な換気が必要）

〔※：「外断熱工法」と「空調」について〕

　本来、外断熱工法は空調上も優れた工法ですが、空調の運転方法に関して注意が必要です。外断熱工法は室内の熱容量が大きいために、いったん冷暖房の機器を止めて室温が変化した後では、元の室温になるまでに時間がかかるからです。そのために、早く室温を所定温度にするためには、必要以上に大きな機器を設置する必要があります。もっとも、空調の連続運転が行われているところでは逆に空調負荷は低くなりますので、特に寒冷地などでは有利な工法となります。

確 認 問 題

問：熱伝達とは、周囲流体から固体表面、又は固体表面から周囲流体に熱が移動する現象をいう。

答：○　（➡ **3** 建物と熱）

第6節 最新のマンション供給動向

重要度 マ ★　管 ★

試験の出題傾向を予測する上で、今求められているのがどんなマンションか、最新の情報が欠かせません。

1 センチュリー・ハウジング・システム

　CHS（センチュリー・ハウジング・システム）とは、センチュリー（100年）もの長期間にわたって快適に住み続けられる住宅を提供するための設計・生産・維持管理にわたるトータルシステムの考え方です。CHSは、旧建設省（現　国土交通省）の「住機能高度化推進プロジェクト」の一貫として開発されたもので、物理的（住宅のハード部分）にも、機能的（暮らしのソフト部分）にも耐久性の高い住宅を供給することにより、住まいの資産価値を維持し、良質な住宅ストックの充実を目指しています。

2 SI（スケルトン・インフィル）住宅

マ R2

　SI（スケルトン・インフィル）住宅とは、建物躯体（S：スケルトン）と内装設備（I：インフィル）とに分離して計画する住宅をいいます。この計画は、建物における部材等の**耐用年数**、意思決定の主体、**空間利用形態の相違**を考慮したスケルトンとインフィルとの分離が図られている必要があります。

3 環境共生住宅

　環境共生住宅とは、地球温暖化防止等の地球環境保全を推進する観点から、地域の特性に応じ、エネルギー、資源、廃棄物等の面で適切な配慮がなされるとともに、周辺環境と調和し、健康で快適な生活ができるよう工夫された住宅及び住環境をいいます。

4 コンバージョン

マ R2

　コンバージョンとは、一般的に、既存建物の利用目的を別の用途に変えることをいいます。例えば、オフィスビルや社宅をマンションに転用することです。

第**8**章

建築設備

第 1 節 マンションの電気設備

重要度 マ ★★ / 管 ★★

ここでは、マンションに関係する電気設備について学びます。過去
問で問われたところはしっかり復習しておきましょう。

1 マンションと電気設備

① 電力引込み

建物で使用する電気は、原則的には電力会社より供給を受け
ます。電力会社の配電網より分岐し、建物に電力を引き込むこ
とを「電力引込み」といいます。建物の所有者は、電力会社と
の間で電気の使用に関し、契約を結び、料金を支払いますが、
受電する電圧は、建物の用途、規模、負荷内容、使用方法など
で定まる契約電力によって決められています。

② 受電電圧と契約電力

過去問チェック → マ R3 / 管 R5

建物への電力の引き込みは、供給電圧によって**低圧引込み**、
高圧引込み、**特別高圧引込み**の3種類に区分されます。この区
分は、建物の使用電力により決定されます。

小規模マンションなどで、各住戸の契約電力と共用部分の契
約電力の総量が**50kW未満**の場合は、**低圧引込み**となります。

他方、この総量が**50kW（kVA）以上**の場合は、高圧引込み
の方式となり、**2,000kW（kVA）以上**になると、**特別高圧引込
み**の方式となります。

マンションでは、一般に高圧引込みの方式となります。

③ 電力の供給方式

高圧引込みよる電力の供給方式は、次のようなものがありま
す。

ア）借室・借棟方式

借室方式は、建物内に変圧器室を設ける方式です。建物内
には、この設備を設置するためのスペース（借室電気室）を
必要とします。

借棟方式は、建物の敷地内に変圧器室を設ける方式です。
敷地内には、この設備を設置するためのスペースを必要とし
ます。

　そして、借室電気室や敷地の使用は**無償**であり、その設備の**維持管理**は**電力会社**が行います。なお、いずれも**トランス（変圧器）容量**に**制限はありません**。

イ）集合住宅用変圧器方式（パットマウント方式等）

　集合住宅用変圧器方式は、敷地内の屋外に、地上用変圧器を設置して供給する方式です。1戸当たり50A契約で、最大100戸程度まで供給を受けることができます。**トランス容量**に**制限があります**。

ウ）借柱方式

　借柱方式は、電柱上に変圧器を設置して供給する方式です。**トランス容量**に**制限があります**。

④　配電方式

　マンションの住戸などでの配電方式には、次のものがあります。

管　R5

ア）**単相2線式**	住宅等に用いられ、電灯やコンセント等に使用される。100Vしか取り出せない。
イ）**単相3線式** ①	住宅等で用いられ、200Vを取り出せるので、エアコン等の電気容量の大きな機器も使用できる。

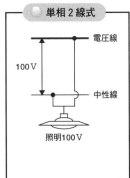
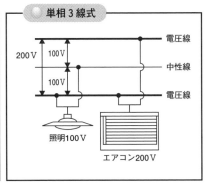

① **POINT**
漏電遮断機は、中性線欠相保護機能付きにすべきとされている。

⑤　一括受電

　一括受電とは、マンションなどの集合住宅において、専有部分と共用部分の使用電力について、管理組合と電力会社との間で高圧電力契約を行い、各専有部分利用者は高圧電力契約者と低圧契約することで、電気の供給を受ける電気契約の方法をい

いります。管理組合で受変電設備を用意する必要があります。

⑥ **住宅用分電盤**

分電盤内に設置されている**漏電遮断器**（漏電ブレーカー）及び**配線用遮断器**（安全ブレーカー）は、**需要者**の所有物となります。

2 避雷設備

建33条

🔲 マ R3

高さ20mを超える建築物には、有効に避雷設備を設けなければなりません。ただし、周囲の状況によって安全上支障がない場合においては、不要となります。

また、避雷設備は、受雷部システム、引下げ導線システム及び接地システムからなるシステムに適合する構造とします。

3 電灯設備

マンションの共用廊下やエントランス、階段室の天井等に設置されている電灯設備には、以下のようなものがあります。

照度センサー付照明設備	照度センサーにより暗くなると点灯し、明るくなると消灯する仕組みの照明設備
人感センサー付照明設備	赤外線などを利用して、人の動きを検知して、人が近づくと点灯し、離れると消灯する仕組みの照明設備
ソーラータイマー付照明設備	日没、日の出の時間変化に対応するソーラータイマーが付いた照明設備
高周波点灯方式蛍光灯	交流電流をインバータ装置により、高周波に変換して点灯するもので、省エネルギー化が図れるとともに、すばやく点灯し、ちらつきが少なく、安定器の音も小さくすることができる。
LEDランプ	発光ダイオードを利用した照明。長寿命、低消費電力、低発熱性といった特徴を有する。**水銀は使用されていない**。ＬＥＤ単体からの発熱がある。**電気用品安全法**の規制の対象となっている。

第 2 節　電気事業法

ここでは、電気事業法について学びますが、電気工作物と保安規程を中心に学習してください。

1　電気事業法の目的　電事1条

　電気事業法は、電気事業の運営を適正かつ合理的ならしめることによって、電気の使用者の利益を保護し、及び電気事業の健全な発達を図るとともに、電気工作物の工事、維持及び運用を規制することによって、公共の安全を確保し、及び環境の保全を図ることを目的とします。

2　電気工作物　電事2条1項18号、38条、電事規則48条

　電気工作物とは、発電、蓄電、変電、送電、配電又は電気の使用のために設置する工作物（機械、器具、ダム、水路、貯水池、電線路等）をいい、**事業用電気工作物**と**一般用電気工作物**があります。

① 事業用電気工作物

　事業用電気工作物とは、一般用電気工作物以外の電気工作物をいいます。これには、**自家用電気工作物**と**小規模事業用電気工作物**とがあります。

　自家用電気工作物とは、一定の事業の用に供する電気工作物及び一般用電気工作物以外の電気工作物をいいます。

　小規模事業用電気工作物とは、事業用電気工作物のうち、一定の電気工作物であって、構内に設置するものをいいます。

② 一般用電気工作物

　600V以下で受電又は一定の出力以下の**小規模発電設備**で、受電線路以外の線路で接続されていないなど、安全性の高い電気工作物をいいます。

　一般用電気工作物における小規模発電設備には、次のようなものがあります。

ア） 太陽電池発電設備であって出力10kW未満のもの
イ） 次のいずれかに該当する水力発電設備であって、出力

20kW未満のもの

・最大使用水量が毎秒1㎥未満のもの（ダムを伴うものを除く。）

・特定の施設内に設置されるものであって別に告示するもの

ウ）内燃力を原動力とする火力発電設備であって出力10kW未満のもの

＜電気工作物の区分＞

電気工作物		
事業用電気工作物		一般用電気工作物
電力会社や工場などの発電所、変電所、送電線、配電線		
自家用電気工作物	小規模事業用電気工作物	一般家庭・商店・小規模の事務所等の屋内配線、一般家庭用の太陽電池発電設備等
自家用発電設備、工場・ビルなどの600Vを超えて受電する需要設備等	10kW以上50kW未満の太陽光発電設備、20kW未満の風力発電設備等	

確 認 問 題

問：自家用電気工作物とは、一定の事業の用に供する電気工作物及び一般用電気工作物以外の電気工作物をいう。

答：○（➡ 2 電気工作物）

第 3 節　ガス設備

重要度 マ ★★
管 ★★

ここでは、ガス設備について学びます。給湯設備を中心に学習を進めましょう。

1 ガス設備

一般のマンションにおけるガスの使用箇所は、シャワー、給湯、追炊きのガス湯沸器、調理用のガス器具などです。使用されるガスの種類は、**都市ガス**と**液化石油ガス（LPG）**が一般的で、都市ガスの供給地域においては都市ガスが使用され、その他の地域では液化石油ガスが一般に使用されています。

ガス器具を設置する際の注意点としては、ガス漏れがあると、引火による爆発の危険性があるので、ガス漏れ警報設備を設ける必要があることと、ガスは、燃焼に際して室内の酸素を消費し、一酸化炭素を放出するので、十分な換気を行うことが挙げられます。

① 安全装置の種類と用途

ガス設備の安全装置には、ガス漏れ警報設備と自動ガス遮断装置があります。ガス漏れ警報設備は、ガス漏れを検知し、建物の関係者や利用者に警報する設備で、検知器、受信機、警報装置などで構成されています。自動ガス遮断装置は、流量や圧力の異常あるいは漏えいを検知して、自動的にガスの供給を遮断する装置で、**マイコンメーター**、警報器連動遮断装置などがあります。

② ガス機器

ガス燃焼機器は、給排気の方法の違いから次のように分類されます。

過去問チェック　管 R5

ア）開放燃焼式

周囲の空気を燃焼に使用し、排ガスも周囲に排出する方式です。この方式は、室内の換気に注意しないと、不完全燃焼で一酸化炭素中毒になる可能性があります。

イ）半密閉燃焼式

燃焼には室内の空気を使用しますが、排ガスは排気筒など

で屋外へ排出する方式です。この方式は**自然排気式（CF式）**
と**強制排気式（FE式）**があります。

ウ）密閉燃焼式

燃焼用の空気を屋外から取り入れ、排ガスも屋外へ排出す
る方式です。この方式は**自然式（BF式）**と**強制吸排気式
（FF式）**があります。

③　埋設ガス管の腐食対策

近年、都市ガス用に地中に埋設されているガス管の腐食が進
んで、ガス漏れ事故を起こす可能性が問題視されています。腐
食が心配されているのは、一般には白ガス管と呼ばれる亜鉛メ
ッキ鋼管で、戦後から昭和30年代にかけて盛んに使用され、当
時は腐食しないため半永久的に使用できると考えられていたの
ですが、土中に埋設すると、次第に亜鉛メッキが溶け出し、鋼
管が腐食し、実際には**20年程度**の寿命であることがわかりま
した。さらに、平成6年に、東京都で白ガス管のガス漏れによ
る爆発・死傷事故が発生し、平成8年になって埋設部への新規
使用が禁止され、現在は、ポリエチレン系樹脂のガス管が、主
に使用されています。

④　ガス設備検査

家庭用ガスは、ガス事業法によるガス供給事業者による配管
漏洩・ガス消費機器の点検を、3年に1回以上、義務付けられ
ています。また、ガス事業法令に従いガス事業者が行う通常の
定期点検（敷地内ガス管の漏洩検査）は、40ヵ月に1回行うこ
とが必要です。

2 給湯設備

①　局所式給湯方式

局所式とは、各部屋の必要箇所に小型の給湯器を設ける方式
をいい、使用目的などで、以下に分類できます。

ア）瞬間式局所給湯方式（ガス瞬間湯沸器）

これは、浴槽や流しなど独立した箇所に瞬間式ガス湯沸器
を設置し、即座に湯を供給する方法です。空燃比制御方式や
ダイレクト着火方式のものなどがあります。

イ）貯湯式給湯方式（電気温水器）

　これは、貯湯する加熱器を設置し、配管により必要な箇所へ給湯する方法です。住宅用では深夜電力を利用したものが多くあります。

②　住戸セントラル給湯方式

　住戸セントラル給湯方式とは、住戸ごとに設けられた給湯器から、風呂、洗面、台所などの給湯箇所へ配管する方式です。マンションでは、一般的に採用されているものです。

③　中央式給湯方式

　中央式とは、機械室に大型のボイラーや貯湯タンクなどを設置し配管することにより、各部屋に給湯を行う方式です。

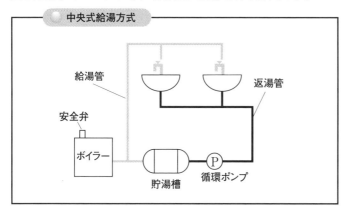

● 中央式給湯方式

④　給湯器の能力

　給湯器の能力は、号で表します。1号とは水温を25℃上昇させたお湯を1分間に1ℓ出湯できるもので、最近のマンションでは24号など大型の給湯器が使われるようになっています。

⑤　ガス瞬間湯沸器の種類

　ガス瞬間湯沸器は、点火・消火の方法により、以下の2種類に分類できます。

ア）元止め式ガス瞬間湯沸器

　給湯器本体に附属する給湯栓兼水栓の開閉によりガスを着火し、給湯するもので、他の箇所への配管給湯ができません。

イ）先止め式ガス瞬間湯沸器

末端の給湯栓を開くことによってガスを着火することのできる瞬間式湯沸器をいいます。この方式は、住戸セントラル給湯方式に用いられます。

⑥ さや管ヘッダー方式

さや管ヘッダー方式は、給水配管自体は軟質の管材（**架橋ポリエチレン管、ポリブテン管**、軟質鋼管など）を使用するもので、施工時にあらかじめ樹脂製のさや管を敷設した後に、それら軟質の給水管を通し込み、給水器具とヘッダーをその管で接続するもので、以下のような特徴があります。

ア）樹脂管を使用しているため、腐食や赤水の発生が少ない

イ）接続箇所がヘッダー部と水栓部のみであり、施工後の点検や管理が容易

ウ）ヘッダーで分岐するため、水栓の同時使用時における流量変動が小さい

エ）架橋ポリエチレン管に弾性があるため、水撃を吸収軽減することができる

オ）建築駆体を壊すことなく、ポリエチレン管だけを交換することができる

カ）管が細くなるので湯待ち時間が短くなる

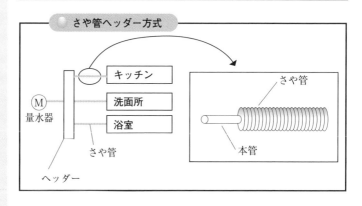

⑦　その他

　ア）自然冷媒ヒートポンプ式給湯器

　　　ヒートポンプ技術を利用し、空気の熱で湯を沸かすことのできる電気給湯機で、冷媒として、**二酸化炭素を利用し**ている給湯器で、熱効率が高いものです。

　　　貯湯タンクと組み合わせて使い、蓄熱することにより電気容量を削減するとともに深夜電力の利用が可能となります。

　イ）**潜熱回収型ガス給湯器**

　　　従来のガス給湯器の燃焼ガス排気部に給水管を導き、燃焼時に熱交換して昇温してから、これまでと同様に燃焼部へ水を送り再加熱する給湯器で、エネルギー消費効率が高いという特徴があります。

　　　ただ、潜熱回収時に熱交換器より凝縮水が発生し、この凝縮水は**酸性**であるため、確実に機器内で**中和処理**し、排水系統に排出します。

過去問チェック
マ　R3
管　R4・5

確認問題

　問：ガス瞬間式給湯器の能力表示には「号」が一般に用いられ、1号は流量
　　　1ℓ/minの水の温度を20℃上昇させる能力をいう。

　　　　答：✕　「25℃」上昇させる能力です。（➡ **2** 給湯設備）

第4節 給水設備

給水設備について学びますが、特に給水方式と受水槽に関する規定を中心に学習します。

1 給水方式

管 R5

給水方式には、大別すると次に示す5方式があり、建物の用途・規模、設置環境、立地条件、管理条件及び設置費・維持管理費などを検討して選択します。また、これらの方式は、それぞれ一長一短があり、単独又は併用して用いられます。

種類	概　要	特　徴
水道直結直圧方式	水道本管から給水管を直接分岐して引き込み、建物内の給水箇所へ供給する方式。	①適用建物：水道本管の給水圧力で間に合う小規模建物に限られる。 ②圧力変動：本管の圧力に応じて変化する。 ③断水時：給水できない。 ④停電時：給水できる。 ⑤設備スペース：ほとんど不要である。 ⑥設置費：最も安価である。 ⑦維持費：最も安価である。
水道直結増圧方式	受水槽を必要とせず、水道本管から引き込んだ水を直接、増圧給水設備（ポンプ）を経て給水する方式。	受水槽が必要ないので省スペースであり、コストが安い。中規模の中高層マンションが対象となる。
高置（高架）水槽方式	水道本管から給水管を分岐して引き込み、水をいったん受水槽に貯水し、揚水ポンプにより高置水槽へ揚水して、重力により給水箇所へ供給する方式。重力方式ともいう。	①適用建物：直結給水できない建物、大規模の建物、住宅団地、超高層の建物。 ②圧力変動：ほとんど一定で変化がない。ただし、高層階では水圧不足、低層階では高圧になる傾向がある。 ③断水時：受水槽と高置水槽に残っている水量が利用できる。 ④停電時：高置水槽に残っている水量のみが利用できるが、発電機を設置したほうがよい。 ⑤設備スペース：最も多く必要である。 ⑥設置費：比較的高価である。 ⑦維持費：比較的高価である。

種類	概　要	特　徴
圧力タンク方式	高置水槽が設置できない場合などに、圧力タンクを設けて、タンク内の空気を加圧ポンプで圧縮加圧させ、その圧力により建物の給水箇所に送水する方式。	①適用建物：高置水槽が設置できない建物、主として小規模建物、住宅。 ②圧力変動：常に一定の幅で変化する。 ③断水時：**受水槽に残っている水量だけ利用できる。** ④停電時：**給水できない。**発電機（予備電源設備）が必要である。 ⑤設備スペース：高置水槽のスペースが不要である。 ⑥設置費：比較的安価である。 ⑦維持費：比較的安価である。
ポンプ直送方式	高置水槽・圧力タンクを設けずに、受水槽から直接に給水ポンプで建物内の給水個所へ加圧供給する方式。 ①	①適用建物：大規模の地域給水、住宅団地、工場、**超高層の建物。** ②圧力変動：ほとんど一定である。 ③断水時：**受水槽に残っている水量が利用できる。** ④停電時：**給水できない。**発電機（予備電源設備）が必要である。 ⑤設備スペース：高置水槽・圧力タンクのスペースが不要である。 ⑥設置費：比較的割高である。 ⑦維持費：比較的安価である。

以上のとおり、どの給水方式も長所と短所を持っています。

なお、マンションでは、高置水槽方式を採用する場合でも1階・2階もしくは集会室などの一部に水道直結直圧方式を採用することがあります。このように併用すると、万一、ポンプの故障や停電などの時でも、水の供給ができます。

①　POINT
ポンプ直送方式には、ポンプの吐水側に取り付けた給水管内の圧力又は流量を感知する圧力スイッチや流量計等によりポンプの台数制御を行う定速ポンプ方式と吐水側圧力を感知してポンプの回転数制御を行う変速ポンプ方式がある。

448

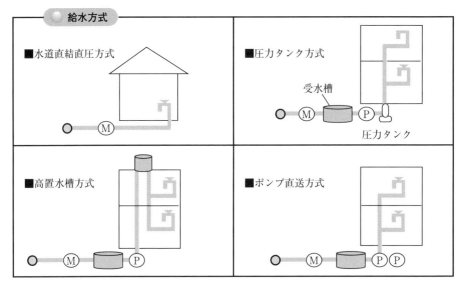

M…量水器　P…ポンプ

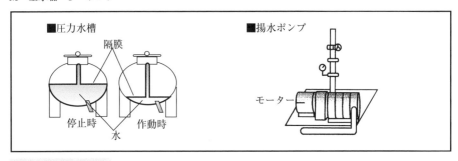

2　受水槽

　建物内の給水設備に供給する水を一度、貯留する目的で設置するタンクをいいます。水槽底部には1／100程度の勾配を設け、最低部に設けたピット（穴・くぼみ）又は溝に水抜管を設置する必要があります。

　材質として、鋼板製、ステンレス製、FRP製等があります。**FRP製**は安価ですが、**外部に設置すると光の透過性がある**ために、**藻が発生しやすい**という特徴があります。

　なお、一般に**受水槽の有効容量**は、マンション全体での１日の使用水量の1／2程度、**高置水槽**は1／10程度で設定されています。

過去問
チェック　マ　R2・4

3　1人当たり1日の使用水量

　マンションにおける居住者１人当たりの１日の使用水量は、一般に200〜350ℓとされています。

過去問
チェック　マ　R2

4　給水圧力

　マンションにおける住戸内の給水管の給水圧力の上限値は、一般的に300〜400kPa以下とし、これ以上の圧力の場合は減圧弁を取り付けます。

　また、各給水器具に必要な最低圧力は以下のとおりとなり、水圧がこの必要圧力以下になると、作動しなくなる器具もあります。

過去問
チェック　マ　R3〜5

一般水栓	洗浄弁（大便器）	シャワー	ガス給湯器
30kPa	70kPa		80kPa

5　ゾーニング

　ゾーニングとは、**20階以上の高層マンション等**において、下層階の給水圧力が大きくなり、使用上の不都合が生じたり、過大な流速、ウォーターハンマーの発生を防止するため、高さ方向に**区域を分け、給水圧力の調速を行う**ことをいいます。

450

 受水槽

■空気抜管
水槽内の空気だまりの空気を排除するために設ける管をいう。空気抜管の末端には防虫網を設ける。

排水口空間

■給水管

排水口空間

■水抜管
水抜管とその排水を受ける排水管との間に**排水口空間**を設ける。

■オーバーフロー管
各種の水槽等で、規定水位を超えた水を外部に排出するための管をいい、圧力タンク等を除き、ほこりその他衛生上有害なものが入らない構造としなければならない。また、水槽への排水の逆流防止のため、排水管との間に排水口空間を設ける。なお、管端開口部には、防虫網を設ける。

■マンホール
タンク等の点検・修理・掃除を行うため、作業員が出入りできるようにした穴をいう。マンホールの直径は人が出入りしやすいように60cm以上とする。
なお、マンホール面は、受水槽上面より10cm以上立ち上げるものとする。

過去問チェック
マ R5
管 R3・5

100cm以上

60cm以上　60cm以上

60cm以上

■受水槽の保守点検
点検のため、周囲60cm以上、上部1m以上の保全スペースを確保する必要がある。

■6面点検
前後左右上下の6面から有効に点検できなければならない。

■ボールタップ
水槽内に取り付ける自動給水栓で、規定水量以上の水が給水されないように、浮き玉の浮力を利用して弁の自動閉開を行う機構となっている。

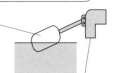

■定水位弁
受水槽の水位は、定水位弁で制御される。この定水位弁は、主弁と副弁で構成され、小流量は副弁（ボールタップ又は電磁弁）で供給され、大流量は主弁で供給される。受水槽の満水時には満水警報が鳴り、一定水位以下の時には減水警報が鳴る。

6　給水用機器

①　ウォーターハンマー（水撃作用）

　ウォーターハンマーとは、管内の流体の流れを弁などで急閉
して、流れを停止あるいは減速させると、その弁の上流側に異
常な衝撃圧が生じ、配管や機器などを振動させたり騒音を発生
する現象をいいます。ウォーターハンマーを防止するには、給
水管内の流速を1.5m〜2.0m/s以内に抑えます。

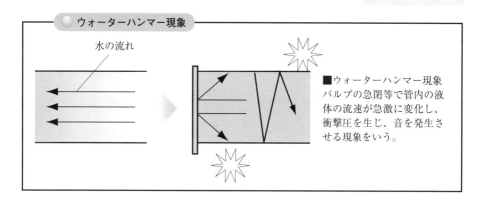

ウォーターハンマー現象

水の流れ

■ウォーターハンマー現象
バルブの急閉等で管内の液
体の流速が急激に変化し、
衝撃圧を生じ、音を発生さ
せる現象をいう。

②　ウォーターハンマー防止器

　ウォーターハンマーによる水撃圧を吸収するために、給水配
管系に設ける容器をいいます。容器内部に窒素ガスを封入し、
溶接ベローズを配したベローズ型と空気で膨らませたゴム袋を
内蔵したエアバッグ型があります。

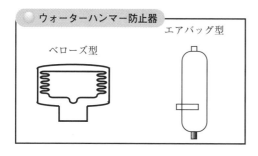

ウォーターハンマー防止器

エアバッグ型

ベローズ型

③ エアクッションパイプ

　ウォーターハンマーを防止する装置で、配管の一部に空気だまりを設け、空気の膨張・圧縮性を利用して水撃圧を吸収します。

④ 逆止弁

　流体を一方向のみに流し、逆方向には流さない弁をいいます。給排水設備では一般にスイング式と水平リフト式が用いられ、仕切弁などの開閉弁と組み合わせて使用します。ウォーターハンマーを防止するため、揚水ポンプの吐出口にはスプリングの力で強制的に弁を急閉する急閉型逆止弁を設けます。

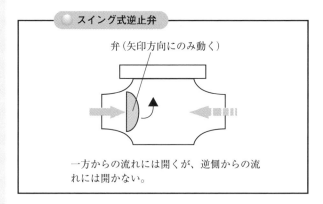

スイング式逆止弁

弁（矢印方向にのみ動く）

一方からの流れには開くが、逆側からの流れには開かない。

⑤ バキュームブレーカ

　水使用機器において、吐水した水又は使用した水が逆サイフォン作用により上水系統へ逆流するのを防止するための**逆流防止弁**をいいます。

⑥ クロスコネクション

　上水と上水以外の水、又は上水と一度吐水した水とが混ざること及び混ざるような配管をいい、汚染防止のため**禁止**されています。

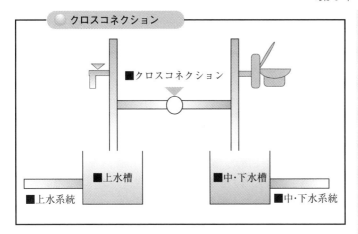

⑦　吐水口空間

　給水管への**逆流を防ぐために**、**給水管の流入口端からオーバーフロー管（越流管）下端**までに吐水口空間を設ける必要があります。この空間の垂直距離は、一般に給水管径の**2倍以上**を確保することが望ましいとされています。

　また、飲料用の受水槽、高置水槽の**オーバーフロー管、水抜き管と排水管**との間の空間を**排水口空間**といいますが、この空間を設けて間接排水とすることで、排水が受水槽内に**逆流**することを防ぎます。**排水口空間**は、その垂直距離を最小**150mm**は確保しなければなりません。

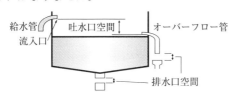

(確)(認)(問)(題)

　問：建築物の内部に設けられる飲料用水槽については、天井、底又は周壁の保守点検ができるよう、床、壁及び天井面から45cm以上離れるように設置する。

　　　答：✕　天井面からは「100cm」以上、床・壁からは「60cm」以上のスペースの確保が必要です。（➡ **2** 受水槽）

第 5 節　水道法

重要度 マ ★★★
管 ★

ここでは、用語の定義と検査及び管理に関する規定を中心に、水道法を学びます。

1 水道法の目的
水1条

　水道法は、水道の布設及び管理を適正かつ合理的に行うとともに、水道の計画的整備及び水道事業の保護育成により、清浄・豊富・低廉な水の供給を図り、公衆衛生の向上と生活環境の改善に寄与することを目的としています。

2 用語の定義 特マ
水3条1項・2項・6項・9項・水令1条

① 水道
　水道とは、導管及びその他の工作物により、水を、人の飲用に適する水として、供給する施設の総体をいいます。

② 水道事業
　水道事業とは、一般の需要に応じて、水道により水を供給する事業をいいます。ただし、給水人口が100人以下のものは除かれます。

③ 専用水道
　専用水道とは、寄宿舎・社宅・療養所等における自家用の水道その他水道事業の用に供する水道以外の水道であって、以下のいずれかに該当するものをいいます。

① keyword
自家用の水道とは、地下水・井戸水等をいう。

> ア）100人を超える者にその居住に必要な水を供給するもの
> イ）1日の最大給水量が20㎥を超えるもの

　ただし、他の水道から供給を受ける水のみを水源とし、かつ、その水道施設のうち地中又は地表に施設されている部分の規模が次の基準以下であるものは除かれます。

> ア）口径25mm以上の導管で全長が1500m
> イ）受水槽の有効容量の合計が100㎥

④ 簡易専用水道（水3条7項、水令2条）
　簡易専用水道とは、水道事業の用に供する水道及び専用水道以外の水道であって、水道事業の用に供する水道から供給を受

マ R2
管 R3

ける水のみを水源とするもので、水槽の有効容量の合計が10㎥を超えるものをいいます。

⑤　**貯水槽水道**（水14条2項5号）

　貯水槽水道とは、水道事業の用に供する水道及び専用水道以外の水道であって、水道事業の用に供する水道から供給を受ける水のみを水源とするものをいいます。つまり、簡易専用水道と受水槽の有効容量が10㎥以下の小規模貯水槽水道の総称です。

　　　　　　　　簡易専用水道（水槽の有効容量が10㎥超）
貯水槽水道
　　　　　　　　小規模貯水槽水道（水槽の有効容量が10㎥以下）

⑥　**給水装置**（水3条9項）

　給水装置とは、需要者に水を供給するために水道事業者の施設した**配水管から分岐して設けられた給水管**及びこれに**直結する給水用具**をいいます。

3　水質基準　　　　　　　　　　　　　　　　水4条

　水道により供給される水は、次の要件を備えなければなりません。

①　病原生物に汚染され、又は病原生物に汚染されたことを疑わせるような生物もしくは物質を含まないこと
②　シアン・水銀等の有害物質を含まないこと
③　銅・鉄・フッ素・フェノール等の物質を許容量を超えて含まないこと
④　異常な酸性・アルカリ性を呈しないこと
⑤　異常な臭味がないこと（消毒の臭味を除く）
⑥　外観がほとんど無色透明であること

　なお、「水質基準に関する省令」では、水道水の水質基準として、**51の検査項目**が示されています。

4　専用水道の管理

①　**水道技術管理者の選任**（水19条、34条）

　専用水道の設置者は、水道の管理について技術上の業務を担

当させるため、**水道技術管理者**１人を置かなければなりません。

② **水質検査**（水20条、34条）

専用水道の設置者は、環境省令の定めるところにより、定期・臨時の水質検査を行わなければなりません。そして、当該設置者は、水質検査を行ったときには、これに関する記録を作成し、水質検査を行った日から**５年間**、これを保存しなければなりません。

③ **健康診断**（水21条、34条）

専用水道の設置者は、水道の取水場、浄水場又は配水池において**業務に従事している者**及びこれら施設の設置場所の構内に居住している者について、定期又は臨時の健康診断を行わなければなりません。

④ **衛生上の措置**（水22条、34条、水規17条１項）

専用水道の設置者は、環境省令の定めるところにより、水道施設の管理及び運営に関し、消毒その他衛生上必要な措置を講じなければなりません。例えば、給水栓における水が、**遊離残留塩素を0.1mg/ℓ**（結合残留塩素の場合は、0.4mg/ℓ）以上保持するように、塩素消毒をしなければなりません。

⑤ **給水の緊急停止**（水23条、34条）

専用水道の設置者は、その供給する水が人の健康を害するおそれがある事を知った時は、**直ちに給水を停止**し、かつ、その水を使用することが危険である旨を**関係者に周知させる**措置を講じなければなりません。

また、利用者の側で気が付いた者は、直ちにその旨を専用水道の設置者に通報しなければなりません。

5 簡易専用水道の管理（水34条の２、水規則55条、56条１項、水36条3項）

簡易専用水道の設置者は、以下の国土交通省令で定める基準に従い、その水道を管理しなければなりません。

① 水槽掃除を１年以内ごとに１回、**定期**に行うこと
② 有害物・汚水等によって水が汚染されるのを防止するため、水槽の点検等必要な措置を講ずること
③ 給水栓における水の色・濁り・臭い・味その他の状態に

より供給する水に異常を認めた場合、水質基準における必要事項について検査を行うこと

④　供給する水が人の健康を害するおそれがあることを知ったときは、直ちに給水を停止し、かつ危険である旨を関係者に周知させる措置を講ずること

　また、簡易専用水道の設置者は、当該簡易専用水道の管理については、1年以内毎に1回検査を受けなければなりません。

　なお、簡易専用水道に係る施設及びその管理の状態に関する検査は、水槽の水を抜かずに実施します。

　また、給水栓における、**臭気、味、色、色度、濁り、残留塩素**に関する検査は、あらかじめ給水管内に停滞していた水が**新しい水に入れ替わるまで放流してから採水します。**

<専用水道と簡易水道の比較>

	専用水道	簡易専用水道
定　義	100人を超える者にその居住に必要な水を供給するもの又は、1日の最大給水量が20m³を超えるもの	水道事業の用に供する水道からの供給のみを水源とするもので、水槽の有効容量の合計が10m³を超えるもの（専用水道を除く）
適用除外	次の要件のすべてを満たす場合 ・口径25mm以上の導管の全長が1,500m以下 ・水槽の有効容量が100m³以下	水槽の有効容量が10m³以下
残留塩素の測定	・毎日、測定遊離残留塩素濃度0.1ppm以上 ・毎日、結合残留塩素濃度0.4ppm以上	規制なし
管理基準	**水道技術管理者を置く** 定期及び臨時の記録を5年間保存 衛生上の措置を講ずる 毎月保健所の水道事業月報へ報告	1年に1回以上、水槽の清掃 水槽の点検 給水栓における水の異常を認めたときは必要事項の検査 （色、濁り、臭い、味、その他）
	人の健康を害するおそれがあるときは給水の停止、かつ、使用の危険を関係者に通知（共通）	
検　査	水質検査 ・水道技術管理者が実施 ・必要な検査施設を設置する	定期検査 ・1年に1回以上 ・**地方公共団体の機関、国土交通大臣及び環境大臣の登録を受けた者**の検査が必要

458

問：簡易専用水道の設置者は、給水栓における水質について、1年以内ごとに1回、地方公共団体の機関又は国土交通大臣及び環境大臣の登録を受けた者の検査を受けなければならない。

答：○（➡ 5 簡易専用水道の管理）

第 6 節　排水設備

重要度　マ ★★★
　　　　管 ★★★

ここでは、主に、トラップ及び配水管に関する事項を中心に、排水設備について学びます。

1　トラップの役割

建告H12・1406号

　トラップとは、トラップ内で水を封じ（封水）、排水管から下水臭気や虫等が室内に入らないようにするために、排水設備の配管の途中に設けられる装置や構造のことです。

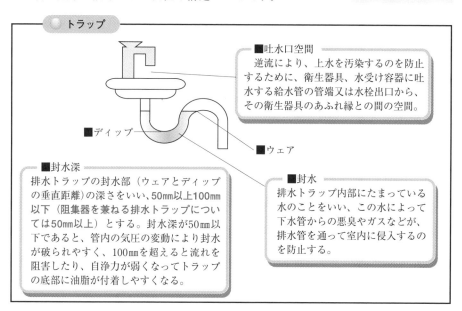

🔵　トラップ

■吐水口空間
　逆流により、上水を汚染するのを防止するために、衛生器具、水受け容器に吐水する給水管の管端又は水栓出口から、その衛生器具のあふれ縁との間の空間。

■ディップ

■ウェア

■封水深
排水トラップの封水部（ウェアとディップの垂直距離）の深さをいい、50㎜以上100㎜以下（阻集器を兼ねる排水トラップについては50㎜以上）とする。封水深が50㎜以下であると、管内の気圧の変動により封水が破られやすく、100㎜を超えると流れを阻害したり、自浄力が弱くなってトラップの底部に油脂が付着しやすくなる。

■封水
排水トラップ内部にたまっている水のことをいい、この水によって下水管からの悪臭やガスなどが、排水管を通って室内に侵入するのを防止する。

2　サイホン作用

過去問チェック　→　マ R1
　　　　　　　　　　管 R2

　自己サイホン作用とは、排水終了時に器具排水管が満流状態となることで流水の引張力が生じ、**トラップに残留する封水が少なくなる現象**をいいます。具体的には、洗面台の洗面器に溜めた水を一気に流すと、接続された排水管を排水が満流状態で流れることにより、トラップ部の封水が流出します。

　逆サイホン作用とは、水受け容器中に吐き出された水、使用

された水、又はその他の液体が、給水管内に生じた**負圧**による吸引作用のため、給水管内に**逆流**することをいいます。

3 破封

　破封とは、封水が失われ、排水管内部と室内空気がつながってしまうことをいいます。破封の原因として、以下のようなものがあります。

破封の原因

■吸出作用
誘導サイホン作用ともいい、排水立て管に近接して器具が設置された場合や、横枝管に複数の器具を接続した場合に、他の器具の排水で生じる管内の負圧により吸引作用が働きトラップ内の封水が持ち去られる現象。

■跳ね出し作用
排水立て管基部付近における立て管内の流速が、横走り管に流入するに従って急激に減少するため、立て管基部付近に滞流を生じ、排管内の空気圧が急激に上昇することにより、トラップ封水が室内に吹き出す現象。

■毛細管現象
トラップウェアに引っかかった糸くずや毛髪等が原因で封水が破れる現象。

　また、衛生器具を長い間使用していない場合、封水の自然蒸発により破封しやすくなります。

4 二重トラップ

　1つの排水系統に2個以上のトラップを直列に設置したものを二重トラップといいます。2個のトラップ間の排水管に空気が密閉され、排水の流れが阻害されるので二重トラップは**禁止**されています（建告H12・1406号）。

＜トラップの種類＞

過去問チェック → マ R3・5

■Sトラップ 	・管をS字形に曲げた排水トラップで、床排水の場合に使用され、手洗い器、洗面器、便器等の排水口に設けられる。 ・サイホン作用が起きやすい。 ・自浄作用が強い。
■Uトラップ	・雨水系統の排水横主管末端に設けるU字型の排水トラップで、下水管からの有毒ガスや害虫の家屋内侵入を防ぐ、ランニングトラップ、家屋トラップと称することもある。
■Pトラップ	・管をP字形に曲げたトラップで壁排水の場合に使用されている。 ・Sトラップよりもサイホン作用が起きにくい。 ・自浄作用が強い。
■わんトラップ	・ベルトラップともいい、わんの形状をした部品を排水口にかぶせてトラップを形成したもの。**台所の流しの排水口**等に設置される。 ・床排水に使用される。 ・ベル型金物が取り外されるとその機能を失う。
■逆わんトラップ 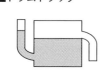	・わんトラップのわんを逆さにした形状のものである。 ・**ユニットバスルームの床排水**や**洗濯機**からの排水を受ける**防水パン**に設置される。
■ドラムトラップ	・実験流し等に使用される円筒型のトラップで、排水はその円筒下部に流入し、オーバーフローによって排水される。上部はカバーが外れるようになっており、トラップ内の清掃・点検ができる。封水部に大量の水がたまるので、封水が破れにくい。 ・厨房流しなどに使用される。 ・自己サイホン作用は起きない。

5　通気管（通気設備）・排水管

①　通気の目的

通気管を設ける目的には、次の3点があります。

> **ア）** サイホン作用及び背圧①からトラップの封水を保護する
> **イ）** 排水管内における排水の流れを円滑にする
> **ウ）** 排水管内に新鮮な空気を流通させて排水管系統の換気を行い、管内を清潔に保つようにする

②　通気方式の種類

通気方式の種類は、次の4つの方式が一般に用いられています。なお、排水管と通気管の2管を設ける方式（**2管式**）と排

① POINT
背圧：器具トラップの封水に対して排水管側から加えられる圧力をいう。はね出し作用の原因となる。

過去問チェック → 管 R2

水管の上端に伸頂通気管を設け通気する**単管式**とがあります。

ア）各個通気方式

通気管を各器具からそれぞれ立ち上げ、通気横枝管に結び、その枝管の末端を通気立て管、又は伸頂通気管に接続する通気方式です。自己サイホン作用も防止でき、通気の機能を果たすには最も良い方式ですが、設置費は最も割高です。

イ）ループ通気方式

排水横枝管の最上流の器具の下流側から通気管を立ち上げて通気横枝管に連結し、その末端を通気立て管に接続する通気方式です。自己サイホン作用は防止できませんが、わが国では最も多く用いられている方式です。

ウ）**伸頂通気方式**
①

排水立て管とその頂部の伸頂通気管だけで通気する最も単純な通気方式で、設置費は最も安価ですが、排水立て管と器具が接近していて、かつ各器具排水管が単独に排水立て管に接続する場合にのみ採用が可能です。

エ）**特殊継手排水システム**

伸頂通気方式の一種で、立て管継手部や立て管脚部に**特殊継手**を用い、立て管内部の排水を旋回させることにより合流抵抗を緩和し、通気のための空気コアを形成します。

汚水系統や雑排水系統の複数の排水横引管を1つの継手に接続できる機能があるため、系統別の複数の排水立て管を1本の排水立て管に集約することができます。**伸頂通気管の設置は必要**ですが、通気立て管の設置は不要です。このシステムは、主に高層や超高層マンションに採用されています。

① POINT
伸頂通気管：最上部の排水横枝管が排水立て管に接続される点からさらに上方へ排水立て管を立ち上げ、これを通気管として使用する部分をいう。

過去問
チェック
マ R1・5
管 R3

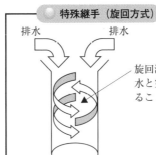

特殊継手（旋回方式）

排水　　　排水

旋回流にすると中央に空気の穴ができて、水と空気が入れ替わることができ、通気することができます。

また、この方式は、複数の排水横引管を1つの継手に合流できる**集合管継手**の機能があるため、系統別の複数の排水管を**1本の立て管に集約**できます。

③　**器具排水管**

排水系統における衛生器具に付属又は内蔵のトラップに接続する排水管で、接続部からほかの排水管までの間の管をいいます。

④　**雨水排水管**

建物の屋上に設けられた**ルーフドレン**（雨水排水において、排水管への土砂、ゴミ、木の葉などの流入を防ぐためのもの）などからの雨水を排除する雨水管の垂直な部分をいいます。

この**雨水排水管**は、**雨水専用の管**として生活排水用の排水立て管や通気管と兼用したり、連結してはなりません。

ただし、敷地内で**雨水排水管と汚水排水横主管を接続する場合**には、臭気が雨水系統へ逆流しないように**トラップ機能**のある排水ます（トラップます）を設置します。

なお、雨水排水**管径**の算定に用いる降水量は、各地域ごとの**最大雨量**を採用します。

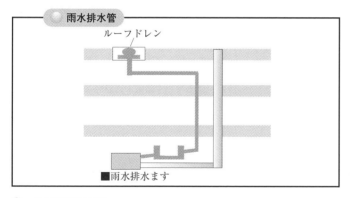

⑤　**雨水横走り管**

建物の屋根に設けられたルーフドレンなどからの雨水を排除する雨水管の横走りする部分をいいます。

⑥　**敷地排水管**

敷地内に埋設される排水管で建物の外壁面1mの地点から始まり、公共下水道などに接続する点又は地下浸透ますなどに接

続する点までの配管をいいます。

⑦ 勾配

水平面に対する傾きをいい、配管の勾配とは、水平線に対して傾斜する横走配管において、水平投影単位長さに対する傾斜によって生じた垂直高さの割合をいいます。

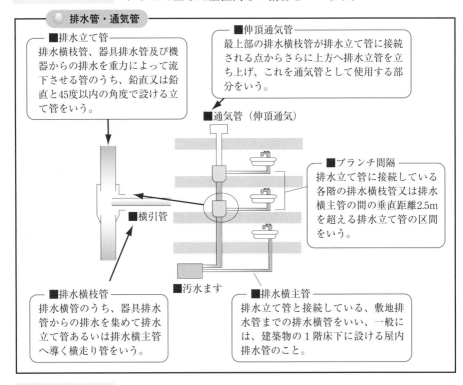

排水管・通気管

■排水立て管
排水横枝管、器具排水管及び機器からの排水を重力によって流下させる管のうち、鉛直又は鉛直と45度以内の角度で設ける立て管をいう。

■伸頂通気管
最上部の排水横枝管が排水立て管に接続される点からさらに上方へ排水立て管を立ち上げ、これを通気管として使用する部分をいう。

■通気管（伸頂通気）

■ブランチ間隔
排水立て管に接続している各階の排水横枝管又は排水横主管の間の垂直距離2.5mを超える排水立て管の区間をいう。

■横引管

■排水横枝管
排水横管のうち、器具排水管からの排水を集めて排水立て管あるいは排水横主管へ導く横走り管をいう。

■汚水ます

■排水横主管
排水立て管と接続している、敷地排水管までの排水横管をいい、一般には、建築物の1階床下に設ける屋内排水管のこと。

⑧ スリーブ

配管類が壁、床などを貫通する場合、あらかじめ**配管が通る位置に取付ける管**をスリーブといいます。もしくは、梁などの構造体に配管などのために、あらかじめ空けておく穴のことです。この場合は、構造体の強度を考慮する必要があります。

⑨ 掃除口

排水管内の掃除・点検のために使用し、常時は閉鎖しておく排水系統の要所に設けられる開口部をいいます。そして、この掃除口は、共用の排水管には、**共用立管**にあっては**最上階又は**

過去問チェック → マ R2・4・5

屋上、最下階及び3階以内おきの**中間階又は15m以内（概ね
5階程度）**ごとに、**横主管**にあっては**10m以内**ごとに設けます。

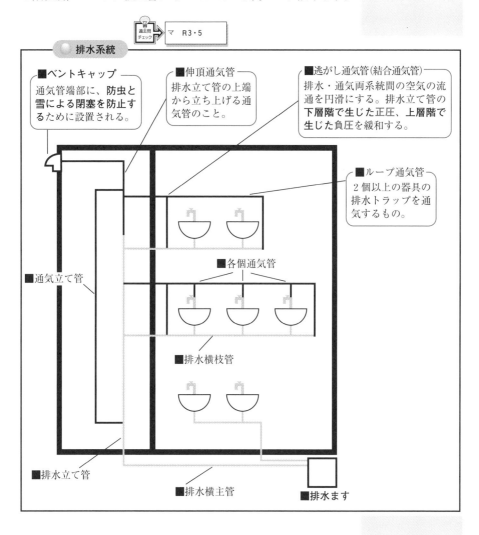

■**ベントキャップ**
通気管端部に、**防虫と
雪による閉塞を防止す**
るために設置される。

■**伸頂通気管**
排水立て管の上端
から立ち上げる通
気管のこと。

■**逃がし通気管(結合通気管)**
排水・通気両系統間の空気の流
通を円滑にする。排水立て管の
**下層階で生じた正圧、上層階で
生じた負圧**を緩和する。

■**ループ通気管**
2個以上の器具の
排水トラップを通
気するもの。

■**各個通気管**

■**通気立て管**

■**排水横枝管**

■**排水立て管**

■**排水横主管**

■**排水ます**

排水系統

マ　R3・5

6 阻集器、排水槽、排水ます、排水ポンプ

① 阻集器

　排水中に含まれる有害・危険な物質、望ましくない物質、又は再利用できる**物質の流下を阻止、分離、回収**して残りの排水のみを自然流下させるような機能・構造をもった装置です。トラップ機能を併せもつ阻集器が多いですが、その場合には、二重トラップとならないように注意します。

② 排水槽

　排水槽には、次のようなものがあります。

汚水槽	汚水のみ又は汚水と雑排水の両方を貯留する
雑排水槽	雑排水のみを貯留する
湧水槽	地下の湧水のみを貯留する
雨水槽	湧水と雨水の両方を貯留する

過去問チェック　マ R2・4　管 R1・2

③ 排水ます

　排水ますは、保守点検及び清掃を容易にするために、排水管の合流部や湾曲部、勾配が変わる地点に設置されます。

　この排水ますは、敷地排水管の延長が、その管内径の**120倍を超えない範囲内**において、排水管の維持管理上、適切な個所に設ける必要があります。

　また、排水ますには、**雨水排水ます**があります。敷地内の排水のために、埋設する雨水排水管の要所に設置します。この雨水排水ますには、雨水中に混在する泥などが排水管に流れ込まないようにするために、**150mm以上の泥だまり**を設けます。

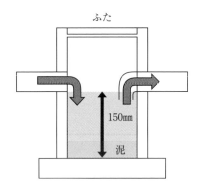

④　排水ポンプ

排水ポンプは、運転用と予備用の2台を設置します。そして、通常は1台ずつ**交互**に自動運転させます。

7 排水方式

① 排水の種類

排水の種類は、水中に含まれる内容物によって、次の5つに類別されます。

| ア）汚　　水：生活排水 |
| イ）雑 排 水：生活排水 |
| ウ）雨　　水：自然現象によるもの |
| エ）湧　　水：自然現象によるもの |
| オ）特殊排水：産業排水 |

② 各排水の注意点など

ア）汚水

汚水は、**水洗便器（大便器・小便器）からの汚物と紙を含んだ排水**で、汚水処理施設の完備した下水道のある地域はそのまま下水道へ放流してよいのですが、完備していない地域においては、敷地内に浄化槽を設けて処理したうえで下水（排水路）へ流さなければなりません。

イ）雑排水

雑排水は、**洗面所、浴室、台所、洗たく場などの排水**です。汚水処理施設の完備した下水道のある地域ではそのまま流せますが、完備していない地域では合併式浄化槽で処理したうえで下水へ流さなければなりません。

ウ）雨水・湧水

雨水と湧水は自然現象による排水で、汚染されていないので汚水処理を行う必要はありませんが、集中豪雨などのときに、水害を引き起こさないような装置を施設する必要があります。大規模なマンションでは遊水池などを設けていることがあります。

エ）特殊排水

特殊排水は工場、病院、研究所などからの排水で油、酸、

468

アルカリ、放射性物質、その他有害な物質を含んでいる場合があるので、適切な処理施設で処理をしてから、下水に流さなくてはなりません。

③ 排水管

排水管は自然流下方式ですから、勾配が緩すぎると排水の流れが悪くなり（流速が遅い）、スケールや汚物が付着し、逆に急勾配にしすぎると水だけが流れ（流速が速い）、汚物が残ることになります。**排水横管の勾配は管径によって決められます。一般的には管径が太いほど勾配は緩く、管径が小さいほど勾配を急にします。**

　排水立て管は、排水をスムーズにするため、どの階においても最下部の最も大きな排水負荷を負担する部分の管径と、**同一の管径**でなければなりません。

　また、排水用硬質塩化ビニルライニング鋼管の接続には、管端部に排水鋼管用可とう継手のMD式の継手を用います。

＜排水横管径と勾配＞

管　径（mm）	65以下	75・100	125	150～300
勾　　配	1/50以上	1/100以上	1/150以上	1/200以上
適　　用	雑排水等	雑排水等	汚水等	汚水等

④ 合流式と分流式

　排水の方法には、合流式と分流式とがありますが、これには建物内の排水方式と、下水道の排水方式で違いがあります。

ア）建物内の排水方式

合 流 式	汚水と雑排水が一本の管で排水される方式
分 流 式	汚水と雑排水が別々の管で排水される方式

　雨水は、合流式でも分流式でも変わらず、**別系統**で排水されることになります。

イ）下水道の排水方式

合 流 式	汚水・雑排水と雨水が同一の管路で排水される方式
分 流 式	汚水・雑排水と雨水が別々の管路で排水される方式

　下水道の排水方式では、雨水を汚水・雑排水と一緒にするかしないかで分かれています。

⑤　**間接排水方式**

　汚染防止の目的で、特に衛生上配慮すべき機器に対して、他の器具からの排水が逆流したり、その下水ガスが進入したりすることを防止するために、排水管に直接排水せずに、所要の排水口空間を設けて、水受け容器に排水する方式です。

⑥　**雨水排水方式**

　敷地に降った雨水は、雨水ますなどにより集水し、建物の屋根に降った雨水は、ルーフドレンや雨といによって集水し、それ以降は配管によって排水する方式です。

⑦　**ディスポーザ排水処理システム**

　ディスポーザとは、キッチンのシンクの排水口付近に設置される機器で、**生ゴミなどを破砕し、水と一緒に排水管に流して廃棄する装置**をいいます。ディスポーザで排水を処理するためには、ディスポーザ及び台所流し排水を**専用排水管**を通って屋外のインバートますでし尿や洗濯・風呂等の他の雑排水と合流して**合弁処理浄化槽**に流入させなければなりません。

確認問題

　問：排水トラップとは、衛生器具又は排水系統中の装置として、その内部に封水部を有し、排水の流れに支障を与えることなく排水管中の空気が室内に侵入してくることを阻止することができるものをいう。

　　　答：○（➡**1**トラップの役割）

第 **7** 節 浄化槽法

重要度 マ ★
管 ★

ここでは、浄化槽に関する保守点検・定期検査を中心に、浄化槽法について学びます。

1 浄化槽法の目的
浄1条

　浄化槽法は、浄化槽の設置・保守点検・清掃及び製造を規制すると共に、浄化槽工事業者の登録制度・浄化槽清掃業の許可制度を整備し、浄化槽設備士及び浄化槽管理士の資格を定めることにより、公共用水域等の水質の保全等の観点から浄化槽によるし尿及び雑排水の適正処理を図り、生活環境の保全・公衆衛生の向上に寄与することを目的とします。

2 用語の定義
浄2条

① 浄化槽
　浄化槽とは、便所と連結してし尿と合わせて生活雑排水を処理し、終末処理場を有する公共下水道以外に放流するための設備又は施設で、公共下水道、流域下水道及び一般廃棄物処理計画に従って市町村が設置したし尿処理施設以外のものをいいます。

② 浄化槽の保守点検
　浄化槽の保守点検とは、浄化槽の点検・調整又はこれに伴う修理をする作業をいいます。

③ 浄化槽清掃業及び浄化槽清掃業者
　浄化槽清掃業とは、浄化槽の清掃を行う事業のことをいい、浄化槽清掃業者とは、法の許可を得て浄化槽清掃業を営む者をいいます。

④ 浄化槽設備士
　浄化槽設備士とは、浄化槽工事を実地監督する者として、浄化槽設備士の免状の交付を受けている者をいいます。

⑤ 浄化槽管理士
　浄化槽管理士とは、浄化槽管理士の名称を用いて浄化槽の保守点検の業務従事者として、環境大臣による浄化槽管理士免状

の交付を受けている者をいいます。

⑥　処理対象人員

　処理対象人員とは、浄化槽を設置する場合、その容量を決める基本となるもので当該建物の在館人員(収容人員)をいいます。

⑦　単独処理浄化槽

　単独処理浄化槽とは、し尿だけを処理する浄化槽をいいます。

⑧　合併処理浄化槽

　合併処理浄化槽とは、し尿及び台所、洗濯、風呂などの雑排水等の処理をする浄化槽をいいます。

3　浄化槽の意義

　浄化槽の役割は、簡単にいえば、汚水をきれいな水にして、河川等に放流することです。つまり、公共用水域の水質保全を果たしているのです。また、水洗トイレを使用する場合、浄化槽か下水道を使用しなければなりません。しかし、現在下水道が整備されているのは、市街地等を中心とした人口集積地域ですし、また、下水道の整備には時間がかかるため、浄化槽が使用されているのです。

4　浄化槽によるし尿処理

　し尿は、し尿処理施設又は終末処理下水道で処理する場合を除き、浄化槽で処理した後でなければ、し尿を公共用水域等に放流してはなりません。また、浄化槽の使用者は、浄化槽の機能を正常に維持するため浄化槽使用に関する環境省令で定める準則を遵守しなければなりません。

①　浄化の仕組み

　排水の浄化には、**物理的・化学的・生物学的**な種々の方法①が用いられますが、主に自然界に生存するバクテリアの生物学的処理によっています。

　自然界では、池や河川などに流れ込んだ汚水中の有機化合物は、バクテリアによって、炭酸ガスやアンモニアなどに分解されます。さらに好気性バクテリアにより、アンモニアは亜硝酸に、亜硝酸は、嫌気性バクテリアにより、硝酸塩に分解され、

①　　POINT
浄化槽の主たる処理方法は、生物膜法と活性汚泥法に大別される。

472

硝酸塩は、植物に吸収され栄養となりますが、このバクテリアによる分解を利用した排水処理設備が、し尿浄化槽設備です。

② 排水の汚れの度合い

汚れの度合いを示す指標として、**BOD（生物化学的酸素要求量）**があります。これは、汚水1ℓ中の有機化合物が、20℃の状態で5日の間にバクテリアによって分解されるときに消費される溶存酸素の量をmg/ℓ〔ppm〕で表した値です。

汚水の汚染度（有機化合物の量）が高いほど分解の過程でバクテリアが多くの酸素を消費するため、汚れているほどBODの値は大きくなります。

5 保守点検・清掃　　　　浄8条・9条

浄化槽の保守点検とは、浄化槽の機能が正常に保持されるように点検・調整・修理をする作業をいい、清掃とは、槽内に生じた汚泥等を引き出し、各装置や附属機器類の洗浄・掃除を行う作業をいいます。これらの浄化槽の保守点検・清掃は、それぞれの技術基準に従って行わなければなりません。

管 R3

6 保守点検・清掃の回数　　　浄10条、浄則7条

浄化槽管理者は、環境省令で定めるところにより、**毎年1回浄化槽の保守点検・浄化槽の清掃**をしなければなりません。

ただし、清掃の回数の特例として、**全ばっ気方式の浄化槽**にあっては、**おおむね6カ月ごとに1回以上**とされています。

7 浄化槽管理士の設置義務　　浄10条2項、浄令1条

政令規模（**処理対象人員501人以上**）に該当する浄化槽管理者は、浄化槽の保守点検及び清掃技術業務を担当させるため、**技術管理者**（浄化槽管理士の資格を有し、2年以上の実務経験等を有する者）を設置しなければなりません。

8 水質検査　　　　　　　　　　浄7条、浄則4条

　浄化槽が新たに設置され、又は構造・規模を変更した場合、**使用開始後3カ月を経過した日から5カ月間に**浄化槽管理者は、指定検査機関の行う水質検査を受けなければなりません。

9 定期検査　　　　　　　　　　浄11条

　浄化槽管理者は、浄化槽が所定の機能を十分発揮し、放流水質が悪くなることがないように、**毎年1回**、指定検査機関の行う定期検査を受ける必要があります。この定期検査は、保守点検・清掃が基準どおりに行われ、浄化槽が正常な状態に維持されているかを検査するために行われます。

確 認 問 題

　問：浄化槽管理者は、使用されている浄化槽については、3年に1回、保守点検及び清掃をしなければならない。

　　答：×　浄化槽管理者は、「毎年」1回、浄化槽の保守点検及び清掃をしなければなりません。（➡ 6 保守点検・清掃の回数）

第 8 節 　消防法

消防法は、ボリュームがありますが、非常に重要な部分なので、マンションに関する規定を中心に学習しましょう。

1 消防法の目的　　　　　　　　　　　　　　　　消1条

消防法は、火災を予防・警戒・鎮圧し、国民の生命・身体・財産を火災から保護し、火災・震災等の災害による被害を軽減し、安寧秩序を保持し、社会公共の福祉の増進に資することを目的とします。

2 防火管理者の選任　　　　　　　消8条、消令1条の2

① 防火管理者の選任等

次のものの管理について<u>権原を有する者（**管理権原者**）</u>①は、防火管理者を定めて、当該防火管理者に<u>防火対象物</u>②について消防計画を作成させなければなりません。

ア）学校・病院・工場・事業場・興行場・百貨店
イ）複合用途防火対象物
ウ）その他多数の者が出入し勤務し居住する防火対象物

② 防火管理者を設置しなければならない防火対象物

防火対象物は、**特定防火対象物**と**非特定防火対象物**とがあります。

特定防火対象物は、百貨店、旅館、病院、地下街、複合用途防火対象物等で多数の者が出入りするものをいいます。**非特定防火対象物**は、特定防火対象物以外の防火対象物で共同住宅など（工場、事務所、学校等）の特定の人が出入りするものをいいます。

特定防火対象物については、収容人員が30人以上（避難困難施設が入っている場合は10人以上）、**非特定防火対象物**については、収容人員が**50人以上**のものには、防火管理者を設置する必要があります。共同住宅は非特定防火対象物なので、収容人員が50人以上のときに防火管理者が必要となります。

ア）防火管理者の選任・解任

管 R5

① POINT
管理組合においては、一般的に管理者又は理事長が該当する。

② keyword
「防火対象物」とは、山林又は舟車、船きよもしくはふ頭に繋留された船舶、建築物その他の工作物もしくはこれらに属する物をいう。

マ R3
管 R1・2

　管理権原者は、防火管理者を**選任・解任**した場合には、遅滞なく、消防長・消防署長に届け出なければなりません。

　消防長・消防署長は、管理権原者に対して、防火管理者が定められていない場合、定めるべきことを命ずることができます。

イ）消防長等の改善命令

　消防長・消防署長は、防火管理者の行うべき防火管理上必要な業務が法令の規定又は消防計画に従って行われていないと認める場合は、管理権原者に対し、必要な措置を講ずべきことを命じることができます。

3 防火管理者の責務

消令3条の2

防火管理者の責務には、次のものがあります。

① 防火対象物についての防火管理に係る消防計画を作成し、所轄消防長又は消防署長に届け出なければならない。

② 消防計画に基づいて、次の業務を行わなければならない。

> ア）消火・通報・避難訓練の実施
> イ）消防用設備・消防用水・消火活動上必要な施設の点検整備
> ウ）火気の使用・取扱に関する監督
> エ）避難又は防火上必要な構造及び設備の維持管理
> オ）収容人員の管理
> カ）その他防火管理上必要な業務

③ 防火管理上必要な業務を行うときは、必要に応じて防火対象物の管理権原者の指示を求め、誠実にその職務を遂行しなければならない。

④ 消防の用に供する設備、消防用水もしくは消火活動上必要な施設の点検及び整備又は火気の使用もしくは取扱いに関する監督を行うときは、火元責任者その他の防火管理の業務に従事する者に対し、必要な指示を与えなければならない。

476

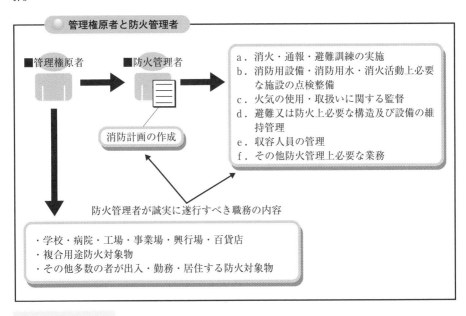

管理権原者と防火管理者

■管理権原者　　■防火管理者

a．消火・通報・避難訓練の実施
b．消防用設備・消防用水・消火活動上必要な施設の点検整備
c．火気の使用・取扱いに関する監督
d．避難又は防火上必要な構造及び設備の維持管理
e．収容人員の管理
f．その他防火管理上必要な業務

消防計画の作成

防火管理者が誠実に遂行すべき職務の内容

・学校・病院・工場・事業場・興行場・百貨店
・複合用途防火対象物
・その他多数の者が出入・勤務・居住する防火対象物

4 防火管理者の資格　　消令3条、消令1条の2

過去問チェック 管 R2

　防火対象物の区分に応じて、以下のように防火管理者の資格が定められています。

　非特定防火対象物については、収容人員が50人以上の場合で、延べ面積が**500㎡以上**のときは**甲種防火管理者**を、延べ面積が**500㎡未満**の場合は、**乙種防火管理者**（甲種防火管理者でも可）を置かなければなりません。

　なお、甲種防火管理者は、甲種防火管理講習の課程を修了した者等をいい、乙種防火管理者は、乙種防火管理講習の課程を修了した者等をいいます。

5 防火管理者の業務の委託　　消令3条2項、消則2条の2

過去問チェック 管 R3

　共同住宅その他総務省令で定める防火対象物で、管理的又は監督的な地位にある者のいずれもが遠隔の地に勤務していることその他の事由により防火管理上必要な業務を適切に遂行することができないと消防長（消防本部を置かない市町村においては、市町村長。）又は消防署長が認めるものは、**第三者に防火**

管理者の業務を委託することができます。

　そして、第三者に防火管理者の業務を委託するためには、防火管理上必要な業務を適切に遂行するために必要な権限が付与されていることその他総務省令で定める次の要件を満たすものであることが必要となります。

> ①　防火管理上必要な業務を行う防火対象物の管理について権原を有する者から、防火管理上必要な業務の内容を明らかにした文書を交付されており、かつ、当該内容について十分な知識を有していること
> ②　防火管理上必要な業務を行う防火対象物の管理について権原を有する者から、当該防火対象物の位置、構造及び設備の状況その他防火管理上必要な事項について説明を受けており、かつ、当該事項について十分な知識を有していること

6 統括防火管理者　　　消8条の2

マ　R2
管　R2・3

　高層建築物（高さ31ｍを超える建築物をいいます）その他政令で定める防火対象物で、その管理について権原が分かれているもの又は地下街でその管理について権原が分かれているもののうち消防長もしくは消防署長が指定するものの管理について権原を有する者は、政令で定める資格を有する者のうちから、これらの防火対象物の全体について統括防火管理者を協議して定めなければなりません。そして、統括防火管理者に当該防火対象物の全体についての消防計画の作成、当該消防計画に基づく消火・通報・避難の訓練の実施、当該防火対象物の廊下・階段・避難その他の避難上必要な施設の管理その他当該防火対象物の全体についての防火管理上必要な業務を行わせます。

　この場合、**管理権原者**は、統括防火管理者を定めたときや解任したときは、遅滞なく、その旨を所轄消防長又は消防署長に**届け出**なければなりません。当該事項を変更したときも、同様です。

① **POINT**
防炎性能を有するカーテン等の設置が求められる防火対象物では、1階部分においても防炎性能を有するカーテン等である必要がある。

7 防炎性能

消8条の3

　高層建築物もしくは地下街又は劇場、キャバレー、旅館、病院その他の政令で定める防火対象物において使用する防炎対象物品（どん帳、カーテン、展示用合板その他これらに類する物品で政令で定めるものをいいます）は、政令で定める基準以上の<u>防炎性能</u>を有するものでなければなりません。

　この防炎対象物品又はその材料で防炎性能を有するものには、**防炎性能を有するものである旨の表示**を附することができ、また何人も、防炎性能を有しない物に、防炎性能を有するものである旨の表示又はこれと紛らわしい表示を附してはなりません。

　また、管理者等は、防炎性能を有しない物に、一定基準以上の防炎性能を与えるための処理をさせたときは、その旨を明らかにしておかなければなりません。

8 消防用設備

消17条、消令7条

　防火対象物で政令で定めるものの関係者は、消防用設備等を設置・維持しなければなりません。**消防用設備等**とは、消防の用に供する設備（消火設備・警報設備・避難設備）と消防用水、消火活動上必要な施設をいいます。

　消防の用に供する設備は、初期消火のため、**居住者が使用する**ものです。他方、**消防用水や消火活動上必要な施設**は、消防活動として**消防隊員が使用する**ものです。

	設　備	種　　類
消防の用に供する設備	消火設備	①消火器及び簡易消火器（水バケツ・水槽・乾燥砂・膨張ひる石等）
		②屋内消火栓設備
		③スプリンクラー設備
		④水噴霧消火設備
		⑤泡消火設備
		⑥不活性ガス消火設備
		⑦ハロゲン化物消火設備
		⑧粉末消火設備
		⑨屋外消火柱設備
		⑩動力消防ポンプ設備
	警報設備	①自動火災報知設備
		②ガス漏れ火災警報設備
		③漏電火災警報機
		④消防機関通報火災報知設備
		⑤警鐘・携帯用拡声器等
	避難設備	①避難器具（すべり台・避難はしご・救助袋等）
		②誘導灯・誘導標識
消防用水		①防火水槽・貯水池、他
消火活動上必要な施設		①排煙設備
		②連結散水設備
		③連結送水管
		④非常コンセント設備
		⑤無線通信補助設備

9 消防用設備等の点検・報告　　消17条の3の3

　防火対象物の関係者は、防火対象物における消防用設備等について、定期に点検（機器点検・総合点検）をしなければなりません。

　共同住宅における当該点検は、次のように行います。

①	延べ面積1,000㎡以上で、**消防長又は消防署長が火災予防上必要と認めて指定したものは、消防設備士免状の交付を受けている者又は総務省令で定める資格を有する者**（消防設備士等）**に点検させる。**
②	**①以外のものは、関係者自ら点検をする。**

480

10 点検の種別

▽ R2・3

　消防用設備等の点検は、6カ月ごとに行う**機器点検**と、1年ごとに行う**総合点検**とがあります。

消防用設備等の種類等	点検の内容及び方法	点検の期間
消火器具、消防機関へ通報する火災報知設備、誘導灯、誘導標識、消防用水・非常コンセント設備及び無線通信補助設備、共同住宅用非常コンセント設備	機器点検	6カ月
屋内消火栓設備、スプリンクラー設備、水噴霧消火設備、泡消火設備、二酸化炭素消火設備、ハロゲン化物消火設備、粉末消火設備、屋外消火栓設備、動力消防ポンプ設備、自動火災報知設備、ガス漏れ火災警報設備、漏電火災警報器、非常警報器具及び設備、避難器具、排煙設備、連結散水設備、連結送水管、非常電源（配線の部分を除く。）並びに操作盤	機器点検 総合点検	6カ月 1年
配線	総合点検	1年

＜点検の内容＞

種別	具体的内容
機器点検	消防用設備などに附置される非常用電源又は動力消防ポンプの正常な作動を確認する。
	消防用設備の機器の適正な配置、損傷・漏水等の有無・その他主として外観から判断できる事項を確認する。
	消防用設備等の機器の機能について、外観から又は簡易な操作により判別できる事項を確認する。
総合点検	消防用設備等の全部もしくは一部を作動させ、又は当該消防設備等を使用することにより、当該消防施設等の総合的な機能を消防用設備等の種類等に応じ、別に定める基準に従い確認する。

11 点検の報告　　　　消17条の3の3、消則31条の6第3項

▽ R4

　非特定防火対象物である共同住宅では、その点検結果を3年に1回消防長・消防署長に**報告**しなければなりません。

　なお、消防用設備等の点検には、6カ月ごとに機器点検と、1年ごとの総合点検がありますが（消防庁告示9号）、その都度これらの点検結果の報告を行うのではなく、非特定防火対象物であれば、3年に1回行うことになります。

12 消防用設備

① **屋内消火栓設備** （消令11条）

　屋内消火栓設備は1号消火栓（ホース接続口から水平距離25m以下でその階が全て覆えるように設置）と2号消火栓（ホース接続口から水平距離15m以下でその階が全て覆えるように設置）に分けられます。1号消火栓は消火作業に熟練を要し、かつ、1人で操作するのは難しく、**通常2人以上の人員を要します。** そこで、**1人でも容易に消火作業が行える** よう簡便にしたものが2号消火栓です。

　近年では、1号消火栓でも**1人**で操作が可能な、**易操作性1号消火栓**もあります。

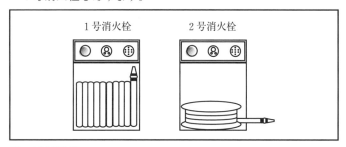

② **排煙設備** （消令28条）

　火災で一番恐ろしいのは"火よりも煙"です。天井部分に防煙垂れ壁を設けて煙の広がりを阻止し、発生した煙を屋外へ排除する装置を排煙設備といいます。

　排煙設備には、電気を動力（停電時には自家発電機を働かせる）とする機械排煙方式と、火災時に室内に設けたハンドルを回すか、レバーを引くことにより、規定面積以上の窓が開放され、煙を外部に排除する自然排煙方式とがあります。

③ **スプリンクラー設備** （消令12条）

マ　R3

　スプリンクラーは、建物の室内天井面にあらかじめ散水装置（ヘッド：湿式の場合は封水した水に圧力がかかっている）を取り付けておき、火災の熱で自動的に水が噴出し、消火する装置です。

　スプリンクラーは、建物の種類や取付場所により方式が違い、大きく分けると、**閉鎖型（湿式と乾式等）**と**開放型**の2

種類があります。

ア）スプリンクラーの種類

　　a．閉鎖型・湿式スプリンクラー（一般に用いられる）

　　b．閉鎖型・乾式スプリンクラー（寒冷地用）

　　c．開放型（劇場や危険物倉庫などに用いられる）

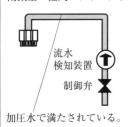

閉鎖型・湿式スプリンクラー

流水
検知装置

制御弁

加圧水で満たされている。

閉鎖型・乾式スプリンクラー

流水
検知装置

制御弁

水は入っていない。
空気で加圧されている。

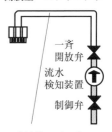

開放型・スプリンクラー

一斉
開放弁

流水
検知装置

制御弁

水は入っていない。
大気圧になっている
（加圧されていない）。

イ）　設置基準

　地階を除く階数11階以上の階を共同住宅の用途に使用する場合には、原則として、住戸内にスプリンクラー設備の設置が義務づけられています。

13 自動火災報知設備

消令21条

① POINT
非常電源として蓄電池を用いる自動火災報知設備は、有効に10分間以上作動できるものでなければならない。

　自動火災報知（自火報）設備とは、火災の発生を熱又は煙により感知し、自動的に火災を報知する設備です。

　マンションの場合は、500㎡以上、11階以上の階、300㎡以上かつ３階以上のものには必要です。

14 非常警報設備

消令24条

　自動火災報知設備や非常電話、発見者の通報等によりもたらされた火災等の情報を建物内の人に知らせる設備が、非常警報設備です。自動火災報知設備と併設される非常電話や非常ベル、消防機関に通報する火災報知設備及び非常用放送設備が含まれ

ます。

15 避難誘導灯設備　　　　　　　　　消令26条

　火災時の避難誘導は、明快な避難動線の確立と施設管理者等による避難誘導が最も大切で、避難誘導設備は、これを補うものとして計画するのが原則です。このため、居室から廊下、廊下から階段等避難口が直接識別できるように計画することが重要であり、曲がった廊下や避難口の近くに紛らわしい出入口を設けない等の配慮が必要となります。

　避難誘導灯設備には避難口誘導灯、通路誘導灯、客席誘導灯、誘導標識があります。マンションにおいては、**地階、無窓階、11階以上の部分**には、避難口誘導灯、通路誘導灯、誘導標識を設置しなければなりません。

＜消防用設備の設置＞

消防設備等	要　件
消火器具	150㎡以上
自動火災報知設備	500㎡以上、11階以上の階、300㎡以上かつ3階以上
屋内消火栓設備	700㎡以上（準耐火1,400㎡以上、耐火2,100㎡以上）
屋外消火栓設備	3,000㎡以上（準耐火6,000㎡以上、耐火9,000㎡以上（1〜2階のみ））
泡消火設備	駐車場（1階500㎡以上、地階・2階以上の階200㎡以上、屋上300㎡以上）
非常コンセント設備	地階を除く11階以上の階
スプリンクラー設備	原則として11階以上の階
カーテンなどの防炎措置	高さ31m超
連結送水管	地階を除く階数5以上で延べ面積6,000㎡以上、地階を除く階数が7以上
避難口誘導灯・誘導標識等	地階・無窓階・11階以上の部分

16 住宅用防災機器　　　　　　　　　消令5条の7

　消防法では、住宅用防災機器（住宅用防災警報器・住宅用防災報知設備）の設置が義務付けられました。

① **設置場所**

　住宅用防災機器の感知器は以下のように設置します。

ア）就寝の用に供する居室

イ）上記アの居室から直下階へ通じる階段

　　※避難階にある居室は除かれる

　　※屋外階段は除かれる

ウ）上記ア・イの規定により住宅用防災機器の感知器が設置
　　される階以外のうち、床面積が7㎡以上である居室が5以
　　上存する階の廊下等

　マンションの場合、廊下や階段、エレベーター、エレベーターホール、機械室、管理事務所、その他入居者の共同の福利等のため必要な共用部分は対象となりません。

　また、以下の設置方法が求められています。

（住宅用防災警報器）

・壁又ははりから0.6m以上離れた天井の屋内に面する部分

・天井から下方0.15m以上0.5m以内の位置にある壁の屋内
　に面する部分

（住宅用防災警報器）

・換気口等の空気吹出し口から1.5m以上離れた位置

② 維持管理

　電池切れの警報又は表示があった場合は、適切に電池を交換することとされています。また、最大10年で住宅用防災機器を交換しなければなりません。

確認問題

問：一定の資格を有する防火管理者により防火上の管理を行わなければならない
　　非特定防火対象物は、収容人員が100人以上のものである。

　答：✕　対象となるのは、収容人員が「50人」以上のものです。
　　　　（➡ **2** 防火管理者の選任）

第9節　室内と音

重要度 マ ★★
管 ★

ここでは、マンションでひんぱんにトラブルになる「音」について、騒音及び遮音を中心に学習します。

　私たちの周囲には種々雑多の音があふれていますが、マンション住民間のトラブルで最も多いのは音に関するものです。ステレオやピアノの音が大き過ぎる場合や、日常生活から生ずる音でも、時間や場所によっては、騒音になってしまうものです。
　一般にマンションは、隣家との仕切は壁一枚ですので、音に関する配慮が特に必要です。つまり、屋外又は隣室の騒音が室内に入ってくるのを防ぐことと、必要な音はより良く効果的に聞こえるようにすることが重要となります。

1 音の強さ

過去問チェック　マ R5

　音波は、音源の振動の強さ、音源の形状や発音方法、振動の方向性などによって変わります。また、伝わる途中で、媒質に吸収されるとともに媒質の境界面では伝わる方向が変わるという性質があります。壁などによる反射・吸収・透過・回折などがその典型例です。
　音の強さを表す単位には、デシベル又はホンを用います。

① **デシベル**
　　音の強さとは、音のもつエネルギーの大小のことです。単位はデシベル（㏈）です。一般には、周波数別の音の強さの分布で示されます。
　　この数値が大きいほどうるさい（騒々しい、不快と感じる）音といえます。一般には、次のようになります。

> 20dB－きわめて静か、30dB・40dB－静か、50dB・60dB－普通、70dB・80dB－うるさい、90dB－きわめてうるさい

② **ホン**
　　感覚的な音の大きさと音の強さとの関係は、周波数によって異なり、しかも、騒音には各種の周波数の音が含まれてるので、騒音の大きさのレベルを示すことは難しいといわれて

います。一般には指示騒音計の測定値で表し、単位はホンです。

2 騒音の防止

① 騒音

騒音とは、聞いた人が好ましくないと感じる音で、人によって感じ方がちがい、その人の心理状態、作業内容及び環境条件などによっても一様ではありません。騒音は、作業効率や明瞭度の低下をもたらし、大きい騒音は難聴の原因ともなります。

明瞭度とは、室内で発音された言葉が1音ずつ正しく聞き取ることのできる程度を示したもので、講堂や教室では重要な要素です。

室内の騒音は、建物の外部から侵入してくる**外部騒音**と、室内で発生する**内部騒音**に分けることができます。**外部騒音**は、交通機関・工場・工事現場などから発生するもので、地形や近隣の建物との関係などに影響されます。**内部騒音**は、在室者の声・歩行者・室内に設けられた機械・器具などから発生するものです。

② 遮音

遮音は、マンションで、最も重要な音対策といえます。

外部からの騒音が室内に入るのを防ぐには、壁・天井などの遮音をよくする必要があります。音は壁面に当たると、一部は反射し、一部は透過し、一部は壁体に吸収されます。透過する音の少ない材料を遮音材料といい、一般にち密で重い材料が採用されます。コンクリート・鉄板などの遮音材料でつくられた壁は遮音性能が高く遮音壁とよばれます。

遮音壁の遮音性能は、透過損失で表されます。透過損失は、透過した音が投射した音よりどれだけ弱くなったかをdBで表したものです。透過損失は、音の周波数によってちがい、一般に低い音よりも高い音のほうが多くさえぎられます。

床の遮音性能は軽量床衝撃音遮音性能（LL等級）と重量床衝撃音遮音性能（LH等級）に分けて表示されます。

この測定方法として、**重量床衝撃音**は**バングマシン**（子供が飛び跳ねるような床衝撃音を想定し、上階床を加振させるもの）

により、**軽量床衝撃音はタッピングマシン**（靴のかかとに似せた音を加振させるもの）により行います。**軽量床衝撃音遮音性能はスプーンなどを落とした音や椅子を引ずる音などに対する**遮音性能で、軽量床衝撃音を低減するには、衝撃が少ない表面材の処理が有効です。例えば、カーペットやクッション性のある材料を敷くこと等です。**重量床衝撃音遮音性能は、子供が飛び跳ねた時の音などに対する**遮音性能で、重量床衝撃音は、**床板の大きさや厚さ、密度、剛性**がその要因となります。重量床衝撃音を低減するには、床の構造躯体の厚さを増加したり、床を重くすること等が有効です。

また、L値（LL・LH）とは、上階の床で生じる音がどの程度小さくなるかの基準（遮音等級）で、音の伝わりにくさをあらわしています。このL値の数字が小さいほど遮音性能が高いことを示します。

＜L値＞

遮音等級		L40	L45	L50	L55
集合住宅としての等級	軽量床衝撃	特級	1級	2級	
	重量床衝撃	特級		1級	2級
遮音等級別の生活状態	軽量LL	ほとんど聞こえない	サンダル音は聞こえる	料理の音などは聞こえる	スリッパでも聞こえる
	重量LH	遠くから聞こえる感じ	聞こえるが気にならない	ほとんど気にならない	少し気になる
	住宅での生活状態	気兼ねなく生活できる	少し気をつける	やや注意して生活する	注意すれば問題ない

③ 界壁の遮音

話し声、演奏音、道路騒音等が、空気中を伝わり、壁や開口部を通して伝わる音を空気伝搬音といいます。これに対して、音の発生源から固体振動として伝搬され、建物の構造を伝わる振動によって室内に達する音を固体伝搬音といいます。マンションの界壁の遮音は、固体伝搬音より**空気伝搬音の対策を重視**しなければなりません。

界壁の遮音性能は、主に壁の密度と厚さにより決まります。界壁の遮音等級はD値で示し、**D値は大きいほど遮音性が優れ**

488

特級	1 級	2 級	3 級
D55	D50	D45	D40

④ 窓サッシの遮音性能

窓サッシの遮音性能は、JIS（日本産業規格）で定められているＴ値で表されます。このＴ値は、Ｔ１〜Ｔ４まであり、**この値が大きいほど、遮音性能が高い**ものとなります。

⑤ 吸音

室内で発生する騒音を防ぐには、騒音の発生源を隔離するか、騒音発生の少ない器具・機器に変えるのが根本的な方法ですが、壁・天井等の表面を吸音材料で仕上げることにより、ある程度静かにすることができます。吸音材料を用いると、残響時間の調整にも役立ちます。また、反響が問題になる壁面・天井などに吸音材料を張ることにより、室の形態からくる音響障害を防ぐこともできます。吸音材料には、グラスウールなどの多孔質材料を壁の中に入れる方法が用いられます。

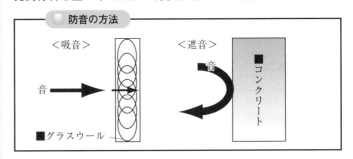

防音の方法

＜吸音＞　＜遮音＞

音　■グラスウール　音　■コンクリート

〈確〉〈認〉〈問〉〈題〉

問：界壁の遮音等級Ｄ値は、その値が大きいはど遮音性能が低く、床衝撃音の遮音等級Ｌ値は、その値が大きいほど遮音性能が高い。

答：×　Ｄ値は、大きいほど遮音性能が「高く」、Ｌ値は大きいほど遮音性能が「低く」くなります。（➡️**2**騒音の防止）

第10節　エレベーター

重要度 マ ★★
重要度 管 ★★

ここでは、エレベーター設備について、運行管理に関する規定を中心に学習します。

1 エレベーターの種類

エレベーターには、以下の種類があります。

種類	定　義	長　所	短　所
油圧式エレベーター	機械室に設置してあるパワーユニットと昇降路に設置する油圧ジャッキを油圧配管で連結し、パワーユニットで油を油圧ジャッキに注入し、油圧ジャッキに連結しているかごを昇降させる方式。	・ペントハウスが不要 ・建物に加重がかからない ・機械室の配置が自由	・行程が短く概ね20m程度 ・速度が遅い ・イニシャルコストがやや高い
ロープ式エレベーター	ワイヤーロープによって、かごと重りをつるべ式にしてロープで駆動する方式。	・行程が長い ・速度が速い ・イニシャルコストが安い	・一般に機械室が必要① ・建物に加重がかかる ・機械室の面積と配置に制約あり

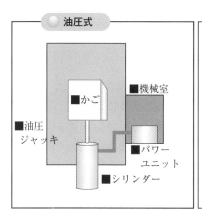

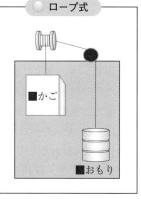

① POINT
ロープ式エレベーターは、近年は、機械室を昇降路内に設けたもの（マシンルームレス）が増えている。

2 エレベーターの維持管理

エレベーターの機能を十分に発揮させるためには、点検・整備が必要です。また、故障を防止するために、予防保全が必要となります。これら保守点検は製造メーカー等との保守点検契

約を締結することで行われます。

① フルメンテナンス契約

昇降機の部品取替え、機器の修理を状況に応じて行うことを内容とした契約です。大規模な修繕も含まれており、POG契約よりも保守契約額が割高となります。

② POG契約（Parts Oil and Grease）

POG契約とは、消耗部品交換付メンテナンス契約のことで、定期的な点検・消耗品の交換は含まれますが、それ以外の部品の交換や修理は、別途料金となる契約です。

3 乗用エレベーターの構造
建令129条の3第1項、129条の6第5号、129条の10第3項2号

建築基準法では、人又は人及び物を運搬する昇降機並びに物を運搬するための昇降機で、かごの水平投影面積が1㎡を超え、又は天井の高さが1.2mを超えるものをエレベーターと定義しています。物を運搬するための昇降機で、かごの水平投影面積が1㎡以下で、かつ、天井の高さが1.2m以下のものは小荷物専用昇降機といいます。なお、建築基準法上の「昇降機」には、このエレベーター、小荷物専用昇降機、エスカレーターが該当します。

① 荷重（建令129条の5第2項）

乗用エレベータは、かごの床面積が大きくなるほど、単位面積当たりの積載荷重が大きい値となるようにします。

② 重力加速度・1人当たりの体重（建令129条の6第5号）

乗用エレベーターでは、重力加速度を9.8m/s²と、1人当たりの体重を65kgとして最大定員を計算します。そして、エレベーターの用途・積載量・最大定員を明示した標識をかご内の見やすい場所に掲示しなければなりません。

③ 戸開走行保護装置の設置（建令129条の10第3項1号）

乗用エレベーターには、駆動装置又は制御器に故障が生じ、かご及び昇降路のすべての出入口の戸が閉じる前にかごが昇降した場合に、自動的にかごを制止する装置（**戸開走行保護装置**）を設けなければなりません。

④　**地震時管制運転装置の設置**（建令129条の10第3項2号）

　乗用エレベーターには、<u>地震</u>その他の衝撃により生じた国土
①
交通大臣が定める加速度を検知し、自動的に、かごを**最寄り階**
昇降路の出入口の戸の位置に停止させ、かつ、当該かごの出入
口の戸及び昇降路の出入口の戸を開き、又はかご内の人がこれ
らの戸を開くことができることとする装置（地震時管制運転装
置）を設けなければなりません。また、この装置には**予備電源**
を設けます。

⑤　**火災時管制運転装置**

　火災時管制運転装置とは、防災センター等の火災管制スイッ
チの操作や自動火災報知器からの信号により、エレベーターを
一斉に**避難階**に呼び戻す装置をいいます。

① 　　POINT
地震波には、初期微
動（P波）と主要動
（S波）とがあり、
P波の方がS波より
早く伝わる。

　問：乗用エレベーターの最大定員の算定においては、重力加速度を 9.8m/s² と
　　　して、1人当たりの体重を60kgとして計算しなければならない。

- -

　　　答：×　体重は、「65kg」として計算します。
　　　　　　（➡ **3** 乗用エレベーターの構造）

492

第11節 駐車場設備

マンションには、共用の駐車場が設置されていることもあります。
どのような規定により設置されるのでしょうか。

1 駐車場

　駐車場に関し普通自動車1台当たりの駐車スペースは、直角駐車の場合、幅2.3m×奥行5.0m程度とされます。

　障害者用の駐車スペースを設ける場合、歩ける人のときは、幅2.9m、介助付きの車いす利用者では幅3.3m、**車いすを回転することができるようにするには幅3.5m程度**にします。

　また、駐車スペースに段差がなく、勾配が1／50以下の水平にします。

　自動二輪車1台当たりの駐車スペースは、幅1.0×奥行2.3m程度とされます。

① 自走式平面駐車

　用地を平面的に利用し、車の出し入れは自走で行う駐車場です。平面駐車は建設・維持管理コストが安いが、土地利用効率は悪いといえます。

② 自走式立体駐車場

　平面式の上部の空間を駐車スペースとして使用する方式で、駐車場の床を多層にして立体化したものです。

　駐車場の方式によっては、下段に車があると、上段の車が出せないなどの問題があります。

③　機械式立体駐車場

　駐車スペースと車路の全部又は一部を自動車を自走させる代わりに機械装置を用いることで車庫に格納させる方式をいいます。これには垂直循環式・水平循環式・多層循環式・エレベーター式等の種類があります。

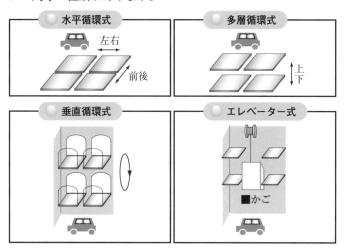

2　自転車置場

　自転車1台当たりのスペースは直角駐車の場合で幅0.6m×奥行1.9m程度とされます。

　また、高低配列（1台おきに自転車の前部を持ち上げ配列する方法）では、1台当たりの幅が2／3程度となります。

第9章

マンションの維持・保全

第 1 節 マンションの維持・保全

マンションの維持保全に関する全般的な事項を学びます。ここでは、混同しがちな用語の定義を理解しておきましょう。

1 マンションの維持保全

マンションの維持保全とは、建物の価値や効率を低下させないようにするための保守・点検、清掃、修繕等をいいます。

2 事後保全と予防保全

事後保全とは、雨漏りや設備の故障など、建物の機能に不具合が生じた後に初めて修繕等の措置を行うことをいい、**予防保全**とは、日頃の点検・診断を通じて建物の劣化損耗の度合いを予測し、不具合が生じる前に予防的な措置を施すことをいいます。

3 劣化の種類

① 物理的劣化

物理的劣化とは、雨水や空気中の炭酸ガス等の化学的要因又は継続使用による減耗などによる劣化をいいます。

② 機能的劣化

機能的劣化とは、建物の建設後の技術の向上や法的規則の変化により、当初設置された機器が陳腐化してしまう劣化をいいます。

③ 社会的劣化

社会的劣化とは、社会的要求水準や要求内容が変化したことによって生じる劣化をいいます。

第2節　建物診断

重要度 マ ★★★
　　　 管 ★★

マンションの建物診断に関することを学習します。特にコンクリート、外壁、設備の診断方法については、過去問も復習してよく理解しておきましょう。

1 コンクリートの診断方法

① 診断方法

コンクリートの診断方法には、以下のようなものがあります。

ア）中性化深さの診断

コンクリートは**アルカリ性**なので、鉄筋をさびから守る効果がありますが、コンクリートは空気中の炭酸ガス、その他の酸性ガスあるいは塩類の作用により、アルカリ性を失っていきます。これを中性化といいます。

コンクリートの中性化が進むと鉄筋が腐食し、**躯体の強度が低下**していきます。

診断方法は、測定する部位に10mm程の孔をあけ、フェノールフタレイン溶液を噴霧した後、スケール付内視鏡やノギスで変色した部分の長さを測定して診断します。

このフェノールフタレイン溶液は**アルカリ**に反応し、**赤く変色**しますが、**中性や酸性の場合、無色**です。

また、中性化深さの**予測**は、次の式で求めることができます。

$X = A\sqrt{t}$〔X：中性化深さ（mm）、A：中性化速度係数、t：経過年数〕

イ）コンクリート中の塩分量の診断

コンクリート中の塩分は、鉄筋を腐食させるため、中性化と同様に、**躯体の強度を低下**させます。

診断方法は、ドリルでコアサンプルを抜き出し、そのサンプルを使ってコンクリート中の塩分濃度を測定します。

ウ）腐食診断

コンクリートの中性化が進み、鉄筋まで達していた場合、鉄筋の腐食状態を診断する必要があります。この場合、中性化の進行状況や、塩化物の浸透・含有量を調査します。

エ）ひび割れ診断

① POINT
中性化が進んでもコンクリート自体の強度に影響しない。

② POINT
コンクリート中の塩化物の含有量が多くなっても、コンクリート自体の強度に影響しない。

コンクリートとひび割れは鉄筋の腐食箇所や漏水箇所と深い関連性があります。

目視でひび割れの有無を調査、クラック（ひび割れ）の**幅**をクラックスケールで計測します。目視などで調査することのできないひび割れの深さなどは、超音波法などにより測定します。

オ）コンクリート強度の診断

コンクリート強度は、鉄筋コンクリート造建築物の耐力・耐久性にかかわる要素です。

診断方法としては、建物の躯体からコンクリートコアを抜き取り、そのコンクリートコアを破壊し、検査・診断する方法と、コンクリートの表面をシュミットハンマー（リバウンドハンマー・反発度法）で打撃し、表面のくぼみや跳ね返りを測定し、コンクリート強度を測定する非破壊検査とがあります。

＜鉄筋コンクリートの劣化＞

カ）赤外線による調査

　対象物の表面各部所から放射される赤外線量を測定し、温度分布像として映像化することで、水分の進入や躯体の浮きを判断します。

② 修繕方法

ア）コンクリートのひび割れの補修

ひび割れ幅	工法	挙動が小さい	挙動が大きい
0.2mm以下	被覆工法	塗膜弾性防水材、ポリマーセメントペースト	塗膜弾性防水材
0.2mm超～1.0mm未満	注入工法	エポキシ樹脂注入材、アクリル樹脂系注入材、注入用ポリマーセメント	エポキシ樹脂注入材（軟式系）、アクリル樹脂系注入材
1.0mm以上	充填工法	ポリマーセメントモルタル、可とう性エポキシ樹脂	シーリング材（ウレタン・シリコン樹脂）、可とう性エポキシ樹脂

イ）外壁の補修

	挙動がある	挙動がない
ひび割れ幅 0.2mm未満	シール工法（可とう性エポキシ樹脂（軟式系））	シール工法（パテ状エポキシ樹脂）
ひび割れ幅 0.2～1.0mm 以下	①エポキシ樹脂注入工法（可とう性エポキシ樹脂（軟式系））②Uカットシール材充てん工法（可とう性エポキシ樹脂）	エポキシ樹脂注入工法（エポキシ樹脂）
ひび割れ幅 1.0mm超	Uカットシーリング材充てん工法（シーリング材）	①エポキシ樹脂注入工法（エポキシ樹脂）②Uカットシール材充てん工法（可とう性エポキシ樹脂）

ウ）躯体の欠損

　躯体の欠損に対しては、ポリマーセメントモルタル等の付着力の強い無機材を充てんし成型します。

エ）再アルカリ化

　表面にアルカリ性の水溶液を付着させて、ここにプラスの電極を置き、鉄筋などにマイナスの電極をつけて、電流を流し、溶液を鉄に向かって浸透させていく方法があります。

オ）鉄筋腐食修繕

劣化部のコンクリートをはつり取り、鉄筋の防錆を行い、断面修復にはポリマーセメントモルタルを用います。

2 外壁塗装仕上げ

① 診断方法

コンクリート下地の場合は、下地に入ったひび割れも劣化現象として考える必要があります。汚れ、変退色、光沢度低下、白亜化（塗装の表面が粉状になる現象）、摩耗、割れ、膨れ、はがれ、ひび割れの確認をします。

＜コンクリートの劣化現象＞　 マ　R1・3・4　管　R3

用　語	定　義
鉄筋の腐食	コンクリートの中性化やひび割れ、化学物質や漏洩電流により鉄筋が発錆すること。
鉄筋露出	腐食した鉄筋が表面のコンクリートを押し出し、剥離させ、露出した状態をいう。
ひび割れ	コンクリートの許容応力度以上の応力が生じることで、コンクリートが部分的に破壊される現象。
漏水	水が部材の断面を透過して浸み出たり、部材内及び部材間の隙間から漏出する現象。
大たわみ	鉄筋の腐食やひび割れ、外力や熱作用により、主として水平部材が大きく変形する現象。
浮き	仕上材が躯体から剥離した状態や、躯体コンクリートの鉄筋のかぶりが浮いている状態をいう。
剥落	仕上材や浮いていたコンクリートが躯体から剥がれ落ちる現象。
錆汚れ	腐食した鉄筋の錆がひび割れ部から流出し、コンクリートの表面に付着した状態。
エフロレッセンス（白華現象）	コンクリートやモルタルの表面部分に白い生成物が浮き上がる現象。セメント中の石灰等が水に溶けて表面に染み出し、空気中の炭酸ガスと化合してできたものが主成分である。
ポップアウト	コンクリート内部の部分的な膨張圧により、コンクリート表面の小部分が円錐形のくぼみ状に破壊された状態。
コールドジョイント	完全に一体化していないコンクリートの打ち継ぎ目のこと。
アルカリ骨材反応	コンクリート中のアルカリと反応性骨材との化学反応により生成する**アルカリシリカゲルが水分の供給により膨張する現象**であり、これによって**コンクリートにひび割れが生じる**とともに、強度などの物理特性にも変化が生じる。

　また、**クロスカット試験**といって、塗膜に、ナイフ等で傷を
つけて、セロテープを貼り付け、そのテープを引き剥がした後
に残る塗膜の状態によって、**付着力**を間接的に判断する方法が
あります。

② **修繕方法**

　新たに塗装をやり直す場合、汚れや付着力の悪い塗膜をでき
る限り落として塗り替えるべきです。そこで、高圧洗浄とケレ
ン（汚れをこそぎ取る）作業を行います。

　また、剥離剤を使用したり、機械工具を使用したりする工法
もあります。

3 タイル仕上げ外壁

① **診断方法**

ア）目視診断

　文字通り目で見て判断する診断方法です。外壁のひび割れ・
白華現象・剥落・膨れ・汚れ等を判断します。

イ）打撃診断

　パールハンマーやテストハンマーで部分打診・全面打診を
し、モルタルやタイルの浮きの有無を判断する方法です。モル
タルやタイルは、長年の昼夜の温度差等で収縮を繰り返し、浮
いてくる部分があります。それを叩いたときの音で判断します。

ウ）反発法による診断

　反発法による診断は、タイル・モルタル面に一定の打撃を加
え、その衝撃により生じた**跳ね返りの大きさ**を自動的に記録し、
タイル・モルタルの浮き等の程度を調査する方法です。

エ）赤外線法による診断

　赤外線法による診断は、壁面が太陽の放射熱で暖められると、
健常部分ではそのまま熱がコンクリートに伝わるのに対して、
不良部分ではタイルと躯体コンクリートの間の空気層（断熱効
果がある）により、熱が伝わりづらく温度差が生じることを利
用して診断する方法です。浮きが生じている不良部分は、健常
部分よりも表面温度が高温となります。

　この方法は、季節、天候、時刻によって影響を受けるため、

502

相当の技術が必要となります。

オ）引張試験

引張試験器（建研式ともいいます）を使用して、外装材の付着力の測定を行う方法があります。

② 修繕方法

ア）タイルの浮き

注入口付アンカーピンニングエポキシ樹脂注入工法	タイル等の仕上げ層の浮き部分に、注入口付アンカーピンによりエポキシ樹脂を注入する工法
ピンネット工法（外壁複合改修工法）	既存のタイルやモルタル等の仕上げ層を撤去せずに、アンカーピンによる仕上げ層の剥落防止と繊維ネットによる既存仕上げ層の一体化により安全性を確保する工法

イ）タイルの欠損

欠損しているタイルを接着モルタルごとはがし、修繕を行った上で再度モルタルを塗布し、タイルを張り替えます。

③ タイルの劣化原因

タイルは、躯体コンクリートとは異なる熱膨張率であるため、適度な間隔で躯体の伸び縮みに対応する目地（伸縮目地や誘発目地）が設けられていない場合に気温の差による躯体の伸縮にタイル仕上面が追従できず、ひずみが生じ、剥離が起きることがあります。

また、下地のモルタルやコンクリート躯体のひび割れなどによりタイルもひび割れを生じることがあります。

4 鉄筋の位置・コンクリートのかぶり厚さの診断方法

コンクリート中の鉄筋の位置やコンクリートのかぶり厚さの診断方法として、**電磁波レーダ法**や**電磁誘導装置**があります。これは、コンクリート表面から内部に向かって電磁波を放射し、鉄筋から反射して戻ってくる反射時間を計測することにより、鉄筋の位置やコンクリートのかぶり厚さを測定する方法です。

5　メンブレン防水（屋上）

①　診断方法

防水は表面の劣化具合と勾配、水溜りの跡などを観察します。他の部材と異なり保護層のある場合、直接防水の劣化を観察できないため、保護層や伸縮目地の具合から状況を判断します。また、ヒアリングにて漏水の有無の確認が必要です。

ここでは保護層のある場合と露出防水とに区分して確認事項を記載します。

なお、アスファルトルーフィングの使用状態での**劣化度**を測定するためには、その硬さを調べる**針入度試験**により行います。

②　修繕工法

修繕工法には、次のものがあります。なお、かぶせ工法が一般的です。

> **ア）撤去工法**…既存防水層を撤去し、新たな防水層を施工します。
>
> **イ）かぶせ工法**…既存の防水層を撤去せずに、新たな防水層をかぶせます。

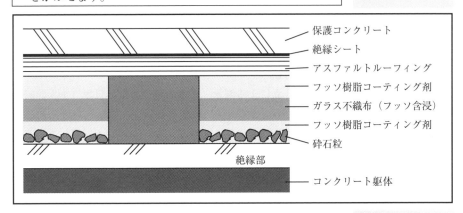

- 保護コンクリート
- 絶縁シート
- アスファルトルーフィング
- フッソ樹脂コーティング剤
- ガラス不織布（フッソ含浸）
- フッソ樹脂コーティング剤
- 砕石粒
- 絶縁部
- コンクリート躯体

6　シーリング防水

①　診断方法

シーリング材の特質は、防水性の他に接着性と柔軟性（変形追従性）があげられます。シーリング材の劣化は接着性と柔軟性が失われることが原因です。顕在化する劣化現象としては、

隙間を埋めているシーリング材自体が破断するかあるいはシーリング材と密着する部材との間が切れて隙間を生じるかのいずれかです。そのような現象が未だ現れていなくても、シーリング材が硬化していると近い将来劣化現象が顕在化してくることが予想されます。

② 修繕方法

> ア）**撤去再充填工法**…既存シーリング材を撤去し、新規シーリング材を充填する工法（打替え工法）。
>
> イ）**拡幅再充填工法**…既存シーリング材を撤去し、目地幅を拡幅し、新規シーリング材を充填する工法。
>
> ウ）**カバー工法**…既存シーリング材をそのまま残し、その上から新規シーリング材を施す工法。
>
> エ）**ブリッジ工法**…既存シーリング材をそのまま残し、新規シーリング材を周囲表面から盛り上げてブリッジ状に施す工法。
>
> オ）**新設工法**…シーリング材が施されていない新目地に新規シーリング材を施す工法。空目地に充填する場合と、新設目地に充填する場合があります。

7 配管

① 診断方法

配管の孔食による漏水・赤水の発生等を、目視（1次診断）、非破壊検査（2次診断）、破壊検査（3次診断）を段階的に用い、診断することになりますが、マンションで採用している配管の種類により劣化の種類や時期が異なります。

＜配管の種類＞

水道用亜鉛メッキ鋼管	白管とも呼ばれ、現在はほとんど採用されることはない。
水道用硬質塩化ビニルライニング鋼管	錆の発生を防止するため、鋼管の内側に、硬質塩化ビニルをライニングしたもの。
水道用架橋ポリエチレン管	ポリエチレンの分子を結合させて、立体の網目構造にした超高分子量のポリエチレンで作成された管。耐熱性・耐食性が高く、衝撃に強い。専有部分内で使用される。
水道用ポリブデン管	ポリオレフィン系の樹脂で作成された管。耐熱性・耐食性が高く、衝撃に強い。

水道用架橋ポリエチレン管や**水道用ポリブデン管**はさや管ヘッダー方式で採用されます。

配管肉厚測定	肉厚計等を使用し、配管の肉厚を測定します。原管の肉厚と比較して経過年数から換算すると残存寿命が求められます。
内視鏡調査	配管内部に内視鏡（ファイバースコープ）を挿入し、配管内部の錆こぶや**スケール等**の付着情況を目視することで、閉塞状況及び腐食の進行状況を調査します。
X線撮影	X線を配管に照射し、その透過画像から**配管内の肉厚の減少や錆こぶの状態**を調査します。
抜管調査	サンプリングと呼ばれる方法で、対象となる配管を切断し、配管の一部をサンプルとして採取、錆瘤やスケール等の付着状況、腐食の種類、減肉状況を直接目視で調査します。管内部が肉眼で目視でき、錆こぶの状態や、酸洗い後錆を除去した状態を一度に見ることができます。

② **修繕方法**

更新工事	既存の配管を撤去し、新しいものに取り替える工法です。
更生工事	既存の配管内に圧縮空気で研磨剤を吹き込み、錆を除去した後、エポキシ樹脂塗料を配管内部に均一に塗布してコーティングする工法です。

③ **排水管の洗浄**

　排水管の管内の付着・堆積・閉塞物を取り除く方法として、次のものがあります。

機械的洗浄方法	高圧洗浄法	高圧洗浄機等からホースで導水し、先端のノズルから噴射する高速噴流により付着物等を除去する方法。後方噴射タイプには自走機能がある。
	スネークワイヤー法	スクリュー形、ブラシ形等のヘッドが先端に取り付けられたワイヤーを排水管内に回転させながら挿入し、押し引きを繰り返しながら付着物等を除去する方法。曲がり部分が削られる危険性がある。
	ロッド法	1.0〜1.8m程度のロッドを繋ぎ合わせて手動で排水管内に挿入する方法。排水マスから器具を挿入する。
	ウォーターラム法（圧縮空気法）	閉塞した排水管内に水を送り込み、空気ポンプを用いて圧縮空気を管内に一気に放出し、その衝撃波により付着物等を除去する方法。
化学的洗浄方法		排水管内にフレーク状の洗浄剤を投入し、続けて温水を流入することで発熱し、高温の苛性液となり、有機性の付着物等を溶解する方法。機械的洗浄方法が適用しにくい場合等の非常手段的に用いられる。

8 給水タンク等

① 診断方法

　給水タンク本体の劣化状況、損傷、漏水の有無及び取付け金物の発錆の有無の確認、附帯機器類（ボールタップ、定水位弁等）劣化、防虫網の腐食など劣化の確認をします。

② 修繕方法

コンクリート製給水タンク	15〜20年で内面防水実施
鋼板製給水タンク	6年程度で外面保護塗装
	12〜18年程度で内面保護塗装
FRP製給水タンク	6年程度で外面塗装
附帯機器類	5〜10年で取替え

　また、6面点検を可能とするためや耐震対策、給水方式の変更、材質のグレードアップ等に伴い、給水タンクを取り替えることもあります。

直結増圧方式に変更する	水槽が不要となり、省スペースと清掃費の低減が図れる。
受水槽を1槽式から2槽式に変更する	1槽ずつ点検できるようになるので、断水をしないで受水槽の清掃ができるようになる。
受水槽を中間仕切り方式にする	断水をしないで受水槽の清掃ができるようになる。
受水槽に緊急遮断弁を設ける	緊急遮断弁により水を貯めておけるので、受水槽の水を非常用水として利用できるようになる。

9 アルミサッシ

① 診断方法

　アルミ表面の汚れ、ガラスと窓枠を固定しているシール部分の劣化、割れ、剥離、破断等を診断します。

② アルミサッシの改修

　アルミサッシに点食や錆（白色）が発生した場合、専用洗浄剤による錆等のクリーニング・除去を行い、その後、場合によっては塗装をすることが一般的です。また、36〜45年程度に行う大規模修繕工事では、アルミサッシを改修する必要が出てきます。また、防犯・遮音・断熱等の機能をアップさせるためにサッシの改修が必要となる場合もあります。

外付け二重サッシ工法	既存のサッシの外側に新規アルミサッシを取り付ける。
内付け二重サッシ工法	既存のサッシの内側に新規アルミサッシを取り付ける。
カバー工法	既存サッシの枠に新規アルミサッシを被せる。既存サッシは枠だけ残し撤去する。工期を短縮できるが、寸法が若干小さくなる。
持ち出し被せ工法	基本的にはカバー工法と同じ。旧枠を基盤にして、その前面に持ち出して取り付ける。カバー工法より、開口寸法を大きくできる。
ノンシール工法	室内から工事が可能。外部からのシール（防水）工事を必要としない。比較的小型のサッシに採用される。
はつり工法	既存サッシ枠回りの躯体をはつり取り（削る）、新規のサッシ枠を取り付ける。振動、粉じんが多く周囲への影響が大きい。
引抜き工法	既存サッシ枠を油圧工具又はジャッキ等で撤去する。既存建具と同様の開口寸法を確保でき、騒音が発生しにくい。
サッシ撤去工法	既存サッシを撤去し新規サッシを設置する。

508

問：コンクリートの中性化とは、コンクリートが、空気中の炭酸ガスなどの作用によって酸性を失って中性に近づくことである。

答：✕　コンクリートの中性化とは、コンクリートが「アルカリ性」を失うことです。（➡ **1** コンクリートの診断方法）

第 **10** 章

長期修繕計画

第 1 節　長期修繕計画

ここでは、マンションの修繕計画全般について学びますが、修繕計画の期間やその見直し等を中心に押さえておきましょう。

1 長期修繕計画の作成及び修繕積立金の額の設定の目的等

　マンションの快適な居住環境を確保し、資産価値の維持・向上を図るためには、建物の経年劣化に対応した適時適切な修繕工事を行うことが重要です。そのためには、適切な長期修繕計画を作成し、それに基づいた修繕積立金の額の設定を行うことが不可欠となります。

　そこで、マンションにおける長期修繕計画の作成・見直し及び修繕積立金の額の設定に関して、基本的な考え方等と長期修繕計画標準様式を使用しての作成方法を示すことにより、適切な内容の長期修繕計画の作成と、これに基づいた修繕積立金の額の設定を促し、マンションの計画修繕工事の適時適切かつ円滑な実施を図ることを目的として、「長期修繕計画作成ガイドライン」が策定されています。

① 長期修繕計画作成ガイドライン及び同コメントの必要性

　建物等の劣化に対して適時適切に修繕工事等を行うために作成する長期修繕計画は、①計画期間、②推定修繕工事項目、③**修繕周期**、④推定修繕工事費、⑤収支計画を含んだもので作成し、これに基づいて⑥**修繕積立金の額**の算出を行います。

　長期修繕計画標準様式、長期修繕計画作成ガイドライン及び同コメントは、長期修繕計画の標準的な様式を示し、長期修繕計画を作成・見直しするための基本的な考え方と長期修繕計画標準様式を使用しての作成方法を示すことで、計画の内容及び修繕積立金額の設定等について**区分所有者間で合意形成を行いやすくする**ために作成したものです。

② 用語の定義

　このガイドラインで規定している主な用語の定義は、次のとおりとなります。

ア）**推定修繕工事**　長期修繕計画において、計画期間内に見

込まれる**修繕工事**（補修工事（経常的に行う補修工事を除く。）を含む。）及び改修工事をいいます。

イ）計画修繕工事　長期修繕計画に基づいて計画的に実施する修繕工事及び改修工事をいいます。

ウ）大規模修繕工事　建物の全体又は複数の部位について行う大規模な計画修繕工事（全面的な外壁塗装等を伴う工事）をいいます。

エ）推定修繕工事費　推定修繕工事に要する概算の費用をいいます。

カ）修繕工事費　計画修繕工事の実施に要する費用をいいます。

キ）推定修繕工事項目　推定修繕工事の部位、工種等による項目をいいます。

③　**長期修繕計画の作成及び修繕積立金の額の設定の目的等**

マンションの快適な居住環境を確保し、資産価値を維持するためには、適時適切な修繕工事を行うことが必要です。また、必要に応じて建物及び設備の性能向上を図る改修工事を行うことも望まれます。

そのためには、次に掲げる事項を目的とした長期修繕計画を作成し、これに基づいて修繕積立金の額を設定することが不可欠となります。

ア）将来見込まれる修繕工事及び改修工事の内容、おおよその時期、概算の費用等を明確にする。

イ）計画修繕工事の実施のために積み立てる修繕積立金の額の根拠を明確にする。

ウ）修繕工事及び改修工事に関する長期計画について、あらかじめ合意をしておくことで、計画修繕工事の円滑な実施を図る。

④　**基本的な考え方**

ア）長期修繕計画の対象の範囲

単棟型のマンションの場合、管理規約に定めた組合管理部分である**敷地**、建物の共用部分及び附属施設（共用部分の修繕工事又は改修工事に伴って修繕工事が必要となる**専有部分を含む**。）を対象とします。

　また、団地型のマンションの場合は、多様な所有・管理形態（管理組合、管理規約、会計等）がありますが、一般的に、**団地全体の土地、附属施設及び団地共用部分**並びに**各棟の共用部分**を対象とします。

　なお、共用部分の給排水管の取替えと専有部分の給排水管の取替えを同時に行うことにより、専有部分の給排水管の取替えを単独で行うよりも費用が軽減される場合には、これらについて一体的に工事を行うことも考えられます。その場合には、あらかじめ長期修繕計画において専有部分の給排水管の取替えについて記載し、その工事費用を修繕積立金から拠出することについて管理規約に規定するとともに、先行して工事を行った区分所有者への補償の有無等についても十分留意することが必要です。

イ）長期修繕計画の作成の前提条件

　長期修繕計画の作成に当たっては、次に掲げる事項を前提条件とします。

> **a．**推定修繕工事は、建物及び設備の性能・機能を新築時と同等水準に維持、回復させる修繕工事を基本とする。
> **b．**区分所有者の要望など必要に応じて、建物及び設備の性能を向上させる改修工事を設定する。
> **c．**計画期間において、法定点検等の点検及び経常的な補修工事を適切に実施する。
> **d．**計画修繕工事の実施の要否、内容等は、事前に調査・診断を行い、その結果に基づいて判断する。

ウ）長期修繕計画の精度

　長期修繕計画は、作成時点において、計画期間の推定修繕工事の内容、時期、概算の費用等に関して計画を定めるものです。

　推定修繕工事の内容の設定、概算の費用の算出等は、新築マンションの場合、設計図書、工事請負契約書による請負代金内訳書及び数量計算書等を参考にして、また、既存マンションの場合、保管されている設計図書のほか、修繕等の履歴、劣化状況等の調査・診断の結果に基づいて行います。

　したがって、長期修繕計画は、次に掲げる事項のとおり、将

来実施する計画修繕工事の内容、時期、費用等を確定するものではありません。また、一定期間（5年程度）ごとに見直していくことを前提としています。

> **a.** 推定修繕工事の内容は、新築マンションの場合は現状の仕様により、既存マンションの場合は現状又は見直し時点での一般的な仕様により設定するが、計画修繕工事の実施時には技術開発等により異なることがある。
> **b.** 時期（周期）は、おおよその目安であり、立地条件等により異なることがある。
> **c.** 収支計画には、修繕積立金の運用利率、借入金の金利、物価・工事費価格及び消費税率の変動など不確定な要素がある。

⑤　**長期修繕計画の作成及び修繕積立金の額の設定の条件**

ア）管理規約の規定

管理規約に、長期修繕計画の作成及び修繕積立金の額の設定に関する次に掲げる事項について、標準管理規約と同趣旨の規定を定めることが必要です。

> **a.** 管理組合の業務（長期修繕計画の作成、変更）
> **b.** 総会決議事項（長期修繕計画の作成、変更）
> **c.** 管理費と修繕積立金の区分経理
> **d.** 修繕積立金の使途範囲
> **e.** 管理費と修繕積立金に関する納入義務・分割請求禁止
> **f.** 専有部分と共用部分の区分
> **g.** 敷地及び共用部分等の管理

また、長期修繕計画及び修繕積立金の額を一定期間（5年程度）ごとに見直しを行う規定を定めることも望まれます。

イ）会計処理

管理組合は、修繕積立金に関して、次に掲げる事項により会計処理を行うことが必要です。

> **a.** 修繕積立金は管理費と区分して経理する。
> **b.** 専用庭等の専用使用料及び駐車場等の使用料は、これらの管理に要する費用に充てるほか、修繕積立金として積み立てる。

　c．修繕積立金（修繕積立基金を含む。）を適切に管理及び運用する。

　d．修繕積立金の使途は、標準管理規約に定められた、特別の管理に関する事項に要する経費に充当する場合に限る。

ウ）設計図書等の保管

　管理組合は、分譲会社から交付された設計図書、数量計算書等のほか、計画修繕工事の設計図書、点検報告書等の履歴情報を整理し、区分所有者等の求めがあれば閲覧できる状態で保管することが必要です。

　なお、設計図書等は、紛失、損傷等を防ぐために、電子ファイルにより保管することが望まれます。

2　長期修繕計画の作成及び修繕積立金の額の設定の手順

①　長期修繕計画の作成及び修繕積立金の額の設定の手順

　新築マンションの場合は、分譲会社が提示した長期修繕計画（案）と修繕積立金の額について、購入契約時の書面合意により分譲会社からの引渡しが完了した時点で決議したものとするか、又は引渡し後速やかに開催する管理組合設立総会において、長期修繕計画及び修繕積立金の額の承認に関しても決議することがあります。

　既存マンションの場合は、長期修繕計画の見直し及び修繕積立金の額の設定について、理事会、専門委員会等で検討を行ったのち、専門家に依頼して長期修繕計画及び修繕積立金の額を見直し、総会で決議します。なお、長期修繕計画の見直しは、**単独で行う場合**と、**大規模修繕工事の直前又は直後に行う場合**があります。

②　検討体制の整備

　長期修繕計画の見直しに当たっては、必要に応じて専門委員会を設置するなど、検討を行うために管理組合内の体制を整えることが必要です。

③　長期修繕計画の作成業務の依頼

　管理組合が、専門家に長期修繕計画の見直しを依頼する際は、標準様式を参考として、長期修繕計画作成業務発注仕様書を作

成し、依頼する業務の内容を明確に示すことが必要です。

④　**調査・診断の実施**

　長期修繕計画の見直しに当たっては、事前に専門家による設計図書、修繕等の履歴等の資料調査、現地調査、必要により区分所有者に対するアンケート調査等の調査・診断を行って、建物及び設備の劣化状況、区分所有者の要望等の現状を把握し、これらに基づいて作成することが必要です。

⑤　**マンションのビジョンの検討**

　マンションの現状の性能・機能、調査・診断の結果等を踏まえて、計画期間においてどのような生活環境を望むのか、そのために必要とする建物及び設備の性能・機能等について十分に検討することが必要です。

　また、現状の耐震性、区分所有者の要望等から、必要に応じて「マンション耐震化マニュアル（国土交通省）」、「改修によるマンションの再生手法に関するマニュアル（国土交通省）」等を参考とし、建物及び設備の耐震性、断熱性等の性能向上を図る改修工事の実施について検討を行います。

　特に、耐震性が不足するマンションは、区分所有者のみならず周辺住民等の生命・身体が脅かされる危険性があることから、昭和56年5月31日以前に建築確認済証が交付（いわゆる旧耐震基準）されたマンションにおいては、耐震診断を行うとともに、その結果により耐震改修の実施について検討を行うことが必要です。なお、耐震改修工事の費用が負担できないなどの理由によりすぐに実施することが困難なときは、補助及び融資の活用を検討したり、推定修繕工事項目として設定した上で段階的に改修を進めたりすることも考えられます。

　高経年のマンションの場合は、必要に応じて「マンションの建替えか修繕かを判断するためのマニュアル（国土交通省）」等を参考とし、建替えも視野に入れて検討を行うことが望まれます。

3　長期修繕計画の周知・保管

①　**長期修繕計画の周知**

516

管理組合は、長期修繕計画の作成及び修繕積立金の額の設定に当たって、総会の開催に先立ち説明会等を開催し、その内容を区分所有者に説明するとともに、長期修繕計画について総会で決議することが必要です。また、決議後、総会議事録と併せて長期修繕計画を区分所有者に配付するなど、十分な周知を行うことが必要です。

② 長期修繕計画の保管、閲覧

管理組合は、長期修繕計画を管理規約等と併せて、区分所有者等から求めがあれば閲覧できるように保管します。

③ 長期修繕計画等の開示

管理組合は、**長期修繕計画等の管理運営状況の情報を開示する**ことが重要です。

4 長期修繕計画の作成方法

① 長期修繕計画の構成

長期修繕計画の構成は、次に掲げる項目を基本とします。

- **a.** マンションの建物・設備の概要等
- **b.** 調査・診断の概要
- **c.** 長期修繕計画の作成・修繕積立金の額の設定の考え方
- **d.** 長期修繕計画の内容
- **e.** 修繕積立金の額の設定

② 長期修繕計画標準様式の利用

長期修繕計画は、標準様式を参考として作成します。

なお、マンションには様々な形態、形状、仕様等があるうえ、立地条件も異なっていることから、これらに応じた適切な長期修繕計画とするため、必要に応じて標準様式の内容を追加して使用します。

③ マンションの建物・設備の概要等

敷地、建物・設備及び附属施設の概要（規模、形状等）、関係者、管理・所有区分、維持管理の状況（法定点検等の実施、調査・診断の実施、計画修繕工事の実施、長期修繕計画の見直し等）、会計状況、設計図書等の保管状況等の概要について示すことが必要です。

　特に、管理規約及び設計図書等に基づいて、長期修繕計画の対象となる敷地（団地型マンションの場合は土地）、建物の共用部分及び附属施設の範囲を明示することが重要です。

　また、建物及び設備の劣化状況、区分所有者の要望等に関する調査・診断の結果について、その要点を示すことも必要です。

④　長期修繕計画の作成の考え方

　長期修繕計画の作成の目的、計画の前提等、計画期間の設定、推定修繕工事項目の設定、修繕周期の設定、推定修繕工事費の算定、収支計画の検討、計画の見直し及び修繕積立金の額の設定に関する考え方を示すことが必要です。

⑤　計画期間の設定

　計画期間は、**30年以上**で、かつ大規模修繕工事が**2回含ま**れる期間以上とします。

　なお、**外壁の塗装や屋上防水などを行う大規模修繕工事の周期**は部材や工事の仕様等により異なりますが、一般的に12〜15年程度ですので、見直し時には、これが**2回含まれる期間以上**とします。

⑥　推定修繕工事項目の設定

　推定修繕工事費項目は、新築マンションの場合は、設計図書等に基づいて、また、既存マンションの場合は、現状の長期修繕計画を踏まえ、保管されている設計図書、修繕等の履歴、現状の調査・診断の結果等に基づいて設定します。

　なお、マンションの形状、仕様等により該当しない項目、又は修繕周期が計画期間に含まれないため推定修繕工事費を計上していない項目は、その旨を明示します。

　また、区分所有者等の要望など必要に応じて、建物及び設備の性能向上に関する項目を追加することが望まれます。

⑦　修繕周期の設定

　修繕周期は、新築マンションの場合、推定修繕工事項目ごとに、マンションの使用、立地条件等を考慮して設定します。また、既存マンションの場合、さらに建物及び設備の劣化状況等の調査・診断の結果等に基づいて設定します。

　設定に当たっては、経済性等を考慮し、推定修繕工事の**集約**

518

等を検討します。

　修繕工事の時期は、早過ぎると不要な修繕となりますし、遅すぎても劣化が進み計画修繕工事費を増加させます。また、**修繕工事を集約**すると、**直接仮設や共通仮設の設置費用が軽減できるなどの経済的なメリットがあります。**

　なお、集約を過剰に行うと、修繕積立金が一時的に不足することにもつながりますので、注意が必要です。設備及び建物の劣化状況に関する調査・診断の結果を踏まえた上で、修繕工事の必要性や実施時期、工事内容等を検討することが重要です。

⑧　推定修繕工事費の算定

ア）数量計算の方法

マ　R5
管　R4

　数量計算は、新築マンションの場合、設計図書、工事請負契約による請負代金内訳書、数量計算書等を参考として、また、既存マンションの場合、現状の長期修繕計画を踏まえ、保管している設計図書、数量計算書、修繕等の履歴、現状の調査・診断の結果等を参考として、「建築数量積算基準」等に準拠して、長期修繕計画用に算出します。

イ）単価の設定の考え方

　単価は、修繕工事特有の施工条件等を考慮し、部位ごとに仕様を選択して、新築マンションの場合は設計図書、工事請負契約による請負代金内訳書等を参考として、また、既存マンションの場合は過去の計画修繕工事の契約実績、その調査データ、刊行物の単価、専門工事業者の見積価格等を参考として設定します。

　なお、現場管理費・一般管理費・法定福利費、大規模修繕瑕疵保険の保険料等の諸経費及び消費税等相当額を上記とは別途設定する方法と、前述の諸経費について、見込まれる推定修繕工事ごとの総額に応じた比率の額を単価に含めて設定する方法があります。

　また、単価には地域差があることから、これを考慮することも重要です。

ウ）算定の方法

　推定修繕工事費は、推定修繕工事項目の詳細な項目ごとに、

算出した数量に設定した単価を乗じて算定します。

　修繕積立金の運用益、借入金の金利及び物価変動について考慮する場合は、作成時点において想定する率を明示します。また、消費税は、作成時点の税率とし、会計年度ごとに計上します。

⑨　**収支計画の検討**

　計画期間に見込まれる推定修繕工事費（借入金がある場合はその償還金を含む。）の累計額が示され、その額を修繕積立金（修繕積立基金、一時金、専用庭等の専用使用料及び駐車場等の使用料からの繰り入れ並びに修繕積立金の運用益を含む。）の累計額が下回らないように計画することが必要です。

　また、推定修繕工事項目に建物及び設備の性能向上を図る改修工事を設定する場合は、これに要する費用を含めた収支計画とすることが必要です。

　なお、機械式駐車場があり、維持管理に多額の費用を要することが想定される場合は、**管理費会計及び修繕積立金会計とは区分して駐車場使用料会計を設ける**ことが考えられます。

⑩　**長期修繕計画の見直し**

　長期修繕計画は、次に掲げる不確定な事項を含んでいますので、5年程度ごとに**調査・診断**を行い、その結果に基づいて見直すことが必要です。なお、見直しには一定の期間（おおむね1～2年）を要することから、見直しについても計画的に行う必要があります。また、長期修繕計画の見直しと併せて、**修繕積立金の額**も見直します。

マ R2・4

> a．建物及び設備の劣化の状況
> b．社会的環境及び生活様式の変化
> c．新たな材料、工法等の開発及びそれによる修繕周期、単価等の変動
> d．修繕積立金の運用益、借入金の金利、物価、工事費価格、消費税率等の変動

5 修繕積立金の額の設定方法

① 修繕積立金の積立方法

修繕積立金の積立は、長期修繕計画の作成時点において、計画期間に積み立てる修繕積立金の額を均等にする積立方式（均等積立方式といいます）を基本とします。

なお、均等積立方式による場合でも5年程度ごとの計画の見直しにより、計画期間の推定修繕工事費累計額の増加に伴って必要とする修繕積立金の額が増加しますので留意が必要です。

また、計画期間に積み立てる修繕積立金の額を**段階的に増額する積立方式**（**段階増額積立方式**といいます）とする場合は、計画の見直しにより、計画の作成当初において推定した増加の額からさらに増加しますので特に留意が必要です。

分譲会社は購入予定者に対して、また、専門家は業務を依頼された管理組合に対して、修繕積立金の積立方法について十分に説明することが必要です。

② 収入の考え方

区分所有者が積み立てる修繕積立金のほか、専用庭等の専用使用料及び駐車場等の使用料からそれらの管理に要する費用に充当した残金を、**修繕積立金会計に繰り入れます**。

また、購入時に将来の計画修繕工事に要する経費として修繕積立基金を負担する場合又は修繕積立金の総額の不足などから一時金を負担する場合は、これらを**修繕積立金会計に繰り入れます**。

③ 修繕積立金の額の設定方法

長期修繕計画における計画期間の推定修繕工事費の累計額を計画期間（月数）で除し、各住戸の負担割合を乗じて、月当たり戸当たりの修繕積立金の額を算定します。

また、新築マンションにおいて、購入時に修繕積立金基金を負担する場合の月当たり戸当たりの修繕積立金の額は、上記で算定された修繕積立金の額から修繕積立金基金を一定期間（月数）で除した額を減額したものとします。

なお、大規模修繕工事の予定年度において、修繕積立金の累計額が推定修繕工事費の累計額を一時的に下回るときは、その

年度に一時金の負担、借入れ等の対応をとることが必要です。また、災害や不測の事故などが生じたときは、一時金の負担等の対応に留意が必要です。

6 長期修繕計画の内容及び修繕積立金の額のチェックの方法

① 標準様式を用いたチェックの方法

分譲時において、購入予定者は、分譲会社から提示された長期修繕計画（案）の内容及び設定した修繕積立金の額を、また、見直し時において、管理組合は、専門家に依頼して見直した長期修繕計画の内容及び設定した修繕積立金の額を、標準様式を参考としてチェックすることができます。

② その他のチェックの方法

管理組合は、必要に応じて、現状の長期修繕計画と公益財団法人マンション管理センターが行っている「長期修繕計画作成・修繕積立金算出サービス」又は独立行政法人住宅金融支援機構が提供している「マンションライフサイクルシミュレーション〜長期修繕ナビ〜」を利用して作成した概略の長期修繕計画とを比較して、その見直しの必要性について検討することが望まれます。

また、見直し後の長期修繕計画の内容及び設定した修繕積立金の額を、その概略の長期修繕計画と比較してチェックすることができます。

7 大規模修繕の意義

大規模修繕とは、計画修繕のうち時間の経過その他により傷んだ建物の各部を原状又は実用上支障のない状態まで性能・機能を回復させるための大規模な修繕をいいます。

8 大規模修繕の方式

マンションの大規模修繕の方式は、一般的に次のようになります。また、工事請負契約の締結は、発注者である**管理組合**と選定された**施工会社**との間で行います。

① 設計監理方式

　診断と設計を第三者機関（一級建築士など）に任せ、工事は別の業者に任せる方式です。診断・設計と工事の施工が分かれているため、工事の厳正な**チェックが期待できます。**

② 責任施工方式

　大規模修繕工事をすべて施工業者に委ねる方式で、施工会社数社に調査・修繕計画・見積りを行わせ、その中から一社を選択します。技術や品質等に関して客観性を持たず、費用の適正性の判断が難しいです。

③ CM（コンストラクション・マネジメント）方式

　専門家が発注者の立場に立って、発注・設計・施工の各段階におけるマネジメント業務を行うことで、全体を見通して効率的に工事を進める方式です。

確 認 問 題

問：計画期間は、25年以上で、かつ大規模修繕工事が2回含まれる期間以上とする。

答：× 　計画期間は、「30年」以上とします。
（➡ 4 長期修繕計画の作成方法）

第 2 節　マンションの修繕積立金に関するガイドライン

重要度 マ ★★
管 ★

修繕積立金の定め方として、どのような考え方があるかをここで確認しておきましょう。

1 マンションの修繕積立金に関するガイドラインの目的

　マンションの修繕積立金に関するガイドラインは、新築マンションの購入予定者、既存のマンションの区分所有者や購入予定者向けに、修繕積立金に関する基本的な知識や、修繕積立金の額の目安を示し、修繕積立金に関する理解を深めるとともに、分譲会社から提示された修繕積立金の額の水準について判断する際の参考材料として活用されることを目的に作成されています。

2 修繕積立金と長期修繕計画について

① 修繕積立金について

　マンションの外壁や屋根、エレベーター等の共用部分は、マンションの購入者（区分所有者）で団体（管理組合）を構成し、維持管理・修繕を行うこととなります。

　購入したマンションについて、安全・安心で、快適な居住環境を確保し、資産価値を維持するためには、適時・適切な修繕工事を行うことが必要ですが、マンションの共用部分の修繕工事は長い周期で実施されるものが多く、修繕工事の実施時には、多額の費用を要します。こうした多額の費用を修繕工事の実施時に一括で徴収することは、区分所有者にとって大きな負担となり、区分所有者間の合意形成が困難であるほか、場合によっては、資金不足のため必要な修繕工事が実施できないといった事態にもなりかねません。こうした事態を避けるため、将来予想される修繕工事に要する費用を、長期間にわたり計画的に積み立てていくのが、「修繕積立金」です。

　なお、修繕積立金は、共用部分について管理組合が行う修繕工事の費用に充当するための積立金であり、**専有部分について各区分所有者が行うリフォームの費用は含まれません。**

②　長期修繕計画について

　修繕積立金の額は、将来見込まれる修繕工事の内容、おおよその時期、概算の費用等を盛り込んだ「長期修繕計画」に基づいて設定されます。一般に長期修繕計画は、修繕積立金とともに分譲会社から提示されます。なお、長期修繕計画は、将来実施する修繕工事の内容、時期、費用等を確定するものではなく、一定期間ごとに見直していくことを前提としています。

　修繕工事の内容は、計画作成時のマンションの現状の仕様等を踏まえて設定されますが、実際の修繕工事の実施時には、技術革新等により異なるものになることがあります。

　計画期間を何年に設定するかによって、計画に盛り込まれる修繕工事の内容も異なります(新築時の計画期間が30年の場合、修繕周期がこれを超える修繕工事項目は盛り込まれていません)。

3　修繕積立金の額の目安の算出方法と留意点

マ　R3
管　R4

　このガイドラインでは、修繕積立金の額の水準について、購入予定者及びマンションの区分所有者・管理組合が判断する際の参考になるよう、「修繕積立金の額の目安」を示しています。修繕積立金の額は、個々のマンションごとに様々な要因によって変動し、ばらつきも大きいことから、その「目安」の算出に当たっては、実際に作成された長期修繕計画を幅広く収集し、その事例の平均値と事例の大部分が収まるような幅として示されています。

　なお、長期修繕計画の計画期間全体に必要な修繕工事費の総額は、当該期間で積み立てる場合の専有面積（㎡）あたりの月額単価として示しています。

　マンションに機械式駐車場がある場合は、修繕工事に多額の費用を要し、修繕積立金の額に影響する度合いが大きいことから、機械式駐車場に係る修繕積立金を特殊要因として別に加算しています。

　修繕積立金の額は、マンションごとに様々な要因によって変動するので、修繕積立金の額が「目安」の範囲に収まっていな

　いからといって、直ちに不適切であると判断される訳ではありません。

　また、修繕積立金の額の目安（計画期間全体での修繕積立金の平均額）として、**計画期間全体における修繕積立金の平均額**は、次の算出方法により計算します。なお、機械式駐車場に係る修繕積立金は考慮しません。

（算出式）計画期間全体における修繕積立金の平均額（円／㎡・月）

$$Z＝（A＋B＋C）÷X÷Y$$

　A：計画期間当初における修繕積立金の残高（円）
　B：計画期間全体で集める修繕積立金の総額（円）
　C：計画期間全体における専用使用料等からの繰入額の総額（円）
　X：マンションの総専有床面積（㎡）
　Y：長期修繕計画の計画期間（ヶ月）
　Z：**計画期間全体における修繕積立金の平均額**（円／㎡・月）

　そして、超高層マンション（一般に地上階数20階以上）は、外壁等の修繕のための特殊な足場が必要となるほか、共用部分の占める割合が高くなる等のため、修繕工事費が増大する傾向にあることから、**【地上20階以上】**の目安を分けて示しています。また、**【地上20階未満】**のマンションについては、建築延床面積の規模に応じて修繕工事費の水準が異なる傾向が見られることから、5,000㎡、10,000㎡、及び20,000㎡で区分した上で、目安を示しています。

　また、機械式駐車場がある場合の加算額は、機械式駐車場の1台あたり月額の修繕工事費×台数÷マンションの総専有床面積（㎡）となります。もっとも、駐車場の維持管理・修繕工事費や駐車場使用料について、管理費や修繕積立金と区分して経理している場合など、機械式駐車場の修繕工事費を駐車場使用料収入で賄うこととする場合には、「機械式駐車場がある場合の加算額」を加算する必要はありません。

4 修繕積立金の額の目安を活用するに当たっての留意点

マンションの修繕工事費は、建物の形状や規模・立地、仕上げ材や設備の仕様に加え、工事単価、区分所有者の機能向上に対するニーズ等、様々な要因によって変動するものであり、このような修繕工事費を基に設定される修繕積立金の額の水準も、当然、これらの要因によって変化する性格のものです。

「修繕積立金の額の目安（計画期間全体での修繕積立金の平均額）」は、長期修繕計画作成ガイドラインに概ね沿って新築分譲時に策定された長期修繕計画やその後に見直しがなされた長期修繕計画の事例から導き出したものであり、建物の規模以外の変動要因を考慮したものとはなっていません。

したがって、分譲事業者から提示された購入予定のマンションの修繕積立金の額が、この幅に収まっていないからといって、その水準が直ちに不適切であると判断されることになるわけではありません。そのような場合には、長期修繕計画の内容や修繕積立金の設定の考え方、積立方法等についてチェックすることが大切です。

また、既存マンションも含むため、分譲会社は、購入予定者に対して、長期修繕計画の内容や修繕積立金の設定の考え方、積立方法等について、本ガイドラインも参考に説明することが重要となります。

5 専用使用料等からの繰入れに関する留意点

専用庭等の専用使用料及び駐車場等の使用料は、それらの管理に要する費用に充当する額を差し引いた額を、修繕積立金に繰り入れます。

専用使用料等の修繕積立金会計への繰入れに際しては、①専用使用料等の内、一定額または一定割合を自動的に繰り入れる方法、②駐車場使用料会計等の個別の修繕のための会計に繰り入れる方法、③一旦管理費会計に繰り入れた上で、定期的に修繕積立金会計に繰り入れる方法等があります。

いずれの場合においても、実際に専用使用料等として集められている金額（新築マンションの場合においては集める想定の

額）を上回る金額を修繕積立金への繰入額として見込むことは避けるべきです。

　なお、特に駐車場使用料については、駐車場の稼働率によりその金額が大きく変動する可能性があるため、留意する必要があります。

6　修繕積立金の積立方法について

　修繕積立金の積立方法には、長期修繕計画で計画された修繕工事費の累計額を、計画期間中均等に積み立てる方式（**均等積立方式**）の他、当初の積立額を抑え段階的に積立額を値上げする方式（**段階増額積立方式**）があります。また、購入時にまとまった額の基金（「修繕積立基金」と呼ばれます。）を徴収することや、修繕時に一時金を徴収する又は金融機関から借り入れたりすることを前提とした積立方式を採用している場合もあります。

　段階増額積立方式や修繕時に一時金を徴収する方式など、将来の負担増を前提とする積立方式は、増額しようとする際に区分所有者間の合意形成ができず修繕積立金が不足する事例も生じていることに留意が必要です。

　将来にわたって**安定的な修繕積立金の積立て**を確保する観点からは、均等積立方式が**望ましい方式**といえます。

　新築マンションの場合は、段階増額積立方式を採用している場合がほとんどで、あわせて、分譲時に修繕積立基金を徴収している場合も多くなっています。このような方式は、購入者の当初の月額負担を軽減できるため、広く採用されているといわれています。

7　修繕積立金の積立方法を確認することの重要性

　修繕積立金の積立方法によって、新築分譲時の修繕積立金の月額の水準は大きく異なります。分譲会社が、購入予定者に対し修繕積立金について説明を行う際には、採用した積立方法の内容について説明を行うとともに、購入予定者は、分譲会社から提示された修繕積立金が、「均等積立方式」によるものなの

528

か、「段階増額積立方式」など将来の負担増を前提とするものなのかについて確認し、将来の負担増を前提とする場合には、その計画が自らの将来の資金計画（住宅ローンの返済計画など）との関係でも無理のないものなのかについて、よく検討しておくことが必要です。

これにより、マンションの購入時点で、修繕積立金の積立方法についての購入予定者の理解が深まり、将来、修繕積立金の増額が必要になった場合に、区分所有者間の合意形成がより円滑に進むことになることが期待されます。

なお、「均等積立方式」を採用した場合であっても、その後、修繕積立金の額の見直しが必要なくなる訳ではなく、長期修繕計画の見直しによって増額が必要となる場合もあります。経年によって必要な修繕の内容が異なるほか、マンションの劣化の状況や技術開発等によって、実際の修繕の周期や費用等は変化しますから、どのような修繕積立金の積立方法を採用していても、定期的（5年程度ごと）に長期修繕計画を見直し、それに基づき修繕積立金を設定し直すことが必要です。

8 均等積立方式と段階増額積立方式の特徴と留意点

① 均等積立方式

ア）特長

将来にわたり定額負担として設定するため、将来の増額を組み込んでおらず、**安定的な修繕積立金の積立て**ができます。

イ）留意点

修繕資金需要に関係なく均等額の積立金を徴収するため、段階増額積立方式に比べ、**多額の資金を管理する状況が生じ**ます。また、均等積立方式であっても、その後の長期修繕計画の見直しにより増額が必要になる場合もあります。

② 段階増額積立方式

ア）特長

修繕資金需要に応じて積立金を徴収する方式であり、**当初の負担額は小さく**、多額の資金の管理の必要性が**均等積立方式と比べて低く**なっています。

イ）留意点

　将来の負担増を前提としており、計画どおりに増額しようとする際に区分所有者間の合意形成ができず修繕積立金が不足する場合があります。

9　修繕積立金の主な変動要因

　マンションの修繕工事費は、建物の形状や規模、立地、仕上げ材や設備の仕様に加え、区分所有者の機能向上に対するニーズ等、様々な要因によって変動するものであり、このような修繕工事費を基に設定される修繕積立金の額も、当然、これらの要因によって変化します。

【マンションの修繕積立金の額に影響を与える修繕工事費等の主な変動要因】

① **建物等の形状や規模、立地、共用施設の有無等による修繕工事費の変動**

　建物が階段状になっているなど**複雑な形状のマンションや超高層マンション**では、外壁等の修繕のために建物の周りに設置する仮設足場やゴンドラ等の設置費用が高くなるほか、施工期間が長引くなどして、**修繕工事費が高くなる傾向があ**ります。

　一般的に建物の規模が大きくまとまった工事量になるほど、施工性が向上し、修繕工事の単価が安くなる傾向があります。

　エレベーターや機械式駐車場の有無及びその設置場所、エントランスホール・集会室等の規模等により、修繕工事費が変動します。近年の新築マンションでは、空調機の設置された内廊下、**ラウンジやゲストルーム等、充実した共用施設を備えたマンション**がみられます。また、温泉やプールがあるマンションもあります。このようなマンションは、**修繕工事費が高くなる**傾向があります。

　建物に比べて屋外部分の広いマンションでは、給水管や排水管等が長くなるほか、アスファルト舗装や街灯等も増えるため、これらに要する**修繕工事費が高くなる**傾向があります。

530

塩害を受ける海岸に近いマンションや、寒冷地のマンションなど、立地によって劣化の進行度合いや必要な修繕の内容が異なり、修繕工事費に影響を与える場合があります。

② 建物の所在する地域や技能労働者の就労環境の変化による修繕工事費の変動

修繕工事費のうち、材料費や仮設材のリース費等については地域差がほとんどない一方、労務費は一定の地域差があります。特に大規模修繕工事においては主要な3工種（とび工（仮設工事）、防水工（防水・シーリング工事）、塗装工（塗装工事））について、必要に応じて考慮することも重要です。

なお、労務費は建設業の担い手不足や技能労働者の就労環境の変化等により変動する可能性がありますので、必要に応じて上昇分について考慮することも重要です。

③ 仕上げ材や設備の仕様による修繕工事費や修繕周期の変化

一般に高級な材料を使用している場合は修繕工事費が高くなります。ただし、材料によって必要な修繕の内容が異なったり、修繕の周期を長くできたりする場合もあります。

外壁については、一定期間ごとに塗り替えが必要な塗装仕上げの他、タイル張りのマンションも多くみられます。タイル張りの場合は、一定期間ごとの塗り替えは必要ありませんが、劣化によるひび割れや浮きが発生するため、塗装仕上げの場合と同様に適時適切に調査・診断を行う必要があります。修繕工事費は、劣化の状況や石綿含有の部材の有無等により大きく変動します。

手摺り等には、鉄、アルミ、ステンレスなど様々なものが用いられます。一般的に、一定期間ごとに塗装する必要のある鉄製のものの他、錆びにくいアルミ製やステンレス製のものもあります。近年の新築マンションでは、**錆びにくい材料が多く使用されるようになってきており、金属部分の塗装に要する修繕工事費は少なく済むようになる傾向があります。**

共用の給水管や排水管については、配管や継手部分の内部が腐食することから、これらを洗浄・研磨し、再度コーティ

ングする"更生工事"や、"更新（取替え）工事"が必要に
なります。近年の新築マンションでは、ステンレス管やプラ
スチック管等の腐食しにくい材料が使われており、それによ
り更生工事の必要性が低下し、取替え工事も遅らせることが
できるようになっていることから、給排水管に関する修繕工
事費は少なくて済むようになる傾向があります。

　仕上げ材や設備については、技術的な知見が時代とともに
変化するものであり、技術革新に伴い、修繕工事費が少なく
て済む場合もあります。

④　**区分所有者の機能向上に対するニーズ等による修繕工事の
　内容の相違**

　近年の新築マンションの中には、生活利便性や防犯性を考
慮して、さまざまな種類の付加設備（ディスポーザー設備、
セキュリティー設備等）が設置されているものがみられます。
このような**設備が多いほど、修繕工事費は増加する傾向があ
ります**。

　新築時に設置されていなくても、その後に居住者のニーズ
の高まりや消防法等の法制度の改正を受けて新たな設備を付
加等する場合があります。また、耐震性に劣っている場合や、
居住者の高齢化に対応できていない場合は、耐震改修やバリ
アフリー改修等を行うことが望まれます。こうした改修工事
が見込まれる場合は、所要の費用を計画的に積み立てておく
ことが重要となります。

10 ガイドラインの活用について

　このガイドラインは、マンションの購入予定者及びマンショ
ンの区分所有者・管理組合向けに作成されており、分譲事業者
から購入予定者に対し、本ガイドラインを活用して説明がなさ
れることが重要となります。また、**長期修繕計画や修繕積立金
の見直しを検討している管理組合**については、本ガイドライン
を参考にすることにより、見直しの必要性や見直し後の修繕積
立金の概ねの水準について、区分所有者間の合意形成がより促
進されることになります。

532

 確認問題

問：修繕積立金の積立方法のうち段階増額積立方式は、将来的な負担増にも臨機応変に対応することができるので、安定的な修繕積立金の積立てを確保する観点から望ましい方式といえる。

答：× 安定的な修繕積立金の積立て方法とされているのは、「均等積立方式」です。
（➡ **8** 均等積立方式と段階増額積立方式の特徴と留意点）

第11章

その他マンションの管理に関する法律

第1節 都市計画法

都市計画法は、計画的な街づくりのための法律です。ここでは、基本的な事項を中心に学習しましょう。

1 都市計画法の目的

都計1条

都市計画法は、これまではマンション管理士試験のみからの出題となっています。

都市計画法は、都市計画の内容・都市計画事業等を定め、都市の健全な発展と秩序ある整備を図り、国土の均衡ある発展と公共の福祉の増進に寄与することを目的とします。

2 都市計画区域

都計5条

① POINT
原則として、都市計画区域内に都市計画は定められる。

都市計画区域とは、一定の市町村の中心市街地を含み、かつ自然的・社会的条件並びに人口・土地利用交通量等の観点から一体の都市として総合的に整備し、開発し、保全する必要のある区域で、**都道府県**により指定された区域をいいます。

3 都市計画

都計4条1項

② keyword
市街地開発事業とは、一定のエリアを区切って、そのエリア内で公共施設の整備と宅地の開発を総合的な計画に基づいて一体的に行うものをいう。

都市計画とは、都市の健全な発展と秩序ある整備を図るための土地利用・都市施設の整備・市街地開発事業に関する計画で法の規定により定められたものをいいます。

4 準都市計画区域

都計5条の2

都市計画域外の区域のうち、相当数の建築物その他工作物（建築物等といいます。）の建築又はその敷地の造成が現に行われ、又は行われると見込まれる一定の区域を含み、かつ、自然的及び社会的条件等を勘案して、そのまま土地利用を整序することなく放置すれば将来における一体の都市としての整備、開発、保全に支障を生じるおそれがあると認められる一定の区域を、都道府県は準都市計画区域として指定できます。

第2節　都市計画の内容 特マ

主に、都市計画法上の地域地区を学習しますが、建築基準法とも関連が深いので、相互に関連づけた学習をしてみてください。

1 都市計画

都市計画①には、以下のようなものがあります。

① 区域区分
② 地域地区
③ 都市施設
④ 地区計画
⑤ 市街地開発事業
⑥ 市街地開発事業等予定区域
⑦ 促進区域
⑧ 遊休土地転換利用促進地区
⑨ 被災市街地復興推進地域

① POINT
都市計画区域について定められる都市計画は、都道府県及び市町村が定める都市計画について、当該都市計画区域の整備、開発及び保全の方針に即したものでなければならない（都計6条の2、18条の2）。

2 区域区分

都計7条

都市計画区域について無秩序な市街化を防止し、計画的な市街化を図るため必要があるときは、都市計画に、**市街化区域**と**市街化調整区域**を定めることができます。これを区域区分といいます。

① 市街化区域

既に市街地を形成している区域及びおおむね10年以内に優先的かつ計画的に市街化を図るべき区域をいいます。

② 市街化調整区域

市街化を抑制すべき区域をいいます。

③ 非線引区域

市街化区域及び市街化調整区域に関する都市計画の定められていない都市計画区域のことをいいます。つまり、市街化区域と市街化調整区域のどちらにも区分されていない区域のことです。

3 地域地区　　　　　　　　　　都計13条1項7号

　土地の自然的条件及び土地利用の動向を勘案して、住居や商業その他の用途を適正に配分することにより、都市機能を維持増進し、かつ、住居の環境を保護し、都市における土地利用の全体像を示し、都市計画の基本となる土地利用計画を定めるものをいいます。地域地区には大別して**用途地域**と**補助的地域地区**があります。

4 用途地域　　　　　　　　都計8条1項1号、9条1項〜12項

過去問チェック　▽ R1・4

　用途地域とは、土地利用の計画的な配分をはかり、市街地の環境を保護するために都市計画で定める地域地区の1つです。
　用途地域には、次のようなものがあります（表中）。

	種　類	内　容
住居系	第一種低層住居専用地域	低層住宅のための良好な住居の環境を保護する地域
	第二種低層住居専用地域	主として低層住宅のための良好な住居の環境を保護する地域
	田園住居地域	農業の利便の増進を図りつつ、これと調和した低層住宅に係る良好な住居の環境を保護するために定める地域
	第一種中高層住居専用地域	中高層住宅のための良好な住居の環境を保護する地域
	第二種中高層住居専用地域	主として中高層住宅のための良好な住居の環境を保護する地域
	第一種住居地域	住居の環境を保護する地域
	第二種住居地域	主として住居の環境を保護する地域
	準住居地域	道路の沿道としての地域の特性にふさわしい業務の利便の増進を図りつつ、これと調和した住居の環境を保護する地域
商業系	近隣商業地域	近隣の住宅地の住民に対する日用品の供給を行うことを主たる内容とする商業等の業務の利便を増進する地域
	商業地域	主として商業等の業務の利便を増進する地域
工業系	準工業地域	主として環境の悪化をもたらすおそれのない工業の利便を増進する地域
	工業地域	主として工業の利便を増進する地域
	工業専用地域	工業の利便を増進する地域

　そして、**市街化区域**には、少なくとも用途地域を定めます。他方、**市街化調整区域**には、原則として用途地域を定めませんが、定めることができないわけではありません。

　また、非線引区域にも、用途地域を定めることができます。

　用途地域を定めた場合、①容積率、②**建蔽率**（商業地域を除く）、③高さの限度（第一種・第二種低層住居専用地域、田園住居地域のみ）④敷地面積の最低限度（市街地の環境確保上必要な場合）を定めます。

　なお、**共同住宅**は、**工業専用地域以外**の用途地域に建築することができます。

5 補助的地域地区

都計9条

　補助的地域地区とは、用途地域を補う役割をもつ地域地区をいい、次のものがあります。

		種　類	内　容
補助的地域地区	用途地域内にのみ定められる	特別用途地区	用途地域内の一定の地区における当該地区の特性にふさわしい土地利用の増進、環境の保護等の特別の目的の実現を図るため当該用途地域の指定を補完して定める地区
		特例容積率 適用地区	**第一種中高層住居専用地域、第二種中高層住居専用地域、第一種住居地域、第二種住居地域、準住居地域、近隣商業地域、商業地域、準工業地域又は工業地域内**の適正な配置及び規模の公共施設を備えた土地の区域において、建築物の容積率の限度からみて、未利用となっている建築物の容積の活用を促進して土地の高度利用を図るため定める地区
		高層住居誘導地区	住居と住居以外の用途とを適正に配分し、利便性の高い高層住宅の建設を誘導するため、**第一種・第二種住居地域、準住居地域、近隣商業地域、準工業地域内**において容積率の最高限度、建蔽率の最高限度及び建築物の敷地面積の最低限度を定める地区
		高度地区	用途地域内において市街地の環境を維持し、又は土地利用の増進を図るため、建築物の高さの最高限度又は最低限度を定める地区
		高度利用地区	用途地域内の市街地における土地の合理的かつ健全な高度利用と都市機能の更新とを図るため、容積率の最高限度及び最低限度、建蔽率の最高限度、建築物の建築面積の最低限度並びに壁面の位置の制限を定める地区
	制限なし	特定街区	市街地の整備改善を図るため、街区の整備又は造成が行われる地区について、その街区内における容積率並びに建築物の高さの最高限度及び壁面の位置の制限を定める街区

		種　類	内　容
補助的地域	制限なし	防火・準防火地域	市街地における火災の危険を防除するため定める地域
		風致地区	都市の風致（自然美）を維持するため、地方公共団体の条例で建築行為等を制限する地区
	用途地域外にのみ定められる	特定用途制限地域	良好な環境の形成又は保持のため当該地域の特性に応じて合理的な土地利用が行われるよう、制限すべき特定の建築物等の用途の概要を定める地域

6 都市施設　　　　　　　　　　　　都計11条

　都市施設とは、都市を構成する上での基本的な施設をいいます。都市施設には、道路・公園・水道・ガス供給施設・下水道・学校・図書館・病院・保育所等があります。なかでも、道路・公園・下水道の3つについては**市街化区域及び非線引区域内**には必ず定める必要があり、また、**住居系の用途地域**には**義務教育施設**を必ず定めなければなりません。

　なお、都市施設は**都市計画区域外**においても定めることができます。

7 地区計画　　　　　　　　都計12条の5、58条の2

　地区計画とは、建築物の建築形態、公共施設その他施設の配置等から、その区域の特性にふさわしい良好な環境の街区を整備、開発保全する計画をいいます。地区計画は市町村が決定します。

　地区計画は、次の地域に設定することができます。

① 　用途地域が定められている土地の区域
② 　用途地域が定められていない土地の区域の一定の区域

　地区計画の区域（再開発等促進区若しくは開発整備促進区又は地区整備計画が定められている区域に限ります。）内において、**土地の区画形質の変更**、**建築物の建築**等を行おうとする者は、**当該行為に着手する日の30日前まで**に、行為の種類、場所、設計又は施行方法、着手予定日等を、**市町村長に届け出**なければなりません。

8 地区計画の区域内での制限　　　都計58条の2

　地区計画の区域のうち、地区整備計画の定められている区域内においては、具体的な計画実現を阻害しないため、次の制限がなされています。

①	土地の区画形質の変更や建築等の行為をする場合、
②	行為着手の30日前までに、
③	必要事項を市町村長に届け出なければなりません。

①

① 　POINT
届出内容と地区計画の内容が適合しない場合は勧告がなされる。

9 準都市計画区域に関する規定　　　都計8条の2項

　準都市計画区域については、次のような規定があります。

○＝可　×＝不可

種　類	定めの可否
区域区分	×
用途地域	○
特別用途地区	○
高層住居誘導地区	×
高度地区	○
高度利用地区	×
特定街区	×
防火・準防火地域	×
風致地区	○
都市施設	○
地区計画	×
市街地開発事業の都市計画	×

確認問題

　問：市街化区域は、すでに市街地を形成している区域であり、市街化調整区域は、おおむね10年以内に計画的に市街化を図る予定の区域である。

　　答：×　市街化調整区域は、市街化を抑制すべき区域です。
　　　　（➡ 2 区域区分）

バリアフリー法 （高齢者、障害者等の移動等の 円滑化の促進に関する法律）

ここでは、バリアフリー法について、マンションに関連する事項を中心に学習します。

1 目的

バ1条

バリアフリー法は、高齢者・障害者等の自立した日常生活及び社会生活を確保することの重要性にかんがみ、公共交通機関の旅客施設や道路、建築物の構造及び設備を改善するための措置を講ずることにより建築物の質の向上を図り、もって公共の福祉の増進に資することを目的とします。具体的には、バリアフリー法の対象となる建築物（病院やホテル等不特定多数の人が利用する建築物）は、入口や階段やトイレ等を、高齢者や障害者等が利用できるように努めなければならないのです。

過去問チェック ▶ 管 R2

2 対象となる建築物（特定建築物・特別特定建築物） バ2条18号・19号

特定建築物とは、学校・病院・劇場・観覧場・集会場・展示場・百貨店・ホテル・事務所・共同住宅・老人ホーム等をいいます。また、不特定多数の者が利用し、又は主として高齢者・障害者が利用する特定建築物で、**移動等の円滑化が特に必要なもの**を**特別特定建築物**といいます。共同住宅は、この特別特定建築物には含まれていません。

3 基準適合義務

バ14条、16条

過去問チェック ▶ 管 R2・4

特別特定建築物の床面積が2,000㎡以上の建築主等（建築物の建築をしようとする者又は建築物の**所有者**、**管理者**もしくは**占有者**）は、当該特別特定建築物（新築特別特定建築物）を、高齢者・障害者等の移動等の円滑化のために必要な政令で定める<u>建築物特定施設</u>の構造及び配置に関する基準（**移動等円滑化基準**）に適合させなければなりません。

① keyword
建築物特定施設とは、出入口、廊下、階段、エレベーター、便所、敷地内の通路、駐車場その他の建築物又はその敷地に設けられる施設で政令で定めるものをいう。

これに対して、特定建築物の建築主等は、移動等円滑化基準に適合させるために必要な措置を講じるよう努めなければなりません。つまり、この規定は、「**努力義務**」となっています。

4 移動等円滑化基準　バ令11条〜17条

　移動等円滑化基準では、主として高齢者、障害者等が利用する廊下等、階段、傾斜路、便所、敷地内の通路、駐車場等を対象として、次のような規定をしています。

- ・廊下等の表面は、粗面とし、又は滑りにくい材料で仕上げること
- ・階段は、回り階段以外の階段を設ける空間を確保することが困難であるときを除き、**主たる階段は回り階段でないこと**。また、階段は、**踊場を除き**、手すりを設けること
- ・傾斜路（階段に代わり、又はこれに併設するものに限る。）のうち、勾配が12分の1を超え、又は高さが16cmを超える傾斜がある部分には、手すりを設けること
- ・敷地内の通路のうち、段がある部分は、踏面の端部とその周囲の部分との色の明度、色相又は彩度の差が大きいことにより段を容易に識別できるものとすること
- ・駐車場を設ける場合には、そのうち1以上に、車いす使用者が円滑に利用することができる**駐車施設を1以上設けること**
- ・傾車いす使用者用駐車施設の幅は、350cm以上とすること

確認問題

　問：特定建築物に該当するマンションでは、建築基準法に基づく建築確認が必要となる大規模の修繕を行う場合、建築物移動等円滑化基準に適合させなければならない。

　　答：×　特定建築物では、建築物移動等円滑化基準に適合させるために必要な措置を講ずるよう「努めなければ」なりません。（➡ 3 基準適合義務）

第 4 節

耐震改修法 （建築物の耐震改修の促進に関する法律）

重要度

大地震に備えてマンションの耐震性を高めることを促進する法律です。その対象となる建築物や規定内容を理解しておきましょう。

1 目的 　　　　　　　　　　　　　　　　　　　　耐1条

耐震改修法は、地震による建築物の倒壊等の被害から国民の生命、身体及び財産を保護するため、**建築物の耐震改修の促進**のための措置を講じることにより建築物の地震に対する安全性の向上を図り、もって公共の福祉の確保に資することを目的としています。

2 耐震改修法の用語 　　　　　　　　耐2条、5条、7条、附則3条

①	耐震改修	地震に対する安全性の向上を目的として、増築、改築、修繕、模様替もしくは一部の除却又は敷地の整備をすること
②	既存耐震不適格建築物	地震に対する安全性に係る建築基準法等の規定（耐震関係規定）に適合しない既存不適格建築物
③	通行障害建築物	地震によって倒壊した場合に、その敷地に接する道路の通行を妨げ、多数の者の円滑な避難を困難とするおそれがあるものとして政令で定める建築物
④	通行障害既存不適格建築物	通行障害建築物であって既存耐震不適格建築物でもあるもの

3 耐震診断・耐震改修 　耐7条～9条、11条、14条、16条、附則3条

既存耐震不適格建築物で、以下のものの所有者には、耐震診断の義務やその努力義務が課されています。また、耐震改修の努力義務も課されています。

① 要緊急安全確認大規模建築物

要緊急安全確認大規模建築物の所有者は耐震診断を行い、その結果を所管行政庁に報告しなければなりません（**耐震診断・報告の義務**）。また、耐震診断の結果、地震に対する安全性の向上を図る必要があると認められるときは、当該要緊急安全確認大規模建築物について耐震改修を行うよう努めなければなり

ません（**耐震改修の努力義務**）。

　要緊急安全確認大規模建築物とは、次のものをいいます。

ア）病院、劇場、観覧場、集会場、展示場、百貨店その他不
　　特定かつ多数の者が利用する既存耐震不適格建築物や、小
　　学校、老人ホームその他地震の際の避難確保上特に配慮を
　　要する者が主として利用する既存耐震不適格建築物

イ）火薬類、石油類等の危険物であって政令で定める数量以
　　上のものの貯蔵場又は処理場の用途に供する既存耐震不適
　　格建築物であってその地震に対する安全性を緊急に確かめ
　　る必要がある大規模なものとして政令で定めるもの

---

② **要安全確認計画記載建築物**

　要安全確認計画記載建築物の所有者は、耐震診断を行い、そ
の結果を所管行政庁に報告しなければなりません（**耐震診断・
報告の義務**）。また、耐震診断の結果、地震に対する安全性の
向上を図る必要があると認められるときは、当該要安全確認計
画記載建築物について耐震改修を行うよう努めなければなりま
せん（**耐震改修の努力義務**）。

　要安全確認計画記載建築物とは、次のものをいいます。

ア）都道府県耐震改修促進計画に記載された病院、官公署等、
　　大地震発生後の利用の確保が公益上必要な既存耐震不適格
　　建築物

イ）その敷地が都道府県耐震改修促進計画に記載された道路
　　に接する通行障害既存耐震不適格建築物（<u>耐震不明建築物</u>^①
　　であるものに限る。）

ウ）その敷地が市町村耐震改修促進計画に記載された道路に接
　　する通行障害既存耐震不適格建築物（耐震不明建築物である
　　ものに限る。）

---

① 　　**POINT**
耐震不明建築物と
は、地震に対する安
全性が明らかでない
ものとして政令で定
める建築物をいう。

③ 特定既存耐震不適格建築物

　特定既存耐震不適格建築物の所有者は、耐震診断を行い、その結果、地震に対する安全性の向上を図る必要があると認められるときは、耐震改修を行うよう努めなければなりません（**耐震診断・耐震改修の努力義務**）。

　特定既存耐震不適格建築物とは、次のものをいいます。

> ア）学校、体育館、病院、劇場、観覧場、集会場、展示場、百貨店、事務所、老人ホームその他多数の者が利用する既存耐震不適格建築物等で政令で定める規模以上のもの
> イ）火薬類、石油類その他政令で定める危険物であって政令で定める数量以上のものの貯蔵場又は処理場の用途に供する既存耐震不適格建築物
> ウ）その敷地が都道府県耐震改修促進計画に記載された道路に接する通行障害建築物である既存耐震不適格建築物
> エ）その敷地が市町村耐震改修促進計画に記載された道路に接する通行障害建築物である既存耐震不適格建築物

④ ①～③以外の既存耐震不適格建築物

　既存耐震不適格建築物（要安全確認計画記載建築物及び特定既存耐震不適格建築物以外のもの）の所有者は、耐震診断を行い、必要に応じ、耐震改修を行うよう努めなければなりません（**耐震診断・耐震改修の努力義務**）。

	定義・用途等	義務・努力義務
要緊急安全確認大規模建築物	病院、店舗、旅館等の不特定多数の者が利用する建築物、学校、老人ホーム等の避難弱者が利用する建築物及び一定要件以上の危険物貯蔵場等のうち、大規模なもの ※**共同住宅は対象外**	・**耐震診断・報告の義務** ・耐震改修の努力義務
要安全確認計画記載建築物	①都道府県耐震改修促進計画に記載された建築物 ②敷地が都道府県耐震改修促進計画に記載された道路に接する通行障害既存耐震不適格建築物（耐震不明建築物であるものに限る） ③敷地が市町村耐震改修促進計画に記載された道路に接する通行障害既存耐震不適格建築物（耐震不明建築物であるものに限る）	
特定既存耐震不適格建築物	賃貸共同住宅、学校、体育館、病院、劇場、観覧場、集会場、展示場、百貨店、事務所、老人ホームその他多数の者が利用する建築物で政令で定めるものであって政令で定める規模以上のもの ※**分譲共同住宅は対象外**	・耐震診断の努力義務 ・耐震改修の努力義務
	火薬類等の危険物の一定数量以上の貯蔵場又は処理場	
	敷地が都道府県耐震改修促進計画に記載された道路又は市町村耐震改修促進計画に記載された道路に接する通行障害建築物	
上記以外の既存耐震不適格建築物	要安全確認計画記載建築物及び特定既存耐震不適格建築物以外の既存耐震不適格建築物 ※**分譲共同住宅も対象となる**	・耐震診断の努力義務 ・耐震改修の努力義務

4 耐震診断の方法

　建築物の耐震診断は、当該建築物の構造耐力上主要な部分、屋根ふき材等（屋根ふき材、内装材、外装材、帳壁その他これに類する建築物の部分及び広告塔、装飾塔その他建築物の屋外に取り付けるものをいう）及び建築設備の配置、形状、寸法、

接合の緊結の度、腐食、腐朽又は摩損の度、材料強度等に関する実地調査、当該建築物の敷地の状況に関する実地調査等の結果に基づき行うもの等とされています（国土交通省告示184号）。

5 耐震診断の基準（Is値・q値）

構造耐力上主要な部分の地震に対する安全性の評価に用いられる指標には「Is」値と「q値」があります。

Is値とは建築物の各階の構造耐震指標のことをいい、地震力に対する建物の強度、靱性（変形能力、粘り強さ）を考慮し、建築物の階ごとに算出します。震度6〜7程度の規模の地震に対するIs値の評価については次のように定められています。

Is値が0.6以上	倒壊、又は崩壊する危険性が低い
Is値が0.3以上 0.6未満	倒壊、又は崩壊する危険性がある
Is値が0.3未満	倒壊、又は崩壊する危険性が高い

また、q値とは建築物の各階の保有水平耐力に係る指標のことをいいます。

6 耐震改修計画の認定 耐17条

建築物の耐震改修をしようとする者は、建築物の耐震改修の計画を作成し、所管行政庁の認定を申請することができます。この認定を受けると建築基準法等に関して優遇措置を受けることができます。

この認定による主な緩和は、次のようになります。

① 耐火建築物又は準耐火建築物としなければならない特殊建築物、防火地域内の建築物、準防火地域内の建築物に関する規定は適用されません。

② 建築物の増築に関して、容積率及び建蔽率の規定は適用されません。

③ 既存不適格建築物の制限の緩和

耐震改修をしようとする既存不適格建築物に、耐震性の向上のため必要と認められる増築、大規模な修繕又は大規模な模様替えをしようとする場合、認定を受ければ、一定の範囲で耐震

関係規定以外の既存不適格事項については、引続き既存不適格
建築物として取り扱われます。

④　建築確認の手続の特例

　計画の認定を受けた場合には、建築確認を受けたものとみな
し、改めて**建築確認を受けなくてもよいこととし**、建築基準法
の手続の簡素化を図ることとしています。

7 建築物の地震に対する安全性に係る認定　耐22条

　建築物の所有者は、所管行政庁に対し、当該建築物について
地震に対する安全性に係る基準に適合している旨の認定を申請
することができます。認定を受けた建物（基準適合認定建築物）
の所有者は、広告などに、この認定を受けている旨を表示する
ことができます。

8 区分所有建築物の耐震改修の必要性に係る認定　耐25条

　耐震診断が行われた区分所有建築物の管理者等は、所管行政
庁に対し、当該区分所有建築物について**耐震改修を行う必要が
ある旨の認定**を申請することができます。

　この認定を受けた区分所有建物（要耐震改修認定建築物）は、
耐震改修が**共用部分の重大変更に該当する場合**でも、**集会の普
通決議**で耐震改修を行うことができます。

確 認 問 題

　問：耐震改修の必要性に係る認定を受けたマンションにおいても、共用部分の形
　　　状又は効用の著しい変更を伴う耐震改修を行う場合、区分所有者及び議決権
　　　の各４分の３以上の多数による集会の決議が必要である。

　　答：×　区分所有者及び議決権の各過半数の決議で足ります。
　　　　　（➡ 8 区分所有建築物の耐震改修の必要性に係る認定）

第5節 防犯に配慮した共同住宅に係る設計指針

重要度 マ ★★ 管 ★

マンションの防犯について、どのような点に留意すべきか注意しましょう。

1 共同住宅の企画・計画・設計に当たっての基本的な考え方

　共同住宅の共用出入口、エレベーターホール等における見通しの確保及び必要な照度の確保、住戸の玄関扉におけるこじ開け防止措置及びピッキングに強い錠の設置など、建物の各部位ごとにとるべき防犯措置として、「共同住宅に係る防犯上の留意事項」が策定されています。これを踏まえ、防犯に配慮した共同住宅の新築（建替えを含む）、既存の共同住宅の改修の企画・計画・設計を行う際の具体的な手法等が、「防犯に配慮した共同住宅に係る設計指針」に示されています。

2 防犯に配慮した共同住宅に係る設計指針 特マ

「防犯に配慮した共同住宅に係る設計指針」の主な内容は次のとおりです。

＜共用出入口＞

マ R2・3・5

共用玄関の配置	道路等からの**見通しが確保された位置**に配置する。道路等からの見通しが確保されない場合には、防犯カメラの設置等で見通しを補完する。
共用玄関扉	共用玄関には玄関扉を設置することが望ましく、設置する場合には扉の内外を相互に見通せる構造とする。また、オートロックシステムを導入することが望ましい。
共用玄関以外の共用出入口	道路等からの見通しが確保された位置に設置する。道路等からの見通しが確保されない場合には、防犯カメラの設置等の見通しを補完する対策を実施することが望ましい。オートロックシステムを導入する場合には、自動施錠機能付き扉を設置する。
共用出入口の照明設備	共用玄関の内側の床面 →概ね 50 ルクス以上の平均水平面照度を確保① 共用玄関の外側の床面 →極端な明暗が生じないよう配慮しつつ、概ね 20 ルクス以上の平均水平面照度を確保② 共用玄関以外の共用出入り口 →床面において概ね 20 ルクス以上の平均水平面照度を確保

① POINT
10m先の人の顔、行動が明確に識別でき、誰であるか明確にわかる程度以上の照度である。

② POINT
10m先の人の顔、行動が識別でき、誰であるかわかる程度以上の照度である。

＜管理人室＞

マ R5

管理人室	共用玄関、共用メールコーナー（宅配ボックスを含む。以下同じ。）及びエレベーターホールを見通せる構造とし、又はこれらに近接した位置に配置する。

＜共用メールコーナー＞

配置	共用玄関、エレベーターホール又は管理人室等からの見通しが確保された位置に配置する。
照明設備	床面において概ね 50 ルクス以上の平均水平面照度を確保する。
郵便受箱	施錠可能なものとする。オートロックシステムを導入する場合には、壁貫通型等とすることが望ましい。

＜エレベーターホール＞

配置	共用玄関の存する階のエレベーターホールは、共用玄関又は管理人室等からの見通しが確保された位置に配置する。見通しが確保されていない場合には、防犯カメラの設置等で見通しを補完する。
照明設備	共用玄関の存する階 　→床面において概ね 50 ルクス以上の平均水平面照度を確保 その他の階 　→床面において概ね 20 ルクス以上の平均水平面照度を確保

＜エレベーター＞

 ▽ R5

防犯カメラ	かご内に防犯カメラ等の設備を設置する。
連絡及び警報装置	非常時において押しボタン、インターホン等によりかご内から外部に連絡又は吹鳴する装置を設置する。
かご及び昇降路の出入口の扉	エレベーターホールからかご内を見通せる構造の窓を設置する。
照明設備	床面において概ね 50 ルクス以上の平均水平面照度を確保する。

＜共用廊下・共用階段＞

 ▽ R1・2・5

構造等	それぞれの各部分、エレベーターホール等からの見通しが確保され、死角を有しない配置又は構造とすることが望ましい。 ・各住戸のバルコニーに近接する部分 　→当該バルコニー等に侵入しにくい構造とすることが望ましい ・屋外に設置される共用階段 　→住棟外部から見通しが確保されたものとすることが望ましい ・屋内に設置される共用階段 　→各階において階段室が共用廊下等に常時開放されたものとすることが望ましい
照明設備	極端な明暗が生じないよう配慮しつつ、床面において概ね 20 ルクス以上の平均水平面照度を確保する。

＜自転車・オートバイ置場＞

配置	道路等、共用玄関又は居室の窓等からの見通しが確保された位置。 屋内に設置する場合には、構造上支障のない範囲において、周囲に外部から自転車置場等の内部を見通すことが可能となる開口部を確保する。地下階等構造上周囲からの見通しが困難な場合には、防犯カメラの設置等で見通しを補完する。
照明設備	床面において概ね3ルクス以上の平均水平面照度を確保する。 ①
その他	チェーン用バーラック、サイクルラックの設置等、自転車又はオートバイの盗難防止に有効な措置を講じる。

① POINT
4ｍ先の人の挙動、姿勢等が識別できる程度以上の照度である。

＜駐車場＞

配置	道路等、共用玄関又は居室の窓等からの見通しが確保された位置。 屋内駐車場の場合には、構造上支障のない範囲において、周囲に開口部を確保する。地下階等構造上周囲からの見通しの確保が困難な場合には、防犯カメラの設置等で見通しを補完する。
照明設備	極端な明暗が生じないよう配慮しつつ、床面において概ね3ルクス以上の平均水平面照度を確保する。

＜通路＞

配置	道路等、共用玄関又は居室の窓等からの見通しが確保された位置。 周辺環境、夜間等の時間帯による利用状況及び管理体制等を踏まえて、道路等、共用玄関、屋外駐車場等を結ぶ特定の通路に動線が集中するように配置することが望ましい。
照明設備	路面において概ね3ルクス以上の平均水平面照度を確保する。

＜児童遊園、広場又は緑地等＞

配置	道路等、共用玄関又は居室の窓等からの見通しが確保された位置。
照明設備	極端な明暗が生じないよう配慮しつつ、地面において概ね3ルクス以上の平均水平面照度を確保する。
その他	領域性を明示するよう塀、柵又は垣等を配置することが望ましい。塀、柵又は垣等の位置、構造、高さ等は、周囲からの死角の原因及び住戸の窓等への侵入の足場とならないものする。

＜防犯カメラ＞

設置	設置にあたり、有効な監視体制のあり方を併せて検討する。 防犯カメラの映像を録画する記録装置を設置することが望ましい。
配置	見通しの補完、犯意の抑制等の観点から有効な位置、台数等を検討し適切に配置。
照明設備	照度の確保に関する規定のある各項目に掲げるもののほか、当該防犯カメラが有効に機能するため必要となる照度を確保する。

＜その他＞

過去問チェック ▽ R2・3・5

屋上	・出入口等に扉を設置する ・屋上を居住者等に常時開放する場合を除き、扉は施錠可能なものとする。 ・屋上がバルコニー等に接近する場所となる場合には、避難上支障のない範囲において、面格子又は柵の設置等バルコニー等への侵入防止に有効な措置を講じる。
ゴミ置場	・道路等からの見通しが確保された位置に配置。住棟と別棟とする場合は、住棟等への延焼のおそれのない位置。 ・他の部分と塀、施錠可能な扉等で区画されたものとするとともに、照明設備を設置したものとすることが望ましい。
集会所等の共同施設	・周囲からの見通しが確保されたものとする。 ・その利用機会が増えるよう、設計、管理体制等を工夫する。

第 6 節	その他の法律	重要度 マ ★★ 管 ★★

マンションに関係のある、その他の法律を学びます。出題される範囲は限られているので、範囲を絞って効率よく学習しましょう。

1 警備業法

① 目的（警1条）

警備業法の目的は、警備業について必要な規則を定め、警備業務の実施の適正を図ることです。

② 用語の定義（警2条）

ア）警備業務

警備業務とは次のようなものであり、**他人の需要に応じて行う**ものをいいます。

- **a.** 警備業務対象施設における盗難等の事故発生を警戒・防止する業務
- **b.** 人もしくは車両の雑踏する場所又はこれらの通行に危険のある場所における負傷等の事故の発生を警戒・防止する業務
- **c.** 運搬中の現金・貴金属・美術品等にかかる盗難等の事故の発生を警戒し、防止する業務
- **d.** 人の身体に対する危害の発生を、その身辺において警戒・防止する業務

イ）警備業

警備業務を行う営業をいいます。

ウ）警備業者

都道府県公安委員会の認定を受けて警備業務を営む者をいいます。

エ）警備員

警備業者の使用人その他の警備業者で警備業務に従事する者をいいます。

オ）機械警備業務

警備業務用機械装置①を使用して行う警備業務をいいます。

③ 警備業の要件（警3条）

過去問チェック　→　マ　R3・4

---

① **POINT**
警備業務用機械装置とは、警備業務対象施設に設置する機器により感知した盗難等の事故の発生に関する情報を、当該警備業務対象施設以外の施設に設置する機器に送信・受信するための装置をいう。

破産手続開始の決定を受けて復権を得ない者や、禁錮刑以上の刑に処され又は警備業法の規定に違反して罰金刑に処せられ、その執行を終わり又は執行を受けることがなくなった日から起算して5年を経過しない者等の一定の欠格事由に該当する者は、警備業を営むことができません。

④ 認定手続（警4条、5条）

警備業を営もうとする者は、都道府県公安委員会の**認定**を受けなければなりません。この認定を受けようとする者は、**あらかじめ**、その主たる営業所の所在地を管轄する公安委員会に、一定の事項を記載した認定申請書を提出しなければなりません。

⑤ 営業所の届出（警9条）

警備業者は、その主たる営業所の所在する都道府県以外の都道府県の区域内に営業所を設け、又は当該区域内で警備業務を行う場合は、当該都道府県の区域を管轄する公安委員会に、一定の事項を記載した届出書及び必要な書類を提出しなければなりません。

⑥ 名義貸しの禁止（警13条）

警備業者は、自己の名義をもって、他人に警備業を営ませてはなりません。

⑦ 警備業務実施上の義務

ア）警備員の制限（警14条）

18歳未満の者・欠格事由に該当する者は警備員となってはなりません。また、警備業者はこれらの者を警備業務に従事させてはなりません。

イ）服装（警16条1項）

警備業者及び警備員は、警備業務を行うにあたり、内閣府令で定める公務員の法令に基づいて定められた制服と、色・形式・標章により、**明確に識別することができる服装**を用いらなければなりません。

⑧ 護身用具の届出（警17条2項）

警備業者は、警備業務を行おうとする都道府県の区域を管轄する公安委員会に、警備業務を行うに当たって**携帯しようとする護身用具の種類、規格**その他内閣府令で定める事項を記載し

た**届出書**を提出しなければなりません。

⑨　書面の交付（警19条1項・2項）

　警備業者は、警備業務の依頼者と警備業務を行う契約を締結しようとするときは、当該契約を**締結するまでに**、当該契約の概要について記載した書面をその者に交付しなければなりません。

　また、警備業者は、警備業務を行う契約を**締結したとき**は、遅滞なく、警備業務の内容・対価・対価の支払時期、警備業務を行う期間、契約の解除等について当該契約の**内容**を明らかにする書面を当該警備業務の依頼者に交付しなければなりません。

⑩　警備員指導教育責任者（警22条1項）

　警備業者は、営業所（警備員の属しないものを除く。）ごと及び当該営業所において取り扱う警備業務の区分ごとに、警備員の指導及び教育に関する計画を作成し、その計画に基づき警備員を指導し、及び教育する業務を行う警備員指導教育責任者を、警備員指導教育責任者資格者証の交付を受けている者のうちから、選任しなければなりません。

　ただし、当該営業所の警備員指導教育責任者として選任した者が欠けるに至ったときは、その日から14日間は、警備員指導教育責任者を選任しておかなくてもよいとされます。

⑪　機械警備業務

ア）機械警備業務の届出（警40条）

　機械警備業者は、機械警備業務を行おうとするときは、基地局又は送信機器を設置する**警備業務対象施設の所在する都道府県の区域**ごとに、当該区域の管轄公安委員会に警備業者の氏名・住所、基地局の名称・所在、機械警備業務管理者の氏名・住所等を**届け出**なければなりません。

イ）機械警備業務管理者（警42条）

　機械警備業者は、基地局ごとに警備業務用機械装置の運用を監督し、警備員に対する指令業務を統制し、その他機械警備業務を管理する業務を行う機械警備業務管理者を**機械警備業務管理者資格者証**の交付を受けている者のうちから選任しなければなりません。

ウ）即応体制の整備（警43条）

　機械警備業者は、都道府県公安委員会規則で定める基準に従い、基地局において盗難等の事故の発生に関する情報を受信した場合に、速やかに、現場における警備員による事実の確認その他の必要な措置が講じられるようにするため、必要な数の警備員、待機所（警備員の待機する施設をいう。）及び車両その他の装備を適正に配置しておかなければなりません。

エ）書類の備付け（警44条）

　警備業者は、基地局ごとに、警備員の名簿その他一定の書類を備えて、必要な事項を記載しなければなりません。

2 自動車の保管場所の確保等に関する法律

① 目的（自1条）

　自動車の保有者等に自動車の保管場所を確保し、道路を自動車の保管場所として使用しないよう義務づけるとともに、自動車の駐車に関する規制を強化することにより、道路使用の適正化、道路における危険の防止及び道路交通の円滑化を図ることを目的とします。

② 保管場所の確保（自3条）

　自動車の保有者は、道路上の場所以外の場所で、その保管場所を確保しなければなりません。この場所は、自動車の使用の本拠の位置との間の距離が**2 kmを超えないものでなければなりません**。

③ 保管場所の変更届出（自7条）

　自動車の保有者は、保管場所の位置を変更したときは、変更の日から15日以内に変更後の保管場所の位置を管轄する警察署長に当該自動車の使用の本拠の位置、変更後の保管場所の位置、その他政令で定める事項を届け出なければなりません。

④ 保管場所としての道路の使用の禁止（自11条）

　何人も道路上の場所を自動車の保管場所として使用してはなりません。また、以下の行為も禁止されます。

ア） 自動車が道路上の同一の場所に引続き12時間以上駐車することとなるような行為

イ） 自動車が夜間（日没時から日出時までの時間）に道路上の同一の場所に引続き8時間以上駐車する行為

3 建築物のエネルギー消費性能の向上等に関する法律

① **目的**（エネ1条）

　この法律は、社会経済情勢の変化に伴い建築物におけるエネルギーの消費量が著しく増加していることに鑑み、**建築物のエネルギー消費性能（省エネ性能）の向上等**に関する基本的な方針の策定について定めるとともに、一定規模以上の**省エネ性能基準への適合性**を確保するための措置、省エネ性能基準計画の認定その他の措置を講ずることにより、**省エネ性能の向上等を図り**、もって国民経済の健全な発展と国民生活の安定向上に寄与することを目的とする。

② **適合義務及び適合判定義務**

ア）省エネ性能基準適合義務（エネ11条）

　建築主は、「特定建築行為」をしようとするときは、当該特定建築物を**省エネ性能基準に適合させる義務**があります。

　この「特定建築行為」とは、次の行為をいいます。

- **特定建築物**（非住宅部分の床面積300㎡以上である建築物）**の新築**
- **特定建築物の増改築**（増改築する非住宅部分の床面積300㎡以上に限る）
- **増築後に特定建築物となる増築**（増築する非住宅部分の床面積が300㎡以上に限る）

イ）省エネ性能適合判定義務（エネ12条）

　建築主は、**特定建築行為**をしようとするときは、その工事に着手する前に、**省エネ性能確保計画**（特定建築行為に係る特定建築物の省エネ性能の確保のための構造及び設備に関する計画）を提出して所管行政庁の**省エネ性能適合性判定**（省エネ性能確保計画が省エネ性能基準に適合するかどうかの判定）を**受ける義務があります。**

③　建築物の建築に関する届出等（エネ19条）

　建築主は、**特定建築行為に該当するものを除く**床面積300㎡以上の建築物の新築、増改築を行おうとする場合は、当該行為に係る**省エネ性能の確保のための構造及び設備に関する計画**を所管行政庁に**届け出る義務**があります。

④　省エネ性能向上計画の認定（エネ35条）

　省エネ性能の向上に資する建築物の新築等について、一定の基準に適合していると判断できる場合、当該建築物の新築等に関する**計画を作成**し、**所管行政庁の認定を申請**することができます。

　そして、この認定を取得した建築物は、一定の範囲で**容積率の特例**を受けることができます。

⑤　省エネ性能に係る認定（エネ41条）

　建築物の所有者は、建築物が**省エネ性能基準に適合している**と判断できる場合、その旨の認定の申請を所管行政庁に行うことができます。この認定を取得した建築物は、当該建築物や敷地、広告等に認定を受けている旨の表示（基準適合認定マーク）をすることができます。

4　長期優良住宅の普及の促進に関する法律

①　目的（長1条）

　マ R2

　長期優良住宅の普及の促進に関する法律は、現在及び将来の国民の生活の基盤となる**良質な住宅**が建築され、及び長期にわたり良好な状態で使用されることが住生活の向上及び環境への負荷の低減を図る上で重要となっていることにかんがみ、長期にわたり良好な状態で使用するための措置がその構造及び設備について講じられた**優良な住宅の普及を促進する**ため、国土交通大臣が策定する基本方針について定めるとともに、所管行政庁による長期優良住宅建築等計画の認定、当該認定を受けた長期優良住宅建築等計画に基づき建築及び維持保全が行われている住宅についての住宅性能評価に関する措置その他の措置を講じ、もって豊かな国民生活の実現と我が国の経済の持続的かつ健全な発展に寄与することを目的としています。

② 長期優良住宅とは（長2条）

　長期優良住宅とは、住宅であって、その構造及び設備が長期使用構造等であるものをいいます。具体的には、**住宅の構造及び設備の変更の容易性、維持保全の容易性**などのほか、住宅の**省エネルギー性能やバリアフリーなどの確保**が求められています。

③ 認定の申請（長2条・5条）

　長期優良住宅の認定を受けようとする建築主又は分譲事業者は、長期優良住宅の建築及び維持保全に関する計画を作成し、**着工前**に所管行政庁に、その認定の申請することができます。

　長期優良住宅の建築には、住宅の新築、増築、改築が含まれています。

④ 認定基準（長6条）

　所管行政庁による認定を受けるためには、申請する建築及び維持保全に関する計画が、次のような基準に適合する必要があります。

> **ア）** 構造及び設備が長期使用構造等であること
> **イ）** 住宅の規模が<u>一定以上のもの</u>であること
> **ウ）** 良好な景観の形成等、居住環境の維持向上上に配慮されていること
> **エ）** 維持保全の方法が省令で定める誘導基準に適合し、**維持保全の期間が30年以上である**こと
> **オ）** 資金計画が建築及び維持保全を確実に行うにあたり適切であること

① POINT
共同住宅では、1戸の床面積の合計（共用部分の床面積を除く）が、原則として40㎡以上である。

⑤ 認定後の記録の作成・保存（長11条）

　計画の認定を受けた者は、認定を受けた計画に基づき住宅を建築し、建築工事の完了後は維持保全を行うとともに、**建築・維持保全の状況**について記録を作成し、保存しなければなりません。

5 賃貸住宅の管理業務等の適正化に関する法律

①目的（賃1条）

　賃貸住宅は、賃貸住宅志向の高まりや単身世帯、外国人居住

者の増加等を背景に、我が国の生活の基盤としての重要性が一層増大しています。

　また、近年、オーナー（賃貸住宅の所有者）の高齢化や管理内容の高度化等により、賃貸住宅管理業者に管理を委託等するオーナーが増加しています。これに伴い、オーナーあるいは入居者とのトラブルも増加しています。特に、サブリース方式（事業者（サブリース業者）が、転貸を目的にオーナーから住宅を賃借し、併せてその住宅の管理業務を受託する方式）では、家賃保証等の契約条件の誤認を原因とするトラブルが多発し、社会問題化しています。そこで、この法律が制定されました。

　この法律の目的は、社会経済情勢の変化に伴い国民の生活の基盤としての**賃貸住宅の役割の重要性**が増大していることに鑑み、**賃貸住宅の入居者の居住の安定の確保**及び**賃貸住宅の賃貸に係る事業の公正かつ円滑な実施を図る**ため、賃貸住宅管理業を営む者に係る登録制度を設け、その業務の適正な運営を確保するとともに、特定賃貸借契約（転貸目的の原賃貸借契約（マスターリース契約））の適正化のための措置等を講ずることにより、良好な居住環境を備えた**賃貸住宅の安定的な確保**を図り、もって国民生活の安定向上及び国民経済の発展に寄与することとしています。

②　サブリース業者への主な規制

管　R3

ア）誇大広告等の禁止（賃28条）

　特定賃貸借契約の条件について広告するときは、家賃支払、契約変更に関する事項等について、著しく事実に相違する表示、実際のものよりも著しく優良・有利であると人を誤認させるような表示が禁止されています。

イ）不当な勧誘行為の禁止（賃29条）

　サブリース業者・勧誘者による特定賃貸借契約勧誘時に、家賃の減額リスクなど相手方の判断に影響を及ぼす事項について故意に事実を告げず、又は不実を告げる行為が禁止されています。

ウ）特定賃貸借契約締結前の重要事項説明（賃31条）

　特定賃貸借契約の締結前に、家賃、契約期間等を記載した書

面を交付して説明の必要があります。なお、この説明をする者
の資格については、特に規定はありません。

③　**賃貸住宅管理業への主な規制**

ア）賃貸住宅管理業の登録（賃3条）

管 R5

委託を受けて賃貸住宅管理業務（賃貸住宅の維持保全、金銭
の管理）を行う事業を営もうとする者は、**国土交通大臣の登録**
を受ける必要があります。

イ）業務管理者の選任（賃12条）

賃貸住宅管理業者は、その**営業所又は事務所**ごとに、**1人以
上の業務管理者**を選任しなければなりません。

ウ）管理受託契約の締結前の書面の交付（賃13条）

賃貸住宅管理業者は、管理受託契約を締結しようとするとき
は、管理業務を委託しようとする賃貸住宅の賃貸人に対し、当
該管理受託契約を**締結するまでに**、管理受託契約の内容及びそ
の履行に関する事項等について、**書面を交付して説明**しなけれ
ばなりません。

エ）管理受託契約の締結時の書面の交付（賃14条）

賃貸住宅管理業者は、管理受託契約を**締結したとき**は、管理
業務を委託する賃貸住宅の賃貸人に対し、遅滞なく、所定の事
項を記載した**書面を交付**しなければなりません。

オ）財産の分別管理（賃16条）

管理する家賃等について、自己の固有の財産等と分別して管
理する必要があります。

カ）定期報告（賃20条）

業務の実施状況等について、管理受託契約の相手方に対して
定期的に報告する必要があります。

6 　地震保険に関する法律

①　**目的**（地保1条）

管 R4

保険会社等が負う地震保険責任を政府が再保険することによ
り、地震保険の普及を図り、もって地震等による被災者の生活
の安定に寄与することを目的としています。

② 地震保険契約（地保2条）

地震保険契約とは、次の要件を備える損害保険契約（火災に係る共済契約を含む。）をいいます。

- ・**居住の用に供する建物**又は**生活用動産**のみを保険の目的とすること
- ・地震若しくは噴火又はこれらによる津波（**地震等**）を**直接**又は**間接の原因**とする火災、損壊、埋没又は流失による損害を政令で定める金額によりてん補すること
- ・特定の**損害保険契約に附帯**して締結されること
- ・附帯される損害保険契約の保険金額の**100分の30以上100分の50以下**の額に相当する金額を保険金額とすること

③ 塡補される損害（地保施行令1条）

地震保険契約では、地震等により損害を受けた場合に支払われる保険金額は、「**全損**」、「**一部損**」、「**大半損**」、「**小半損**」に区分され、これにより支払われます。

確認問題

問：警備業者は、警備業務の依頼者と警備業務を行う契約を締結しようとするときは、当該契約をするまでに、当該契約の概要について記載した書面をその者に交付しなければならない。

- -

答：○（➡ **1** 警備業法）

第 **12** 章

簿記・会計・税務

第 1 節

管理組合会計

重要度 マ ★
重要度 管 ★

ここでは、管理組合に適用される会計制度の内容を学習します。特に「管理組合会計の基本原則」を理解して下さい。

1 管理組合会計の特徴

　管理組合会計とは、管理組合の目的を達成するための会計のことであり、管理組合が法人格を有しているか否かにかかわらず、管理組合に対して一律に適用されるものです。ただし、管理組合の会計基準については具体的な定めはなく、また会計処理の統一性もありません。このため、それぞれの管理組合ごとに独自の方法で会計処理が行われているのが現状です。

　このように、管理組合会計では、制度として統一的基準が存在していないのですが、管理組合会計の概念によれば、「**管理組合会計は、株式会社などの営利企業に適用される企業会計と、公益法人に適用される公益法人会計の考え方を取り入れ、これに管理組合特有の会計制度（管理組合会計の特性）を融合させて成立している**」と考えられています。

　なお、管理組合会計の主要目的を概念的に整理すると、「予算主義（管理費や修繕積立金などの限定された収入の範囲内で事業を運営するという観点から、確実な予算を編成して、その予算に対する実績評価を正しく行うこと）に準拠した会計処理を行うこと」とされています。企業会計における目的（収入と費用を正しく把握して、利益又は損失を計算すること＝損益計算といいます）」とは異なっているということが分かります。

2 管理組合会計の特性

　管理組合会計の特性は、一般的に次のようなものがあります。

① **予算準拠主義**

　管理組合の業務の目的は、共用部分の維持管理を適切に実施することにあり、この業務は収支予算の範囲内で行われなければなりません。したがって、収支面において、予算と実績を正しく管理することが求められます。

② 区分経理の原則

　管理組合の業務には、日常の維持管理や修繕工事、その他駐車場などの管理業務がありますが、特に大規模修繕のための修繕積立金を積立てしているような場合では、修繕積立金が日常の管理業務経費等に使用されてしまうと、後日の大規模工事の実施の際に必要資金が不足してしまうなどの支障が生じる場合があります。そのため、修繕積立金会計と管理費会計は、明瞭に区分して管理・執行することが求められます。
①

①　　　check
標準管理規約では、修繕積立金については、管理費とは区分して経理しなければならないとされている。

3 管理組合会計の基本原則

　管理組合会計の基本原則は、企業会計や公益法人会計と共通する「一般原則」と、管理組合の特性から生じる「特有原則」の2つから成り立っています。

① 一般原則

ア）正規の簿記の原則

　管理組合はすべての取引について正確な会計帳簿を作成すべきという、正規の簿記の原則に従って正しく記帳しなければならないという原則です。

【正規の簿記の原則とは】

正規の簿記の原則とは、会計処理を行うに際して、

1．網羅性（財産の動向・状態をすべて表示する）

2．検証可能性（検証できる証拠に基づき記録する）

3．秩序性（体系的かつ整然と記録する）

の3条件をすべて満たしたうえで、

↓

原則として「複式簿記※」の方法で会計書類を作成し、

↓

原則として「発生主義※」に基づき会計帳簿に記帳する

※：「複式簿記・発生主義」の意味は、後述します。

という一連の手続の総称を表しています。

イ）真実性の原則

　管理組合が作成する会計書類は、会計帳簿に基づき、収支及び財産状態に関する真実な内容を表示したものでなければならないという原則です。

ウ）明瞭性の原則

　管理組合が作成する会計書類は、区分所有者などの利害関係者に対して、収支及び財産状態に関する事実を明瞭に表示したものでなければならないという原則です。

エ）継続性の原則

　管理組合が採用した会計処理の基準・手続を毎年継続して適用して、みだりにこれを変更してはならないという原則です。

②　特有原則

ア）予算準拠の原則

　管理組合の収入及び支出は、総会で決議された予算に基づいて、これを適正に執行しなければならないという原則です。

イ）区分経理の原則

　管理組合は、管理費会計と修繕積立金会計を明確に区分して経理しなければならないという原則です。

４　管理組合会計で作成が要求される計算書類

　管理組合は、次のような会計書類を作成しなければなりません。

①　収支予算書

　管理組合が業務を行うに際して、翌会計年度の収入と支出を見積もったうえで、その収入予算と支出予算をまとめて一覧にした表です。この収支予算書では、翌会計年度の収支内容及び金額を記載することと、収支項目について、管理費会計と修繕積立金会計に区分することという2点が重要です。

②　収支計算書

　一定期間における管理組合の収支状況を一覧にした表です。管理組合の一定期間の業務活動の成果が、この収支計算書に反映されることになります。

③　貸借対照表

　会計年度末において管理組合が有している資産、負債、正味財産の状況を一覧にしたものです。ここでは、「資産－負債＝正味財産」という関係を理解しておいて下さい。

④　財産目録

　貸借対照表に記載されている資産、負債について、それぞれの科目ごとの金額・内容を表したものであり、資産、負債の内訳明細としての性質を有しています。

●収支計算書（管理費会計）の例

　　○○マンション管理組合

自　令和5年4月1日　至　令和6年3月31日　　　　　（単位：万円）

科　　目	決　　算	予　　算	差　　異	備　　考
収入の部計	3,000			
管理費	2,000			
駐車場使用料	1,000			
専用庭使用料	0			
支出の部計	2,200			
管理委託費	1,500			
水道光熱費	350			
損害保険料	60			
什器備品費	50			
小修繕費	150			
雑費	40			
予備費	50			
繰越金の部計	1,000			
当期繰越金	800			
前期繰越金	200			

●貸借対照表の例

○○マンション管理組合

令和6年3月1日現在 　　　　　　　　（単位:万円）

資産の部			負債・正味財産の部		
科　　目	金　　額		科　　目	金　　額	
現金・預貯金	900		未払金	200	
現金	50				
普通預金	850		前受金	100	
			管理費	100	
預け金	100		駐車場使用料	0	
未収入金	200				
管理費	150				
駐車場使用料	50				
			正味財産（次期繰越金）	1,000	
前払金	100				
管理委託費	100				
損害保険料	0				
合　　　計	1,300		合　　　計	1,300	

左右で数字が一致する

第 2 節　簿記の仕組み

簿記とは、計算書類を作成するための技術的手法です。複式簿記の考え方が重要ですので、ここで確実に理解して下さい。

1 簿記の定義

　簿記とは、一般的に「帳簿記入」の略称とされており、管理組合等における収支計算書や貸借対照表などの計算書類を作成するために用いられる技術的手法を意味します。なお、簿記の手法は、管理組合会計だけではなく、企業会計や公益法人会計にも共通して適用されています。

2 簿記の種類

　簿記の種類には、単式簿記と複式簿記の2種類があります。管理組合会計では、一般的に複式簿記が用いられます。

① 単式簿記

　現金の出し入れという事実のみを帳簿に記載する方法です。例えば、家計簿がこれに該当します。

② 複式簿記

　取引における2側面について同時に帳簿に記載するという方法です。具体的には、取引の2側面を借方（左側）と貸方（右側）に、それぞれ別の勘定科目を用いて記載するということです。例えば、管理組合が共用部分に係る電気代を現金で支払った場合、取引としては「現金の支出」と「電気代の発生」という2つの側面が発生します。複式簿記では、この2側面を「**仕訳**」という方法を用いて、帳簿に記載していくのです。

●**複式簿記における取引の2側面**

・駐車場使用料が普通預金口座に入金された。
　　　（普通預金の増加－駐車場使用料収入の発生）
・借入金の一部を、普通預金口座から返済した。
　　　（普通預金の減少－借入金残高の減少）
・共用部分に係る水道光熱費を、現金で支払った。
　　　（現金の減少－水道光熱費の発生）

---

3 勘定科目

　取引の記録・計算を行うための整理名称のことをいいます。収支計算書や貸借対照表に表示される科目が、勘定科目自体を表しているといえます。

●勘定科目とその分類

資　産	資産とは、管理組合等の収入（収益）獲得に貢献する財産のことを意味します。 【勘定科目】 　現金、普通預金、預け金、未収入金、前払金、 　固定資産（土地、建物、電話加入権）など
負　債	負債とは、将来において一定の財産を減らすもの、つまり一定の金額を支払わなければならない義務のことを意味します。 【勘定科目】 　未払金、前受金、預り金、借入金など
正味財産	正味財産とは、資産から負債を引いて算出されるもので、管理組合等が所有している正味の財産のことを意味します。なお、企業会計では、正味財産のことを「資本」と呼んでいます。
収　入	収入とは、管理組合等の有する金銭等の財産が増加する要因のことを意味します。収入が発生することによって、正味財産も増加します。なお、企業会計では、収入のことを「収益」と呼んでいます。 【勘定科目】 　管理費、駐車場使用料、修繕積立金など
支　出	支出とは、管理組合等の有する金銭等の財産が減少する要因のことを意味します。支出が発生することによって、正味財産も減少します。なお、企業会計では、支出のことを「費用」と呼んでいます。 【勘定科目】 　管理委託費、水道光熱費、損害保険料など

●複式簿記における勘定科目記載のルール

借方（左側）	貸方（右側）
資産の増加	資産の減少
負債の減少	負債の増加
支出の発生	収入の発生
正味財産の減少	正味財産の増加

※「借方・貸方」とは、単に「左側・右側」を表す複式簿記特有の用語です。

4　発生主義

　発生主義は、一般的に企業会計に用いられる概念ですが、管理組合会計でもこの概念が適用されています。これは、収益（収入）と費用（支出）をどの時点で計上するのかを決定する考え方のことであり、具体的には、「収益（収入）又は費用（支出）の**発生の事実**をもってその計上を行う」ということを意味します。

　これに対して、**現金の入金や支出が生じた時点**で収益（収入）又は費用（支出）の計上を行うという考え方を「**現金主義**」と呼んでいますが、会計取引を適正に表示するには、現金主義よりも発生主義のほうが優れているとされています。

●発生主義に基づく会計処理の考え方

　令和6年3月31日が会計年度末となっている管理組合を例にして、次のそれぞれの事例について、発生主義の観点から考えてみましょう。

ア）令和6年4月分の管理費が、同年3月に入金された。

　この管理費は、どの会計年度の収入とするべきか？

　→　令和6年4月分の管理費は、翌期（令和6年4月以降）の収入に計上するべきものです。したがって、この金額が今期中（令和6年3月31日まで）に入金されたとしても、翌期の収入として計上します。

イ）令和 6 年 3 月に行った排水管清掃に基づく作業費を、同年
4 月に支払った。この作業費は、どの会計年度の費用（支出）
とするべきか？

→ この排水管清掃作業は、今期中に行われて既に完了してい
ることから、これに係る作業費も今期中の費用として計上し
ます。したがって、この作業費の支払が翌期に行われている
としても、作業費は今期中に計上することになります。

ウ）令和 6 年 4 月分の管理委託費を、同年 3 月に管理会社に支
払った。この管理委託費は、どの会計年度の費用（支出）と
するべきか？

→ 令和 6 年 4 月分に係る管理委託費ですから、その支払が今
期中に終了していたとしても、その費用の計上は翌期に行う
ことになります。

第 3 節	複式簿記における会計仕訳	重要度 マ ★★★ / 管 ★★★

ここでは、複式簿記の考え方に基づいて、実際に仕訳を作成します。
本試験でも毎年必ず出題されますので、しっかり理解しましょう。

1 仕訳で用いられる勘定科目の内容

過去問チェック → マ R1・2・4・5 / 管 R1〜5

　仕訳とは、取引における2側面を同時に帳簿に記載する場合におけるその記載方法のことをいい、仕訳では、勘定科目というものが使用されます。ここでは、会計仕訳と勘定科目との関係を具体的に理解してください。

●主な勘定科目とその内容

分類	勘定科目	内　　容
資産	預け金	管理費徴収を管理会社に委託している場合、管理会社に入金された管理費で未だ管理組合に送金されていない金額
	未収入金	管理費や駐車場使用料などの収入で、決算期日を過ぎても未だ管理組合に入金されていない金額
	前払金	翌期に係る管理委託費などの費用（支出）を、当期中に支払った場合の金額
負債	未払金	当期に係る管理委託費などの費用（支出）で、決算期日を過ぎても未だ支払いがされていない金額
	前受金	翌期に係る管理費などの収入を、当期中に受け取った場合の金額
	預り金	駐車場敷金のように、一定期間管理組合が預かり、後日これを返還する義務を有する金額
	借入金	大規模修繕等の目的で、金融機関等から調達した借入金額
収入	管理費	建物の管理・維持を目的として区分所有者から徴収する金額
	受取利息	普通預金や定期預金の利息金額
	修繕積立金	大規模修繕を前提として区分所有者から徴収する修繕目的の金額
支出	管理委託費	管理会社に支払う委託料の総称
	損害保険料	建物等に掛ける損害保険の保険料
	修繕費	建物修繕の目的で支出する金額

2 勘定科目の詳細

管理組合会計の仕訳において一般的に使用される勘定科目を一覧にしてあります。

●貸借対照表

借　方	勘定科目名	貸　方	勘定科目名
流動資産	現金	流動負債	短期借入金
	普通預金		未払金
	預け金		未払費用
	未収入金		預り金
	立替金		前受金
	前払金	固定負債	長期借入金
固定資産	附属設備	固定資産とは、マンション内のエレベーターや配電設備のように、通常1年以上使用する見込みのある資産のことをいいます。税法上では、取得価格10万円以上の資産は、原則として固定資産として扱います。	
	車輌運搬具		
	工具器具備品		
	電話加入権		

●収支計算書

借　方	勘定科目名	貸　方	勘定科目名
支　出	管理委託費	収　入	管理費
	共用電気料金		共益費
	エレベーター保守費		集会室使用料
	営繕補修費（修繕費）		駐車場使用料
	定期清掃費		バルコニー使用料
	備品消耗品費		トランクルーム使用料
	損害保険料		修繕積立金
	通信費		受取利息
	予備費		電柱設置負担料
	支払利息		雑収入

3 仕訳の実際（1）

　基本的な取引事例を基に、勘定科目を使って会計仕訳を作成してみます。

① **管理費10,000円が、管理組合名義の普通預金口座に入金された。**

→　「管理費の発生（収入の発生）」と「普通預金の入金（資産の増加）」という2つの側面が発生します。また、適用される勘定科目は「管理費・普通預金」です。次に、「収入の発生→貸方に計上」「資産の増加→借方に計上」という複式簿記のルールに基づいて仕訳を作成すると、次のようになります。

| （借方）普 通 預 金 | 10,000 | （貸方）管 理 費 | 10,000 |

② **管理委託費200,000円を、現金で管理会社に支払った。**

→　「管理委託費の発生（支出の発生）」と「現金の支払（資産の減少）」という2つの側面が発生します。また、適用される勘定科目は「管理委託費・現金」です。次に、「支出の発生→借方に計上」「資産の減少→貸方に計上」という複式簿記のルールに基づいて仕訳を作成すると、次のようになります。

| （借方）管理委託費 | 200,000 | （貸方）現 金 | 200,000 |

③ **金融機関からの借入金のうち、当月返済分の100,000円を普通預金口座から支払った。**

→　「借入金の返済（負債の減少）」と「普通預金の支払（資産の減少）」という2つの側面が発生します。また、適用される勘定科目は「借入金・普通預金」です。次に、「負債の減少→借方に計上」「資産の減少→貸方に計上」という複式簿記のルールに基づいて仕訳を作成すると、次のようになります。

| （借方）借 入 金 | 100,000 | （貸方）普 通 預 金 | 100,000 |

④　未収入金として計上していた**管理費の未収分300,000円**を、現金で回収した。

→　「未収入金の回収（資産の減少）」と「現金の入金（資産の増加）」という２つの側面が発生します。また、適用される勘定科目は「未収入金・現金」です（管理費の未収分を未収入金で計上していたため、管理費という勘定科目は用いません）。次に、「資産の減少→貸方に計上」「資産の増加→借方に計上」という複式簿記のルールに基づいて仕訳を作成すると、次のようになります。

（借方）現　　　金	300,000	（貸方）未 収 入 金	300,000

４ 仕訳の実際（２）

　発生主義の観点を取り入れた少し複雑な会計仕訳の事例を検討してみます。発生主義の観点で仕訳を作成する場合のポイントは、「収入（収益）・支出（費用）の計上をどの時点で行うべきか？」ということを正確に把握することにあります。

● 令和５年４月１日から令和６年３月31日までを今期の会計年度とする管理組合につき、次の取引を同年３月分としての会計仕訳にするとどのようになるか。なお、会計仕訳は、発生主義の原則に基づいて経理しているものとする。

①　令和６年３月に、同年４月分の管理費500,000円が普通預金に入金された。

②　令和６年３月に、共用部分の清掃作業が外部業者によって行われた。なお、この清掃費100,000円は、同年５月中に支払いを行う予定である。

③　令和６年３月に、同年４月分の管理委託費250,000円を、管理会社に現金で支払った。

（解答）

① 令和6年4月分の管理費は、発生主義の観点からは、今期ではなく翌期（令和6年4月〜令和7年3月）の収入として計上するべきものです。したがって、今期3月の仕訳では、管理費の収入計上は行いません。なお、この場合における勘定科目は、「翌期に係る収入を当期中に受け取った」として「前受金」を使用します。

（借方）普通預金	500,000	（貸方）前　受　金	500,000

② 令和6年3月に行われた清掃費は、発生主義の観点からは、今期中の費用（支出）として計上するべきものです。したがって、今期3月の仕訳では、清掃費の費用計上を行います。他方、清掃費の支払は翌期（5月）に行われるため、この場合には「決算期日を経過しても未だ支払が行われていない」として「未払金」を使用します。

（借方）清　掃　費	100,000	（貸方）未　払　金	100,000

③ 令和6年4月分の管理委託費は、発生主義の観点からは、今期ではなく翌期の費用（支出）として計上するべきものです。したがって、今期3月の仕訳では、管理委託費の費用計上は行いません。そして、この場合における勘定科目は、「翌期に係る支出項目について、既に当期中に支払を行ったもの」として「前払金」を使用します。

（借方）前　払　金	250,000	（貸方）現　　　金	250,000

5 修正仕訳 特マ

修正仕訳とは、誤った仕訳を修正することをいいます。仕訳が誤ってなされた場合には、修正をする必要があり、これには、次の「**(1)誤った仕訳を取り消して正しい仕訳を作成する方法**」

過去問チェック ⇒ マ　R1

578

と、「(2)誤った仕訳を取り消さずに正しい仕訳を作成する方法」の2つのやり方があります。

(1) 誤った仕訳を取り消して正しい仕訳を作成する方法

例えば、管理費50,000円が未収であったにもかかわらず、これを普通預金に入金したとする仕訳をしてしまった場合、この仕訳の修正は、以下のように行います。

① 誤った仕訳を確認する
② ①の仕訳について逆仕訳を作成する
③ 正しい仕訳を作成する

① 誤った仕訳を確認する

上記の例で、誤った仕訳は、次のようになります。

| (借方) 普通預金 50,000 | (貸方) 管理費 50,000 |

② 逆仕訳を作成する

次に、上記①の仕訳については、「逆仕訳」を行います。逆仕訳とは、誤った勘定科目と金額を、借方に計上した場合は貸方に、貸方に計上した場合は借方に記載します。

具体的には、次のようになります。

| (借方) 管理費 50,000 | (貸方) 普通預金 50,000 |

これによって、次のように、誤った仕訳の借方と貸方の勘定科目と金額が打ち消されることになります。

(誤った仕訳)

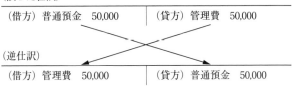

(借方) 普通預金 50,000 ／ (貸方) 管理費 50,000

(逆仕訳)

(借方) 管理費 50,000 ／ (貸方) 普通預金 50,000

③ 正しい仕訳を作成する

そして、本来、行わなければならなかった正しい仕訳を作成します。具体的には、次のようになります。

（借方）未収入金　50,000	（貸方）管理費　50,000

(2) 誤った仕訳を取り消さずに正しい仕訳を作成する方法

①　誤った仕訳を確認する
②　正しい仕訳を作成する
③　①と②の仕訳で誤った部分の逆仕訳を作成する

①　誤った仕訳を確認する

先の例で、誤った仕訳は、次のようになります。

（借方）普通預金　50,000	（貸方）管理費　50,000

②　正しい仕訳を作成する

次に、正しい仕訳は、次のようになります。

（借方）未収入金　50,000	（貸方）管理費　50,000

③　逆仕訳を作成する

そして、上記①と②の仕訳を比べると、上記①の誤っている部分は、借方の「普通預金50,000円」ですので、この部分については「逆仕訳」を行わなければなりません。つまり、「普通預金50,000円」を『貸方』に計上します。他方、正しい部分である「未収入金50,000円」はそのまま借方に計上します。

これらについて逆仕訳すると、次のようになります。

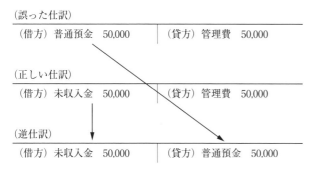

（誤った仕訳）

（借方）普通預金　50,000	（貸方）管理費　50,000

（正しい仕訳）

（借方）未収入金　50,000	（貸方）管理費　50,000

（逆仕訳）

（借方）未収入金　50,000	（貸方）普通預金　50,000

問：令和6年3月に、4月分の管理費5万円が入金された場合の仕訳は、「(借方)普通預金50,000（貸方）管理費収入50,000」となる。

答：×　4月（翌月）分の管理費は、「前受金」を計上します。したがって、その仕訳は、「(借方) 普通預金50,000（貸方）前受金50,000」となります。(➡ **4** 仕訳の実際)

第 4 節　企業会計原則

> 管理組合会計では、企業会計の原則の多くが準用されています。ここでは、その企業会計の概要を学習します。

1　企業会計原則

　企業会計原則とは、企業会計における実務の中から、公正妥当と認められたものを要約したものであり、株式会社などの営利を目的とするすべての企業に適用される会計原則となっています。また、企業会計原則の一部が、管理組合会計にも適用されていることは既述の通りです。

2　企業会計原則の構成

　企業会計原則は、一般原則・損益計算書原則・貸借対照表原則の3つの原則から構成されています。また、「※」が付いているものは、管理組合会計でも適用されている原則となります。

① 　一般原則

- ア）真実性の原則（※）
- イ）正規の簿記の原則（※）
- ウ）資本取引・損益取引区分の原則
- エ）明瞭性の原則（※）
- オ）継続性の原則（※）
- カ）保守主義の原則（※）
- キ）単一性の原則（※）

② 　損益計算書原則

　企業会計において、ある会計期間における企業の経営成績（損益）を表示する計算書類としての「損益計算書」を作成するための具体的な処理基準です。実現主義・発生主義（※）・費用収益対応の原則などがあります。

③ 　貸借対照表原則

　企業会計において、ある一定時期（会計年度末）における企業の財政状態を表示する計算書類としての「貸借対照表」を作成するための具体的な処理基準です。

公益法人会計

第 5 節

管理組合会計には公益法人会計の手法が用いられてます。公益法人会計の特徴を押さえましょう。

1 一取引二仕訳のルール

公益法人会計では、企業会計と違って「一取引二仕訳」という特殊なルールがあります。

公益法人会計では、資金フロー（収入や支出によるお金の流れ）と正味財産の増減（お金以外の財産の増減）を把握するという、二つの要請があるためです。このために取引の仕訳については、一取引で二仕訳が必要となることがあります。

例えば企業会計で「現金で備品を購入した」という場合は、次の仕訳となります。

（借方）	（貸方）
備品　○○円（資産・貸借対照表に記載）	現金　○○円（資産・貸借対照表に記載）

これでよいのですが、備品は一般的に資金の範囲に入らないため、正味財産増減計算書に記載しなければならなくなります。そのため、公益法人会計では、以下のようになります。

（借方）	（貸方）
備品購入支出　○○円（収支決算書に記載）	現金　○○円（貸借対照表に記載）

（借方）	（貸方）
備品　○○円（貸借対照表に記載）	備品購入額　○○円（正味財産増減計算書に記載）

2 貸借対照表・正味財産増減計算書・収支決算書の関係

次に、貸借対照表・正味財産増減計算書・収支決算書の関係を説明します。

貸借対照表、収支決算書、仕訳等における**借方と貸方の合計額**は、一致します。

貸借対照表では、「**資産－負債＝正味財産**」となります。

また、「**資産の合計額＝負債・正味財産（次期繰越金）の合計額**」となります。

収支報告書では、「**収入－支出＝当期収支差額**」となります。

■貸借対照表

借方	貸方
資産	負債
	正味財産 （次期繰越金）

■収支報告書

収入
支出
当期収支差額

3 資金の範囲とは （特マ）

次に、資金の範囲の関係を説明しますが、これまではマンション管理士試験のみからの出題となっています。

どこまでをお金（資金）として扱うか、つまり、前払金や未払金、短期の貸付金や借入金、流動資産に含まれる有価証券をお金（資金）として扱うかどうかを**資金の範囲**といいます。この資金の範囲ですが、法人ごとに活動実態がさまざまであるという理由で、ある程度各法人が自由に決められます。この資金の範囲に含まれるものが、前述の資金資産や資金負債になります。

試験では、資金の範囲は、現金預金、未収金、前払金、未払金及び前受金としています。

そして、資金の範囲外の取引がない場合、正味財産や収支差額は、次のような関係になります。

・令和5年度の前期繰越収支差額＝令和4年度の次期繰越収支差額
・令和5年度の次期繰越収支差額＝令和5年度の正味財産額

■収支報告書

令和4年度	令和5年度
収入	収入
支出	支出
当期収支差額	当期収支差額
前期繰越収支差額	前期繰越収支差額
次期繰越収支差額	次期繰越収支差額

■貸借対照表

令和5年度	
借方	貸方
	負債
資産	正味財産 (次期繰越金)

その他、次のような関係にもなります。

・当期正味財産額＝前期正味財産額＋当期正味財産増減額
・当期正味財産増減額＝当期の正味財産額－前期の正味財産額
・当期収支差額＝当期正味財産増減額
・前期繰越収支差額＝前期正味財産額
・次期繰越収支差額＝当期収支差額＋前期繰越収支差額

確認問題

問：会計年度を令和5年4月1日から令和6年3月31日とする管理組合において、令和6年3月に支払った大規模修繕工事（完成時期は6月）の着手金については、令和5年度の貸借対照表の負債の部に計上される。

答：× 着手金の支払いは、前払金として、「資産の部」に計上されます。
（➡ 2 貸借対照表・正味財産増減計算書・収支決算書の関係）

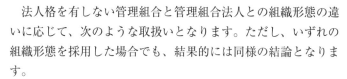

第 6 節　管理組合と税務

管理組合に対しては、法人税や消費税などの税金が課税されるのが原則です。ここでは、その税目の全体像を確認しましょう。

管理組合は、「法人格を有しない管理組合」と「法人格を有する管理組合（管理組合法人）」に分類されますが、法人税（国税）などの税務面での取扱いはほぼ共通となっています（ただし、地方税法では、一部取扱いが異なります）。

個別の税法における取扱いの概要は、次のようになります。

1 法人税

法人格を有しない管理組合と管理組合法人との組織形態の違いに応じて、次のような取扱いとなります。ただし、いずれの組織形態を採用した場合でも、結果的には同様の結論となります。

ア）法人格を有しない管理組合

法人格を有しない管理組合は、法人税法では「人格のない社団」に該当します。

ａ．非収益事業（管理組合本来の事業）に係る収益

→　法人税は課税されません。

したがって、管理組合が区分所有者（組合員）から徴収する管理費や共益費などの非収益事業に係る収益に対しては、法人税は課税されません。

ｂ．収益事業に係る収益

→　法人税が課税されます。

例えば、管理組合が、その管理する駐車場を、区分所有者（組合員）以外の者に継続して賃貸して駐車場使用料を得た場合には、当該使用料による収入に対して法人税が課税されることになります。

イ）法人格を有する管理組合（管理組合法人）

区分所有法第47条の規定によって法人登記を行った管理組合は、「管理組合法人」としての法人格を有することになり、法

人税法上では、「公益法人等」として扱われます。

この「公益法人等」と「人格のない社団」（法人格のない管理組合）」では、法人税上の取扱いはまったく**同様**です。

 ａ．非収益事業（管理組合本来の事業）に係る収益

  →法人税は課税されません。

 ｂ．収益事業に係る収益

  →法人税が課税されます。

＜法人税＞   ＜○…課税　×…非課税＞

	収益事業を行っている	収益事業を行っていない
管理組合	○	×
管理組合法人	○	×

●収益事業の定義

収益事業とは、「販売業等、政令で定める事業であり、継続して事業場を設けて営まれるもの」と定義されます。法人税法施行令では、いくつかの業種について「収益事業」と定めていますが、その主なものは次のようになります。

物品販売業　不動産販売業　不動産貸付業　製造業　通信業
運送業　請負業　印刷業　代理業　駐車場業　問屋業　など

●管理組合の収入と法人税法における課税関係

管理組合が得る収入について、法人税の課税対象となるのかどうかを個別に検討します。

 １）**管理費**　　　…課税対象に該当しません。

 ２）**共益費**　　　…課税対象に該当しません。

 ３）**修繕積立金**　…課税対象に該当しません。

 ４）**駐車場使用料**…組合員から受け取る分については、**課税対象に該当しません**。ただし、組合員以外の者に駐車場を賃貸して継続的に収入を得ている場合は、その収入は駐車場業として**課税対象となります**。

5）**広告看板料**　…マンションの屋上等に、企業等の広告看板を設置して使用料を徴収した場合には、「不動産貸付業」として課税対象になります。

●マンションの駐車場の外部使用

昨今、マンションに設置された駐車場の利用者が減少し、空き駐車場が生ずるケースが増加しているところがあります。管理組合が空き駐車場を有効利用した場合に、収益事業として、法人税等が課税されるかが問題となっています。

これについては、以下のようなケースにより異なります（国住マ第43号）。

	内容
①全部収益事業に当たる	・募集は広く行い、使用許可は、区分所有者であるかどうかを問わず、申込み順とする。 ・使用料金、使用期間などの貸出し条件において、区分所有者と非区分所有者との差異がない。
②一部が収益事業に当たる	・区分所有者の使用希望がない場合にのみ非区分所有者への募集を行い、申込みがあれば許可する。 ・貸出しを受けた非区分所有者は、区分所有者の使用希望があれば、早期に明け渡す必要がある。
③全部非収益事業に当たる	・区分所有者の使用希望がない場合であっても、非区分所有者に対する積極的な募集は行わない。 ・非区分所有者から申出があり、空き駐車場があれば、短期的な非区分所有者への貸出しを許可する。

①は、通常の有料駐車場の業務と異なるところはなく、区分所有者のための共済的な事業とはいえないため、非区分所有者の使用だけでなく、区分所有者の使用を含めた**駐車場使用のすべてが駐車場業**として収益事業に当たります。

②は、区分所有者のための共済的な事業と余剰スペースを活用する事業を行っているため、**余剰スペースを利用した事業のみが収益事業**に当たります。

③は、臨時的かつ短期的な貸出しに過ぎず、非区分所有者への貸出しは独立した事業とはいえません。非区分所有者の使用による収益は、区分所有者のための共済的な事業を行うに当た

っての付随行為とみることができます。そのため、**駐車場使用のすべてが非収益事業**に当たります。

● 減価償却

減価償却とは、取得した固定資産（建物・エレベーター設備・アンテナ等受信設備などの建物附属設備・取得価額10万円以上の器具備品・車両など）について、当該固定資産を取得した一事業年度の支出とせずに、一定の計算方法で耐用年数の期間に応じて費用を配分していく会計処理の方法のことです。例えば、今期に500万円をかけて共同アンテナ（耐用年数：10年）を設置した場合、共同アンテナは固定資産に該当するため、この500万円の全額を今期の支出とはせずに、このアンテナの耐用年数に応じて、今期以降10年の期間にわたって費用化していくことになります。

2 所得税

所得税は個人に係る税金（国税）であるため、管理組合の収益に対して所得税を考慮するケースはほとんどありません。ただし、管理組合が普通預金や定期預金口座を開設している場合、当該預金から得られる**受取利息**や**受取配当金**に対しては、所得税が**課税されています**。

3 消費税 (特管)

消費税は、日本国内で対価を得て行う商品等の販売や物品貸付、役務提供などの取引（以下、これらを総称して「資産の譲渡等」とします）や輸入貨物に対して課税される国税です。

消費税の納税義務者は、国内で資産の譲渡等を行う事業者（法人・個人事業者）等とされます。したがって、**管理組合も事業者に該当し、原則として消費税法における納税義務者となります**。

●消費税法の課税対象取引

消費税の課税対象となる取引（課税対象取引）は、前に説明した「資産の譲渡等」から、「不課税取引・非課税取引等」を除いたすべての取引となります。

ア）不課税取引

「資産の譲渡等」に該当しない取引であり、例えば、組合員から徴収する管理費、駐車場使用料や専用庭の使用料などが挙げられます。

イ）非課税取引

社会政策上の理由などから、消費税を課税することになじまないとして、消費税法で特に定められた取引です。この非課税取引の主要なものには、「土地の譲渡・貸付、支払利子、保険料、住宅の貸付」などがあります。

●管理組合が行う取引と消費税法における課税関係

マ　R3
管　R2

収入	・駐車場等使用料（組合員）　…　課税対象外
	・駐車場等使用料（組合員以外）　…　課税対象
	・預金利息／公社債等の利息　…　課税対象外
	・金融機関等からの借入金　…　課税対象外
	・専用庭使用料　…　課税対象外

支出	・管理委託費／水道光熱費　…　課税対象
	・借入金利子　…　課税対象外
	・銀行等への振込手数料　…　課税対象
	・損害保険料　…　課税対象外
	・管理組合役員への報酬　…　課税対象外
	・雇用している従業員への給与　…　課税対象外

●納税義務の免除

消費税は、**基準期間**（前々事業年度）における**課税売上高**が**1,000万円以下**である場合は、**納税義務**が**免除**されます。

管　R2

例えば、前々事業年度（令和4年度）に課税売上高が1,000万円以下である場合には、当年度（令和6年度）は消費税の免税事業者となります。

　他方、**特定期間**（事業年度の**前事業年度開始の日以後6カ月の期間**）における**課税売上高**が**1,000万円**を超えるときは、消費税の納税義務は免除されません。もっとも、この課税売上高に代えて、特定期間の給与等支払額により**判定することもできます**。この場合、特定期間における課税売上高又は特定期間に支払った給与等支払額のいずれかだけが**1,000万円**超となるときには、**課税事業者とはなりません**。いずれもが**1,000万円**超となるときに、**課税事業者となります**。

4 地方税

① 法人住民税（都道府県民税と市町村民税）の均等割

　管理組合においては、**収益事業を行わない**場合には、原則として、法人住民税の均等割は課税されません。他方、**管理組合法人**は、**収益事業を行っていない**場合でも、原則として、法人住民税の均等割が**課税されます**。

② 事業税、事業所税

　管理組合、管理組合法人ともに**収益事業を行う**場合についてのみ課税されます。

＜均等割と事業税・事業所税＞　　　　　　　　　　＜○…課税　×…非課税＞

	収益事業を行っている		収益事業を行っていない	
	均等割	事業税・事業所税	均等割	事業税・事業所税
管理組合	○	○	×	×
管理組合法人	○	○	○	×

確認問題

　問：管理組合の支出のうち、火災保険料等の損害保険料は、消費税の課税対象となる。

・・

　　　答：×　火災保険料等の損害保険料は、消費税の課税対象とはなりません。（➡ 3 消費税）

第13章

マンション管理適正化法

第1節 目的・用語の定義・管理計画

重要度 マ ★★★
管 ★★★

ここでは、用語の定義を中心に説明します。特に、どのような建物がマンションとなるかを、しっかり押さえましょう。

1 目的

適1条

マンション管理適正化法（適正化法）は、土地利用の高度化の進展その他国民の住生活を取り巻く環境の変化に伴い、多数の区分所有者が居住するマンションの重要性が増大していることに鑑み、基本方針の策定、**マンション管理適正化推進計画の作成**及びマンションの**管理計画の認定**並びに**マンション管理士の資格**及び**マンション管理業者の登録制度**等について定めることにより、マンションの管理の適正化の推進を図るとともに、マンションにおける**良好な居住環境の確保を図り**、もって国民生活の安定向上と国民経済の健全な発展に寄与することを目的としています。

2 マンションの定義

適2条1号

適正化法の適用対象となる**マンション**とは、以下のものをいいます。

マ R2
管 R5

① 2以上の区分所有者が存する建物で、人の居住の用に供する専有部分のあるもの、並びにその敷地及び附属施設
② 一団地内の土地又は附属施設（これらに関する権利を含む）が当該団地内にある、上記①に掲げる建物を含む**数棟の建物の所有者**（専有部分のある建物にあっては、区分所有者）の共有に属する場合の当該土地及び附属施設

①は、区分所有者が2以上とされているので、**マンション全体を1人の者が所有している場合は、適正化法の適用のあるマンションに該当しないことになります。**

また、人の居住の用に供する専有部分が少なくとも1つ以上あるものとされているので、マンションの**すべての部屋が事務所となっている場合も適正化法の適用のあるマンションとはなりません。**

　②は、<u>団地内の土地や附属施設</u>が、団地内にある建物の所有者の共有物である場合、その**土地や附属施設も適正化法の適用があるマンションに該当する**ということです。

　なお、「適正化法上のマンション」に該当する場合には、必ず管理組合が成立します。これは、「2以上の区分所有者」が必要とされており、「2以上の区分所有者」がいれば、当然に管理組合が成立することになるからです。

　また、団地内の土地や附属施設が、団地内にある建物の所有者の共有物である場合にも、当然に団地管理組合が成立することになります。

① 　　keyword
附属施設とは、例えば、倉庫や、駐車場等のことで、団地内の土地とは、例えば団地内の通路等のことである。

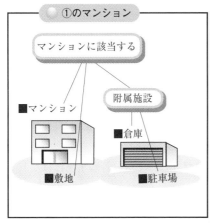

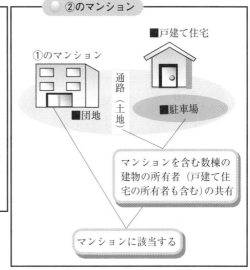

3 管理者等
適2条4号

　適正化法にいう**管理者等**とは、以下のものをいいます。

① 　区分所有者によって選任された<u>管理者</u>
② 　管理組合法人の理事
③ 　団地建物所有者の団体の管理者
④ 　団地管理組合法人の理事

② 　　check
管理組合は管理者を選任・設置することができ、管理組合法人は理事を置くことが義務とされている。

4 管理組合等 適2条3号

適正化法における**管理組合等**①とは、マンションの管理を行う、以下のものをいいます。

①	非法人の管理組合
②	管理組合法人
③	団地建物所有者（団地関係が成立した場合の区分所有者を含む団地内の建物所有者）の団体（団地管理組合）
④	団地管理組合法人

　一部管理組合や団地における各棟の管理組合も、適正化法の管理組合となります。

5 管理事務 適2条6号

　管理事務とは、マンションの管理に関する事務であって、基幹事務（①**管理組合の会計の収入及び支出の調定**及び②**出納**並びに③**マンション**（専有部分を除く）**の維持又は修繕に関する企画又は実施の調整**をいう）を含むものをいいます。

　つまり、上記の3つをすべて含まないと管理事務とはいえず、これらのうち1つ又は2つのみを受託したり、この3つ以外の事務（例えば、警備業務）だけ行っても、管理事務にはなりません。

6 マンション管理業 適2条7号

　マンション管理業とは、管理組合から委託を受けて**管理事務**を行う行為で、業として行うものをいいます。業として行うとは、不特定多数の者を相手方として、反復継続して事業を遂行することをいいますが、**営利目的は要しません**。

　したがって、**区分所有者や管理組合が管理事務を行っても、それは自主管理であり、マンション管理業には該当しません**。

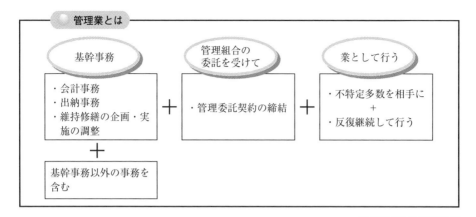

7　事務所とは　　　　適45条1項2号、適則52条2項

　事務所とは、本店、支店、その他継続的に業務を行うことができる施設を有する場所で、マンション管理業にかかわる契約の締結、又は履行に関する権限を有する使用人を置くものをいいます。

8　基本方針・管理適正化推進計画等　適3条、3条の2、4条〜5条の2

①　基本方針

　国土交通大臣は、マンションの管理の適正化の推進を図るための基本的な方針（**基本方針**）を定めなければなりません。また、この基本方針は、住生活基本法に規定する**全国計画との調和が保たれたもの**でなければなりません。

②　マンション管理適正化推進計画

　都道府県等は、基本方針に基づき、当該都道府県等の区域内におけるマンションの管理の適正化の推進を図るための計画（マンション管理適正化推進計画）を作成することができます。

　このマンション管理適正化推進計画では、次の事項を定めます。

・当該都道府県等の区域内におけるマンションの管理の適正
　化に関する目標
・当該都道府県等の区域内におけるマンションの管理の状況
　を把握するために当該都道府県等が講ずる措置に関する事

項
・当該都道府県等の区域内におけるマンションの管理の適正化の推進を図るための施策に関する事項
・当該都道府県等の区域内における管理組合によるマンションの管理の適正化に関する指針（都道府県等マンション管理適正化指針）に関する事項
・マンションの管理の適正化に関する啓発及び知識の普及に関する事項
・計画期間
・その他当該都道府県等の区域内におけるマンションの管理の適正化の推進に関し必要な事項

都道府県等は、マンション管理適正化推進計画の作成及び変更並びにマンション管理適正化推進計画に基づく措置の実施に関して特に必要があると認めるときは、**関係地方公共団体、管理組合、マンション管理業者**その他の関係者に対し、調査を実施するため**必要な協力を求めること**ができます。

③　管理組合等の努力

管理組合は、マンション管理適正化指針の定めるところに留意して、マンションを適正に管理するよう**自ら努める**とともに、国及び地方公共団体が講ずるマンションの管理の適正化の推進に関する施策に**協力するよう努めなければなりません**。

また、マンションの**区分所有者等**は、マンションの管理に関し、**管理組合の一員としての役割を適切に果たすよう努めなければなりません**。

④　助言、指導等

都道府県等は、マンション管理適正化指針に即し、管理組合の**管理者等**（管理者等が置かれていないときは、当該管理組合を構成するマンションの区分所有者等。）に対し、マンションの管理の適正化を図るために**必要な助言及び指導**をすることができます。

また、**都道府県知事等**（市又マンション管理適正化推進行政事務を処理する町村の区域内にあっては、それぞれの長。）は、管理組合の運営がマンション管理適正化指針に照らして**著しく**

不適切であることを把握したときは、当該管理組合の**管理者等**に対し、マンション管理適正化指針に即したマンションの管理を行うよう**勧告する**ことができます。

９ 管理計画の認定等　　適5条の3〜5条の6、5条の9

　管理組合の管理者等は、当該管理組合によるマンションの管理に関する計画（管理計画）を作成し、マンション管理適正化推進計画を作成した都道府県等の長（**計画作成都道府県知事等**）の**認定を申請する**ことができます。

　この管理計画には、次の事項を記載しなければなりません。

> ・当該マンションの修繕その他の管理の方法
> ・当該マンションの修繕その他の管理に係る資金計画
> ・当該マンションの管理組合の運営の状況
> ・管理計画が、都道府県等マンション管理適正化指針に照らして適切なものであることを確認するために必要な事項

　そして、管理計画の認定の申請があった場合に、計画作成都道府県知事等は、次の基準のいずれにも適合すると認めるときは、その認定をすることができます。

1　管理組合の運営
・**管理者等**が定められていること
・**監事**が選任されていること
・集会が**年1回以上**開催されていること

2　管理規約
・管理規約が作成されていること
・マンションの適切な管理のため、管理規約において災害等の緊急時や管理上必要なときの専有部の立ち入り、修繕等の履歴情報の管理等について定められていること
・マンションの管理状況に係る情報取得の円滑化のため、管理規約において、管理組合の財務・管理に関する情報の書面の交付（又は電磁的方法による提供）について定められていること

3　管理組合の経理
・管理費及び修繕積立金等について明確に区分して経理が行われていること
・修繕積立金会計から他の会計への充当がされていないこと
・**直前の事業年度の終了の日時点**における修繕積立金の**3ヶ月以上**の滞納額が**全体の1割以内**であること

598

4 長期修繕計画の作成及び見直し等

・長期修繕計画が「長期修繕計画標準様式」に準拠し作成され、長期修繕計画の内容及びこれに基づき算定された修繕積立金額について集会にて決議されていること
・**長期修繕計画の作成又は見直しが7年以内**に行われていること
・長期修繕計画の実効性を確保するため、**計画期間が30年以上**で、かつ、残存期間内に**大規模修繕工事**が**2回以上**含まれるように設定されていること
・長期修繕計画において将来の一時的な修繕積立金の徴収を予定していないこと
・長期修繕計画の計画期間全体での修繕積立金の総額から算定された修繕積立金の平均額が著しく低額でないこと
・長期修繕計画の計画期間の最終年度において、借入金の残高のない長期修繕計画となっていること

5 その他

・管理組合がマンションの区分所有者等への平常時における連絡に加え、災害等の緊急時に迅速な対応を行うため、**組合員名簿**、**居住者名簿**を備えているとともに、**1年に1回以上**は**内容の確認**を行っていること
・都道府県等マンション管理適正化指針に照らして適切なものであること

そして、計画作成都道府県知事等は、管理計画の認定をしたときには、その旨を当該認定を受けた者（認定管理者等）に通知しなければなりません。

管理計画の認定は、5年ごとにその更新を受けなければ、その期間の経過によって、その効力を失います。

また、計画作成都道府県知事等は、認定管理者等が認定管理計画に従って管理計画認定マンションの管理を行っていないと認めるときは、当該認定管理者等に対し、相当の期限を定めて、その改善に必要な措置を命ずることができます。

確認問題

問：2人以上の区分所有者が存在し、複数の事務所及び店舗等と1の住居がある建物は、マンションに含まれる。

答：○（➡ **2** マンションの定義）

第 2 節　マンション管理士 特マ

重要度 マ ★★★
管 ★

マンション管理士の登録の要件、業務の内容、そして義務について、
それぞれ整理して覚えていきましょう。

1 マンション管理士の定義

適2条5号

マンション管理士とは、国土交通大臣の**登録**を受け、**マンション管理士の名称を用いて**、専門的知識をもって、管理組合の運営その他マンションの管理に関し、管理組合の管理者等又は区分所有者等の相談に応じ、<u>助言・指導その他の援助</u>を行うことを業務とする者をいいます。ただし、他の法律において業務を行うことが制限されているものは除かれます。例えば、法律上、訴訟代理人となれるのは弁護士等だけなので、マンション管理士は訴訟代理人になることを業とすることはできません。

2 マンション管理士の登録

適則25条1項

マンション管理士は、国の公証を受けた者だけがその名称を使用できるという"**名称独占資格**"です。マンション管理士の登録を受けることにより、マンション管理士の名称を使用できます。

なお、登録に**有効期間はありません**。また、**更新の規定もありません**。

3 マンション管理士登録証

適31条

マンション管理士の登録をすると、氏名・生年月日その他国土交通省令で定める事項が登録簿に登載されます。そして国土交通大臣（又は指定登録機関）は、申請者に登録簿登載事項を記載したマンション管理士登録証を交付します。

この登録証には、**携帯義務や提示義務はありません**。

マ R2〜4

① POINT
例えば、規約等の策定・改定、トラブルの対処、長期修繕計画等の素案の作成などが考えられる。

マ R1・3

② keyword
名称独占資格とは、あくまでマンション管理士の名称を使用できるというだけであり、名称を使用しなければ、マンション管理士でなくても助言・指導その他の援助ができるということである。

マ R3・4

600

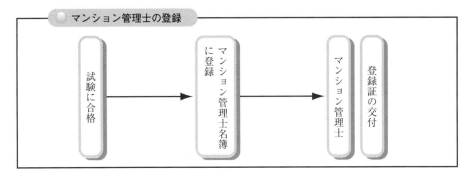

マンション管理士の登録

試験に合格 → マンション管理士名簿に登録 → マンション管理士 → 登録証の交付

過去問チェック　☑ R1～3

4 マンション管理士の義務　適40条、41条、42条、適則41条

マンション管理士は、次の3つの義務（3大義務といいます）を負います。

① 信用失墜行為の禁止

マンション管理士は、マンション管理士の信用を傷つけるような行為をしてはなりません。例えば、管理組合や区分所有者を欺くようなことをしてはなりません。

② 講習の受講

マンション管理士は、5年ごとに、国土交通大臣又はその指定する者が行う一定の講習を受けなければなりません。これは、最新の建築技術や法改正などの知識を身に付け、適切な業務を行うためです。

③ 秘密保持義務

マンション管理士は、<u>正当な理由</u>①がないのにもかかわらず、その業務に関して知り得た秘密を漏らしてはなりません。マンション管理士でなくなった後も同様です。

POINT
① 正当な理由とは、裁判所で証人として証言する場合などである。

過去問チェック　☑ R1

② POINT
違反すると30万円以下の罰金に処せられる。

過去問チェック　☑ R2・3

5 名称使用制限義務　適43条

マンション管理士でない者は、マンション管理士の名称、又はこれに紛らわしい名称を<u>使用することができません</u>②。

6 登録欠格事由　適30条1項

次の事由に該当する場合は、マンション管理士の登録が受けられません。

①禁錮以上の刑に処せられ、その執行を終わり、又は執行を受けることがなくなった日から2年を経過しない者

②適正化法の規定により罰金の刑に処せられ、その執行を終わり、又は執行を受けることがなくなった日から2年を経過しない者

③マンション管理士が以下の取消原因により登録を取り消され、取消しの日から2年を経過しない者

　── ＜取消原因＞ ──
　ア）偽りその他不正の手段で登録を受けた
　イ）信用失墜行為の禁止に違反した
　ウ）国土交通省令で定める5年ごとの講習を受けない
　エ）秘密保持義務に違反した

④管理業務主任者が以下の理由で登録を取り消され、取消しの日から2年を経過しない者

　── ＜取消原因＞ ──
　ア）偽りその他不正の手段で登録を受けた
　イ）偽りその他不正の手段で管理業務主任者証の交付を受けた
　ウ）指示処分事由に該当し、情状が特に重いとき、又は事務禁止処分に違反した

⑤管理業務主任者の登録を受けた者で、管理業務主任者証の交付を受けていない者（管理業務主任者登録資格者）が以下の理由により登録を取り消され、取消しの日から2年を経過しない者

　── ＜取消原因＞ ──
　ア）偽りその他不正の手段で登録を受けた
　イ）管理業務主任者としてすべき事務を行い情状が特に重い

⑥マンション管理業者の登録を以下の取消原因により取り消され、その取消しの日から2年を経過しない者（登録を取り消された者が法人の場合は、取消日の前30日以内に法人の役員であった者）

　── ＜取消原因＞ ──
　ア）偽りその他不正の手段で登録を受けた
　イ）業務停止命令事由に該当し、情状が特に重い又は業務停止命令に違反した

⑦心身の故障によりマンション管理士の事務を適正に行うことができない者として国土交通省令で定めるもの（精神の機能の障害によりマンション管理士の業務を適正に行うに当たって必要な認知、判断及び意思疎通を適切に行うことができない者）

　前表の①禁錮以上の刑とは、禁錮＜懲役＜死刑をいいます。また、刑に処されというのは、禁錮以上の刑の判決が確定していることをいいます。したがって、判決が言い渡されても、**控訴・上告中**の場合は、**刑に処せられた**とはいえません。また、**執行猶予付き**の判決を受けた場合、**執行猶予期間中は登録を受けることができません**が、**執行猶予期間が満了すると刑の言渡しが効力を失い、刑に処せられなかったことになるので、執行猶予期間満了の翌日から登録を受けることができます**。刑の執行を受けることがなくなったとは、時効や恩赦で刑の執行を免除された場合をいいます。

　⑥法人の役員とは、業務を執行する社員・取締役・執行役・これらに準ずる者をいい、監査役は含まれません。

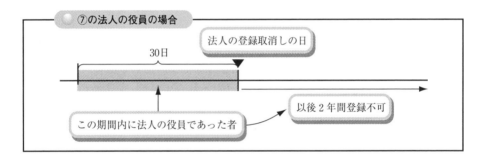

⑦の法人の役員の場合

法人の登録取消しの日

30日

この期間内に法人の役員であった者

以後 2 年間登録不可

7 登載事項とその変更の届出　　適30条 2 項、32条

　マンション管理士が登録を受けた場合、登録簿には、氏名・生年月日・その他国土交通省令で定める事項が登載されます。

　そして、その登載事項に変更があったときは、遅滞なく、その旨を国土交通大臣（指定登録機関）に届け出なければなりません。また、変更の届出をする場合には同時に<u>登録証を添えて</u>提出し、その訂正を受けなければなりません。

① POINT

登録証と登録簿で、氏名や住所等がくい違うことを防ぐため登録証を添えるのである。

＜登録簿の登載事項＞（適30条2項、適則26条1項）

①氏名
②生年月日
③住所
④本籍（日本の国籍を有しない者にあっては、その者の有する国籍）及び性別
⑤試験の合格年月日及び合格証書番号
⑥登録番号及び登録年月日
⑦名称の使用停止、年月日、期間、理由

　なお、登録事項のうち、現実的に変更の可能性があるのは、氏名・住所・本籍です。

8 死亡等の届出 適則31条

　マンション管理士が、以下の事由に該当した場合には、当該マンション管理士又は戸籍法に規定する届出義務者（下記③は、当該マンション管理士の同居の親族）もしくは法定代理人は、遅滞なく登録証を添えて、その旨を国土交通大臣に届け出なければなりません。

① 死亡又は<u>失踪宣告</u>がなされた場合①
② マンション管理士の登録欠格事由に該当した場合（下記③を除く）
③ 精神の機能の障害により認知、判断及び意思疎通を適切に行うことができない状態となった場合

9 登録の取消し 適33条

　国土交通大臣は、マンション管理士が以下の事由に該当した場合には、<u>登録を取り消さなければなりません</u>。これは、必ず取り消される「必要的取消し」です。②

① 登録欠格事由に該当するとき
② 偽りその他不正の手段により登録を受けたとき

　また、次の場合も取り消される可能性があります。これは、必要に応じて取り消される「任意的取消し」です。

① 信用失墜行為の禁止	
② 講習受講義務	｝に違反した場合
③ 秘密保持義務	

① keyword
失踪宣告とは、不在者の生死不明が一定期間継続した場合、利害関係人の申立てにより、家庭裁判所が不在者を一定の時点で死亡したとみなす制度である（民30条）。

② POINT
国土交通大臣は登録を取り消したときは、理由を付し、その旨を取消処分を受けた者に通知しなければならない（適則30条1項）。

604

① POINT
国土交通大臣は名称
使用停止処分を命じ
たときは理由を付
し、その旨を通知し
なければならない
（適則30条１項）。

10 名称使用の停止処分　　　　　　　　　　適33条２項

　<u>国土交通大臣</u>は、マンション管理士が、以下の事由に該当し
た場合には、その登録を取り消し、又は期間を定めてマンショ
ン管理士の名称の使用の停止を命ずることができます。

①	信用失墜行為の禁止に違反した場合
②	国土交通省令で定める５年ごとの講習を受けない場合
③	秘密保持義務に違反した場合

＜登録の取消し・名称使用の停止＞

| 登録の取消し
（必要的取消し） | ・登録欠格事由に該当するとき
・偽りその他不正の手段により登録を受けたとき | |
| 名称使用の停止
（任意的取消し） | ・信用失墜行為の禁止に違反した場合
・国土交通省令で定める５年ごとの講習を受けない場合
・秘密保持義務に違反した場合 | ３大義務違反 |

11 登録の消除　　　　　　　　　　　　　　適34条

　国土交通大臣（指定登録機関）は、マンション管理士の登録
がその効力を失ったときは、その登録を消除しなければなりま
せん。

12 登録証の再交付　　　　　　　　　　適則29条１項・３項

　マンション管理士は、登録証を亡失し、滅失し、汚損し、又は破
損したときは、国土交通大臣に登録証の再交付を申請すること
ができます。汚損・破損を理由とする登録証の再交付の場合、汚
損・破損した登録証と**引き換え**に新たな登録証が交付されます。

13 登録証の返納　　　　　　　　　適則29条４項、30条２項

　マンション管理士は登録証の亡失により再交付を受けた後
に、**亡失した登録証**を発見したときは、速やかに発見した登録
証を国土交通大臣に**返納**しなければなりません。また、マンシ
ョン管理士の登録を取り消された者は、その通知を受けた日か
ら起算して**10日以内**に登録証を国土交通大臣に**返納**しなければ
なりません。

14 罰則

適107条1項2号・2項、109条2号

マンション管理士には、以下の罰則が定められています。

① 秘密保持義務に違反した場合、1年以下の懲役又は30万円以下の罰金（**親告罪**）
② 名称使用制限違反の場合、30万円以下の罰金
③ 名称使用停止処分違反の場合、30万円以下の罰金

① keyword
親告罪とは、公訴の提起に被害者の告訴が必要なもののことである。

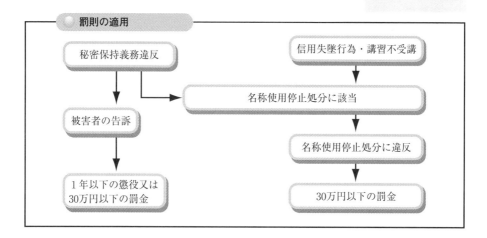

罰則の適用

秘密保持義務違反 → 名称使用停止処分に該当

被害者の告訴

1年以下の懲役又は30万円以下の罰金

信用失墜行為・講習不受講 → 名称使用停止処分に該当 → 名称使用停止処分に違反 → 30万円以下の罰金

確認問題

問：マンション管理士は、マンション管理士の信用を傷つけるような行為をした場合には、30万円以下の罰金に処される。

答：✕　信用失墜行為違反には、罰則の規定はありません。（➡ **14** 罰則）

第 3 節 マンション管理業者

マンション管理業者の登録の方法、拒否要件と、登録事項が後に変更となった場合はどうなるのかを押さえましょう。

1 定義

適2条8号

　マンション管理業者とは、登録を受けてマンションの**管理事務**を業として行う者をいいます。

　警備業務や、単に管理人を置き、破損箇所の修繕や保守点検、清掃業務のみを行う場合、区分所有者自ら管理事務を行う場合は、管理業に該当しません。また、一人の者が全戸を所有し、他人に貸しているような賃貸マンションは、適正化法にいうマンションに該当しませんので、当該賃貸マンションの管理業者は、マンション管理業者ではありません。

2 登録

適44条1項、106条2号

POINT
法人でも個人でも登録を受けることができる。

　マンション管理業を営もうとする者は、国土交通大臣の登録を受けなければなりません。登録を受けないでマンション管理業を営んだ者は、1年以下の懲役又は50万円以下の罰金に処せられます。

3 要件

　マンション管理業者の登録の要件は、以下の3つです。

① **事務所に一定数の専任の管理業務主任者を設置すること**

（適56条1項、適則61条、62条）

② POINT
委託を受けた管理組合の数を30で除したもの（1未満の端数は切り上げる）以上とする。

③ POINT
人の居住の用に供する独立部分が6戸以上のマンションが、専任の管理業務主任

　事務所には、マンション管理業者が管理事務の委託を受けた管理組合数**30組合につき、1名**の成年者である専任の管理業務主任者を設置しなければなりません。ここでいう「専任」とは、その事務所に常勤し、もっぱらマンション管理業に従事していることをいいます。ただし、居住の用に供する独立部分が**5戸以下**の管理組合からのみ委託を受けて管理事務を行うマンション管理業者には、**専任の管理業務主任者の設置義務はありません**。これは、人の居住の用に供する独立部分が5戸以下のマン

ションでは、区分所有者間の合意形成等が容易であり、管理事務の実施が比較的容易だからです。

者の設置義務の対象となる。

> 　例えば、31管理組合と契約を締結すれば、原則2名の専任の管理業務主任者の設置が義務付けられますが、31管理組合のうち、1管理組合が居住の用に供する独立部分が5戸以下だった場合、その管理組合は除かれ、30管理組合と契約したことになり、専任の管理業務主任者は1名必要となります。

② **財産的基礎**（300万円以上）**を有すること**（適則54条、55条）

基準資産表（法人は貸借対照表）に計上された資産の総額から当該基準資産表に計上された負債の総額に相当する金額を控除した額を基準資産額といい、これが300万円以上必要です。

③ **以下の登録拒否要件に該当しないこと**（適47条、82条、83条）

①破産手続開始の決定を受けて復権を得ないもの
②以下の取消原因によりマンション管理業者の登録を取り消され、その取消しの日から2年を経過しない者 　<取消原因> 　ア）登録拒否事由の①、③、⑤～⑪に該当するに至ったこと 　イ）偽りその他不正の手段で登録を受けたこと 　ウ）業務停止命令事由に該当し情状が特に重いこと 　エ）業務停止命令に違反したこと
③マンション管理業者で法人であるものが②の取消原因により登録を取り消された場合において、その取消しの日前30日以内にそのマンション管理業者の役員であった者で、その取消しの日から2年を経過しない者
④業務停止命令を受け、その停止の期間が経過しない者
⑤禁錮以上の刑に処せられ、その執行を終わり又は執行を受けることがなくなった日から2年を経過しない者
⑥適正化法により罰金刑に処せられ、その執行を終え、又は執行を受けることがなくなった日から2年を経過しない者
⑦暴力団員又は暴力団員でなくなった日から5年を経過しない者（暴力団員等）
⑧心身の故障によりマンション管理業を適正に営むことができない者として国土交通省令で定めるもの（精神の機能の障害によりマンション管理業を適正に営むに当たって必要な認知、判断及び意思疎通を適切に行うことができない者）

⑨マンション管理業に関し成年者と同一の行為能力を有しない未成年者で、その法定代理人（法定代理人が法人である場合は、その役員を含む）が①～⑧に該当する場合

⑩法人でその役員のうちに①～⑧までのいずれかに該当する者がある場合

⑪暴力団員等がその事業活動を支配する者

⑫管理業務主任者の設置義務に違反する場合

⑬財産的基礎（300万円）を有しない者

⑭登録申請書、その添付書類のうちに重要な事項について虚偽の記載がある場合

⑮登録申請書、その添付書類のうちに重要な事実の記載が欠けている場合

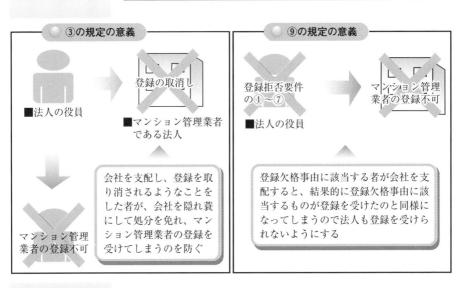

4 登録の実施　　　　　　　　適49条

　国土交通大臣は、登録申請者から登録申請書の提出があったときは、登録事項を遅滞なくマンション管理業者登録簿に登録しなければなりません。登録簿は一般の閲覧に供されます。

5 登録申請書　　　　　　　　適45条、46条

　登録申請書には、以下の事項を記載しなければなりません。

①商号・名称又は氏名及び住所
②事務所の名称及び所在地、並びに当該事務所が専任の管理業務主任者を設置しなくてもよい一定の事務所であるかどうかの別
③法人である場合においては、その役員の氏名
④未成年者である場合においては、その法定代理人の氏名及び住所（法定代理人が法人である場合においては、その商号又は名称及び住所並びにその役員の氏名）
⑤事務所ごとに置かれる成年者である専任の管理業務主任者の氏名

① POINT
③⑤では、住所は記載事項となっていない。

　この申請書の提出があったときは、当該事項が**マンション管理業者登録簿**に**登録**されることになります。

6　変更の届出
適48条1項・2項

　マンション管理業者は、登録事項（登録年月日・登録番号を除く）に変更があったときは、その日から**30日以内**に、その旨を国土交通大臣に届け出なければなりません。

7　廃業等の届出
適50条、51条

② POINT
届出を怠ると10万円以下の過料に処せられる。

　マンション管理業者が、次の①〜⑤のいずれかに該当することになった場合は、その日から**30日以内**（①の場合は、死亡の事実を知った日から**30日以内**）に、その旨を国土交通大臣に届け出なければなりません。

①　死亡した場合は、相続人が届け出る
②　法人が合併により消滅した場合、その消滅した法人を代表する役員であった者が届け出る
③　破産手続開始の決定があった場合、破産管財人が届け出る
④　法人が合併及び破産以外の理由により解散した場合、清算人が届け出る
⑤　マンション管理業を廃止した場合、マンション管理業者であった個人又はマンション管理業者であった法人を代表する役員

　マンション管理業者が上記①〜⑤のいずれかに該当したときは、マンション管理業者の登録は効力を失います。

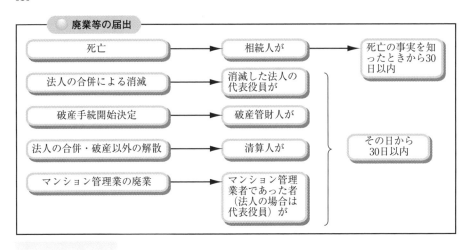

8 登録の有効期間等 適44条2項～5項、適則50条

過去問
チェック → マ R2 / 管 R1～3

　登録の有効期間は5年間です。有効期間の満了後、引き続きマンション管理業を営もうとするときは期間満了の日の90日前から30日前までに更新の登録を申請しなければなりません。有効期間満了に際してマンション管理業者が更新の登録の申請をしても、**期間満了までに更新の処分がなされなかったときは、期間の満了後もその処分がなされるまでの間は、前の登録は引き続き効力を有します。**その後、更新の登録がなされたときは、その登録の有効期間は、実際に更新された日からではなく、**前の登録の有効期間の満了の日の翌日から起算**します。

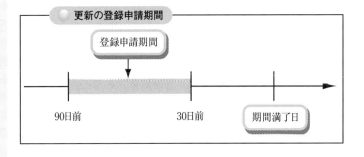

9 登録の失効

次の場合、マンション管理業者の登録は効力を失います。

①	登録の有効期限が満了した
②	登録の対象が死亡・合併・破産等によりなくなった
③	破産・合併以外の理由で解散した
④	廃業の届出がされた
⑤	登録が取り消された

確 認 問 題

問：人の居住の用に供する独立部分の数が全て6以上の150の管理組合から管理
　　事務の委託を受けているマンション管理業者の事務所では、成年者である専
　　任の管理業務主任者を5人設置する必要がある。

　　答：○（➡ 3 要件）

第 4 節 | マンション管理業者の業務

重要度 マ ★★★
重要度 管 ★★★

マンション管理業者は、業務を行う上で、どのような義務を負うのでしょうか。

過去問チェック 管 R2・5

1 標識の掲示

適71条

　マンション管理業者は、その**事務所ごとに**、公衆の見やすい場所に、**登録番号、登録の有効期間、商号・名称又は氏名、代表者氏名、事務所に置かれている専任の管理業務主任者の氏名、主たる事務所の所在地**（電話番号を含みます。）を記載した標識を掲げなければなりません。これは、無登録営業を防止するためです。

過去問チェック マ R1
管 R2・4

2 帳簿の作成

適75条、適則86条 3 項

　マンション管理業者は、管理組合から委託を受けた**管理事務**について、**事務所ごとに帳簿を作成**し、これを保存しなければなりません。帳簿は各事業年度の末日をもって閉鎖し、閉鎖後**5 年間保存**しなければなりません。

＜帳簿の記載事項＞（通則86条 1 項）

①管理受託契約を締結した年月日
②管理受託契約を締結した管理組合の名称
③契約の対象となるマンションの所在地及び管理事務の対象となるマンションの部分に関する事項
④受託した管理事務の内容
⑤管理事務に係る受託料の額
⑥管理受託契約における特約その他参考となる事項

3 書類の閲覧

適79条、適則90条

① **POINT**
マンション管理業者を選定する際の判断材料として財産状況や実績を管理組合が調べられるようにする趣旨である。

　マンション管理業者は、当該マンション管理業者の<u>業務及び財産の状況を記載した書類</u>（業務状況調書・貸借対照表・損益計算書等）をその事務所ごとに備え置き、その業務に係る関係者の請求に応じ、これを閲覧させなければなりません。この書類は事業年度ごとに、当該事業年度経過後**3 カ月以内**に作成し、遅滞なく事務所ごとに備え置く必要があります。そして事務所

に置かれた日から起算して3年を経過するまでの間、当該事務所に備え置き、営業時間中その業務にかかる関係者の求めに応じて**閲覧**させます。

4 従業者証明書の携帯等　　　適88条

マンション管理業者は、使用人その他の従業者に、<u>その従業者であることを証する証明書（従業者証明書）</u>を携帯させなければ、その者をその業務に従事させてはなりません。また、事務に際し関係者から**請求があったとき**は、証明書を**提示**しなければなりません。

① POINT
管理業務主任者証と従業者証明書は別のものであり、互換性はない。

5 登録の失効に伴う業務の結了　　　適89条

マンション管理業者の登録がその効力を失った場合には、当該マンション管理業者であった者又はその一般承継人は、当該マンション管理業者の管理組合からの委託に係る**管理事務**を結了する目的の範囲内においては、なおマンション管理業者とみなされます。

6 秘密保持義務　　　適80条

マンション管理業者は、正当な理由がなく、その業務に関して知り得た秘密を漏らしてはなりません。**マンション管理業者でなくなった後**においても、秘密保持義務は免ぜられません。

7 使用人等の秘密保持義務　　　適87条

マンション管理業者の使用人その他の従業者は、正当な理由がなく、その業務に関して知り得た秘密を漏らしてはなりません。マンション管理業者の使用人その他の従業者でなくなった後においても、秘密保持義務は免ぜられません。

② POINT
一括再委託を認めると、マンション管理業者の登録を受けていない者でも他人から再委託を受け、マンション管理業を営むことができてしまうからです。

8 再委託の制限　　　適74条

マンション管理業者は、管理組合から委託を受けた管理事務のうち**基幹事務**については、これを<u>一括して他人に委託してはなりません</u>。一括しての再委託が禁止されますので、一部のみ

マ　R5
管　R2・4

614

の委託は認められます。ただし、複数の者に一部を委託した結果、基幹事務のすべてを委託することになった場合、一括再委託の制限が課せられます。

なお、標準管理委託契約書では、事務管理業務の全部の再委託ができませんでした。これは、事務管理業務には基幹事務が含まれており、この事務管理業務を一括再委託してしまうと、基幹事務が一括再委託されてしまい、適正化法に違反してしまうからです。

9 無登録営業の禁止　　適53条

マンション管理業者の登録を受けない者は、マンション管理業を営んではなりません。無登録営業には、広告を行うことや、管理組合への営業活動等も含まれます。

① POINT
無登録営業禁止に違反すると、1年以下の懲役又は50万円以下の罰金に処せられる（適106条）。

マ R2

10 名義貸しの禁止　　適54条

マンション管理業者は、自己の名義をもって他人にマンション管理業を営ませてはなりません（名義貸しの禁止）。

② POINT
名義貸しをした場合1年以下の業務停止処分を受ける。また、1年以下の懲役又は50万円以下の罰金に処せられる。

マ R1
管 R1

11 管理事務の報告　　適77条、適則88条

マンション管理業者は、管理事務の委託を受けた管理組合の事業年度終了後、遅滞なく、次のように管理事務の報告をしなければなりません。

① 管理組合に管理者等が置かれている場合

定期に当該管理者等に対し、管理業務主任者に管理事務に関する報告をさせなければなりません。

マ R5
管 R1

② 管理組合に管理者等が置かれていない場合

定期に説明会を開催し、区分所有者等に対して管理業務主任者に管理事務に関する報告をさせなければなりません。この場合、説明会の開催日の1週間前までに、説明会の開催の日時及び場所について、マンションの区分所有者等の見やすい場所に掲示しなければなりません。

③ 管理事務報告書の作成・交付

マンション管理業者は、管理組合に対し管理事務に関する報

マ R5
管 R1

告を行うときは、管理組合の事業年度の期間における管理受託契約に係るマンション管理の状況について以下の事項を記載した**管理事務報告書を作成**し、管理業務主任者をして、管理者等に（管理者が置かれていないときは、区分所有者等に）交付して説明させなければなりません。

　なお、マンション管理業者は、**管理事務報告書の交付に代えて**、当該管理組合を構成するマンションの区分所有者等又は当該管理組合の管理者等の**承諾を得て**、当該書面に記載すべき事項を電子情報処理組織を使用する方法その他の情報通信の技術を利用する方法（**電磁的方法**）により**提供**することができます。

> ア）報告の対象となる期間
> イ）管理組合の会計の収入及び支出の状況
> ウ）ア）、イ）の他、管理受託契約の内容に関する事項

　管理事務報告をする際には、管理業務主任者は、管理業務主任者証の提示義務がありますが、管理事務報告書への**記名の必要はありません**。

＜管理事務の報告方法＞

	管理者等が置かれている場合	管理者等が置かれていない場合
説明会の開催	不要	必要
報告・説明の相手方	管理者等のみ	区分所有者等
管理事務報告書の交付の相手方	管理者等のみ	区分所有者等

12 財産の分別管理　　　　適76条、適則87条

管　R3・4

　マンション管理業者が管理組合から委託を受けて修繕積立金その他の財産（区分所有者等から受領した管理費用に充当する金銭又は有価証券）を管理する場合、**自己の固有財産**及び**他の管理組合の財産**と**分別して管理**しなければなりません。その方法として、適正化法では以下の方法を定めています。

① 修繕積立金等が金銭の場合

管　R3・5

　修繕積立金等が金銭の場合、以下の３種類の方法があります。

(イ方式) マンションの区分所有者等から徴収された修繕積立金等金銭を収納口座に預入し、毎月、その月分として徴収された修繕積立金等金銭から当該月中の管理事務に要した費用を控除した**残額**を、**翌月末日**までに収納口座から保管口座に**移し換え**、当該保管口座において預貯金として管理する方法
(ロ方式) マンションの区分所有者等から徴収された修繕積立金（金銭に限る）を保管口座に預入し、当該保管口座において預貯金として管理するとともに、マンションの区分所有者等から徴収された管理費用に充当する財産（金銭に限る）を収納口座に預入し、毎月、その月分として徴収された管理費用に充当する財産から当該月中の管理事務に要した費用を控除した**残額**を、**翌月末日**までに収納口座から保管口座に**移し換え**、当該保管口座において預貯金として管理する方法
(ハ方式) マンションの区分所有者等から徴収された修繕積立金等金銭を収納・保管口座に預入し、当該収納・保管口座において預貯金として管理する方法

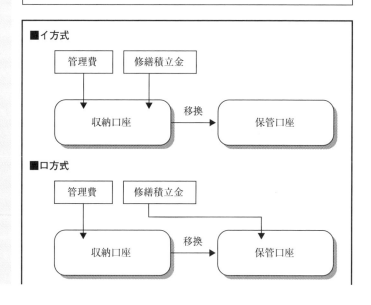

■ハ方式

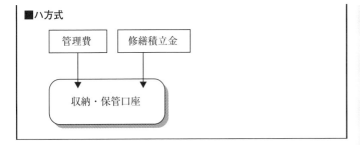

② 収納口座、保管口座、収納・保管口座

収納口座、保管口座、収納・保管口座の意味は、次のようになります。

ア）収納口座	マンションの区分所有者等から徴収された修繕積立金等金銭又は一定の財産を預入し、**一時的に**預貯金として管理するための口座をいう。
イ）保管口座	マンションの区分所有者等から徴収された修繕積立金を預入し、又は修繕積立金等金銭もしくは管理費に充当する財産の残額を収納口座から**移し換え**、これらを預貯金として管理するための口座であって、**管理組合等を名義人とする**ものをいう。
ウ）収納・保管口座	マンションの区分所有者等から徴収された修繕積立金等金銭を預入し、預貯金として管理するための口座であって、**管理組合等を名義人とする**ものをいう。

③ 保証契約の締結

マンション管理業者は、**イ方式又はロ方式により**修繕積立金等金銭を管理する場合、マンションの区分所有者等から徴収される１カ月分の修繕積立金等金銭又は**管理費用に充当する財産**の合計額以上の額につき有効な保証契約を締結していなければなりません。

ただし、次の**いずれにも該当する**場合は、保証契約の締結は**不要**となります。

ア） 修繕積立金等金銭もしくは管理費用に充当する財産がマンションの区分所有者等からマンション管理業者が受託契約を締結した管理組合もしくはその管理者等（管理組合等

618

といいます。）を名義人とする収納口座に直接預入される場合又はマンション管理業者もしくはマンション管理業者から委託を受けた者がマンションの区分所有者等から修繕積立金等金銭もしくは一定の財産を徴収しない場合

イ） マンション管理業者が、管理組合等を名義人とする収納口座に係る当該管理組合等の印鑑、預貯金の引出用のカードその他これらに類するものを管理しない場合

つまり、イ方式又はロ方式により修繕積立金等金銭を管理する場合に、**マンション管理業者を名義人とする収納口座**にするときや、**管理組合等を名義人とする収納口座**に係る当該管理組合等の印鑑、カード等を管理するとき等は、保証契約を締結しなければなりません。

また、マンション管理業者やマンション管理業者から委託を受けた者が、マンションの区分所有者等から修繕積立金等金銭等を**徴収する**ときも、同様です。

なお、ハ方式により修繕積立金等金銭を管理する場合は、**保証契約の規定はありません。**

④ **印鑑等の管理の禁止**

マンション管理業者は、修繕積立金等金銭を管理する場合にあっては、保管口座又は収納・保管口座に係る管理組合等の印鑑、預貯金の引出用のカードその他これらに類するものを管理してはなりません。

ただし、管理組合に管理者等が置かれていない場合において、管理者等が選任されるまでの比較的短い期間に限り保管する場合は、管理が許されます。

＜収納口座、保管口座、収納・保管口座の管理＞

		イ方式	ロ方式	ハ方式
名義人	収納口座	組合又は**管理業者**※	組合又は**管理業者**※	—
	保管口座	組合	組合	—
	収納・保管口座	—	—	組合
印鑑等の保管者	収納口座	組合又は**管理業者**※	組合又は**管理業者**※	—
	保管口座	組合	組合	—
	収納・保管口座	—	—	組合

※：マンション管理業者が、収納口座の名義人となる場合や、収納口座の印鑑等を保管する場合は、保証契約の締結が必要となる。なお、保管口座、収納・保管口座の印鑑等は、管理者等が選任されるまでの比較的短い期間に限り保管できる。

⑤　修繕積立金等が有価証券である場合

修繕積立金等が有価証券である場合、金融機関又は証券会社に、当該有価証券（受託有価証券といいます。）の保管場所を自己の固有財産及び他の管理組合の財産である有価証券の保管場所と明確に**区分させ**、かつ、当該受託有価証券が受託契約を締結した管理組合の有価証券であることを**判別できる状態で管理**させる方法によります。

＜財産の分別管理方法＞

管理対象物	管理の方法	例外規定
① 修繕積立金等が金銭である場合	イ）マンションの区分所有者等から徴収された修繕積立金等金銭を収納口座に預入し、毎月、その月分として徴収された修繕積立金等金銭から当該月中の管理事務に要した費用を控除した残額を、翌月末日までに収納口座から保管口座に移し換え、当該保管口座において預貯金として管理する方法 ＋ マンションの区分所有者等から徴収される1カ月分の修繕積立金等金銭又は財産（管理費用に充当する金銭又は有価証券）の合計額以上の額につき有効な保証契約の締結	ア）修繕積立金等金銭もしくは財産（管理費用に充当する金銭又は有価証券）がマンションの区分所有者等からマンション管理業者が受託契約を締結した管理組合もしくはその管理者等（以下「管理組合等」という。）を名義人とする収納口座に直接預入される場合又はマンション管理業者もしくはマンション管理業者から委託を受けた者がマンションの区分所有者等から修繕積立金等金銭もしくは財産（管理費用に充当する金銭又は有価証券）を徴収しない場合
	ロ）マンションの区分所有者等から徴収された修繕積立金（金銭に限る。以下同じ。）を保管口座に預入し、当該保管口座において預貯金として管理するとともに、マンションの区分所有者等から徴収された財産（金銭に限る。以下同じ。）を収納口座に預入し、毎月、その月分として徴収された財産から当該月中の管理事務に要した費用を控除した残額を、翌月末日までに収納口座から保管口座に移し換え、当該保管口座において預貯金として管理する方法 ＋ マンションの区分所有者等から徴収される1カ月分の修繕積立金等金銭又は財産（管理費用に充当する金銭又は有価証券）の合計額以上の額につき有効な保証契約の締結	イ）マンション管理業者が、管理組合等を名義人とする収納口座に係る当該管理組合等の印鑑、預貯金の引出用のカードその他これらに類するものを管理しない場合 上記のいずれにも該当する場合は、保証契約不要。
	ハ）マンションの区分所有者等から徴収された修繕積立金等金銭を収納・保管口座に預入し、当該収納・保管口座において預貯金として管理する方法	
	上記イ）からハ）までに定める方法により修繕積立金等金銭を管理する場合にあっては、保管口座又は収納・保管口座に係る管理組合等の印鑑、預貯金の引出用のカードその他これらに類するものを管理してはならない。	ただし、管理組合に管理者等が置かれていない場合において、管理者等が選任されるまでの比較的短い期間に限り保管する場合は、この限りでない。
② 修繕積立金等が有価証券である場合	金融機関又は証券会社に、当該有価証券（以下「受託有価証券」という。）の保管場所を自己の固有財産及び他の管理組合の財産である有価証券の保管場所と明確に区分させ、かつ、当該受託有価証券が受託契約を締結した管理組合の有価証券であることを判別できる状態で管理させる方法で管理する。	

⑥　会計の収支状況に関する書面の交付

　マンション管理業者が修繕積立金等を管理する場合には、**毎月**、その月における管理組合の会計の**収支状況に関する**書面を作成し、**翌月末日**までに当該管理組合の管理者等に交付しなければなりません。

　他方、当該管理組合に管理者等が置かれていないときは、当該書面の交付に代えて、対象月の属する当該管理組合の事業年度の終了の日から２カ月を経過する日までの間、当該**書面をその事務所**ごとに**備え置き**、当該管理組合を構成するマンションの区分所有者等の求めに応じ、当該マンション管理業者の業務時間内において、これを**閲覧させなければなりません。**

（確）（認）（問）（題）

　問：マンション管理業者は、管理事務の委託を受けた管理組合に管理者等が置かれていないときは、管理事務に関する報告を行うための説明会を開催しなければならず、また、当該説明会の開催日の１週間前までに、説明会の開催日時及び場所について、当該マンションの区分所有者等の見やすい場所に掲示しなければならない。

　　　　答：○（➡**11**管理事務の報告）

622

重要事項の説明

重要度 マ ★★★
重要度 管 ★★★

第 5 節

重要事項の説明とは、管理委託契約の重要な事項について、あらかじめ説明することで、後のトラブルを回避するためのものです。

1 重要事項の説明

適72条1項、適則83条2項

過去問チェック 管 R2・3

過去問チェック 管 R2・3

① **POINT**
説明会は、できる限り説明会に参加する者の参集の便を考慮して開催の日時及び場所を定め、管理事務の委託を受けた管理組合ごとに開催する。

過去問チェック マ R4・5 管 R1・3〜5

① 重要事項の説明とは

マンション管理業者は、管理受託契約の締結前に、あらかじめ説明会を開催し、区分所有者等及び管理者等に対して、管理業務主任者に管理受託契約に関する重要事項について説明をさせなければなりません。重要事項を契約前にあらかじめ説明することで、管理組合に契約を締結するかどうかの判断材料を与え、後々トラブルにならないようにするのです。

② 説明会

マンション管理業者は、重要事項の説明会の日の1週間前までに、当該管理組合を構成するマンションの区分所有者等及び当該管理組合の管理者等の全員に対し、**重要事項**並びに**説明会の日時及び場所を記載した**書面（重要事項説明書）を交付しなければなりません。

なお、マンション管理業者は、**重要事項説明書の交付に代えて**、当該管理組合を構成するマンションの区分所有者等又は当該管理組合の管理者等の承諾を得て、当該書面に記載すべき事項を**電磁的方法**により**提供**することができます（同一条件で更新するときも同様です）。

また、マンション管理事業者は、説明会の開催日の1週間前までに**説明会の開催日時及び場所**について、区分所有者及び管理者等の見やすい場所に掲示しなければなりません。

③ 重要事項説明書

重要事項説明書を作成するときは、**管理業務主任者**をして、当該書面に記名させなければなりません。重要事項の説明をするときは、管理業務主任者は管理業務主任者証を提示する義務を負います。

なお、記名する管理業務主任者は、原則として、重要事項に

過去問チェック マ R1・2 管 R5

ついて**十分に調査検討**し、**それらの事項が真実に合致し誤り及び記載漏れがないかどうか等**を確認した者で、実際に当該重要事項説明書をもって重要事項説明を行う者でなければなりません。また、いわゆる**団地組合**が形成されており、その内部に複数の別の管理組合が存在している場合で、これらの組合からそれぞれ委託を受けて管理事務を行っている場合には、重要事項説明は、**それぞれの管理組合の管理者等及び区分所有者等**に対して行わなければなりません。

④　**重要事項説明手続の不要の例外**（適則82条）

　新たに建設されたマンションの分譲に通常要すると見込まれる期間その他の管理組合を構成するマンションの区分所有者等が変動することが見込まれる期間として**国土交通省令で定める期間中に契約期間が満了するもの**は、**重要事項の説明手続**は不要となります。

　この国土交通省令で定める期間中に契約期間が満了するものとは、具体的には、①**新たに建設されたマンションを分譲した場合**に、当該マンションの人の居住の用に供する独立部分（住戸部分）の引渡しの日のうち最も早い日から１年以内に契約期間が満了する管理受託契約を締結しようとするもの、②既存のマンションの区分所有権の全部を一又は複数の者が買い取り、当該マンションを分譲した場合に、当該買取り後における当該マンションの人の居住の用に供する独立部分（住戸部分）の引渡しの日のうち最も早い日から１年以内に契約期間が満了する管理受託契約を締結しようとするものです。

＜重要事項＞（適則84条）

①マンション管理業者の商号又は名称、住所、登録番号及び登録年月日
②管理事務の対象となるマンションの所在地に関する事項
③管理事務の対象となるマンションの部分に関する事項
④管理事務の内容及び実施方法（財産の分別管理の方法を含む）
⑤管理事務に要する費用並びにその支払時期及び方法
⑥管理事務の一部の再委託に関する事項
⑦保証契約に関する事項
⑧免責に関する事項

⑨契約期間に関する事項
⑩契約の更新に関する事項
⑪契約の解除に関する事項

2 管理受託契約の更新　　　適72条2項・3項

マ R3〜5　管 R1・4・5

　マンション管理業者は、従来の管理受託契約と同一の条件で管理組合との管理受託契約を更新しようとするときは、

① 　管理者等が置かれている場合、当該管理組合を構成するマンションの区分所有者等全員に重要事項説明書を交付して、さらに管理者等に対して、原則として管理業務主任者をして、重要事項説明書を交付して説明をしなければなりません。

② 　管理者等が置かれていない場合、当該管理組合を構成するマンションの区分所有者等全員に重要事項説明書を交付しなければなりません（重要事項の説明は不要です）。

　つまり、同一条件の更新では区分所有者等全員に説明会を開催して説明する必要はありませんが、管理者等がいる場合には、それらの者に対して説明をする必要があります。もっとも、当該説明は、認定管理者等から重要事項について説明を要しない旨の意思の表明があったときは、当該認定管理者等に対し、重要事項説明書を交付することで、これに代えることができます。他方、管理者がいない場合は、説明の必要はありません。

　また、管理者が置かれているか否かに関係なく、重要事項説明書の交付は必要です。

　ところで、「従前の管理受託契約と同一の条件」については、次の考え方があります（国総動第309号）。

・マンション管理業者の商号又は名称、登録年月日及び登録番号を変更する場合
・従前の管理受託契約と管理事務の内容及び実施方法（財産の管理の方法を含む）を同一とし、管理事務に要する費用の額を減額しようとする場合
・従前の管理受託契約に比して管理事務の内容及び実施方法の範囲を拡大し、管理事務に要する費用の額を同一とし又

は**減額**しようとする場合

・従前の管理受託契約に比して管理事務に要する費用の支払いの時期を**後に変更**（前払いを当月払いもしくは後払い、又は当月払いを後払い）しようとする場合

・従前の管理受託契約に比して更新後の<u>契約期間</u>を**短縮**①しようとする場合

・管理事務の対象となるマンションの所在地の名称が変更される場合

① 　　POINT
契約期間が短縮されると、契約の拘束期間が短くなるため、管理組合に利益がある。

上記の考え方には、管理組合に不利益をもたらさないため、同一の条件として扱われます。

なお、従来の管理受託契約と**同一でない場合**は、新たに契約を締結する場合と同様に**説明会を開催**し、重要事項の説明義務を負います。

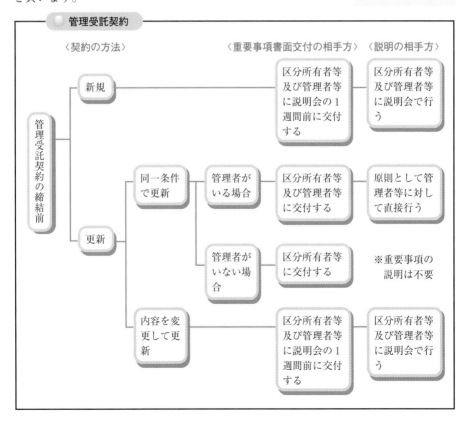

626

問：マンション管理業者は、従前の管理受託契約と同一の条件で管理組合との管理受託契約を更新しようとする場合、当該管理組合に管理者等が置かれているときには、当該管理組合を構成するマンションの区分所有者等全員に対し、重要事項を記載した書面の交付又は電磁的方法により提供をする必要はない。

答：×　管理者等が置かれていなくても、重要事項を記載した書面の交付又は電磁的方法による提供は必要です。（➡ **2** 管理受託契約の更新）

第6節　73条書面

重要度 マ ★★　管 ★★

管理委託契約が締結されたら、契約書に一定の事項を記載しなければなりません。これも、後のトラブル回避のために必要なことです。

1 契約成立時の書面の交付

適73条、適則85条

① 契約成立時の書面（73条書面）の交付

マンション管理業者は、管理組合から管理事務の委託を受けることを内容とする契約を締結したときは、当該管理組合の管理者等に対し、**遅滞なく**、一定の事項を記載した書面（契約内容記載書面）を交付しなければなりません。口約束では、後々トラブルになりかねないからです。

② 書面交付の相手方

書面交付の相手方は管理者等ですが、**マンション管理業者がその管理組合の管理者等の場合や管理者が置かれていない場合**は、区分所有者全員に書面を交付する必要があります。マンション管理業者が、その管理組合の管理者だと、自分に書面を交付することになり無意味ですので、当該マンションの区分所有者に交付しなければならないのです。

なお、マンション管理業者は、**契約の成立時の書面の交付に代えて**、当該管理組合の管理者等又は当該管理組合を構成するマンションの区分所有者等の承諾を得て、当該書面に記載すべき事項を**電磁的方法**により**提供**することができます。

＜書面交付の相手方＞

	管理者等		管理者等＝管理業者
	置かれている	置かれていない	
書面交付の相手方	管理者等	区分所有者全員	区分所有者全員

③ 管理業務主任者の記名

マンション管理業者は、契約成立時に交付すべき書面を作成するときは、**管理業務主任者**をして、当該書面に記名させなければなりません。ただし、重要事項の説明と異なり、**管理業務主任者証を提示し、説明をする必要はありません**。

628

管 R3

④ 契約の更新

　管理委託契約を更新する際も、契約成立時の書面の交付を行う必要があります。

＜記載事項＞

| ①管理事務の対象となるマンションの部分 |
| ②管理事務の内容及び実施方法（財産の分別管理の方法を含む) |
| ③管理事務に要する費用並びにその支払時期及び方法 |
| ④管理事務の一部の再委託に関する**定めがあるときは、**その内容 |
| ⑤契約期間に関する事項 |
| ⑥契約の更新に関する**定めがあるときは、**その内容 |
| ⑦契約の解除に関する**定めがあるときは、**その内容 |

⑧その他国土交通省令で定める事項

ア）管理受託契約の当事者の名称及び住所並びに法人である場合においてはその代表者の氏名

イ）マンション管理業者による管理事務の実施のために必要となる、以下の事項が**あるとき**はその内容
・区分所有者等の行為制限
・マンション管理業者による区分所有者等の専有部分への立入り
・共用部分の使用に関する定め

ウ）管理事務の報告に関する事項

エ）マンションが滅失・毀損した場合において、管理組合及びマンション管理業者が当該滅失又は毀損の事実を知ったときは、その状況を契約の相手方に通知すべき**定めがあるとき**はその内容

オ）宅地建物取引業者からその行う業務の用に供する目的でマンションに関する情報の提供を要求された場合の対応に関する**定めがあるときは**その内容

カ）毎事業年度開始前に行う当該年度の管理事務に要する費用の見通しに関する**定めがあるときは**その内容

キ）管理事務として行う管理事務に要する費用の収納に関する事項

ク）免責に関する事項

確認問題

問：マンション管理業者は、管理組合から管理事務の委託を受けることを内容とする契約を締結した場合、当該管理組合に管理者等が置かれていないときは、当該管理組合を構成するマンションの区分所有者等全員に対し、遅滞なく、契約の成立時の書面の交付又は電磁的方法により提供をしなければならない。

答：○（➡**1**契約成立時の書面の交付）

第7節　指示処分・罰則（マンション管理業者）

重要度　マ ★★
　　　　管 ★

ここでは、指示処分・罰則について説明します。マンション管理業者には、どのようなペナルティーが課せられるのでしょうか。

1 指示処分　　　　　　　　　　　　　　　　　　適81条

　国土交通大臣は、マンション管理業者が、区分所有者や管理組合に業務に関して損害を与えたり、公正を害する行為等をした場合や適正化法の規定に違反した場合には、必要な指示をすることができます（**任意的**）。

2 業務停止命令　　　　　　　　　　　　　　　　適82条

　国土交通大臣は、マンション管理業者が指示処分に従わない場合や、マンション管理業に関し、不正又は著しく不当な行為をした場合などには、**1年以内**の期間を定めて、その業務の全部又は一部の停止を命じることができます（**任意的**）。

3 登録の取消し　　　　　　　　　　　　　　　　適83条

　国土交通大臣は、以下の場合マンション管理業者の登録を取り消さなければなりません（**必要的**）。

① 　登録拒否要件に該当した場合
② 　偽りその他不正の手段により登録を受けた場合
③ 　業務停止命令事由に該当し、情状が特に重い又は業務停止命令に違反した場合

過去問チェック → 管 R5

4 公告　　　　　　　　　　　　　　　　　　　　適84条

　国土交通大臣は、**業務停止命令又は登録の取消し**による処分をしたときは、その旨を**公告**しなければなりません。

5 立入検査　　　　　　　　　　　　　　　　　適86条1項

　国土交通大臣は、マンション管理業の適正な運営を確保するために必要があると認めるときは、必要な限度で、その職員に、マンション管理業者の事務所等に**立ち入り**、帳簿、書類その他必

①　POINT
立入検査を行う職員は身分証明書を携帯し、かつ関係者の請求があるときは提示する義務を負う。

要な物件を**検査**させ、又は、関係者に**質問**させることができます。

6 罰則　適106条、109条、111条、113条

管 R3

　マンション管理業者は、様々な状況に応じて罰則が定められています。

＜1年以下の懲役又は50万円以下の罰金＞

・偽りその他不正の手段でマンション管理業の登録を受けた場合
・自己の名義で他人にマンション管理業を営ませた場合
・無登録営業を行った場合
・業務停止命令に違反してマンション管理業を営んだ場合

＜30万円以下の罰金＞

・登録事項の変更の届出をせず、又は虚偽の届出をした場合
・一定数の専任の管理業務主任者を設置しなかった場合
・マンション管理業者の団体が定めた保証業務に係る保証債務の額の制限に違反して契約を締結した場合
・契約成立時に交付すべき書面（管理委託契約書）を交付しない場合
・管理委託契約書に必要事項を記載しない場合
・管理委託契約書に虚偽の記載をした場合
・管理委託契約書に管理業務主任者の記名がない場合
・マンション管理業者、使用人の秘密保持義務違反の場合
・マンション管理業者が従業員に従業者証明書を携帯させずに就業させた場合
・国土交通大臣による立入り・検査に対して、拒否・妨害・質問に対して陳述しない・虚偽の陳述をした場合
・国土交通大臣による報告命令に違反した場合

＜10万円以下の過料＞

・廃業等の届出をしない場合
・マンション管理業者が、事務所ごとに標識を掲げなかった場合

確認問題

問：マンション管理業者の登録を受けない者は、マンション管理業を営んではならないとされており、これに違反した者は、30万円以下の罰金に処される。

答：×　1年以下の懲役又は50万円以下の罰金に処されます。（➡ 6 罰則）

第 8 節	管理業務主任者	重要度 マ ★★ 管 ★★★

管理業務主任者とは、どのような業務を担当し、どのようにしたらなることができるのでしょうか。

1 管理業務主任者の意義

適2条9号

管理業務主任者とは、管理業務主任者の**登録**を受け、**管理業務主任者証の交付**を受けた者をいいます。

過去問チェック ➡ 管 R5

2 登録

適59条2項

試験合格者で、管理事務に関して2年以上の実務経験を有する者（又は<u>国土交通大臣が同等以上の能力を有すると認めた者</u>）で、欠格事由に該当しない場合、管理業務主任者の登録を受けることができます。この登録は、いつでも行うことができます。また、有効期間もありません。

① POINT
2年以上の実務経験がなくても、国土交通省の指定する講習を修了すれば、登録は受けられる。

3 管理業務主任者証の交付申請

適60条1項・2項

管理業務主任者の登録を受けている者は、国土交通大臣に対して、管理業務主任者証の交付を申請できますが、交付申請前6カ月以内に行われる**講習**を受けなければなりません。ただし、試験に合格した日から1年以内であれば、**講習を受けなくても**かまいません。

過去問チェック ➡ 管 R2

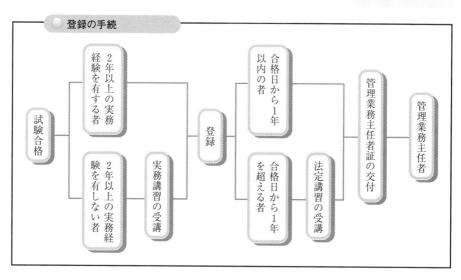

登録の手続

4 管理業務主任者の設置　　　　　　　適56条1項・3項

　マンション管理業者は、原則としてその事務所ごとに、管理事務の委託を受けた管理組合数**30組合**につき、**1名**の**成年者である専任の管理業務主任者**を設置しなければなりませんでした。そのため、事務所でこの数を**満たさなくなった場合**は、**2週間以内**にこの規定に適合させるために必要な措置をとらなければなりません。

5 みなし管理業務主任者　　　　　　　　　適56条2項

　マンション管理業者（法人である場合においては、その役員）が管理業務主任者であるときは、その者が自ら主として業務に従事する事務所については、その者はその事務所に置かれる成年者である専任の管理業務主任者とみなされます。これにより、たとえ未成年者であっても、その者が自ら従事する事務所では、成年者である専任の管理業務主任者とみなされることになります。

6 管理業務主任者の業務　適72条1項、適73条2項、適77条、適78条

　管理業務主任者は、次の業務を行うことができますが、**専任の管理業務主任者に限られません**。

　なお、**専任の管理業務主任者の設置義務がない事務所**では、マンション管理業者は、当該**事務所を代表する者**又はこれに準**ずる地位にある者**をして、管理業務主任者としてすべき事務を行わせることができます。

①　管理委託契約の内容及びその履行に関する重要事項について、区分所有者等に対して説明すること
②　重要事項を記載した書面及び管理受託契約成立時にマンション管理業者が管理組合に交付する書面に記名すること[①]
③　管理組合に対する管理事務の報告をすること

① POINT
管理事務報告書への記名は求められていない。

7　登録欠格事由

　次の事由に該当する場合、管理業務主任者の登録を受けることができません。

①破産手続開始の決定を受けて復権を得ないもの①

②禁錮以上の刑に処せられ、その執行を終わり、又は執行を受けることがなくなった日から2年を経過しない者

③適正化法の規定により罰金の刑に処せられ、その執行を終わり、又は執行を受けることがなくなった日から2年を経過しない者

④マンション管理士が以下の取消原因により登録を取り消され、取消しの日から2年を経過しない者
　　──＜取消原因＞
　　ア）偽りその他不正の手段で登録を受けた
　　イ）信用失墜行為の禁止に違反した
　　ウ）国土交通省令で定める5年ごとの講習を受けない
　　エ）秘密保持義務に違反した

⑤管理業務主任者が以下の理由で登録を取り消され、取消しの日から2年を経過しない者
　　──＜取消原因＞
　　ア）偽りその他不正の手段で登録を受けた
　　イ）偽りその他不正の手段で管理業務主任者証の交付を受けた
　　ウ）指示処分事由に該当し、情状が特に重いとき、又は事務禁止処分に違反した

⑥管理業務主任者の登録を受けた者で、管理業務主任者証の交付を受けていない者が以下の理由により登録を取り消され、取消しの日から2年を経過しない者
　　──＜取消原因＞
　　ア）偽りその他不正の手段で登録を受けた
　　イ）管理業務主任者としてすべき事務を行い情状が特に重い

⑦マンション管理業者の登録を以下の取消原因により取り消され、その取消しの日から2年を経過しない者（登録を取り消された者が法人の場合は、取消日の前30日以内に法人の役員であった者）
　　──＜取消原因＞
　　ア）偽りその他不正の手段で登録を受けた
　　イ）業務停止命令事由に該当し、情状が特に重い又は業務停止命令に違反した

①　POINT　マンション管理士では、破産手続開始の決定を受けて復権を得ないものは含まれていなかったことに注意。

⑧心身の故障により管理業務主任者の事務を適正に行うことができない者として国土交通省令で定めるもの（精神の機能の障害により管理業務主任者の業務を適正に行うに当たって必要な認知、判断及び意思疎通を適切に行うことができない者）

8 管理業務主任者登録簿の登載事項 適59条2項、適則72条

管理業務主任者名簿には以下の事由を登載します。

①氏名
②生年月日
③住所
④本籍及び性別
⑤試験の合格年月日及び合格証書番号
⑥管理事務に関して2年以上の実務経験を有する者である場合においては、申請時現在の実務の経験の期間及びその内容並びに従事していたマンション管理業者の商号又は名称及び登録番号
⑦国土交通大臣に管理事務に関して2年以上の実務経験と同等以上の能力を有すると認められた者である場合においては、当該認定の内容及び年月日
⑧マンション管理業者の業務に従事する者にあっては、当該マンション管理業者の商号又は名称及び登録番号
⑨登録番号及び登録年月日

9 変更の届出 適62条1項・2項

管理 R2

登録を受けた者は、登録を受けた事項に変更があった場合は、遅滞なく、その旨を国土交通大臣に届け出なければなりません。また、管理業務主任者証の記載事項に変更があったときは、当該届出に管理業務主任者証を添えて提出し、その訂正を受けなければなりません。

10 管理業務主任者証の記載事項 適60条1項、適則74条1項

管理業務主任者証には、以下の事項が記載されます。

① 氏名
② 生年月日
③ 登録番号及び登録年月日
④ 管理業務主任者証の交付年月日
⑤ 管理業務主任者証の有効期間の満了する日

11 管理業務主任者証の更新　　適60条３項、61条

　管理業務主任者証の有効期間は５年間です。<u>更新</u>をする場合①
には**交付申請前６カ月以内**に行われる講習を受講しなければなりません。

① POINT
更新後の有効期間は
５年である。

12 主任者証の返納と提出　　適60条４項・５項、適則78条２項

　管理業務主任者は、登録が消除されたとき、又は管理業務主任者証が効力を失ったときは、速やかに、管理業務主任者証を国土交通大臣に**返納**しなければなりません。また、国土交通大臣により管理業務主任者の登録が取り消された者は、取消しの通知を受けてから**10日以内**に返納しなければなりません。さらに、管理業務主任者は、事務の禁止処分を受けたときは、速やかに、管理業務主任者証を国土交通大臣に<u>提出しなければなりません</u>。②

② POINT
国土交通大臣は、事
務禁止処分満了の場
合、請求があれば直
ちに、管理業務主任
者証を返還しなけれ
ばならない(適60条
６項)。

＜返納と提出＞

	該当事由	効　力
返　納	・登録の消除 ・主任者証の効力失効 ・再交付後に亡失した主任者証を発見した場合	無効な管理業務主任者証を国土交通大臣に返す
提　出	・事務禁止の処分	有効な管理業務主任者証を国土交通大臣に預ける

13 管理業務主任者証の提示　　適63条

　管理業務主任者は、事務を行うに際し、マンションの区分所有者等その他の関係者から**請求があったとき**は、管理業務主任者証を**提示**する必要があります。
③
　以下の場合は、**請求がなくても**提示する必要があります。

① **重要事項の説明をするとき**（同一条件での更新を含む）
② **管理事務の報告をするとき**

③ POINT
管理業務主任証の返
納・提出・提示義務
の規定に違反する
と、10万円以下の
過料となる。

14 管理業務主任者証の再交付　　適則77条１項・４項

　管理業務主任者証を亡失・滅失・汚損・毀損したときは、国土交通大臣に管理業務主任者証の**再交付**の申請ができます。

なお、汚損・毀損の場合は、汚損・毀損した管理業務主任者と引き換えに再交付されます。また、再交付後に**亡失した管理業務主任者証を発見**したときは、速やかに発見した管理業務主任者証を国土交通大臣に**返納**しなければなりません。

確認問題

問：管理業務主任者登録簿に、氏名、生年月日その他必要な事項を登載された者は、登録の更新申請を行わなければ、登録日以後5年をもってその登録の効力を失う。

答：× 登録に有効期間はありません。（➡ **2** 登録）

第 9 節　指示処分・罰則（管理業務主任者）

重要度 マ ★　管 ★★

管理業務主任者が、適正な業務を行わなかった場合、どのようなペナルティーを受けるのでしょうか。

1 報告
適67条

　国土交通大臣は、管理業務主任者の事務の適正な遂行を確保するため必要があると認めるときは、その必要な限度で、管理業務主任者に対し報告をさせることができます。

2 指示処分
適64条1項

　国土交通大臣は、管理業務主任者が指示処分事由に該当した場合、当該管理業務主任者に対して、必要な指示ができます。

3 事務禁止処分
適64条2項

　国土交通大臣は、管理業務主任者が指示処分事由に該当したとき、又は指示処分に従わないときは、**1年以内**の期間を定めて<u>事務禁止処分</u>をすることができます。
①

4 登録取消処分
適65条1項

　国土交通大臣は、管理業務主任者が登録取消事由に該当したときは、登録を取り消さなければなりません。

POINT
① 事務禁止処分中は、管理業務主任者の業務ができなくなる。

過去問チェック　マ R1　管 R3

＜登録の取消処分＞

・管理業務主任者が登録拒否事由に該当するに至ったとき
・管理業務主任者が偽りその他不正手段により登録を受けたとき
・管理業務主任者が偽りその他不正手段により主任者証の交付を受けたとき
・管理業務主任者が指示処分事由に該当し、情状が特に重いとき又は事務禁止処分に違反したとき
・管理業務主任者資格者（登録は受けたが主任者証の交付を受けていない者）が、登録拒否事由に該当するに至ったとき
・管理業務主任者資格者が偽りその他不正手段により登録を受けたとき
・管理業務主任者資格者が管理業務主任者としてすべき事務を行った場合であって、情状が特に重いとき

638

なお、国土交通大臣は登録を取り消したときは理由を付し、その旨を登録取消処分を受けた者に通知しなければなりません。

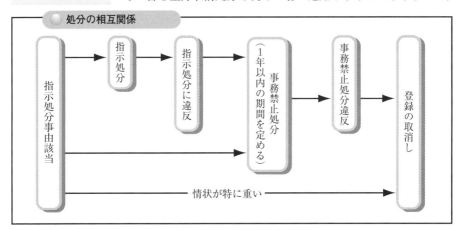

処分の相互関係

指示処分事由該当 → 指示処分 → 指示処分に違反 → （1年以内の期間を定める）事務禁止処分 → 事務禁止処分違反 → 登録の取消し

情状が特に重い

5 登録の消除
適66条

国土交通大臣は、管理業務主任者の登録が効力を失ったときは、その登録を消除しなければなりません。

6 罰則
適109条1号、113条2号

過去問チェック 管 R3

管理業務主任者は、次のような罰則が定められています。

① 30万円以下の罰金
・国土交通大臣から報告を求められたのに、報告をしない又は虚偽の報告をした場合

② 10万円以下の過料
・管理業務主任者証を返納・提出しなかった場合
・重要事項の説明時・管理事務報告時に、相手方に管理業務主任者証を提示しなかった場合

確認問題

問：管理業務主任者が、管理業務主任者として行う事務に関し、不正又は著しく不当な行為をしたときは、国土交通大臣は、その者に対し、2年以内の期間を定めて、管理業務主任者としてすべき事務を行うことを禁止することができる。

答：× 事務の禁止処分の期間は、1年以内です。（→3 事務禁止処分）

第10節　その他の規定

重要度 ★★
　　　　管 ★

ここでは、その他の規定について説明します。やや細かい分野ですが、過去問でも問われています。注意しましょう。

1 マンション管理適正化推進センター　適91条、92条

マンション管理適正化推進センターとは、管理組合によるマンション管理適正化推進に寄与することを目的として、管理者等及びマンション管理士に対する講習や区分所有者等に対する啓発・広報活動等の業務を国土交通大臣に代わって行う一般財団法人です。

マンション管理適正化推進センターは、以下の業務を行います。

① マンション管理に関する情報及び資料の収集及び整理をし、並びにこれらを管理組合の管理者等その他の関係者に対し、提供すること
② マンション管理の適正化に関し、管理組合の管理者等その他の関係者に対し、技術的な支援を行うこと
③ マンション管理の適正化に関し、管理組合の管理者等その他の関係者に対し、講習を行うこと
④ マンション管理に関する苦情の処理のために必要な指導及び助言を行うこと
⑤ マンション管理に関する調査・研究を行うこと
⑥ マンション管理の適正化の推進に資する啓発活動及び広報活動を行うこと

2 マンション管理業者の団体　適95条1項

マンション管理業者団体とは、国土交通大臣が指定する、マンション管理業者の業務の改善・向上を図ることを目的とした団体です。マンション管理業者を社員（メンバー）とする一般社団法人であり、業界の自主規制団体であり、指定法人ともいいます。

①　POINT
国土交通大臣は全国に1つに限ってマンション管理適正化推進センターを指定できる。
現在、（公財）マンション管理センターが指定されている。

過去問チェック → マ R1

3 マンション管理業者団体の業務

① **必須業務** (適95条2項)

> ア) 社員に対して適正化法遵守のため、指導・勧告等を行う
> イ) 管理組合等から苦情の解決を行う
> ウ) 管理業務主任者等に対して研修を行う
> エ) マンション管理業の健全な発展のための調査研究を行う
> オ) マンション管理業者の業務の改善向上を図るために必要な業務を行う

② **任意業務** (適95条3項)

> あらかじめ国土交通大臣の承認を得て、**保証業務**を行うことができる。

　保証業務とは、団体と社員たるマンション管理業者との契約により、当該マンション管理業者が管理組合又は区分所有権者等から受領した管理費・修繕積立金等の返還債務を負う場合、当該団体が返還債務を保証することをいいます。

4 設計図書の交付　適103条1項、適則101条、102条

　自ら売主となる宅建業者は、新築マンションを分譲した場合、**1年以内に管理者等が選任されたとき**は速やかに管理者等に対して、当該建物とその附属施設の設計図書を交付しなければなりません。

　設計図書とは、工事が完了した時点の建物及びその附属施設に関係する以下の図書をいいます。

> ①付近見取図　②配置図　③仕様書（仕上げ表を含む）
> ④各階平面図　⑤2面以上の立面図
> ⑥断面図又は矩計図　⑦基礎伏図　⑧各階床伏図
> ⑨小屋伏図　⑩構造詳細図　⑪構造計算書

確認問題

問：マンション管理業者の団体は、社員の営む業務に関し、社員に対し、マンション適正化法又はマンション適正化法に基づく命令を遵守させるための指導、勧告その他の業務を行う。

答：○（➡ 3 マンション管理業者団体の業務）

第11節　マンション管理適正化基本方針

重要度 マ ★★★
　　　 管 ★★★

ここでは、マンションの管理の適正化の推進を図るための基本的な方針（基本方針）について説明します。マンションの管理の適正化のための方向付けをしっかり把握しましょう。

1 基本方針の意義

　我が国におけるマンションは、土地利用の高度化の進展に伴い、職住近接という利便性や住空間の有効活用という機能性に対する積極的な評価、マンションの建設・購入に対する融資制度や税制の整備を背景に、都市部を中心に持家として定着し、重要な居住形態となっており、国民の一割以上が居住していると推計されます。

　その一方で、一つの建物を多くの人が区分して所有するマンションは、各区分所有者等の共同生活に対する意識の相違、多様な価値観を持った区分所有者等間の意思決定の難しさ、利用形態の混在による権利・利用関係の複雑さ、建物構造上の技術的判断の難しさなど建物を維持管理していく上で、多くの課題を有しています。

　特に、今後、建設後相当の期間が経過したマンションが、急激に増大していくものと見込まれますが、これらに対して適切な修繕がなされないままに放置されると、老朽化したマンションは、区分所有者等自らの居住環境の低下のみならず、外壁等の剥落などによる居住者や近隣住民の生命・身体に危害、ひいては周辺の住環境や都市環境の低下を生じさせるなど深刻な問題を引き起こす可能性があります。

　このような状況の中で、我が国における国民生活の安定向上と国民経済の健全な発展に寄与するためには、管理組合がマンションを適正に管理するとともに、行政はマンションの管理状況、建物・設備の老朽化や区分所有者等の高齢化の状況等を踏まえてマンションの管理の適正化の推進のための施策を講じていく必要があります。

　この基本的な方針は、このような認識の下に、マンションの管理の適正化の推進を図るため、必要な事項を定めるものです。

642

2 マンションの管理の適正化の推進に関する基本的な事項

　管理組合、国、地方公共団体、マンション管理士、マンション管理業者その他の関係者は、それぞれの役割を認識するとともに、効果的にマンションの管理の適正化及びその推進を図るため、相互に連携して取組を進める必要があります。

① 管理組合及び区分所有者の役割

　マンションは私有財産の集合体であり、その管理の主体は、あくまでマンションの区分所有者等で構成される管理組合です。マンション管理適正化法第5条第1項においても、管理組合は、マンション管理適正化指針及び都道府県等マンション管理適正化指針の定めるところに留意して、マンションを適正に管理するよう自ら努めなければならないとされています。マンションストックの高経年化が進む中、これらを可能な限り長く活用するよう努めることが重要であり、管理組合は、自らの責任を自覚し、必要に応じて専門家の支援も得ながら、適切に管理を行うとともに、国及び地方公共団体が講じる施策に協力するよう努める必要があります。

　マンションの区分所有者等は、管理組合の一員としての役割及び修繕の必要性を十分認識して、管理組合の運営に関心を持ち、積極的に参加する等、その役割を適切に果たすよう努める必要があります。

② 国の役割

　国は、マンションの管理水準の維持向上と管理状況が市場において評価される環境整備を図るためにマンションの管理の適正化の推進に関する施策を講じていくよう努める必要があります。

　このため、マンション管理士制度及びマンション管理業の登録制度の適切な運用を図るほか、マンションの実態調査の実施、「マンション標準管理規約」及び各種ガイドライン・マニュアルの策定や適時適切な見直しとその周知、マンションの管理の適正化の推進に係る財政上の措置、リバースモーゲージの活用等による大規模修繕等のための資金調達手段の確保、マンション管理士等の専門家の育成等によって、管理組合や地方公共団

体のマンションの管理の適正化及びその推進に係る取組を支援
していく必要があります。

　また、国は、マンションの長寿命化に係る先進的な事例の収
集・普及等に取り組むとともに、管理組合等からの求めに応じ、
マンション管理適正化推進センターと連携しながら、必要な情
報提供等に努める必要があります。

③　地方公共団体の役割

　地方公共団体は、区域内のマンションの管理状況等を踏まえ、
計画的にマンションの管理の適正化の推進に関する施策を講じ
ていくよう努める必要があります。

　このため、区域内のマンションの実態把握を進めるとともに、
マンション管理適正化法第3条の2に基づくマンション管理適
正化推進計画を作成し、施策の方向性等を明らかにしてマンシ
ョン管理適正化法第3章に基づく管理計画認定制度を適切に運
用することで、マンションの管理水準の維持向上と管理状況が
市場において評価される環境整備を図っていくことが望ましい
です。

　その際、特に必要がある場合には、関係地方公共団体、管理
組合、マンション管理士、マンション管理業者、マンションの
管理に関する知識や経験を生かして活動等を行うNPO法人
（以下「NPO法人」という。）等の関係者に対し、調査に必要
な協力を求めることも検討し、これらの関係者と連携を図りな
がら、効果的に施策を進めることが望ましいです。

　さらに、マンション管理士等専門的知識を有する者や経験豊
かで地元の実情に精通したマンションの区分所有者等から信頼
される者等の協力を得て、マンションに係る相談体制の充実を
図るとともに、管理組合等からの求めに応じ、必要な情報提供
等に努める必要があります。

　なお、管理が適正に行われていないマンションに対しては、
マンション管理適正化指針等に即し、必要に応じて法第5条の
2に基づく助言、指導等を行うとともに、専門家を派遣するな
ど能動的に関与していくことが重要です。

④　マンション管理士及びマンション管理業者等の役割

　マンションの管理には専門的知識を要することが多いため、マンション管理士には、管理組合等からの相談に応じ、助言等の支援を適切に行うことが求められており、誠実にその業務を行う必要があります。また、マンション管理業者においても、管理組合から管理事務の委託を受けた場合には、誠実にその業務を行う必要があります。

　さらに、マンション管理士及びマンション管理業者は、地方公共団体等からの求めに応じ、必要な協力をするよう努める必要があります。

　また、分譲会社は、管理組合の立ち上げや運営の円滑化のため、分譲時に管理規約や長期修繕計画、修繕積立金の金額等の案について適切に定めるとともに、これらの内容を購入者に対して説明し理解を得るよう努める必要があります。

3 マンションの管理の適正化に関する目標の設定に関する事項

　マンションの適切な管理のためには、適切な長期修繕計画の作成や計画的な修繕積立金の積立が必要となることから、国においては、住生活基本法に基づく住生活基本計画（全国計画）において、25年以上の長期修繕計画に基づき修繕積立金を設定している管理組合の割合を目標として掲げています。

　地方公共団体においては、国が掲げる目標を参考にしつつ、マンションの管理の適正化のために管理組合が留意すべき事項も考慮し、区域内のマンションの状況を把握し、地域の実情に応じた適切な目標を設定することが望ましいです。

4 管理組合によるマンションの管理の適正化の推進に関する基本的な指針（マンション管理適正化指針）に関する事項

　本マンション管理適正化指針は、管理組合によるマンションの管理の適正化を推進するため、その基本的な考え方を示すとともに、地方公共団体がマンション管理適正化法第5条の2に基づき管理組合の管理者等に対して助言、指導等を行う場合の判断基準の目安を別紙一に、マンション管理適正化法第5条の4に基づき管理計画を認定する際の基準を別紙二に示すもので

す。

①　管理組合によるマンションの管理の適正化の基本的方向

　マンションは、我が国における重要な居住形態であり、その適切な管理は、マンションの区分所有者等だけでなく、社会的にも要請されているところです。

　このようなマンションの重要性にかんがみ、マンションを社会的資産として、この資産価値をできる限り保全し、かつ、快適な居住環境が確保できるように、以下の点を踏まえつつ、マンションの管理を行うことを基本とするべきです。

(1)　**マンションの管理の主体**は、マンションの区分所有者等で構成される**管理組合**であり、管理組合は、区分所有者等の意見が十分に反映されるよう、また、長期的な見通しを持って、適正な運営を行うことが必要です。特に、その経理は、健全な会計を確保するよう、十分な配慮がなされる必要があります。また、第三者に管理事務を委託する場合は、その内容を十分に検討して契約を締結する必要があります。

(2)　管理組合を構成するマンションの区分所有者等は、管理組合の一員としての役割を十分認識して、管理組合の運営に関心を持ち、積極的に参加する等、その役割を適切に果たすよう努める必要があります。

(3)　マンションの管理には専門的な知識を要する事項が多いため、管理組合は、問題に応じ、**マンション管理士等専門的知識を有する者の支援**を得ながら、主体性をもって適切な対応をするよう心がけることが重要です。

(4)　さらに、マンションの状況によっては、**外部の専門家**が、管理組合の管理者等又は役員に就任することも考えられますが、その場合には、**マンションの区分所有者等が当該管理者等又は役員の選任や業務の監視等を適正に行う**とともに、監視・監督の強化のための措置等を講じることにより適正な業務運営を担保することが重要です。

②　マンションの管理の適正化のために管理組合が留意すべき事項

(1) 管理組合の運営

管理組合の自立的な運営は、マンションの区分所有者等の全員が参加し、その意見を反映することにより成り立つものです。そのため、管理組合の運営は、**情報の開示、運営の透明化**等を通じ、開かれた民主的なものとする必要があります。また、**集会**は、**管理組合の最高意思決定機関**です。したがって、管理組合の管理者等は、その意思決定にあたっては、事前に必要な資料を整備し、集会において適切な判断が行われるよう配慮する必要があります。

管理組合の管理者等は、マンション管理の目的が達成できるように、法令等を遵守し、マンションの区分所有者等のため、誠実にその職務を執行する必要があります。

(2) 管理規約

管理規約は、マンション管理の最高自治規範であることから、管理組合として管理規約を作成する必要がある。その作成にあたっては、管理組合は、建物の区分所有等に関する法律に則り、「**マンション標準管理規約**」を参考として、当該マンションの実態及びマンションの区分所有者等の意向を踏まえ、適切なものを作成し、必要に応じてその改正を行うこと、これらを十分周知することが重要です。さらに、快適な居住環境を目指し、マンションの区分所有者等間のトラブルを未然に防止するために、使用細則等マンションの実態に即した具体的な住まい方のルールを定めておくことも重要です。

また、管理費等の滞納など管理規約又は使用細則等に違反する行為があった場合、管理組合の管理者等は、その是正のため、必要な勧告、指示等を行うとともに、法令等に則り、少額訴訟等その是正又は排除を求める法的措置をとることが重要です。

(3) 共用部分の範囲及び管理費用の明確化

管理組合は、マンションの快適な居住環境を確保するため、あらかじめ、**共用部分の範囲及び管理費用を明確**にし、トラブルの未然防止を図ることが重要です。

　特に、専有部分と共用部分の区分、専用使用部分と共用部分の管理及び駐車場の使用等に関してトラブルが生じることが多いことから、適正な利用と公平な負担が確保されるよう、各部分の範囲及びこれに対するマンションの区分所有者等の負担を明確に定めておくことが重要です。

(4)　管理組合の経理

　管理組合がその機能を発揮するためには、その経済的基盤が確立されている必要があります。このため、**管理費及び修繕積立金等**について必要な費用を徴収するとともに、管理規約に基づき、これらの費目を帳簿上も明確に区分して経理を行い、適正に管理する必要があります。

　また、管理組合の管理者等は、必要な帳票類を作成してこれを保管するとともに、マンションの区分所有者等の請求があった時は、これを速やかに開示することにより、経理の透明性を確保する必要があります。

(5)　長期修繕計画の作成及び見直し等

　マンションの快適な居住環境を確保し、資産価値の維持向上を図るためには、適時適切な維持修繕を行うことが重要です。特に、経年による劣化に対応するため、あらかじめ**長期修繕計画**を作成し、必要な修繕積立金を積み立てておく必要があります。

　長期修繕計画の作成及び見直しにあたっては、「長期修繕計画作成ガイドライン」を参考に、必要に応じ、マンション管理士等専門的知識を有する者の意見を求め、また、あらかじめ建物診断等を行って、その計画を適切なものとするよう配慮する必要があります。長期修繕計画の実効性を確保するためには、修繕内容、資金計画を適正かつ明確に定め、それらをマンションの**区分所有者等に十分周知させる**ことが必要です。

　管理組合の管理者等は、維持修繕を円滑かつ適切に実施するため、設計に関する図書等を保管することが重要です。また、この図書等について、マンションの区分所有者等の求めに応じ、適時閲覧できるようにすることが重要です。

なお、建設後相当の期間が経過したマンションにおいては、長期修繕計画の検討を行う際には、必要に応じ、建替え等についても視野に入れて検討することが望ましいです。建替え等の検討にあたっては、その過程をマンションの区分所有者等に周知させるなど透明性に配慮しつつ、各区分所有者等の意向を十分把握し、合意形成を図りながら進める必要があります。

(6) 発注等の適正化

管理業務の委託や工事の発注等については、事業者の選定に係る意思決定の透明性確保や**利益相反等に注意**して、適正に行われる必要がありますが、とりわけ外部の専門家が管理組合の管理者等又は役員に就任する場合においては、マンションの区分所有者等から信頼されるような発注等に係るルールの整備が必要です。

(7) 良好な居住環境の維持及び向上

マンションの資産価値や良好な居住環境を維持する観点から、防災に係る計画の作成・周知や訓練の実施、被災時を想定した管理規約上の取り決め、火災保険への加入等、管理組合としてマンションにおける防災・減災や防犯に取り組むことは重要です。

また、防災・減災、防犯に加え、日常的なトラブルの防止などの観点からも、マンションにおける**コミュニティ形成**は重要なものであり、管理組合においても、区分所有法に則り、良好なコミュニティの形成に積極的に取り組むことが重要です。

一方、自治会及び町内会等(以下「自治会」という。)は、管理組合と異なり、各居住者が**各自の判断で加入するもの**であることに留意するとともに、特に管理費の使途については、マンションの管理と自治会活動の範囲・相互関係を整理し、管理費と自治会費の徴収、支出を分けて適切に運用する必要があります。なお、このように適切な峻別や、代行徴収に係る負担の整理が行われるのであれば、**自治会費の徴収を代行することや、防災や美化などのマンションの管理業務を自治**

会が行う活動と連携して行うことも差し支えありません。

(8) その他配慮すべき事項

　マンションが団地を構成する場合には、各棟固有の事情を踏まえつつ、全棟の連携をとって、全体としての適切な管理がなされるように配慮することが重要です。

　複合用途型マンションにあっては、住宅部分と非住宅部分との利害の調整を図り、その管理、費用負担等について適切な配慮をすることが重要です。

　また、管理組合は、組合員名簿や居住者名簿の管理方法等、個人情報の取り扱いにあたっては、個人情報の保護に関する法律による個人情報取扱事業者としての義務を負うことに十分に留意する必要があります。

③　マンションの管理の適正化のためにマンションの区分所有者等が留意すべき事項

　マンションを購入しようとする者は、マンションの管理の重要性を十分認識し、売買契約だけでなく、管理規約、使用細則、管理委託契約、長期修繕計画等管理に関する事項に十分に留意することが重要です。また、管理組合及びマンションの区分所有者等は、マンションを購入しようとする者に対するこれらの情報の提供に配慮する必要があります。

　マンションの区分所有者等は、その居住形態が戸建てとは異なり、相隣関係等に配慮を要する住まい方であることを十分に認識し、その上で、マンションの快適かつ適正な利用と資産価値の維持を図るため、**管理組合の一員として、進んで、集会その他の管理組合の管理運営に参加する**とともに、定められた管理規約、集会の決議等を遵守する必要があります。そのためにも、マンションの区分所有者等は、マンションの管理に関する法律等についての理解を深めることが重要です。

　専有部分の賃借人等の占有者は、建物又はその敷地若しくは附属施設の使用方法につき、マンションの区分所有者等が管理規約又は集会の決議に基づいて負う義務と同一の義務を負うことに十分に留意することが必要です。

④　マンションの管理の適正化のための管理委託に関する事項

　管理組合は、マンションの管理の主体は管理組合自身であることを認識したうえで、管理事務の全部又は一部を第三者に委託しようとする場合は、「マンション標準管理委託契約書」を参考に、その委託内容を十分に検討し、書面又は電磁的方法（管理組合の管理者等又はマンションの区分所有者等の承諾を得た場合に限る。）をもって管理委託契約を締結することが重要です。

　管理委託契約先を選定する場合には、管理組合の管理者等は、事前に必要な資料を収集し、マンションの区分所有者等にその情報を公開するとともに、マンション管理業者の行う説明会を活用し、適正な選定がなされるように努める必要があります。

　管理委託契約先が選定されたときは、管理組合の管理者等は、説明会等を通じてマンションの区分所有者等に対し、当該契約内容を周知するとともに、マンション管理業者の行う管理事務の報告等を活用し、管理事務の適正化が図られるよう努める必要があります。

　万一、マンション管理業者の業務に関して問題が生じた場合には、管理組合は、当該**マンション管理業者**にその解決を求めるとともに、必要に応じ、マンション管理業者の所属する団体にその解決を求める等の措置を講じる必要があります。

5 マンションがその建設後相当の期間が経過した場合その他の場合において当該マンションの建替えその他の措置に向けたマンションの区分所有者等の合意形成の促進に関する事項

　日常のマンションの管理を適正に行い、そのストックを有効に活用していくことは重要ですが、一方で、修繕や耐震改修等のみでは良好な居住環境の確保や地震によるマンションの倒壊、老朽化したマンションの損壊その他の被害からの生命、身体及び財産の保護が困難な場合には、マンションの建替え等を円滑に行い、より長期の耐用性能を確保するとともに、良好な居住環境や地震に対する安全性等の向上を実現することが重要です。

　マンションの建替え等の円滑化に関する法律では、地震に対

する安全性が不足しているマンションや外壁等の剥落により周囲に危害を生ずるおそれのあるマンション等を、建替え時の容積率特例やマンション敷地売却事業及び団地型マンションにおける敷地分割事業の対象とし、また、バリアフリー性能が不足しているマンション等を含めて建替え時の容積率特例の対象としています。

　マンションが建設後相当の期間が経過した場合等に、修繕等のほか、これらの特例を活用した建替え等を含め、どのような措置をとるべきか、様々な区分所有者等間の意向を調整し、合意形成を図っておくことが重要です。管理組合においては、区分所有者等の連絡先等を把握しておき、必要に応じて外部の専門家を活用しつつ、適切に集会を開催して検討を重ね、長期修繕計画において建替え等の時期を明記しておくこと等が重要です。

6　マンションの管理の適正化に関する啓発及び知識の普及に関する基本的な事項

　マンションの管理の適正化を推進するためには、必要な情報提供、技術的支援等が不可欠であることから、国及び地方公共団体は、マンションの実態の調査及び把握に努め、必要な情報提供等について、その充実を図ることが重要です。

　国においては、法及びマンション管理適正化指針の内容の周知を行うほか、「マンション標準管理規約」や各種ガイドライン・マニュアルの策定や適時適切な見直しとその周知を行っていく必要があります。

　また、国、地方公共団体、マンション管理適正化推進センター、マンション管理士、ＮＰＯ法人等の関係者が相互に連携をとり、管理組合等の相談に応じられるネットワークを整備することが重要です。

　地方公共団体においては、必要に応じてマンション管理士等専門的知識を有する者や経験豊かで地元の実情に精通したマンションの区分所有者等から信頼される者、ＮＰＯ法人等の協力を得て、セミナーの開催やマンションに係る相談体制の充実を

図るよう努める必要があります。

　マンション管理適正化推進センターにおいては、関係機関及び関係団体との連携を密にし、管理組合等に対する積極的な情報提供を行う等、管理適正化業務を適正かつ確実に実施する必要があります。

　これらのほか、国、地方公共団体、関係機関等は、管理計画認定制度の周知等を通じて、これから管理組合の一員たる区分所有者等としてマンションの管理に携わることとなるマンションを購入しようとする者に対しても、マンションの管理の重要性を認識させるように取り組むことも重要です。

７　マンション管理適正化推進計画の策定に関する基本的な事項

　マンションは全国的に広く分布しており、各地域に一定のストックが存在するが、中でも大都市圏への集中が見られ、建設後相当の期間が経過し、管理上の課題が顕在化しているものも多いです。また、大都市以外でも、都市近郊の観光地等で主に別荘として利用される、いわゆるリゾートマンションを多く有する地域もあります。

　地方公共団体は、このように各地域で異なるマンションの状況等を踏まえつつ、法及び本基本方針に基づき、住生活基本計画（都道府県計画）（市町村にあっては住生活基本計画（全国計画）第４（４）に基づく市町村計画を含む。以下同じ。）と調和を図るほか、マンションの管理の適正化の推進に関する施策の担当部局と福祉関連部局、防災関連部局、まちづくり関連部局、空き家対策関連部局、地方住宅供給公社等と連携し、マンション管理適正化推進計画を策定することが望ましいです。

①　マンションの管理の適正化に関する目標

　区域内のマンションの状況に応じ、25年以上の長期修繕計画に基づく修繕積立金額を設定している管理組合の割合等、明確な目標を設定し、その進捗を踏まえ、施策に反映させていくことが望ましいです。

②　マンションの管理の状況を把握するために講じる措置に関する事項

　マンションの管理の適正化の推進を図るためには、大規模団地や長屋型のマンション等も含めた区域内のマンションストックの状況を把握した上で、マンションの管理の実態について把握することが重要であり、登記情報等に基づくマンションの所在地の把握、管理組合へのアンケート調査等の実態調査、条例による届出制度の実施等、地域の状況に応じた措置を位置づけることが考えられます。

　なお、マンションの管理の実態の把握については、規模や築年数等に応じ、対象を絞って行うことも考えられます。

③　**マンションの管理の適正化の推進を図るための施策に関する事項**

　地域の実情に応じてニーズを踏まえつつ、適切な施策を行っていくことが重要であり、管理組合向けのセミナーの開催、相談窓口の設置、マンション管理士等の専門家の派遣、長期修繕計画の作成等に必要な取組に対する財政支援等を位置づけることが考えられます。

　また、きめ細やかな施策を推進するため、地方公共団体、地域の実情に精通したマンション管理士等の専門家、マンション管理業者等の事業者、管理組合の代表者、ＮＰＯ法人等で協議会を設置することも考えられます。

　このほか、必要に応じ、地方住宅供給公社によるマンションの修繕その他の管理に関する事業を定めることが考えられます。この場合において、地方住宅供給公社は、当該都道府県等の区域内において、地方住宅供給公社法第21条に規定する業務のほか、管理組合の委託により、当該事業を行うことができます。

④　**管理組合によるマンションの管理の適正化に関する指針（都道府県等マンション管理適正化指針）に関する事項**

　マンション管理適正化法第５条第１項に基づき、管理組合は、マンション管理適正化指針のほか、都道府県等マンション管理適正化指針にも留意してマンションを適正に管理するよう努めることとなるほか、都道府県等マンション管理適正化指針は、マンション管理適正化法第５条の２に基づく助言、指導等の基

準や、マンション管理適正化法第5条の4に基づく管理計画の認定の基準ともなり得るものです。

　マンション管理適正化指針と同様のものとすることも差し支えありませんが、必要に応じ、例えば、浸水が想定される区域においては適切な防災対策を講じていることなど地域の実情を踏まえたマンションの管理に求められる観点や水準を定めることが望ましいです。

⑤ **マンションの管理の適正化に関する啓発及び知識の普及に関する事項**

　マンションの管理の適正化の推進を図るためには、必要な情報提供、技術的支援等が不可欠であることから、マンション管理適正化推進センターやマンション管理士会、ＮＰＯ法人等と連携したセミナーの開催、相談窓口の設置、専門家の派遣や、これらの取組を広く周知することを位置づけることなどが考えられます。

⑥ **計画期間**

　地域のマンションの築年数の推移や、人口動態等の将来予測を踏まえて、適切な計画期間を設定することが望ましいですが、例えば、住生活基本計画（都道府県計画）が、計画期間を10年とし、5年毎に見直しを行っている場合にはこれと整合を図ることなどが考えられます。

⑦ **その他マンションの管理の適正化の推進に関し必要な事項**

　管理計画認定制度の運用にあたって、例えば、マンション管理適正化法第5条の13に基づく指定認定事務支援法人を活用する場合にはその旨等を定めることが考えられます。

　このほか、地域の実情に応じて取り組む独自の施策を積極的に位置づけることが望ましいです。

8 その他マンションの管理の適正化の推進に関する重要事項

① **マンション管理士制度の一層の普及促進**

　マンションの管理には専門的な知識を要する事項が多いため、国、地方公共団体及びマンション管理適正化推進センターは、マンション管理士制度がより一層広く利用されることとな

るよう、その普及のために必要な啓発を行い、マンション管理
士に関する情報提供に努める必要があります。

　なお、管理組合は、マンションの管理の適正化を図るため、
必要に応じ、マンション管理士等専門的知識を有する者の知見
の活用を考慮することが重要です。

②　管理計画認定制度の適切な運用

　管理計画認定制度の活用によって、マンションの管理水準の
維持向上と管理状況が市場において評価される環境整備が図ら
れることが期待されることから、同制度を運用する地方公共団
体においては、その積極的な周知を図るなど適切に運用してい
くことが重要です。

　また、国においては、既存マンションが対象となる管理計画
認定制度に加え、マンションの適切な管理を担保するためには
分譲時点から適切な管理を確保することが重要であることか
ら、新築分譲マンションを対象とした管理計画を予備的に認定
する仕組みについても、マンション管理適正化推進センターと
連携しながら、必要な施策を講じていく必要があります。

　なお、地方公共団体は、指定認定事務支援法人に、認定に係
る調査に関する事務を委託することも可能であり、必要に応じ
てこれを活用するとともに、指定認定事務支援法人は個人情報
等も扱う可能性があることや利益相反も想定されることに鑑
み、委託する際は適切に監督を行う必要があります。

③　都道府県と市町村との連携

　マンション管理適正化法において、都道府県は町村の区域内
に係るマンション管理適正化推進行政事務を行うこととされて
いるが、市区町村と連携を図り、必要に応じて市区の区域内を
含めて施策を講じていくことが重要です。

　また、町村が地域のマンションの詳細な実情を把握している
ことも想定されることから、都道府県と町村においては、連絡
体制を確立し、密に連携をとる必要があります。

　なお、マンション管理適正化法第104条の2に基づき、町村
がマンション管理適正化推進行政事務を行う場合には、都道府
県と適切に協議を行い、必要な引継ぎを確実に受けるほか、そ

の旨を公示等で周知するなど同事務の実施に遺漏のないように
する必要があります。

④　修繕等が適切に行われていないマンションに対する措置

　マンション管理適正化法第5条の2において、都道府県等は
管理組合の管理者等に対してマンションの管理の適正化を図る
ために必要な助言、指導及び勧告を行うことができることとさ
れていますが、助言等を繰り返し行っても、なおマンションの
管理の適正化が図られないことも考えられます。修繕等が適切
に行われなかった結果、老朽化したマンションがそのまま放置
すれば著しく保安上危険となり、又は著しく衛生上有害な状態
となる恐れがあると認められるに至ったなどの場合には、建築
基準法に基づき、特定行政庁である地方公共団体が改善の命令
等の強制力を伴う措置を講じることも考えられます。

⑤　修繕工事及び設計コンサルタントの業務の適正化

　マンションの修繕工事や長期修繕計画の見直しにあたって
は、管理組合の専門的知識が不足し、修繕工事業者や設計コン
サルタント等との間に情報の非対称性が存在する場合が多いこ
とから、国は、管理組合に対する様々な工事発注の方法の周知
や修繕工事の実態に関する情報発信、関係機関とも連携した相
談体制の強化等を通じて、マンションの修繕工事や設計コンサ
ルタントの業務の適正化が図られるよう、必要な取組を行う必
要があります。

⑥　ＩＣＴ化の推進

　国は、ＷＥＢ会議システム等を活用した合意形成の効率化や、
ドローンを活用した外壁の現況調査等、モデル的な取組に対し
て支援することにより、ＩＣＴを活用したマンションの管理の
適正化を推進していく必要があります。

　また、マンション管理適正化法第72条第6項及び第73条第3
項では、管理組合の負担軽減及びマンション管理業者の生産性
向上の観点から、重要事項説明時や契約成立時の書面交付につ
いて、ＩＴを活用した電磁的記録による交付が可能である旨定
められています。併せて、通常、対面で行われる重要事項の説
明等についても、ＩＴを活用した説明が可能であり、これらに

ついてマンション管理業者の団体等を通じて広く周知していく
ことが重要です。

【別紙一】
　**マンション管理適正化法第5条の2に基づく助言、指導及び
勧告を行う際の判断の基準の目安**
　マンション管理適正化法第5条の2に基づき管理組合の管理
者等に対して助言、指導及び勧告を行う際の判断の基準の目安
は、以下の事項が遵守されていない場合とします。
　なお、個別の事案に応じて以下の事項以外の事項についても、
マンション管理適正化指針や都道府県等マンション管理適正化
指針に即し、必要な助言及び指導を行うことは差し支えありま
せん。
① **管理組合の運営**
　⑴ 管理組合の運営を円滑に行うため管理者等を定めること
　⑵ 集会を年に1回以上開催すること
② **管理規約**
　管理規約を作成し、必要に応じ、その改正を行うこと
③ **管理組合の経理**
　管理費及び修繕積立金等について明確に区分して経理を行
い、適正に管理すること
④ **長期修繕計画の作成及び見直し等**
　適時適切な維持修繕を行うため、修繕積立金を積み立てて
おくこと

【別紙二】
　**マンション管理適正化法第5条の4に基づく管理計画の認定
の基準**
　マンション管理適正化法第5条の4に基づく管理計画の認定
の基準は、以下の基準のいずれにも適合することとしています。
① **管理組合の運営**
　⑴ 管理者等が定められていること
　⑵ 監事が選任されていること

658

(3) 集会が年1回以上開催されていること

② **管理規約**

(1) 管理規約が作成されていること

(2) マンションの適切な管理のため、管理規約において災害等の緊急時や管理上必要なときの専有部の立ち入り、修繕等の履歴情報の管理等について定められていること

(3) マンションの管理状況に係る情報取得の円滑化のため、管理規約において、管理組合の財務・管理に関する情報の書面の交付（又は電磁的方法による提供）について定められていること

③ **管理組合の経理**

(1) 管理費及び修繕積立金等について明確に区分して経理が行われていること

(2) 修繕積立金会計から他の会計への充当がされていないこと

(3) 直前の事業年度の終了の日時点における修繕積立金の3ヶ月以上の滞納額が全体の1割以内であること

④ **長期修繕計画の作成及び見直し等**

(1) 長期修繕計画が「長期修繕計画標準様式」に準拠し作成され、長期修繕計画の内容及びこれに基づき算定された修繕積立金額について集会にて決議されていること

(2) 長期修繕計画の作成または見直しが7年以内に行われていること

(3) 長期修繕計画の実効性を確保するため、計画期間が30年以上で、かつ、残存期間内に大規模修繕工事が2回以上含まれるように設定されていること

(4) 長期修繕計画において将来の一時的な修繕積立金の徴収を予定していないこと

(5) 長期修繕計画の計画期間全体での修繕積立金の総額から算定された修繕積立金の平均額が著しく低額でないこと

(6) 長期修繕計画の計画期間の最終年度において、借入金の残高のない長期修繕計画となっていること

⑤ **その他**

（1）管理組合がマンションの区分所有者等への平常時におけ
る連絡に加え、災害等の緊急時に迅速な対応を行うため、
組合員名簿、居住者名簿を備えているとともに、1年に1
回以上は内容の確認を行っていること
（2）都道府県等マンション管理適正化指針に照らして適切な
ものであること

確認問題

問：マンションの管理の主体は、マンション管理業者であり、マンション管理業
者は、マンションの区分所有者等の意見が十分に反映されるよう、また、長
期的な見通しを持って、適正な運営を行うことが重要である。

答：×　マンションの管理の主体は、管理組合です。
（➡ **4** マンション管理適正化指針に関する事項）

問：マンションの快適な居住環境を確保し、資産価値の維持向上を図るためには、
適時適切な維持修繕を行うことが重要である。特に、経年による劣化に対応
するため、あらかじめ長期修繕計画を作成し、必要な修繕積立金を積み立て
ておくことが必要である。

答：○（➡ **4** マンション管理適正化指針に関する事項）

問：マンションの区分所有者等は、マンションの快適かつ適正な利用と資産価値
の維持を図るため、進んで管理者に管理組合の運営を一任することが必要で
ある。

答：×　管理者に管理組合の運営を一任するのではなく、進んで、集会
その他の管理組合の管理運営に参加する必要があります。
（➡ **4** マンション管理適正化指針に関する事項）

索引

(i)

2024年度版 マンション管理士 管理業務主任者 Wマスターテキスト

（旧書籍名：マンション管理士管理業務主任者 Wマスターブック 2003年版
2003年5月30日　初版第1刷発行）

2024年2月25日　初　版　第1刷発行

編　著　者	マン管・管業試験研究会	
発　行　者	猪　野　　　樹	
発　行　所	株式会社　早稲田経営出版	

〒101-0061 東京都千代田区神田三崎町3-1-5
神田三崎町ビル

電　話 03(5276)9492（営業）
FAX 03(5276)9027

印　　　刷	株式会社　ワ　コ　ー	
製　　　本	東 京 美 術 紙 工 協 業 組 合	

© Waseda Keiei Syuppan 2024　　Printed in Japan　　ISBN 978-4-8471-5122-4
N.D.C. 673

乱丁・落丁による交換、および正誤のお問合せ対応は、該当書籍の改訂版刊行月末日までといたします。なお、交換につきましては、書籍の在庫状況等により、お受けできない場合もございます。
また、各種本試験の実施の延期、中止を理由とした本書の返品はお受けいたしません。返金もいたしかねますので、あらかじめご了承くださいますようお願い申し上げます。

書籍の正誤に関するご確認とお問合せについて

書籍の記載内容に誤りではないかと思われる箇所がございましたら、以下の手順にてご確認とお問合せをしてくださいますよう、お願い申し上げます。

なお、正誤のお問合せ以外の**書籍内容に関する解説および受験指導などは、一切行っておりません。**
そのようなお問合せにつきましては、お答えいたしかねますので、あらかじめご了承ください。

1 「Cyber Book Store」にて正誤表を確認する

早稲田経営出版刊行書籍の販売代行を行っている
TAC出版書籍販売サイト「Cyber Book Store」の
トップページ内「正誤表」コーナーにて、正誤表をご確認ください。

CYBER TAC出版書籍販売サイト
BOOK STORE

URL:https://bookstore.tac-school.co.jp/

2 1の正誤表がない、あるいは正誤表に該当箇所の記載がない
⇒ 下記①、②のどちらかの方法で文書にて問合せをする

★ご注意ください★

お電話でのお問合せは、お受けいたしません。
①、②のどちらの方法でも、お問合せの際には、「お名前」とともに、
「対象の書籍名（○級・第○回対策も含む）およびその版数（第○版・○○年度版など）」
「お問合せ該当箇所の頁数と行数」
「誤りと思われる記載」
「正しいとお考えになる記載とその根拠」
を明記してください。
なお、回答までに1週間前後を要する場合もございます。あらかじめご了承ください。

① ウェブページ「Cyber Book Store」内の「お問合せフォーム」より問合せをする

【お問合せフォームアドレス】

https://bookstore.tac-school.co.jp/inquiry/

② メールにより問合せをする

【メール宛先 早稲田経営出版】

sbook@wasedakeiei.co.jp

※土日祝日はお問合せ対応をおこなっておりません。
※正誤のお問合せ対応は、該当書籍の改訂版刊行月末日までといたします。

乱丁・落丁による交換は、該当書籍の改訂版刊行月末日までといたします。なお、書籍の在庫状況等により、お受けできない場合もございます。
また、各種本試験の実施の延期、中止を理由とした本書の返品はお受けいたしません。返金もいたしかねますので、あらかじめご了承くださいますようお願い申し上げます。

早稲田経営出版における個人情報の取り扱いについて
■お預かりした個人情報は、共同利用させていただいているTAC（株）で管理し、お問合せへの対応、当社の記録保管にのみ利用いたします。お客様の同意なしに業務委託先以外の第三者に開示、提供することはございません（法令等により開示を求められた場合を除く）。その他、共同利用に関する事項等については当社ホームページ（http://www.waseda-mp.com）をご覧ください。

（2022年7月現在）